AUGMENTED

ブレット・キング

BRETT KING

拡張の世紀

テクノロジーによる破壊と創造

アレックス・ライトマン／J・P・ランガスワミ／アンディ・ラーク

NTTデータ オープンイノベーション事業創発室＝解説

上野 博＝訳

東洋経済新報社

「変化とは生命の法則である。過去や現在だけに目を向ける者は、未来を見誤ることになるだろう」

—ジョン・F・ケネディ

本書を娘のハンナに捧げる。彼女は、強さとは自分の心で測ることであると学んだ。そして本書を、マイケル・アームストロングとピーター・ブルックスに捧げる。この取組みに私を関わらせてくれたことに最大の感謝を。

Original Title:
Augmented: Life in the Smart Lane by Brett King

推薦の言葉

株式会社ＮＴＴデータ代表取締役社長　岩本敏男

この度、ブレット・キング氏の『拡張の世紀』（原題：*Augmented*）を翻訳出版することとなりましたことを嬉しく思います。

ブレット・キング氏は、金融テクノロジー分野における特にイノベーション、顧客経験、チャネル戦略の専門家であり、フィンテックの領域では世界で、そして日本でも非常に知名度の高い方です。グローバル・メガバンクや各国中央銀行・政府に対してもコンサルティングやアドバイスを行われるなど、その見識の高さは衆目の一致するところです。講演や、ソーシャルメディア、ご自身のラジオ番組を通じた発信だけでなく、全く新しいモバイル・バンキング・サービスである「Moven」の創立者でもあり、実業においてもその力を発揮されています。

また、複数の著作、論文、記事等数多くの執筆をしておられ、日本では『リテール金融のチャネル革命――ソーシャル時代の支店のあり方』（2013年2月）や『脱・店舗化するリテール金融戦略』（2014年12月、原題 *Bank 3.0*）が翻訳出版されています。

本書ではキング氏得意の金融分野をはるかに超えて、モバイル、IoT、AI、ナノテクノロジー等のデジタルテクノロジーの最前線で何が起こっているのか、そしてそれらが医療、交通、金融、都市、教育といった分野に及ぼす影響が、テーマ別に実例を挙げつつ具体的に語られています。テクノロジーの進化速度が歴史上初めて人間の世代交代速度を上回った現代社会において、その破壊的なイノベーションが私たちの暮らし、仕事、生き方にどのような変化をもたらすのか。本書の特徴として、序章では、4人のペルソナを用いてそれが生き生きと描き出されており、私たちの未来の生活のありさまが垣間見えます。

映画、書籍などの幅広い守備範囲を背景とするキング氏の語り口は、最先端の話にもかかわらず非常に平易であり、読み手の頭によどみなく流れ込んできます。デジタル・アイドルの「初音ミク」やゲームおよび映画の『ファイナルファンタジー』、そして高齢化＋少子化に対応した介護政策に沿ったロボット開発など、日本発の事例が少なからず盛り込まれていることも、親しみが感じられる部分です。

本書はすでに数多くの国々で翻訳出版され、政治、経済、企業のリーダーに幅広く読まれています。キング氏によれば、今やデジタル化先進国の仲間入りをした中国においては、本書が習近平総書記の手元に届けられているとのことです。

今回こそ「This time is different」と言われる大変化の時代に向かうに当たって、個人そしてあらゆる階層の企業人・組織人にとって、テクノロジー標準装備の新しい時代を生き抜くための見方を拓いてくれるものとして、本書を推薦いたします。

はじめに

私の6歳の息子のトーマスは、将来クルマを持つのに運転免許証をとらなくてもよく、クルマの所有さえしない可能性が非常に高い。代わりに、クルマを単に「時間借り」するだけになるだろう。彼はその人生を通じて、スマートデバイスを手放すことは決してないだろう。近いうちにデバイスは、いつ医者のアドバイスを受けに行けばよいかを知らせてくれるようになる（保険会社はスマートデバイスを着用するよう求める）。住むのはスマートハウスで、掃除はロボットが行い、食料品は冷蔵庫や家庭用AIが注文してくれる（配達もロボットだ）。何を買うにも、支払いにプラスチックカードや小切手帳を使うことは全くない（現金も使わないだろう）。そして毎日、マウスもキーボードもない何百ものコンピューターとやり取りする。トーマスはいわゆるZ世代であり、祖父母たちが生まれ育ったのとは全く異なる世界、もし100年前にそれを予想したならSF小説としか呼びようがない世界で育っているのだ。

こうした変化を単なるテクノロジーの前進として片付けてしまいたい気持ちになるかもしれないが、そこでは個人レベル、そして社会のあり方における根本的な何かが起こりつつある。あなたは1日に何回スマートフォンをチェックして、メッセージやフェイスブックのニュースフィードを確認しているだろうか？　日に何回ウェブサイトにログインし、何回アプリを使っているだろうか？　スマホを使って音楽を聴き、本を読み、ゲームをしているだろうか？　初めてのレストラン、ホテルやオフィスに足を踏み入れてすぐにＷｉＦｉのパスワードを探すことがどれくらいあるだろうか？　自撮りはしたことがあるだろうか？

ヒトがテクノロジーへの適応を続けてきたことは間違いないが、これからの20～30年は、過去１０００年かけて経験した以上の変化が人類に降りかかってくる。私たちが手にするテクノロジーは、病気を治し、おそらくは寿命そのものを延ばす。私たちが手にするマシンは、人間の知性を模倣するか追い越す。私たちは自動運転車が使えるようになる。初めて人間が火星に着陸する。私たちが地球上で生存し続けられるテクノロジーが遂に手に入る。それは潤沢なエネルギーと創造性を伴うものになるだろう。

こうした巨大規模の変化は、想像を超える機会であるとともに、社会には調整の揺らぎが起こり、それが暴力にまで発展することも多くあるだろう。

インターネット、ソーシャルメディアそしてスマートフォンは、電子メール、自撮り、ハッシュタグ、ユーチューブを私たちにもたらしてくれたが、アラブの春、ＩＳＩＳのプロパガンダ、ウィキリークス、ＮＳＡのＰＲＩＳＭプログラム、そして世界的な「占拠」運動をもたらした。ソーシャルメディアは、フェイスブック、ツイッターを与えてくれて、２００８年にはそれがバラク・オバマの大統領当選を後押ししたことが明らかだ。しかしそれは最近、憎しみに満ちた人種差別的な悪口雑言の存在場所を生んでもいる。ネットいじめが登場して以降、数多くの犠牲者が生まれ、有名人の詳細な私生活や政府機関の秘密が暴かれている。

これらすべてのテクノロジー進歩は、私たちにとってそれ自体が善なのか、それとも悪なのだろうか？　顕われつつある変化は、新たな黄金時代なのか、それともはるかに大きな破壊につながるものだろうか？

本書は、来るべき世界と、その世界に適応するために社会が必要とする変化について述べたものだ。しかしさらに重要なのは、**その未来に行き着くために私たち個人が辿るであろう道程について述べていることだ。**私たちの出発点がどこで、そして、どのようにして人類史において最も破壊的で革新的となりうる時代に立ち至ったのかを探ってみる。２０２５年、２０３０年、そしてその先の生活はどんなものになるだろうか？　そこまでの道のりはどのようなものか？　それが、以下の紙幅で私たちが答えようとすることの核心である。

ここで垣間見る未来は究極的には楽観的なものだが、私が知りたかったのは、その過程において、来るべき変化への対応方法に関して学べる具体的なレッスンがあるかどうかだ。私は、ネットワーク効果、ヘルスケア、人工知能、ロボティクス、消費者行動、社会学的影響に関する著名な専門家にインタビューし、投稿もお願いして、評論家一人だけの見方に陥ってしまわないようにした。

私はこの10年間、ビジネスリーダー、アントレプレナー、そしてメディアに向けて、未来について語るという生活をしてきた。スマートフォンによってバンキング、マネーそして商業がどう根本的に変革されるか、アイデンティティやプライバシーがどう進化するか、書籍、音楽、テレビに関する消費者購買行動がどう変化し、それが過去のありようには決して戻らないだろうといったことだ。私は楽観主義者だが、私が驚かされ続けているのは、新しく登場するテクノロジー変化やトレンドをしばしば先送りしてしまう人がいかに多いかということだ。

ほとんどの人々は過去を懐古的に眺めると言ってよいだろう。だからこそ昔のことを「古きよき時代」と言うのだ。しかしこの世界は、決して過去に留まったままではいない。とすると、変化に抗い、それに一心不乱になることがよくある人たちの動機の強さはどこから来るのだろうか。私にわかることは、私たちは恐れを抱いたり、チャレンジに直面するかもしれないが、未来はすばらしく明るく、すばらしく興味深く、そして足早に私たちのところにやってくるということだ。

この書籍は、データ、センサー、機械知性そして自動化が世界と私たちの居場所をよりよいものにすることで、あなたの日常生活がどのように変化するかについて述べている。**スマート・ワールドで生活するための適応のしかた**についての話だ。

この本が、あなたの意識を喚起し、想像をかきたてるものとなればよいと思っている。

その道程を本格的に始めるにあたって、現代の最も偉大なSF作家の一人であるウィリアム・ギブソンの言葉を贈ろう。

「未来はすでにここにある――ただ均しく普及していないだけなのだ」

――ウィリアム・ギブソン『エコノミスト』2003年12月4日

未来への旅路に付き合ってくださることに感謝申し上げる。だが、あらためてもう一度……そこから降りる選択肢は本当にあるだろうか?

ブレット・キング

謝辞

ブレット・キング

この大きな試みに取り組む自由を私に与えてくれた、Movenのチームの皆、特にアレックス・サイオンとマーシア・ミハエスクに感謝する。ジャワコーヒーを飲みながら執筆するのを許してくれたカフェ、具体的にはフェアフィールドのラス・ヴェタス、ニューヘイブンのコフィー、ニューヨークのアルゴンクィンホテルのロビーラウンジ、パルアルトのクーパ・カフェ、パリのレ・ドゥー・マゴ、台湾のドリップ・カフェとアルティスタ・パルフェット、ケープタウンのトゥルース・コーヒー、ウエリントンのスコパ・カフェ、そして世界中のスターバックスに感謝する。フィンテックマフィア(FinTechMafia)には、いつも意見交換して頂いたことを感謝している。ボイスアメリカのチームは、私をオンエアし続けてくれた。この老犬に芸を仕込んでくれたパフォーマンス・フライトのルディ、ありがとう。ジェイ・ケンプ、ターニャ・マーコヴィッチ、リアンヌ、パーカー・ブルー、そしてとりわけレイチェル・モリセーは、日々の家や出先で私をシャキッとさせてくれ、世話を焼いてくれた。

ローズマリー・テレンジオは私が籠もって作業するのを、キャサリン・カーペンター、レイチェル・ヘン、ジャニーン・ガミラそしてマーシャル・カベンディシュのチームは出版にこぎつけるのを手伝ってくれたことを感謝する。そして、この労作の共著者となってくれた人たちに感謝する。特にアレックス・ライトマンは超人的だった。

しかしとりわけ、私が一度に何時間も執筆のために外出し、帰ってきてはナノテク、ロボティクス、AI、ヘルステックといったものに関するとんでもないアイデアをぶちまけるのに耐えてくれたレベッカ、ハンナ、マットそしてトーマスに感謝する。

アンディ・ラーク

ソフィアとザックに。君たちがつくり出し、やり取りしている世界はほとんど私の想像を絶する。

アレックス・ライトマン

以下の人たちに感謝する。この本の執筆に参加するよう招いてくれたブレット・キングに。読み書き好きを私に植え付けてくれた母のエリザベスに。ロボットに関し私を助けてくれたエリック・シャスに。近年私が多くの目標を達成するのを手伝ってくれたエディ・ウェイティに。金と力が世界をどう動かすかを示してくれたモハメド・アブデルーハク博士に。そして、30年間の友情を示してくれたポール・シェパードとクリス・ハーツ博士に。

Contents

Contents

序章

スマート化された生活

Life in the Smart Lane

拡張世界の生活

テクノロジーは、私たちの生活のあらゆる面を拡張する。健康状態をモニターするデバイスから、商品やサービス購入の支払いの方法、余暇の過ごし方、移動の方法、アドバイスの見つけ方、交流の方法、仕事の仕方まで、「拡張時代」にはすべてが対象となる。「オフライン」での生活は、不可能ではないにしても選択肢が厳しく狭められ、デジタル・リテラシーが代数や作文や地理よりも重要な生活能力となる。最も進んだテクノロジーは、より目に見えなくなり、より押し付けがましくなく、よりスマートで、組み込み型で、本質的に予測型になる。2030年とか2040年の生活はどのようなものになるだろうか？　多くのレベルで異なったものになるだろう。テクノロジー基盤の社会がますます浸透していくのは避けられない。先進国の人々にとって、それは望まれると同時に必然のものだ。発展途上国については、次の10年が終わるころには先進国との格差が急速に縮まるだろう。

今後20年の間に生活がどのように変わるかについて、近い将来の人々の人生がどのようであるかを、いくつかの起こりうるシナリオを通じてご覧に入れよう。そのシナリオの中に、読者ご自身や自分の愛する人々の姿を見るかもしれないし、そうした変化全体に同意できないかもしれない。しかし、概観していただいて、変化、ディスラプション（破壊）、そして機会の可能性があることを認識していただきたい。

友人や家族の機嫌を損ねるかもしれないが、私は知っている人々を使って、拡張世界における可能性やありうる未来像を示してみる。ここで示す予測が１００％確実だと自信があるかって？明らかにそれはポイントではない。ポイントは、今後20年間に私たちの生活が経験する劇的な変化を示すことだ。

登場する友人や家族の気に障りませんように。悪くは書かないから。

●フリーランスの親日家

ハンナ・キング（25歳）

2027年頃、日本、東京

・午前9時

今日は忙しい日だが、昨夜遅くにデザイン作業を終えたハンナはなかなか目が覚めない。部屋の照明を暗くしてカーテンを閉めたままにしておくよう、すでに個人用AIのアルバートに2回も指示したところだ。それは、東京の小さなアパートに朝の陽射しを呼び込むようにしてある普段の目覚ましのセッティングとは逆だった。最初の目覚ましは午前8時に鳴ったのに、彼女はそれから2回も目覚ましをやり過ごしていた。が、もう出かける時刻だ。

ハンナは都心の渋谷エリアに住んでおり、そこでは小さなアパートが流行りで、家賃はほとんどの人が手が届くレベルだ。19㎡のアパートはまだ築3年で、家庭電化製品とスペースをより広く活用するための工夫で満載だ。最も大きなメインの壁面はビデオ表示が可能だが、通常彼女はそれを、ワークスペースか状況更新とアラート表示として使っている。ベッドから出ると壁面には、彼女が受信した全メッセージ、時刻（彼女はもう遅刻状態なので赤でアラートが出ている）、天気予報、今日の活動の簡単な予定表が表示されている。

彼女はシャワー室に駆け込み、いつもより少し湯温を上げて30秒後に通常設定に戻すようアルバートに頼む。シャワーを浴びる時にはＫ-ｐｏｐのプレイリストから選んだ曲を聴くのだが、今朝はそれだとポップ過ぎると思って、アルバートに何か新しい音楽をかけるよう頼んだ。アルバートは１９８０年代のエアロスミスの曲をセレクトしてくれる。それは今の気分に合ってる感じだ。

ハンナが髪を乾かしていると、バスルームの鏡が、アラート状況が次第に切羽詰まってきたのを表示した。今朝最初の９時30分の電通デジタルのアポイントだ。彼女は、20分ほど遅れると電通のヒカド氏に連絡するようアルバートに指示する。ひどくはないが、遅れてはいる状況だ。アルバートは午前11時の香港の見込み客との電話予定を暫定的に動かして、電通とのアポが延びた場合（そうなることが多い）にぶつからないようにした。でも、ランチタイムのアポイントは無理そうだ。彼女はそれを要リスケ表示にした。

今日は空気が爽やかだが、今月は変わりやすい天候が続いている。明治神宮外苑を歩いて抜けると、特殊アトリウムの中に、桜の樹が歴史的遺物のように保管してあるのが見えた。気圧配置の不安定さが増大して平均気温が上昇したことで、桜の花に必要なデリケートな環境は破壊的な影響を受けた。彼女が桜の周りのガラスの囲いを覗き込むと、桜についてと、アトリウム内部の環境が理想的であることのデータがＰＨＵＤ（個人用ヘッドアップ・ディスプレイ、３２６ページ参照）を通じて目に入ってきた。しかし今日は、訪問者は囲いの中に入れない。この美しい樹々がいまやほぼこんな環境下に追いやられてしまったことを悲しく感じた。熱波の早期襲来のために東京の桜の季節が２年続けて短くなったことを受けて、都が環境保存プロジェクトに乗り出したのだ。

彼女は小さなペイストリーを手に、電車で移動中だ。すこし肌寒いが、アンダーアーマーのスマート・セーターは十分に暖かく、デバイスの充電もしてくれる。

乗り換え駅に着くと、ＰＨＵＤ上で次の横浜行き列車の発車まで2分なのがわかった。スキャナー・ゲートを通過するときに手首に振動を感じた。彼女の口座から輸送システムへのアクセス金額が、乗り換え駅で引き落とされたのだ。新しい輸送システムを列車と呼ぶのは、スペースシャトルを飛行機と呼ぶようなものだ。超近代的なリニアモーター・ユニットによって、日本の都市間の移動時間は1日何時間も短縮された。電通のオフィスがあるメインステーションまで45㎞あるのにハンナが要する時間は6分ほどだ。そしてメインステーションからは自動シャトルポッドでもう5分かかる。

電通のミーティングでは、彼女はエレクトロニック・アーツ社（Electronic Arts）とアマゾンがプロデュースするザ・ハブ（The Hab）という新しい仮想現実（ＶＲ）シリーズのプロモーションを行うチームと協働した。シリーズは基本的には、火星植民地化を題材とするＮＡＳＡとヨーロッパ宇宙局（European Space Agency：ＥＳＡ）の軽いニュースネタで、その資金調達提案は現在、ＥＵと米国議会において審議対象となっている。優先されるべきは、次第に厳しさを増す気温変化に対する地球工学上の問題だと主張をする向きは今も残っていた。それでもＶＲシリーズは大人気となった。ハンナは東京と大阪の電子ディスプレイ用のキャラクターピース（訳注・短い楽曲）を担当している。彼女は先週コンセプトを2つ提出し、チームは来週のプレゼンテーションに先立ったエレクトロニック・アーツ社向け説明資料のブラッシュアップ中だ。

・午後1時30分

電通のミーティングと香港への電話を終えて、ハンナは輸送システムに乗って秋葉原の小さな店へと向かった。友人の田中と一緒に借りたものだ。彼女たちは流行のポップアップ・タトゥーの店をやっていて、ソメ（SoMe）という名でかなり売れている。場所があちこち変わることで、彼女たちの小さなスタートアップには動きと神秘性が加わっている。他のアーティストやギガーたちも同じことをやっている。物理的な場所は動き回っていても、中心となるバーチャルなプレゼンスは維持するのだ。そして人々はほとんどのショッピングをバーチャルで行う。

ハンナは仕事にかかり、スマート・セーターを脱ぐ。田中に丁寧に挨拶すると、いくつか新しいデザインに取り組み始めた。彼女が本当にやらなくてはならないのは絵柄を描くことだけ。現在のタトゥーは、かつてのように気を遣う芸術的な作業ではない。こうしたタトゥーはレーザーで焼き付けられてずっと残るものか、電子インクを起動して動的に見せるものだ。ハンナは毎日午後ここにやって来て、タトゥーを入れる顧客に絵柄を描く。今日の顧客は電子インクの調子があまりよくなく、デザインが変わるときに前の図柄が多少残っていた。それでメンテナンスを行うのだ。

顧客の一人は腕に昔ながらのタトゥーをしていて、電子インクへの更新を希望した。現在では、タトゥーを消すのはより簡単になっている。必要なのは、同じレーザー器具と2週間程度の皮膚噴射施術だけで、肌には昔の墨の跡はほとんど残らない。ハンナは今でも時折、墨と針を使った昔のデザインを本物志向の人から頼まれることがあり、彼女はその価値を最も大事にしているようだ。動画のタトゥー込みで全身彫りをやろうとした人の話をチャットで聞いたことがあるが、同業の友人に限って言えば、その手の技術はもう10年は昔のものだ。今の彼女は、タトゥー・クラウドに上げた彼女のデザインから何がしかのダウンロード手数料を受け取れれば十分だ。そして自分でVRアニメシリーズを作成するか、これをフルタイムでできるようになるときを夢見ている。

・午後7時

その後彼女は自宅に向かい、友人がネットで話していたのを聞いた新しいクラブバンドをフィーチャーしたプレイリストを作って道中で聴いていた。彼女が住んでいる渋谷の小路に入ると、ライトが自動点灯して足元を照らし、近くで誰かが昔のテクノロジーを使って遠くの誰かを相手にしているように多少大きな声で話すのが耳に入る。彼女はアルバートに、夕食のご飯とチキンを温めるように頼み、上行きのエレベーターに飛び乗って、ニューヨークにいる母親に短いVRメッセージを送って、自分が元気なことを知らせる。エレベーターやアパートの中のカメラはステレオ方式で、クラウドにつながっている。

バイオハッカー

アレックス・ライトマン（実年齢68歳、肉体年齢35歳）

2030年頃、米国、カリフォルニア州サンタモニカ

アレックスは、ソーラーの波に乗った。太陽光発電は、2014年に米国発電量の1%だったものが50%へと成長したのだ。2025年には、共同設立したバッテリー付きソーラー器具製造企業が買収に遭って、彼はキャッシュを得て退いた。しかし彼はその2～3年前から、自分個人のフィットネスレベルを最大化し、日常の健康状態を最適化して寿命を延ばす方法を探し始めており、すでに自分が本当に好きな道を究める旅へと踏み出していた。

ベンチャー・キャピタリストであるアレックスは、ヘルステックを詳しく調べ始め、バイオエンジニアリングによる遺伝子・健康改善プロセスとしてFDA（米国食品医薬品局）に認められた承認プロセスよりも早く、テクノロジーや製品を市場に出したいと考えた。そこで彼は高重力衣服に取り組んでいるチームと組んでベンチャーを設立し、それに第二世代外骨格を研究していた何人かのエンジニアを加えた。CEOとエンジニアを見つけてきて、補完性のある2つの事業ユニットを立ち上げた。一つは航空宇宙部門、もう一つはウェアラブル健康部門だ。中核製品はスマート衣服とウェアラブルであり、歩き回るにつれて、次第に負荷が増すトレーニングができるようになるものだ。また宇宙服のプロトタイプとしても適合しており、低重力環境下での作業を容易にする。

彼のチームが取り組んでいる火星パワースーツ（Mars power suit：MPS）は、ナノエンジニアリングの

メッキを使っている。放射線への露出を低減するとともに、加重抵抗と外骨格サポートの組み合わせによって、火星表面にいても地球上の通常重力を再現するという考えに基づくものだ。火星クルーは皆、屋外でこのスーツを使うことが可能だ。それは安全に作業するためだけでなく、地球に帰還した時に備えて骨や筋肉を維持するためでもある。MPSを装着することによって、火星訪問者は、火星の通常重力よりもはるかに強い重力を経験することになる。そして、地球に戻るまでに筋肉量と敏捷性を失うという心配もなく、火星旅行中も体力をつけられるのだ。

MPSの中核となる技術進歩は2つある。一つめは、弾力性のあるグラフェン（訳注・単分子層グラファイト）とゴムの複合素材で、ユーザーが動くと低い電荷が発生する。電荷は蓄積されるか、スーツのもう一つの特性であるナノテク・パネルの集積体へと送り込まれる。このパネルは、ミニ個人磁気圏とでもいった磁場を生成して、ユーザーを太陽放射線から保護するために組み込まれている。またパネルは、可塑性のある新型電池も内蔵しており、強い蓄電力を有している。

スーツの内部筋肉組織を形成している伸縮性スマート繊維は、電荷調整機能によって駆動され、大幅に抵抗を高める（ウェイトトレーニング・ベルトのように）ことで筋肉を形成したり、またはパルスチャージを通じてユーザーに「筋肉アシスト」を提供してスーパー重量挙げモードを可能にする。もちろん初期のスーツにはさまざまな限界があるが、彼らは外骨格と同様の方式で取り組んでおり、それには30年近い実績がある。

イーロン・マスクのスペースX社（SpaceX）はすでに火星のヘラス高原に着陸機を送り込んでおり、

ローバーからはオリンパス山の写真が送信されてきている。

イーロン・マスクとNASAの間では、どちらが先にそこに到着するかの競争となっていて、レースのダークホースは中国だ。スペースXとNASAは係争関係にあった。両者は地球の低周回軌道では協力関係にあったが、話が火星になったとたん、マスクはNASAの技術者を引き抜くのを急ぎすぎた。そのため彼は、一般人も火星植民地化に手が届くようにするという、自分の名声をリスクに晒すことになった。スペースXは今のところ順調だが、スペースXがプログラムを加速させたことに潜むリスクのために、いくつか大きな失敗を経験するだろうとNASAは見込んでいる。

マスクのアプローチは繰り返し型で、ドラゴン計画の開始当初から、初期のプロトタイプを複数打ち上げてテストするのに前向きなことが知られていた。最初の何回かは失敗したとしても、そのアプローチを通じてチームはより早く学習するはずだという見通しに基づくものだ。彼は有人飛行のアプローチをとらなかったが、試験飛行には積極的だった。2017年に始まった、NASAが行う旧式の国際宇宙ステーションへの商業飛行か、軌道上に建設が進む新しい宇宙ホテルへの商業ツーリスト事業であるかのいずれにせよ、幸いなことに、今のところ有人宇宙船への取り組みは残っている。

アレックスは今、スペースXチームとの会議に参加しており、火星にMPSを送ってテストする前に、今後18カ月かけて実施するスーツのテスト計画を検討している。スペースXが赤い惑星の表面で稼働中の軽量フィールドカメラからの、選りすぐりの火星VRコンテンツを有していることを特に考慮すれば、映画的なビジュアル化の威力は大きい。ところが、太陽フレア発生下で放射線遮蔽ドームの外に人員が取り残されたという最悪ケースのシナリオを見せることを意図したシミュレーションにおいて、スーツのモデルはパネルの有効性に関して、いくらか正常でない数値を示していた。アレックスが会議を終える時に、ＰＨＵＤにテレビ電話が入ってきた。アンダーアーマー社と協働している彼のエージェントが会議を設定してくれて、最新のハイパーグラビティ・スポーツウェアのプレゼンができることになったのだ。彼は自分のパーソナルＡＩであるアレクサにすべての詳細情報を渡した。

帰宅する頃には、アレックスはお腹が空いていたが、食前に軽い運動をする気になっていた。ナチュラル・マシンズ製の３Ｄフードプリンターをセットして（彼は同社初の外部投資家で、旧モデルで食事を作るとノスタルジックな気分になった）、ターキー・バーガーにひよこ豆のコロッケを作り、一方で２〜３分ほどＶＲメールをチェックした。しかし彼がまずやったのは、ロボットシェフにブレットプルーフのコーヒーを淹れさせることだった。使ったレシピは、バイオハッキングで億万長者となった最初の男、デイブ・アスプレイからのものだ。アレックスは２０１２年以降、現在もアスプレイを友人とライバルの双方とみなしている。アレックスはランニングマシン付きデスクに飛び乗って、歩行ペース時速４・５マイル、傾斜15％にセットしながら、ホロプロジェクター・ワークステーションでＭＰＳのシミュレーションを再実行した。新しいシミュレーションでは、更新された新しい磁場パネルが75％の有効性を示したが、グラフェン構造の見直しに基づくパネルの寿命にわずかな低下があったので、彼は要フォローアップのフラグを立てた。

７分後、彼は３Ｄプリンターを装備したロボットシェフ謹製のフレッシュ・ターキー・バーガーを食べようと席についた。バットミート（Vatmeat）は現在広く普及しており、それは農業セクターに劇的な影響をもたらした。人工肉が幅をきかすにつれて、商業畜産農家は大打撃を受けた。アマゾンは今や、3D「グルメ」プリンター用に容器入りの構成食材を販売していて、西海岸で大ヒットしていた。レストランは今でも「オリジナル」の肉を使っていたが、低脂肪の赤身でオーガニック製造のバットミートは敵なしだった。赤身牛の遺伝子編集も、3Dプリント製品には追いつけなかった。

食後、アレックスはバイオスーツを装着して、全身スキャンを行うよう個人用AIのアレクサに頼んだ。動脈血流の心拍センサーの読み出し値がふらつき始めたので、どうやら来週はセンサーを交換しなければならないようだ。こうしたインジェスティブル機器は永久に持つわけではない。ほとんどの指標がグリーンなのが目に入ったが、この前の月曜、なぜか中性脂肪の値が急に上がっていた。彼はヘルスサービスに連絡を入れ、今後2週間程度、ダイエットかサプリメント摂取に変更を加えるべきか照会した。

彼はARサイトを呼び出して、話に聞いていたベンチャーをチェックした。ジェノミクスリ社（GenomixRe）という、ジョンズ・ホプキンス工科大学からのスピンオフ企業だ。ジェノミクスリ社は新しい遺伝子切断テクノロジーで有望であり、これまでの世代の遺伝子編集ツールよりも高い精度を有していた。ヒトゲノムのデータは世界中で収集されていて、個人バイオデータの全体量は今やヨタバイト（注1）に近づこうとしており、相関マッピングによって、DNAシステム全体についての新しい解釈が生まれつつあった。特に科学者がこれまで「ジャンク」DNAだと思っていた部分だ。アレックスは、プロファイリング用ソフトウェアを走らせて同社のソーシャルメディア上のプレゼンスやコメントを調べ、同社の採用と特許リリース状況との相関性を見ようとした。人員増強が同社成長の勢いの支えになっているかを確認したのだ。結果は有望と出たので、彼はアレクサに頼んで、ベンチャー・コミュニティのチャットをモニターして同社に関する会話を検索して1週間後に報告してもらうようにした。

それから彼はゆったり座ってメガネをVRモードに変え、家の照明を暗くして新しいアポロ11号シミュレーターを試してみた。しばらくすると、個人用AIが彼にそっと知らせた。その日は6000キロカロリーを燃焼していて、高心拍ポイント（心拍数が最大心拍の83％を超えた分数）は42だった。彼は数日後にはサンタモニカ・陸上競技クラブのマスターズ陸上競技会に参加し、44年連続で1マイルを6分以下で走った。また若返りの1年を送れそうだ。

●ハッカソン見習い

マット・キング（23歳）

2026年頃、米国、ニューヨーク、ロウアー・イースト・サイド

米国の大学入学者数は2025年には3年連続で記録的な減少となり、100を超えるカレッジやビジネススクールが立ち行かなくなった。2026年も傾向は同じで、大学入学者数は1970年代

のそれを下回った。米国の大学院にとって、これは主に投資収益性（ROI）の問題だった。平均的な学生が4万5000～10万ドルもの授業料や手数料を払い込んでも、それがより高収入が見込める就職につながらない状況が続いており、学生ローンの焦げ付き件数は史上最高になっていた。大学はこれに対応して、学位が取れる無料のインターネット講座やVR講座を提供してきたが、これまでのところ反応は盛り上がっていない。

マットは、同世代の多くと同じように、この環境でフルタイムの大学生になるのにあまり魅力を感じていなかった。彼は職業を通じた教育の道を選び、ベビーブーマーなら徒弟制度と呼ぶであろう方法で仕事を行っていた。彼は自分をインターン扱いしてくれるなら、米国東海岸のスタートアップ企業やインキュベーターの単発仕事を選り好みせずに引き受けることが多くなり、仕事がない時は、他の同じ考えの単発仕事ワーカーと、いろいろなことを試したりコラボレーションしたりしていた。自分のことをAR／VRのストーリーフォームを使う実験的ARアーティストと称してはいたが、ほとんど脳内作業を細々とやっているだけだった。

ユービーアイソフト（Ubisoft）、スクエア・エニックス、エレクトロニック・アーツ、アクティビジョン／トレイアーク（Activision/Treyarch）、バルブ（Valve）、マイクロソフト等のような企業は、1990年代からゲーム用のバーチャル世界を構築してきた。しかし今や、求められているのはリッチで映画のようなリアリティであり、こうしたバーチャル世界はよりリッチな基盤上に再構築・再プログラムされて、すばらしいディテールを備えるようになっている。18世紀のロンドンや22世紀のニューヨークとロサンゼルスのような世界について、今やストリートレベルで非常に包括的なＶＲ映像ストックの公的ライブラリーが利用可能で、それは常に更新されている。一方で、ビルの内部、店頭、倉庫内などは大幅なカスタマイズが可能だ。

今日のマットは地下鉄の廃駅で先週撮影した映像を加工していて、それをイマーシブ（訳注・没入型。プレイ可能なＶＲムービーの総称）のストーリーの枠組み上に展開していた。それはあるグループが、20年ばかり昔のジェームズ・ボンドの映画をインタラクティブ版に手直ししようと作成したアマチュア作品だった。彼らはボンドの名前やキャラクターの使用権を持っていなかったので、仮題は単に「ダブルオー」となっていた。そのゲーム／ムービー／イマーシブは、クラウドで構築できるほどにはクラウドソーシングされていなかった。世界中のＡＲアーティストやプログラマーは自分の時間を多様なプロジェクトに対してビッドするかオークションにかけ、フィルムの一部を担当する。いわば株式のようなものだ。今年になってから、以前マットが働いたプロジェクトがすでに市場に出ていたため、幾分かのキャッシュが彼の手元に入ってきていた。

マットは腕のいいデジタルアーティストだったが、最近彼が使っているツールは、一部アニメーション、一部仮想環境構築、そして一部はビデオ編集というソフトウェアだった。マットはロサンゼルスでパートタイムのＭＯＯＣ（大規模公開オンライン講座）に参加して光や陰影のテクニックを学んでいたが、彼が最近やっていることのほとんどは独学だった。マットは同年代の仲間と、仕事のパターンと習慣をかなり大幅に見直し始めていた。今日彼がいたワーキングスペースでは定時に働いている者は誰もおらず、働いて稼いでいる者もいれば勉強中の者もいて、毎日ここにいる者もいれば、何時間かだけいて別の場所を探して出て行く者もいた。マットや彼の友人にとっては、仕事の概念ははるかに流動的なものとなっていた。

マットの世代を表すいい喩えは、2010年代前半に大流行となったマインクラフト的な環境だ。マインクラフトは、ゲーム／パズル／プログラミング問題の側面がある。マットはJａｖａの基礎を10歳で覚えて、マインクラフトのモブ（mob）にいた友人にプログラムを手直ししてやれるようになった。クラウドベースのサーバーに一緒に入り込んで開発プラットフォームのローカル・インスタンスを設定し、世界中でそれに取り組んでいる他のチームにプログラムやＡＲモデルを配信することは、こうした輩《やから》にとっては最も基本的なスキルなのだ。

マットは今、次世代のマジックリープ・バイザーを使っていて、英国のチームがイマーシブ用に設定した環境のレイテンシー（反応時間）がかなり大きいことに対応しようとしていた。彼は10テラバイトのモデルをフィラデルフィアのどこかにあるローカルサーバー上に手早く落とし込み、ローカル環境でテストできるようにした。そして作業を終えると、作業したパケットを英国の開発サーバー上に戻してマージさせた。彼に送られた3D骨格にはデザインエラーが多少あってベタ塗りの壁のようで、電源パネルのモデリングが必要だった。そこで彼は後で自分がそれを修復するか、他の開発グループの助力を仰ぐかすることにした。

作業をしていると、仲間のニックから連絡があった。彼はコロンビア大学を卒業して自分の父親の建築設計会社に入っていたが、空き時間にはインド向けの3Dプリント居住環境のデザインの仕事をしていた。マットはまだAR器具を装着していたので、連絡を受けて会議室モードを選択した。

「やあニック、どうしてる?」マットが言った。

「やあマット。居住空間の新しいモックアップを作ったんだけど、会社はここの仕事用プリンターを僕が個人的に使うのを好まないんだ。そっちの仕事場に3Dプリンターある?」ニックが尋ねた。

ニックは話しながら、マットに新しいデザインのファイルを送信し、それは共有バーチャル・スペースのワークテーブルに上げられた。

「もちろん、プリントできるよ。でも僕にいくらか金を送信してくれないとね。ここのパブリック用プリンターはホント高いんだよ」

「OK。100ドルで足りる?」ニックは尋ねた。

マットは言った。「いけるはず……終わったらジョブレコードを送るよ。こっちにきてプリントアウトをピックアップしてく?」ニックが100ドルを彼の公共ワレットに送ったのがわかった。ポケットのデバイスが振動して、送金確認を知らせてくる。

「そうするよ。6時頃寄らせて。夕食は僕が持とう。スパース(spARce)にいるんだよね?」

「そう。それに僕の位置情報は誰でも見られるから、その冗長な質問の答えはもうわかってるよね。さて急がなくちゃ。別の画面でプロジェクト・マネジャーの一人がせっついてきてるんだ」

その後でマットはニックからメッセージを受け取り、6時30分頃に2ブロックほど先のレストランにモデルを持ってくるよう頼まれた。メッセージには当惑と大きな好意の感情とが入り混じっていた。マットはニックの住宅モデルにメトロEバスがクラッシュしたARのイメージを返信して「了解……ただし安心しない方がいいよ」とメッセージした。

もう出かけるべき時間になっていた。午後8時30分から授業があって、その前に帰宅しておきたかったのだ。帰宅にはウーバーAIを使おうと考えていたのだが、ウーバーを使うと今夜の外食にはおカネが足りないと、彼のPHUDが知らせてきた。どうするか決めるタイミングだった。彼は両親が住むコネティカットで区分所有しているクルマのアップルカー・アプリを起動して、ウーバーと時間を交換した。彼が所有権をもつ自律運転自動車は、今月は30時間ほどをウーバーAI上に貯め込んでいたので、彼はマイルの取り分をウーバーアカウントに移した。これで問題解決。今夜の時間は大丈夫……ぴったりだ。

ソーシャル・プロデューサー

レイチェル・モリセー（37歳）

2023年頃、米国カリフォルニア州、ベイエリア

・午前10時30分、太平洋標準時

レイチェルは、都市が自動運転車に適合しつつあることと、人間のドライバーを禁止する法案につ

いてのニュース記事を書いていた。自動運転車は欧州や米国そして多くの先進国の道路上で、今や当たり前に見かけるものとなっていた。ニューヨークとロンドンではいずれも、都心部から人間のドライバーを締め出す法案が提出されていたが、今のところ賛成が優勢ではなかった。そこでレイチェルは、彼女の持つ常設ニュースショーのホストに、この話題がしばらくイケそうに思うか尋ねた。返事は、ぜひ追いかけたいというものだった。

レイチェルはキュレーション済みのニュースを検索して、最初に作ったニュースショーのあらすじに沿った見出しとキーポイントのいい感じのサマリーを取得した。それからコンテンツ入手プロセスにとりかかった。レポーターとポッドキャスターのオークションサイトのいくつかに投稿して、番組に関係したニュースの提出を求め、要約説明、質問例、必要なインタビューの長さの情報を添えた。数分のうちに、上海、シドニー、ロンドン、ニューヨークのレポーターから対応可能の知らせが届いた。テーマに合う相手すべてに注文を出して、72時間後に記事を提出するよう依頼した。1人だけが、タイミングが合わないということで辞退した。

・72時間後

レイチェルは、トピック対象の都市でのインタビューを20時間分ほど手にしていた。アップルとテスラにも声をかけて、彼女の質問への文書回答を得た。画像と音声の素材を編集ソフトウェア上に流すと、スマート編集ソフトウェアが当初のストーリーを前提に沿った重要度と適合性でそれらをソートし、番組への組み込み用に17件の候補を選び出した。彼女は候補作品のうち14件を通して見たところで、十分なコンテンツが得られたと思った。

彼女はそれらの素材をスタジオのデジタル・ウォールに上げて、配置を検討した。ビデオ素材が7つ、音声のみ素材が4つ、テキスト素材が2つあった。彼女はテキスト素材から引用部分を2つほど抜粋して、ホストの1人に素材と切り離したエントリーとサマリー、およびテキスト素材への導入とコメントを録音してもらった。

彼女は1時間ほどで編集をまとめ上げ、編集済みコンテンツから、ビデオ、ラジオ、ポッドキャスト版のテキスト・ストーリーを同時に作成した。テキスト・ストーリーにはより多くのテキスト素材と、音声とビデオ素材からテキスト化して編集したコンテンツを加えた。音声素材にいいものがあり、ソフトウェアがストーリーボードのイメージをいくつか上げてきていたので、それをテレビとビデオ・ストリーミング局向けに組み込むことができた。

ストーリーの抜粋をNPR（訳注・National Public Radio）とネットフリックス・ニュースに送ると、食いつきがあった。次いで彼女は、素材に埋め込む広告スロットや商品名言及のオークションを行い、スポンサーになってくれそうなボルボ、テスラ、グーグルにそれを送信した。彼女のスポンサーシップ割当ては約15分で埋まった。どうやらこのポジティブなストーリーは報道されそうで、募集も申し込み超過となりそうだ！　追加の宣伝時間を販売して今後6週間分の番組のリターンを得られれば、気分よくこの件を終えられることになる。

・**午後3時**

午後3時、レイチェルは、記事の販売経路と番組購入チャネル向けコンテンツの見直しと最後の仕上げにかかっていた。彼女は自分の人脈ネットワークにも、それをソーシャルメディアに流すよう依頼した。自分の記事やコンテンツが視聴者の方向性と合っていることがリアルタイムで確認できたので、2時間程度休憩をとって、早い時間に食べられなかったランチにありつくことにした。

こうしたストーリーをさらにいくつか語りたいところではあるが、話を「拡張時代」の背景にある「大予測」へと進めよう。

拡張時代の大予測

結局のところ私たちがこれから理解するのは、人々の働き方や生活の仕方が劇的に変化するということだ。ここで先に、今後20～30年のカギとなる予想について述べてみよう。

融資担当者、銀行テラー、フィナンシャル・アドバイザー、税務アドバイザー、フィナンシャル・プランナー等のような**職業**は、大半がソフトウェアに置き換わる。ミスや人的バイアスの発生傾向がより低く、データや情報の制約にも縛られにくい。アドバイスは個人の「ライフストリーム」（354ページ参照）を通じてリアルタイムで提供される。

世界で**最も強力なエネルギー複合企業**は、石炭、ガス、石油のいずれにも投資しない。最大の新規純雇用は、ソーラーエネルギー向けに経済を組み立て直す場で生まれそうだ。現在のように集中的に発電したものを配電する電柱や電線はなくなる。より広く言えば、エネルギーシステムは高度に分散化され、配電網への依存とそこから生じる問題を低減し、私たちを取り巻く世界はエネルギー効率的になる。その支援サービス業界は爆発的に成長し、配電網とエネルギーシステムを再生可能エネルギー型に再構築し、大規模不動産開発から、発電機能のある窓、蓄電池とエネルギー貯蔵システム設置、無線通信システム、自動車充電ステーション等へと転換する。

アマゾンは、**ドローンとロボットを商品配送**に使う最初の企業となる（そして後に続く企業もある）だろうが、**自動運転交通と3Dプリンティング**はさらにバリューチェーンのディスラプションを推し進め、知的財産権（デザイン）とこうした新たな配送網へのアクセスが不可欠のものとなるだろう。非常に幅広い商品について、店舗という販売モデルは非効率となる。特に現在アドバイスが購買経験の一部となっているものはそうだ。2030〜2035年には、私たちは自宅で商品をダウンロードしてプリントするのが当たり前になるだろう。電気回路やディスプレイやその他のテクノロジーもその中に含まれる。

私たちの子供らは、私たちが現在所有しているものを持たなくなるだろう。所有の概念が見直されることで、資産管理の姿が変わることになるからだ。エアビーアンドビー（Airbnb）、ソーシャルフライト（SocialFlight）、リフト（Lyft）、セイロ（Sailo）や他の企業は、資産共有システムの第一波に過ぎない。将来は、毎日違うクルマ（自律型の自動運転車）に乗って通勤できるようになるだろう。それは自分で自動車を所有するよりはるかに安価になる。月替わり、週替わりで違う部屋に住んで、毎日違うワークスペースで仕事をすることが可能になる。これらの経験がパーソナル化されるため、自分固有のパーソナルなスタイルが発揮できると感じられるだろう。Y世代とZ世代は、資産と引き換えに経験を手に入れる。マイホームというアメリカン・ドリームは、ライフスタイルというドリームにその座を譲り渡すことになる。

「拡張時代」には、最も巨大で確立された経済こそがディスラプトされるだろう。長く投資を続けてきた既存テクノロジーへの依存を変革することに躊躇があるためだ。だからこそ、新しいテクノロジーとインフラストラクチャーに大規模な投資を行っている中国が、世界で最も高価値の経済となって米国や欧州圏を急速に追い抜く可能性が高いのだ。だからこそ、インフラストラクチャー改善（注

2）と気候変動（注3）に既存経済が抵抗する米国では失業が増加するが、米国株式市場は活況を示すのだ。旧来のインフラが未来の経済成長を大きく妨げることになる。シリコンバレーとベンチャーキャピタル投資の存在は、倒れかけの既存産業、不適切な政策運営、そしてインフラといったものを抱える中で、米国経済が世界の中で生き残った大きな理由の一つとして、歴史的に見られることになるだろう。

世界最大級の企業はすべてテクノロジー企業となり、テクノロジーベースでないコモディティとサービス企業は今後10年間にそのシェアを急速に失っていくだろう。世界最大級の銀行は、発展途上国から出現するテクノロジー企業になりそうだ。その銀行は、現在銀行口座を持たない25億人を顧客とすることになるが、10年後にはそのほとんどがスマートフォンを所有しているだろう。30年後には、世界最大級の企業は、個人向けＡＩと、新しいエネルギー、インフラストラクチャーを基本とするものとなり、テクノロジーの原動力となる小惑星でのレアメタル採掘までもがそれに含まれるだろう。モバイルとデジタルマネーも有力なプレーヤーとなる。

世界市民という呼称は、より実現が近い課題となるだろう。長期的にみれば、移民や国境管理はソフトウェアが行うようになり、旅行は第一次世界大戦以前の姿に似てくるだろう。当時の旅行はそれほど形式的なものでなく、書類なしで欧州内の国境を越えることができた。そうなる理由は、自動化が進むからだ。出発のために空港に足を踏み入れた瞬間から、遠く外国の地のホテルに到着する瞬間まで、さまざまな移民局、空港の発着オペレーション、航空会社とホテルが、あなたが何者かをすでに知っている。さらに、エストニアとシンガポールとアジア太平洋経済協力（APEC）のような国々では、e-Citizenプログラムを開発中であり、この市民権形態を取得できれば、地理的に広い範囲で旅行と雇用の自由が得られる。

仮想現実と拡張現実が現実となる。マジックリープは、その技術概念を「映画的現実（cinematic reality）」と呼んでいるが、２０１３年にグーグル・グラスが扉を開いた道程は、まだ始まったばかりだ。私たちは、50〜75年を要する神経統合型生体電気回路の実現への道程に足を踏み出したのであり、そこでは個人用ヘッドアップディスプレイ方式で視野の中に情報を表示することが可能になる。それが装着テクノロジーか、あるいは眼の加工とアップグレードのいずれであるにせよ、視野拡張は生体拡張の大きな特徴だ。目は心の窓とも言うが、未来の目はフィードバックループ、コンテキスト拡張、オーバーレイ等、あらゆるものへの窓となるのだ。

ストーリーテリングや経験デザインのさまざまな方法が試行され始めると、**新たなアート形式が次々と登場するだろう。**ゲーム、映画、VR、ARの世界はどれも豊かに広がっており、そこではストーリーが語られ、生きられ、経験される。バーチャル世界にハマるユーザーも出てくるだろう。リアル世界よりもよい場所に逃避できるから、しばらくの間VRの世界の中に浸されて、保守や伝統にうるさい人たちの足かせから自由になれる。しかしこれらは、ソーシャルメディアとスマートフォンの世界のように常態化し、生活の中に組み込まれるところまで進むだろう。それは現在のテレビやコンピューターと非常によく似たものだ。全室内投影機能のある部屋や、VR体験用に最適設計されたスペースが設けられるようになれば、『スター・トレック』のホロデッキが現実味を持つようになる。拡張現実と仮想現実によって、何がリアルで何がそうでないかの境界線のあいまいさは拡大を続ける。

個人の健康が数値でわかるようになり、**ヘルスケアは動的でテクノロジーベースの産業となる。そして寿命はより長く、生活はより健康なもの**となり始める。センサー、データ共有、遺伝子解析、3Dプリンティング、バイオエンジニアリング、バイオロボティクス、生体模倣の世界が、人工知能に支えられて、私たちの健康管理の方法を劇的に変革していく。

外科手術の創始者として歴史的に認められているのは、エジプトの役人のインホテップ（紀元前2650〜2600年）とインド人の医師のスシュルータ（紀元前1200〜600年のどこか）の2人だが、それ以降私たちはずっと、損傷を修復し、病巣を切除し、臓器を移植して、健康を回復させようとしてきた。薬草、抽出物、砕いたミネラルに始まったものは、実験室で開発された処方に何千ドルも要求する製薬会社へと発展してきた。将来、開業医はなくなり、医業は詳細で測定に基づいた正確なサイエンスとなる。私たちは、脳の働きやさまざまなタンパク鎖が長期的にどう作用しているかといった体内医学についてさらに理解を進める必要がある。しかし、DNAの解析と編集、リアルタイムに近い個人用の薬のデザイン、置換用の臓器や部品の生成が、次第に重要さを増すことになるだろう。

AIは友達になる。 10～15年後には、日常的な接触で最も頻繁にリレーションシップをとるのは、人工の知性となるだろう。この機械知性（machine intelligence：MI）には高度なインタラクティブ性があるが、SF上の言葉の意味どおりに感覚力や自意識があるわけではない。しかしだからといって、機械知性が仲間、執事、デジタル・パーソナル・アシスタント的なものになれないというわけではない。『her／世界でひとつの彼女』や『2001年宇宙の旅』のような映画や、ヘイローのようなゲームや、過去50年間のSF物語の中で描かれてきたように、AIは深い個人的な意味合いを持つことになるだろう。しかし、個人用AI関連のソフトウェアが私たちと知り合いになるのに全く個人的な意味合いはなく、それはソフトウェアが私たちのことを両親よりもよく知っているということだ。

人間はAIと恋に落ちるだろうか？　イエスだが、幸いにもそれは例外的だろう。AIの参政権や財産権の論争が起こるだろうか？　汎用AIが感覚力をもつであろう20～30年後までその可能性は低いだろう。そしてその頃までには、機械知性はもはや社会の中に統合されていて、無数のリソースをうまく管理している（必ずしも所有しているわけではない）だろう。それは純粋に、AIが人間のオペレーターやプロセスよりもはるかにうまく機能するからだ。データ、公共サービス、緊急サービス、交通といった都心部運営に必要な大量のリソースは、世界中の資本主義者がよしとしなくても、共有リソースとして集中一元型ソフトウェアが運用するものになっていくだろう。

教育は革命的に変化する。 私は本書の執筆中、大学やカレッジの近代的なナレッジベースのシステムよりも、昔の徒弟制度やギルド制度に何度も立ち戻った。私たちがＡＩとデータへの常時アクセスを通じて知性を拡張すると、希少性メカニズムまたは参入障壁という意味で知識を守るのは不可能になる。しかし、スキルは入手困難な状況が続く。「拡張時代」のカギを握るのは、創造的思考と、私たちの周囲に組み込まれる新しい経験をデザインする能力だ。それは、新しいケイパビリティと、あらゆるもののスマート化と、行動予測モデリングに基づくものになる。

　それでも学生は大学に行くだろうが、学位の投資対効果には次第に疑問符がつくようになり、学生ローン負担が経済の競争力を減じるにつれて、大学という経済モデルには問題が生じるだろう。具体的に言えば、先進的で現代的な大学における課程はすべてＳＴＥＭ（訳注・Science, Technology, Engineering and Mathematicsの頭文字）ベースのプログラムになる。テクノロジーを使う職業でないと、学生たちはそのスキルを仕事で発揮できないからだ。

　リスク管理、トレーディング、資産配分、市場分析といった金融面の能力は、次第にプログラミングやブラックボックスの機能を実行するシステムの体系化が中心となる。医学生は幅広いテクノロジーの使い方を学び、スマート診断を理解し、センサー網を学習し、ロボット手術機械の操作を覚える。新しい医療の領域では次第に専門性がなくなっていくだろう。

拡張世代は、キャリアとしての「生活」を営むだろう。 Y世代とZ世代は強い起業家意識を持っている。インターネットで偶然出会った世界中の何千人もの友人とのソーシャルなつながりを意識して育ったこの世代には、もう一つ包括的な目的意識が生まれている。イスラミック・ステート（ISIS）の興隆、世界金融危機、アラブの春、エボラ出血熱等の病気、AIと自動運転車の出現、学生ローン負債の拡大、記録的な失業率といったものに直面した世代である彼らが、毎朝目を覚まして興味を示すのが、家賃を払うための先行きのない仕事よりも、自分の好きなことや情熱を感じることであったとしても、それは無理もないことだろう。

拡張世代は、私たち以前の世代よりも動き回る力がある。より頻繁に仕事を替わり、自分の好きなことをやっていないなら、ストックオプションと昇進への道で彼らをつなぎとめることはできない。彼らはチームを組み、新しいすごいものを生み出そうという同じ情熱を共有する他者とチームを組み、集団に参加する。コラボレーションの相手が地球の反対側にいようが構わない。彼らはアーティストであり、利他愛の人であり、夢想家であり、思考者であり、そして行為者だ。

彼らは自分の親たちが環境に与えたダメージを本気で回復しようとするだろう。宗教や、それが世の中で占める位置に向ける疑いの目は強さを増すだろう。テクノロジーの受容度ははるかに高く、世界の問題の解決を科学に求めるようになるだろう。ものごとをより大きな構えで、よりうまく実行したがるだろう。他人を犠牲にしてできるだけ金を稼ぐのではなく、世界をよりよい場所にするために投資しようと思うだろう。そう、彼らは理想主義者だ。彼らの内なる情熱を、私たちが壊してしまわないようにと思う。

拡張時代の雇用とビジネス——勝者と敗者

人手またはプロセスへの依存度が大きい産業は、AI、経験デザイン、スマート・インフラストラクチャーという「拡張時代」を特徴づけるディスラプションによって大幅に縮小することとなるだろう。

敗者となるのは次のような産業だ。

①大規模エネルギー産業

4つの外的な力が、あらゆる化石燃料製造者や従来型のエネルギーシステムに挑みかかる。

・超安価の代替エネルギー
・スマートグリッド
・電気自動車
・エネルギー貯蔵システム（テスラ・パワーウォール、燃料電池等のような蓄電池）

都市と地域全体がエネルギーの純生産者となると、ガソリンスタンドは大量に廃業し、電柱は野ざらしになる。そして鉱業は、燃料の抽出から新しいスマート世界に電力を供給する資源の抽出へと転換する。

②大手ヘルスケアおよび製薬産業

新しいヘルスケアビジネスの競争力とは、データ、エンジニアリングそしてモデルであり、化学、特許薬、手術室の空き時間ではない。病院と医者の手術はこれからも必要だろうが、医療の専門家はセンサーから診断を行うことになる。救急医療は２０２０年代にピークを迎えたのちには、減少するだろう。心臓発作のような突発事象が予測可能になり、自己学習型ヘルスケア専門ＡＩが治療法を指示するためだ。ＡＩは診断と治療法提供についてはどんな人間よりも優れている。

③小・中規模カレッジと大学

学生ローン負債、失業、大学院研究の有効性低下等によって、高等教育、特にビジネススクールの大幅な統合が起こるだろう。オーストラリア、米国、英国のような国営システムから切り離された市場は大きな打撃を受ける。それは拡張世代が、外国人学生に開かれたより低額の授業料を提示する国へと移動するか、ネット上のＭＯＯＣ（大規模公開オンライン講座）に参加するか、あるいは単発仕事で徒弟的に腕を磨く道を選ぶようになるからだ。

④大きな政府

政府は、おそらくテクノロジーとインターネットによって破壊されるのが最も後になる産業だ。AIが持つ力は、法律に関するプロセスと、現在は人間と変更不可能な手順と政府お決まりの非効率性が支配的な資源配分に関するプロセスの双方を大幅に削減可能だ。AIが政府を運営すれば、人間主導の運営よりもコストが劇的に低下して効率的となるため、政府はより社会主義的政策傾向を強めるだろう。

⑤銀行、保険、規制当局および金融一般

銀行支店のテラー、フィナンシャル・アドバイザー、会計士、融資担当者、あるいは銀行商品や金融ルールに関する「アドバイス」提供関連を業とする他の誰であれ、こうしたすべての専門職は脅威に直面する。どんな金融機関であれ、紙の申し込み書類やサインから抜け出せなければ、2020年代前半には急速に衰退し、2025年にはおそらくもう生き残っていないだろう。「拡張時代」を100年後に振り返ってみれば、銀行の窓口係は最大かつ急速に影響を受けた職業となっているだろう。そうなるのは、モバイルによるディストリビューションを通じて経験デザインの変革が起こるからだ。リスクモデルは劇的に変化する。商品設計とコンプライアンスへのアプローチも同様だ。スマートフォンを使って新たに銀行取引を始めた20億の人たちは、支店、プラスチックカードあるいは小切手帳を使わない。彼らが生み出すのは、新しくてムダがなく、低マージンのスーパーバンクであり、それ

はテクノロジー、リアルタイムの金融アドバイスと優れた利便性（決済、融資、価値貯蔵）の上に成り立っている。

次のようなものが「拡張時代」の勝者となる。

①テクノロジー大手企業

彼らは新しいテクノロジーに投資し続ける。それが得意技だからだ。過去20年間のマイクロソフトのように、盛衰もみられるが、アップル、グーグル、フェイスブックのようなプレーヤーはまだ豊かな成長余地を残している。

②人工知能スタートアップ企業

彼らは発展する世界の枠組みを構築するプレーヤーだ。グーグルのディープマインド、フェイスブックのウィットａ.ｉ（Wit.ai）、メタマインド（MetaMind）、センティエント・テクノロジーズ（Sentient Technologies）、ザ・グリッド（The Grid）、エンリティック（Enlitic）、ｘ.ａ.ｉ等で、これだけでもごく一部だ。ただし、機械知性のプレーヤーも忘れてはならない。自動運転車製造企業、ヘルスケア診断とセンサー網、ＩＢＭのワトソン（Watson）その他だ。この産業は出発点さえまだ見えていないが、ドットコムやソーシャルメディアブーム、パソコンブームと同じような波が再び来ることは間違いない。そしてそれはより大きなものになる。

③スマート・インフラストラクチャー

自律型電気自動車製造、スマート・グリッド運営、消費者向け再生可能エネルギーと家庭用蓄電池設置、水処理と脱塩、ロボット／ドローン配送網、一般的なスマートシティ・インフラストラクチャー等はいずれもすべて、今後20年の間に急成長するビジネスとなる。２０３０年までだけでも、ソーラーと再生可能エネルギー向けに世界を作り替えるのに約３０００万人が従事することになるだろう。

④モノのインターネット（Internet of Things：ＩoＴ）

身の回りのあらゆるものがスマート化し始める。始まりは、スマート家電、スマート自動車、スマートホーム、スマートグラスといったもので、それがセンサー、画面、ソフトウェアといった私たちの周りの世界に組み込まれるものへと展開される。次の10年間の近いうちに、あらゆる種類の日常的なアプリケーションがすべて機械間で行われるようになれば、センサー網が爆発的に増加して、小さくてユビキタスなコンピューティング機器がそこかしこにあるようになる。あらゆるもののスイッチのオン／オフが可能になって、何らかの方法でモニターすることが必要になり、それらはＩoＴ機器としてクラウドに接続する。その非常に大きなサブセットが、ウェアラブルセンサーとインジェスティブルセンサーであり、それらが私たちの健康と安寧をリアルタイムでモニターする。

⑤発展途上国のネットワーキング

ビル・アンド・メリンダ・ゲイツ基金、フェイスブック、グーグル、インターネットオルグ等の主導によって、20～25億の人々がインターネットへのアクセスを得るようになる。そのほとんどはモバイル機器によるものだ。最初は安価でユビキタスなスマートフォン利用が顕在化し、次いでゆっくりとしかし確実にインターネットへのアクセスが、そしてコマースがそれに続くだろう。

⑥開発者、人間とコンピューターのやり取りおよび経験デザインの実施者

世界全体がプログラムされて、新しい経験と新しいプロセスが私たちの周囲のあらゆるテクノロジーに組み込まれる必要がある。

⑦ヘルステックとフィンテックの提供企業

この2つの業界は特に、新しいテクノロジー企業が支配的となるだろう。新興企業は既存プレーヤーに取って代わり、既存プレーヤーと提携して自分たちにない中核能力を手に入れ、さらに買収されて成長し、未来のユニコーン企業となるだろう。

⑧個人向けAI提供企業

フェイスブックのMや次世代のシリ(Siri)、コルタナ、アレクサ／エコー、ジーボその他いずれも、登場するスマートなデジタル・コンパニオンやパーソナル・アシスタントはビッグビジネスとなる。

そうなるのは特に、デバイスがよりスマートになって、ダイナミックで受動的に私たちのニーズを聞き取って対応できるようになるためだ。

⑨AR、VR、AVおよびPHUD

拡張視覚経験とデジタル現実の視野内への統合の領域は、非常に大きな投資と消費者普及が起こる分野となるだろう。映画はインタラクティブな物語の世界に変身し、ゲームはますます映画のようになって、私たちは日常的に仮想世界に逃避するようになる。ソーシャルなやり取りは次第にARやVR化されていく。とりわけ双方向のやり取りが必要な仕事の場がそうなるだろう。

⑩エキゾチックなメタマテリアルと3Dプリンティング

この2つの領域を一緒にするのは正当とは言えない面もあるが、それは本質的にはスマート製造とスマート建設であり、ナノテクノロジーのような技を駆使した素材の先進的活用とセットとなるものだ。そうした素材は、透明アルミニウム、カーボン繊維ナノチューブ、スマート衣服、保有特性が変化する感応性素材、スマート・ポリマー、圧電性物質、熱電性物質、フォトメカニカル素材、その他数多くある。素材は原子レベルで操作される。3Dプリンターは機械、住宅、電気器具や、自宅の机上にあるものを構築可能だ。

「拡張時代」へのロードマップ

ではこの先、人類、地球、そしてAIロボットによる支配はどうなるのだろうか？　基本原則は、変化速度が上がり、テクノロジーによるディスラプションが人類史上最も激しい時代に向かうということだ。そうした未来には、テクノロジー、AI、ロボット、進歩といったものの支持者とみなされなければ、拡大を続けるテクノロジーベースの文化に反発するマイノリティの立場に追いやられてしまうだろう。

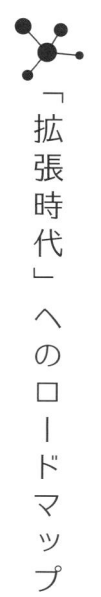

以下に、「拡張時代」の今後20〜30年における主要なマイルストーンを示した（**図0－1**）。

車輪、蒸気機関、コンピューターが発明されると、同時代の人々が新しいテクノロジーの影響を怖れる一方で、新しい世代が新しいテクノロジーを進んで受け入れることで世界を変えてきた。テクノロジーが世代交代よりも速いペースで動いているのは今回が初めてであるため、誰もが例外なくこの途方もない変化に対応しなければならない。今後生まれ来る世代は変化を受け入れるだろう。彼らは自分が生まれた後のこと以外は知らないからだ。だからこそ、それは彼らにとって問題ではない。しかし、保守的な価値とよりシンプルだった時代への信奉を抱き続けていたり、「旧きよき日々」を懐

図0-1 ● 拡張時代のマイルストーン

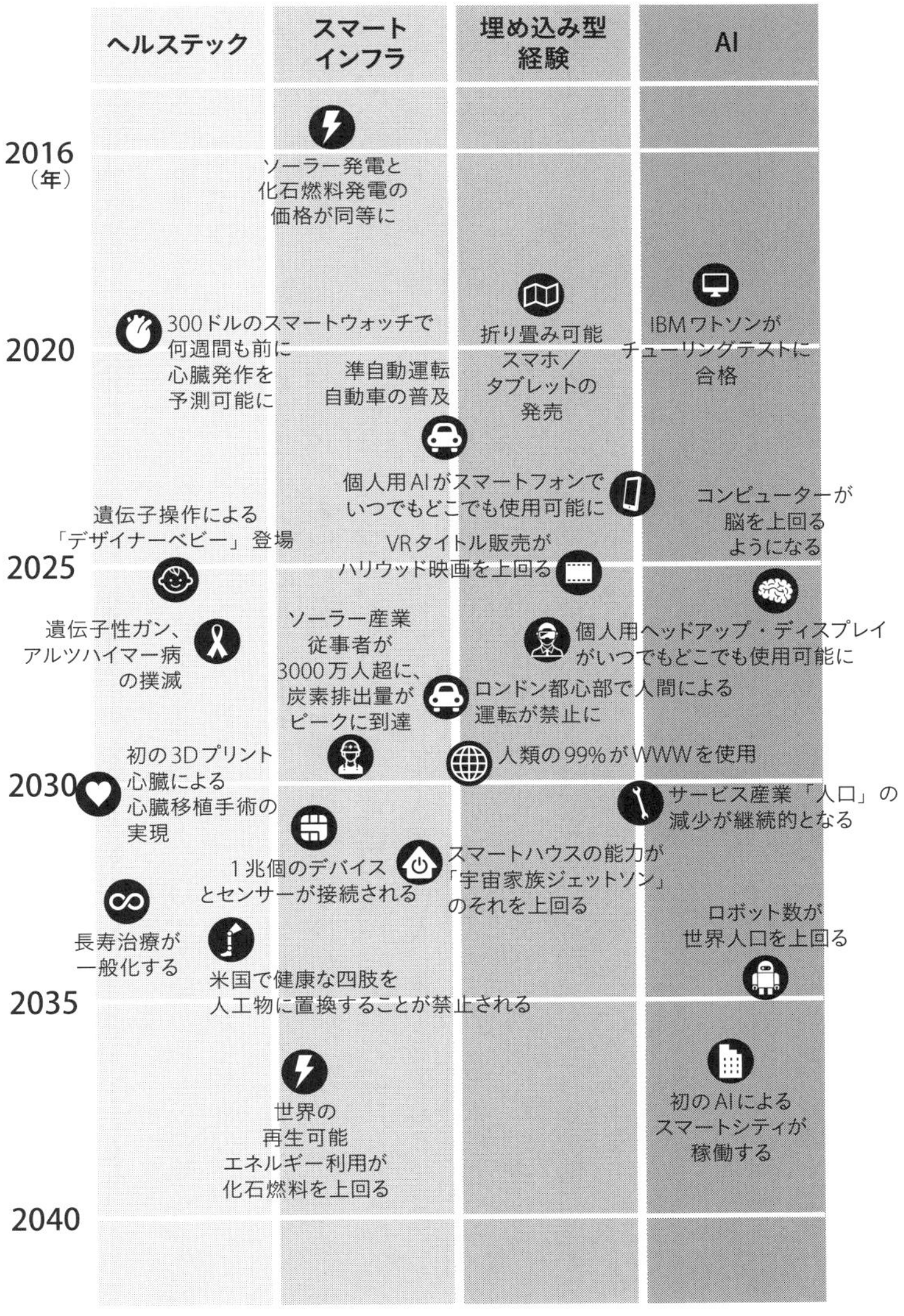
ヘルステック
スマートインフラ
埋め込み型経験
AI
2016（年）
2020
2025
2030
2035
2040
ソーラー発電と化石燃料発電の価格が同等に
折り畳み可能スマホ／タブレットの発売
IBMワトソンがチューリングテストに合格
300ドルのスマートウォッチで何週間も前に心臓発作を予測可能に
準自動運転自動車の普及
個人用AIがスマートフォンでいつでもどこでも使用可能に
コンピューターが脳を上回るようになる
遺伝子操作による「デザイナーベビー」登場
VRタイトル販売がハリウッド映画を上回る
遺伝子性ガン、アルツハイマー病の撲滅
ソーラー産業従事者が3000万人超に、炭素排出量がピークに到達
個人用ヘッドアップ・ディスプレイがいつでもどこでも使用可能に
ロンドン都心部で人間による運転が禁止に
人類の99％がWWWを使用
初の3Dプリント心臓による心臓移植手術の実現
サービス産業「人口」の減少が継続的となる
1兆個のデバイスとセンサーが接続される
スマートハウスの能力が「宇宙家族ジェットソン」のそれを上回る
長寿治療が一般化する
ロボット数が世界人口を上回る
米国で健康な四肢を人工物に置換することが禁止される
世界の再生可能エネルギー利用が化石燃料を上回る
初のAIによるスマートシティが稼働する

かしむ人たちにとって、「拡張世代」は、現状を常に脅威にさらすものとなるだろう。マーティ・マクフライが『バック・トゥ・ザ・フューチャー』の中で言ったように「お前らのガキどもはこいつに夢中になるぞ！」ということなのだ。

私たちが手に入れるテクノロジーは、世界をよりよい場所にするだけでなく、新しい世界への先導役を務める。そこでは何千年もの間存在した病気が根絶され、はるかに長く、より生産的な人生を生きられる可能性がある。40年間働きづめでリタイアを目指すだけの人生ではなくなるのだ。テクノロジーを活用するためには、18世紀と19世紀の経済や政治の概念を棄てなければならない。ソーラーエネルギーのようなテクノロジーを受け入れる必要がある。気候変動対策のためだけではなく、劇的に安価でクリーンでスマートだからだ。私たちは新しい価値の概念を受け入れる必要がある。なぜなら、石油のようなコモディティの価格は急落し、建物としての銀行はなくなるからだ。私たちはヘルスケアについて劇的に異なる考え方をする必要がある。症状を抑えるために錠剤を服用する必要はなくなる。その代わりに、自分自身の生態を作り替えて病気を撃退するのだ。仕事のしかたは大幅に変わる。大規模な自動化と、多様な流通手段とバリューチェーンの創造的破壊に適応しなければならない。私たちの子供らは、複数の職場で同時に働き、カレッジや大学で訓練を受けたものではなく、自分たちが情熱を傾けられるものを職業とするだろう。

２５０年の営みの中で私たちが学んだのは、いかなる産業／ビジネス／製品も、テクノロジーの影響を受けては無傷では生き残れないということだ。歴史が示しているのは、進歩を続けるテクノロジーがこの戦いに間違いなく勝利することだ。そうだとしても、SF作家のピーター・ディアマンディス、レイ・カーツワイル、そしてウィリアム・ギブソン、デビッド・ブリン、ラメス・ナームや、テクノロジー企業家であるイーロン・マスク、ラリー・ペイジ、ビル・ゲイツ、スティーブ・ジョブズのように未来のことを考えるとき、私は本質的には楽観主義者だ。テクノロジーの進歩が注ぎ込まれる「拡張時代」は、他の選択肢よりも圧倒的にすばらしいものとなる。

「拡張時代」は、人類史におけるすべての世代の中で、最もすばらしい優位性と可能性を私たちに提供してくれるだろう。ただしそれは、私たちが変化や変革、そしてイノベーションを受け入れてこそのものだ。

来るスマートな人生に備えよう！

注1：ヨタバイトは10の24乗バイトである。2015年には、ストレージのコストは約100兆米ドルだが、2030年には現在のドル価値で1000億米ドル以下になるだろう。そうしたデータが活躍するヘルスケアにおける役割からすれば、この種のストレージ・スペースは価格が手ごろであり必要だ。

注2：Steve Kroft, “Falling Apart: America’s Neglected Infrastructure,” CBS News, 2014年11月

注3："France warns climate change threatens global security," Associated Press, ２０１５年5月30日、http://www.salon.com/2015/05/30/ap_interview_france_warns_climate_change_threatens_security/

第1部

ディスラプションの250年

250 Years of Disruption

第1章 テクノロジーによるディスラプションの歴史

The History of Technology Disruption

「どの世代も、自分たちの方が一つ前の世代よりも進んでいると考えたがるものだ。進歩は不可避なのだからと……しかし真実は……歴史とは何度も繰り返すものだ。ほとんどの人がそれを目にするほど長生きしないだけだ」

——『フォーエバー』シーズン1、第5話、2014年（訳注・『フォーエバー』は米国テレビドラマで2014年9月～2015年5月放映。200年の命を持つ監察医が警察の捜査に協力するもの）

車輪（wheel）の発明は、その当時としては相当大きな出来事だっただろうと思う。しかし、それ以降のどんな大発明についても、そこには宣教師、祈祷師、村の年寄り、地域の商人あるいは町の役人がいて、車輪が町に害をなす理由や、それが仕事を破壊し、ひいては世界の終末規模の大災害にまでつながる様を説いて警鐘を鳴らしたものだ。歴史が教えてくれるのは、テクノロジーがひどく破壊的なものだということだ。生活や仕事の変化に対する抵抗は、歴史を通じて繰り返し行われてきたが、変化の前進を食い止めることはできない。今やテクノロジーは、かつてない速度で私たちの生活を破壊しているかのようだ。

過去200年間は、より新しく優れたテクノロジーの登場によるディスラプション（破壊）（注1）のサイクルが持続していただけでなく、そうしたイノベーションのサイクルが劇的に加速してきている。研究者たちはこの考え方を、テクノロジーの採択とかイノベーションの「拡散」と呼んでいる。テクノロジーが次第に社会に浸透する（あるいは当たり前になる）につれて、それが直面する導入への抵抗は小さくなる。世界がより相互につながるようになってきたため、新しいテクノロジーは、これまでにない速度で幅広く市場に普及する。iPhoneを例にとってみればよい。近いうちに、3Dプリンティングのようなテクノロジーによって、新商品が瞬時に自宅に届けられるようになる。それはアマゾン・プライムのドローンよりも速いくらいだ。

私たちは、新しいテクノロジーの普及について、アーリー・アダプター（訳注・早期利用者）対レイト・アダプターという形で話すことがよくあるが、導入サイクルが短縮化するにつれて、これらグループの差異を明確に指摘することが次第に難しくなっている。スマートフォン、フェイスブック、アングリーバード、スナップチ

図1-1 特定のテクノロジーがマス利用に到達するまでの年数（注2）

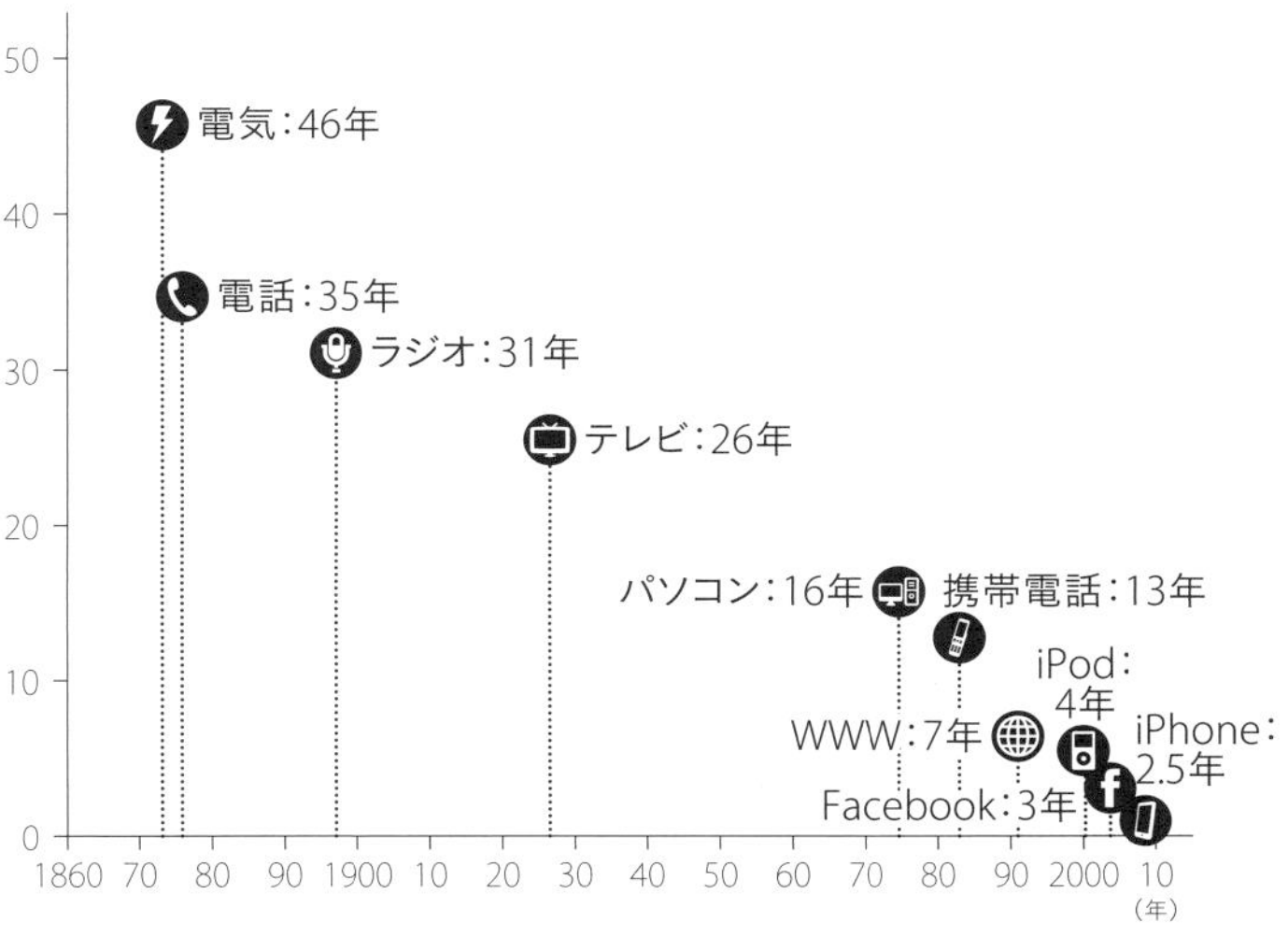

ャット、ウィーチャット等の新しいテクノロジーが登場する中で、近年のマスマーケットへの普及速度は、航空機や電話といったテクノロジーよりも30～50倍は加速している。私たちは、おそろしく加速された時代に生きているのだ（**図1－1**）。

テクノロジー導入とイノベーションは、長期的には私たちの生活の仕方に複合的な影響を及ぼす。新しいテクノロジーが発明されると、それが、さらに新しいテクノロジーを発明あるいは創出する力を加速する。印刷機の発明によって、より多くの人々が教育を受けられるようになり、それでかつてない知識の拡散が可能になった。集積回路（integrated circuit：IC）の発明によって、家電とマイクロチップの大量生産が可能になったが、それだけではなく、後に続くコ

図1-2 ● テクノロジー進歩の加速度

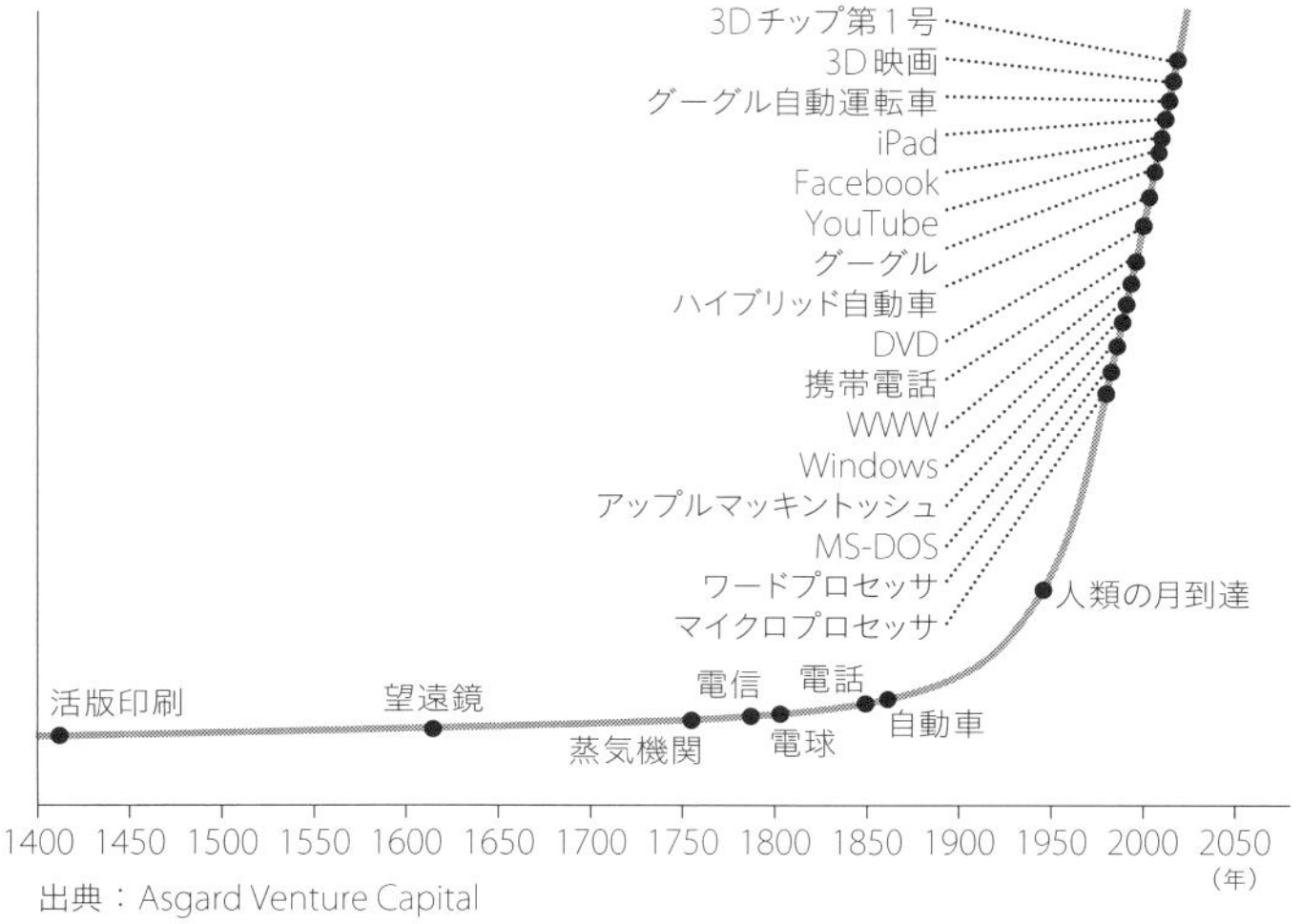

出典：Asgard Venture Capital

ンピューターとデバイスの設計・製造の方法論を急速に進化させた。その結果、大きな新しい技術進歩が起こる間隔が次第に短くなってきている。そのため消費者としての私たちは、新しいｉＰｈｏｎｅが出るたびに大きな新機能が組み込まれることを期待するようになったのだ（注3）。

図1−2のグラフは、過去６００年間のテクノロジー進歩の加速度がどんなものだったかを示している。統計学者が「ホッケースティック曲線」と呼ぶこの種のグラフは、成長シナリオが等比級数的となっていることの証拠だ。20世紀には、グラフの規則性が強まっているように見えるが、この部分には特にテクノロジーが関与している。このことは、数学者のジョン・フォン・ノイマンと、未来学者のレイ・カーツワイルが名付けた「シンギュラリティ（技術的シンギュラリティとも呼ばれる）」、つまりテクノロジー進歩が人間の能力を超える点という仮説へとつながる。理論上シンギュラリティが意味するのは、コンピューティング能力のさらなる向上によって、人間が直面するどんな問題でも解決可能になるということだ。

このテクノロジー進歩の加速についての唯一かつ最も根本的な具体的測定基準として知られているのが「ムーアの法則」である（**図1−3**）。ムーアの法則は、コンピューティングのハードウェアの歴史における観察結果であり、高密度集積回路に組み込まれるトランジスター数が、約2年ごとに倍増するというものだ。ムーアの法則は、物理的な限界のため現在は減速しつつあるが、過去50年間は不思議なほど正確だった。法則はインテル・コーポレーションの共同創立者のゴードン・Ｅ・ムーアの名前をとったもので、1965年の彼の技術論文にそのトレンドが記述されている（注4）。

　現在は、過去の人類史のどの時期よりも速く、テクノロジーが私たちを変えつつある。社会が対応しなければならない変化速度は世代が進むにつれて高まっている。いわゆるミレニアル世代（2000年頃に青年期に到達した世代）は、たいていの場合、こうした急速なイノベーションとうまく付き合っているようだ。しかしながら歴史的には、新しいテクノロジーがもたらすディスラプションが社会的インパクトを伴うことは少なくない。私たちは新しいテクノロジーが引き起こすディスラプションを警戒すべきだろうか、それともこれは自然な成り行きなのだろうか。

　私のお気に入りのディスラプション・ストーリーの一つが、いわゆる「ワイルド・ウェスト」時代のポニー・エクスプレスの話だ。ポニ

図1-3 ● 過去50年間のムーアの法則

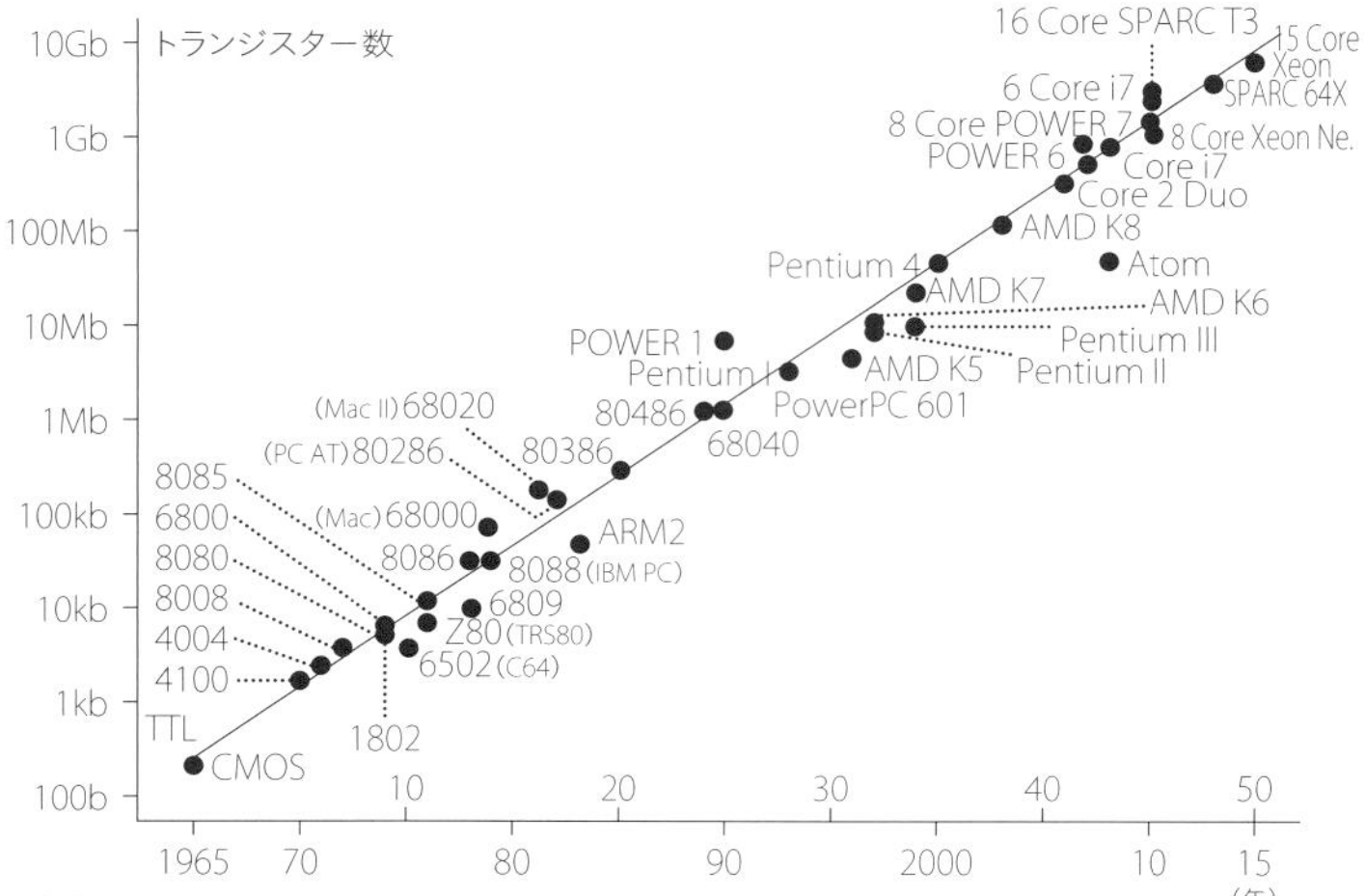

出典：Elektor Magazine

ー・エクスプレスは1861年10月26日に廃業した。それは最初の大陸横断電信ラインが米国の東と西をつないで稼働したわずか2日後のことだった。これは偶然の一致ではない。

そして今度は電信が、電話の発明によって急速にディスラプトされた。現在私たちが知るウェスタン・ユニオンは資金送金会社だが、1856年に遡れば、ウェスタン・ユニオンは米国をカバーする最大の電信サービス提供企業だった。そして1890年には、その版図は大西洋も越えた。同社のインフレ調整後の1876年時価総額は約8億5000万ドル（実際には4100万ドル）であった。当時のウェスタン・ユニオンは、100万マイルを超える電信ラインと2本の国際海底ケーブルを運営していた。

1876年、アレキサンダー・グラハム・ベルと彼のパートナー（注5）は、電話の特許を取得した。当初それは「会話電信（talking telegraph）」と名付けられ、彼らは特許を総額10万ドルで売ろうとウェスタン・ユニオンにもちかけた（注6）。が、コミュニケーション独占を確立していた同社は、新しいテクノロジーへの投資よりも高配当がより重要だという意思決定を下し、申し出を断った。

その後1881〜1909年の間、ベル電話会社（1899年から現在まではAT&Tとして知られる）はウェスタン・ユニオンと戦って、最終的にはビジネスの支配権を獲得した（注7）。AT&Tは現在、米国の独占電気通信企業として運営されているが、米国政府が独占に対して起こした最初の大きな独禁法裁判の一つである、いわゆる「キングズベリー協定」の下に国有化を余儀なくされた。電話が画期的な成功を収めていたとはいえ、1913年にはまだ、年配の著名人の中に、電信という既存産業を守ろうとする人や、電話が根本的なテクノロジーの飛躍であると理解していない人がいたということだ。

「リー・ド・フォレストが多くの新聞で署名の上で述べたのは、大西洋を越えて人間の声を発信することは何年も前から可能だったということだ。この馬鹿げていたがミスリードを計算した発言によって誤った方向に導かれた大衆は……納得して彼の会社の株を購入した」

——米国地方検事局、自らの無線電話企業の「不正」株式販売に対するリー・ド・フォレストの告発、1913年

1913年、米国地方検事局は、リー・ド・フォレストという当時の電話産業のメジャープレーヤーの一人を、音声が大西洋を越えて通信可能だという虚偽の言辞を弄したとして告発した。現在なら何百万の人々が毎日行っていることだ。この科学技術に対する地方検事局の反論は、株式市場に及ぼすリスクの認識に基づいたものだったろうか、それとも当時存在していた電信産業を守ろうとするものだったのだろうか？　そんなことは今ではほとんど関係ない。電話が世界を変えるのは止められなかったのだから。

私たち消費者は、新しいピカピカのオモチャを買おうと押しかけるのが常だが、こうした技術進歩のすべてが犠牲を伴うものであることを、おそらく忘れていることがある。モトローラ、ブラックベリー、そしてノキアが商業市場から消えていって、アップルとサムスンがスマートフォン販売を牛耳

るようになったのを、私たちの多くが悲しんでいるかといえば、それは疑問だ。しかし同時に、中国でiPhoneを作っているフォックスコンの労働者が、劣悪な労働環境のせいで自殺した(注8)ことを知ったときに、私たちの多くが慄然としたことも確かだ。

歴史の各段階におけるテクノロジーによるディスラプションは、今も私たちの口端に上るほどの大きな波を生み出してきた。私たちが誰かを「ラッダイト」と呼ぶときには、その人が新しいテクノロジーに対して反対のリアクションを示していることを意味している。他にも「コダックの瞬間」「ゼロックスする」「彼は壊れたレコードみたいだ」といったよく使われる通俗的な言い回しは、「ググる」「ウーバる」「ツイートする」「セルフィーを撮る」といったより現代的な類義語に置き換わってきている。私た

図1-4 ● 大衆文学における「時代」への言及

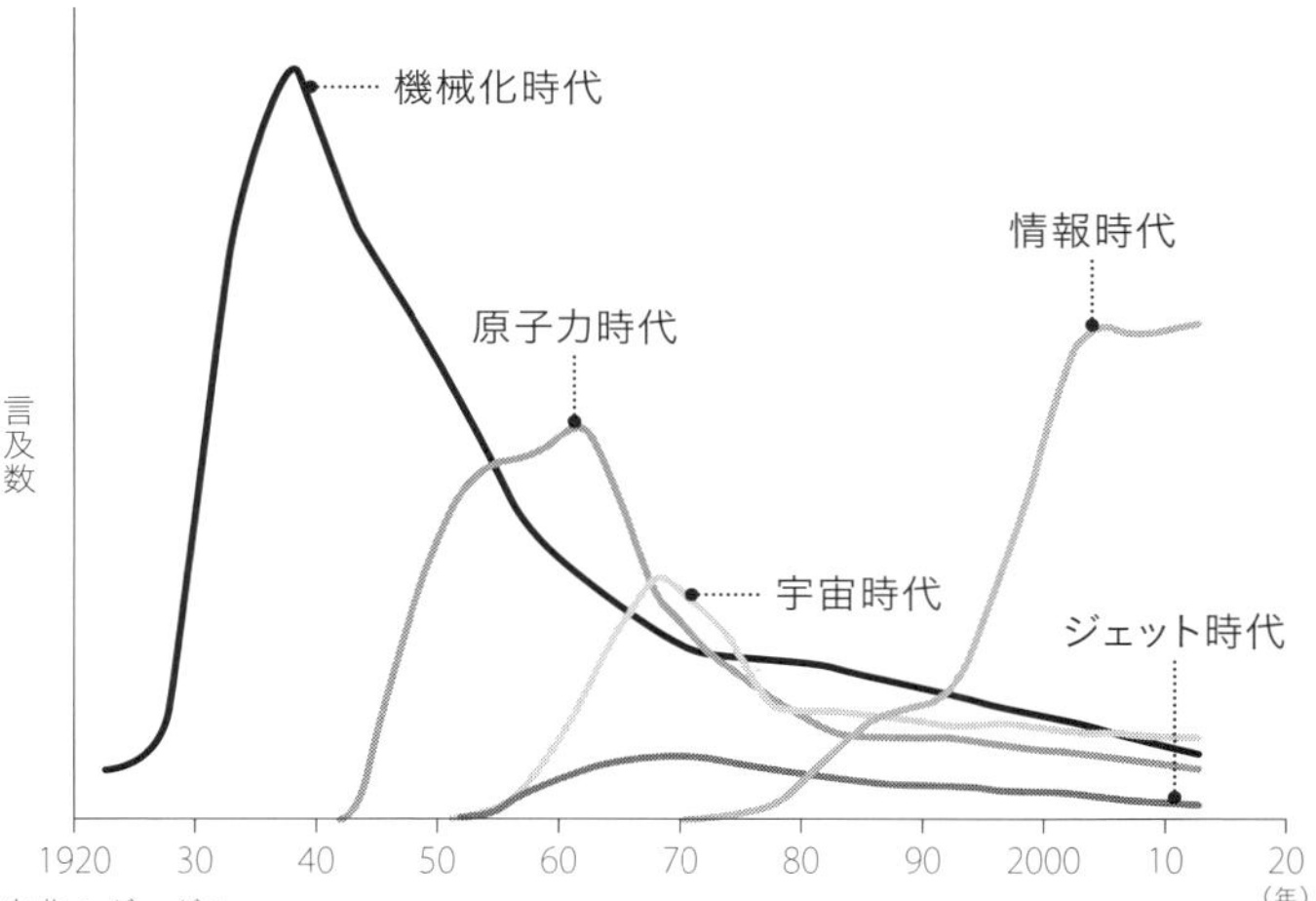

出典：グーグル

ちの使う言葉は変化し、私たちの行動も変化するが、社会はそれに適応するのだ。

新たなテクノロジーの登場によって今後30〜40年間に起こることを予想する前に、過去200年にわたるテクノロジーのディスラプションを振り返って、長期的なパターンやトレンドが見られるかどうかを確認することは役に立つだろう。パターンが繰り返されるようなら、論理的には「拡張時代」がもたらすディスラプションについても予想できるはずだ。

定義上、現代文学と学界において過去100年にわたって定義づけられてきた「時代」をみるために、ここでは一般的に認められた言語とタイムラインを使うことにする（**図1－4**）。

工業化または機械化時代（1800〜1945）

工業時代または産業革命の主たる部分は、製造方法、化学品および金属生産（特に鉄）を中心とした大規模製造プロセスへの移行であり、水利用（下水、水道、灌漑等）の改善から蒸気力、そして究極的には自動化された工作機械への移行であった。いわゆる産業革命は、多くの点で人々の生活に影響を及ぼした。実際、機械時代の50年の間には、日常生活のほぼあらゆる側面で何らかの変化が生じた。

歴史が示しているのは、新しいテクノロジーが産業や消費者市場に定着し始めて2〜3年が経過すると、それに対して従来のビジネスモデルがうまく防御し続ける余地はなくなってしまうということ

だ。

産業革命の中心は英国（当時の世界のドミナント・パワー）であり、1760年頃に始まって、まずは当時の2大産業である繊維工業と農業における進歩が焦点となった。繊維工業における変化が本格的に始まって地歩を築くのは1800年代前半で、靴下編み機や紡績機や力織機などの労働節約的な機械の利用であった。力織機は最初は水力（水車）駆動であったが、1803年には、トーマス・ジョンソンや他の人々が蒸気機関テクノロジーに基づいた織機を製造していた。蒸気機関は通常、革のベルトを動かし、次いでそれが縦糸やシャトル（杼）を駆動した。それは職工が手動の織機で織る方法を真似したものだった。

こうした労働節約型機械のおかげで、経営者は、当時の繊維産業で支配的だった熟練「職人」に替えて、未熟練で低賃金の労働者を雇うことになった。1811～1817年にかけて、大規模な抗議運動が英国全体で起こった。主に中心となったのは、ノッティンガムシャー、ヨークシャー、ランカシャーの繊維工場だった。この抗議運動を始めた職工は、その運動の中で蒸気機械の打ちこわしを行い（注9）、それが報道機関によって「ラッダイト」と呼ばれた。

これがトレンドとして最初のものだが、私たちは、それが歴史的に繰り返されるのをしばしば目にすることになる。新しいテクノロジーが登場すると、それが業界を革命的に変えるか破壊してしまって反対運動が起こり、現行プレーヤーたちは政府の支援を求めてディスラプションの抑止を試みることがある。しかし10年のうちには新しいテクノロジーが広く普及してしまい、雇用パターンも変化して後戻り不可能になる。歴史が示しているのは、新しいテクノロジーが業界内にいったん根付き始めると、それに対して従来のビジネスモデルが防御に成功するのは長くて2~3年ということだ。

インターネットは2014年に25周年を迎えたが、今やそれは世界の大部分で日常生活の構成要素となっている。それでも、ピュー・インターネット・リサーチが示しているのは、2014年時点で米国人の13%がまだインターネットを利用しておらず（注10）、さらに約19%はコンピューターも持っていないということだ。大きな数字には思えないかもしれないが、それで米国だけでも3000万人を超えることになる。ただし、米国は世界最大の囚人投獄国（約2200万人、または世界の囚人の25%）だ。ほとんどの囚人はウェブへのアクセスを有していないから、このデータには明らかに歪みがある。

米国では2010年以降、インターネットの成長が劇的に減速しており、年成長率はわずか2%だ。しかしながら、ピュー社の調査で興味深い項目は、人々がネットを使わない理由だ。

米国でインターネットを使わない人たちの3分の1以上が、使う必要がないからとしており、もう3分の1は、難し過ぎるか、ウィルスとハッキングを懸念していて、あとの3分の1はおカネがないとしている。最後の3分の1のユーザーは、より低価格のスマートフォンかタブレットが捕捉するだろうが、それ以外のテクノロジーに疎い人々が翻意することはなさそうだ。米国におけるインターネットの普及率は90~91%でピークに達し、スマートフォンは80%近辺で飽和するものと予想される（注11）。

この数値は世界を代表していない。本書出版時には、すでに世界の10カ国以上でスマートフォンの利用率が100％を上回っている。これらの国々ではほとんどの成人がスマートフォンを持っていて、その多くが複数台を所有しているということだ。シンガポール、香港、アラブ首長国連邦、スウェーデン、韓国、サウジアラビアといった国々に対して、米国はテクノロジーの採用について大幅に後れを取っているのだ。

現在米国でインターネットやスマートフォンの利用を頑なに拒む人々のことを、ラッダイトとか「ネオ・ラッダイト」（注12）と分類してもよいかもしれない。社会にはほぼ常に、テクノロジーについて懐疑的なだけでなく、反テクノロジー哲学を積極的に広めようとする人々がいるものだ。2014年の映画『トランセンデンス』（ジョニー・デップ主演）では、広くはシンギュラリティに分類される機械や人工知能（AI）への動きと、R.I.F.T.（Revolutionary Independence From Technology：「テクノロジーからの革命的独立」の頭文字）というAI開発阻止を目的とする過激主義者グループとの間に起こると想定される衝突をドラマ化している。ATM、携帯電話、インターネットやフェイスブック等の新しいテクノロジーが登場すると、「そんな〇〇は誰も決して使わない」と頑なに信じる人たちが必ず存在するものだ。よく耳にする言い訳は「そんなのは一時的な流行だ」というもので、彼らはそれを決して使ってみようとせず、安全で便利だと考えようとしない。

もともとのラッダイトとはどんな人たちだったのだろうか？　彼らはテクノロジーを憎悪していたのか、それともそれは分類としては単純過ぎるのだろうか？

19世紀前半の英国におけるラッダイトの主導者は、ジェネラルまたはキング・ラッドとして知られる反工業化運動のリーダーで、架空の人物だ。キング・ラッドは、治安判事、食品商人、製造業者宛ての脅迫状に書かれていたもので、当時広く使われた偽名である。ラッダイトは現実に、何百人を数える大きな民兵組織となった。実際、イベリア半島でナポレオンと戦っているよりも、ラッダイトの抗議や活動を打ち払うための英国軍の方が多い時もあったほどだ。

1812年には、蒸気機関を壊したり、悪意を持って工場や加工場を破壊したりすることは、英国法(注13)の下では死刑に相当する罪になっていた。1813年1月にヨークで行われた大量裁判では、クレックヒートンのロウフォールズでの工場襲撃に対して、60名を超える人がラッダイトとして起訴された。なぜラッダイトは、当時の機械に対してそうした直接的行動をとったのだろうか？　現在その名が持つ意味どおりの反テクノロジーだったのだろうか？

ラッダイトのほとんどは腕利きの職人や労働者で、機織りや紡績業で身を立てていた。工業化以前のこうしたセクターでは、織機や紡績機を操作するには、高レベルの技術的熟練とそれに付随する長年の訓練を要した。工場の自動化は、こうした特化スキルの必要性をなくしてしまい、当時最大の産業における雇用の性質や構成を劇的に変化させた。**ラッダイトはテクノロジーに反対していたのではなかった。彼らは単に仕事を、生計を失うことに反対していたのだ。**残念なのは、彼らが戦った相手が必然というものだったことだ。

大量生産時代が世界的に加速したのは1913年で、ヘンリー・フォードのT型フォード組み立てラインがミシガン州ハイランドパークにオープンしたことによる。当初フォードは他社と同様に、手作業で1台ずつシャシーから組み立てるという方法で自動車を作っていた。フォードのイノベーションは、組み立てラインを開発したことだった。そこでは自動車が工程から工程へと軌道上を移動し、各工程では自動車の新しい部品が組み付けられた。プロセスには数多くのサブアセンブリー工程と個別部品製造工程がつながっていて、自動車が安価で高速に大量生産できるようになっていた。このためT型の価格は、平均的な家族が自動車購入に手が届くところまで初めて低下した。1925年にはT型フォードの価格は1台わずか260ドルとなり、それが販売台数1650万台につながった。この記録は1970年代のフォルクスワーゲン・ビートルまで破られることがなかった。

フォードのウェブサイトでは、最終組み立てラインについて次のように述べている。

「究極の一歩は、移動式の最終組立てラインを創り出したことでした。最初はむき出しのシャシーがラインに沿って動いて各工程を通り、最後には完成車が自らのエンジンを動かしてラインを離れるのです。このプロセスの重要なところは、ルートに沿ったすべての供給ラインが同調しており、正しい部品を正しいタイミングで供給できることでした」

——大量生産の発展—英国フォード社

フォードが先駆けとなった大量生産は、世界中の製造業のベンチマークとなった。フォードは工場労働者の最低賃金を1日5ドルに設定し、経済学者はこれを米国中産階級の確立の主要メカニズムとして頻繁に引用している。これが2つめのトレンドだ。新しいテクノロジーは一般に新しい職業を生み出し、そのペースは十分な時間があれば、イノベーションの結果として職業が失われるよりも速い。

機械化時代が社会に与えた影響

産業革命が生活の質を引き上げたことは、広く認められている。1750年以前は、フランスや英国のような一般に生活の質がよい場所でも、平均寿命は35歳程度だった。質の向上の主な要因は、農業経営および技術の改善と、生鮮食品がより広く入手可能となったことによって、食品の腐敗が減少したことだ。蒸気機関の利用と工場の創造によって、例えば導管の大量生産が可能になり、それが農業や下水処理に使用された。

1700年代中ごろの欧州最大の産業は農業で、当時人口の50％超がこの産業分野に従事していた。産業革命の結果として肉体労働の必要性が低下したために失業が増大したが、すぐに繊維産業が発達して、農業に代わって最大の雇用主となった。1800〜1950年にかけては、農業が英国と米国の労働力の半分以上を雇用していたのが10％未満となった。20世紀初頭には、鉱業と製鉄業が大きな雇用者となったが、それは自動車、石油・ガス産業に取って代わられた。その後は、エレクトロニクス、テレコミュニケーション、コンピューターおよびIT産業が雇用に影響を及ぼした。

個々のディスラプションの段階では、労働者は反旗を翻し、労働組合は抵抗して、不可避の変化に歯止めをかけようとする。一方で、政治家と雇用者たちはこの変化に何とかうまく乗って、競争力と存在価値を維持しようとする。単一の産業に依存する都市や、影響力のある企業1社が支配力を持つ都市が、こうした変化からマイナスの影響を受けるのを、私たちは繰り返し目にしてきた。

わかりやすい例として、米国の農村へのトラクターの導入台数と、1900〜1960年代の米国全体の農業従事者の減少（全労働者に対する割合として）との関係は、数字を詳細にみれば理解できる。農業での雇用は1900年には経済全体の42％を占めていたが、1970年代には5％未満に落ち込んだ。農業の機械化が雇用パターンに直接的な影響を及ぼしているのは、**図1－5**のグラフからも見てとれる。

皮肉なことに、米国や英国のような国では、工業化時代以前に農業の大ブームがあった。実

図1-5 ● 農業におけるトラクター数と雇用減少の相関関係

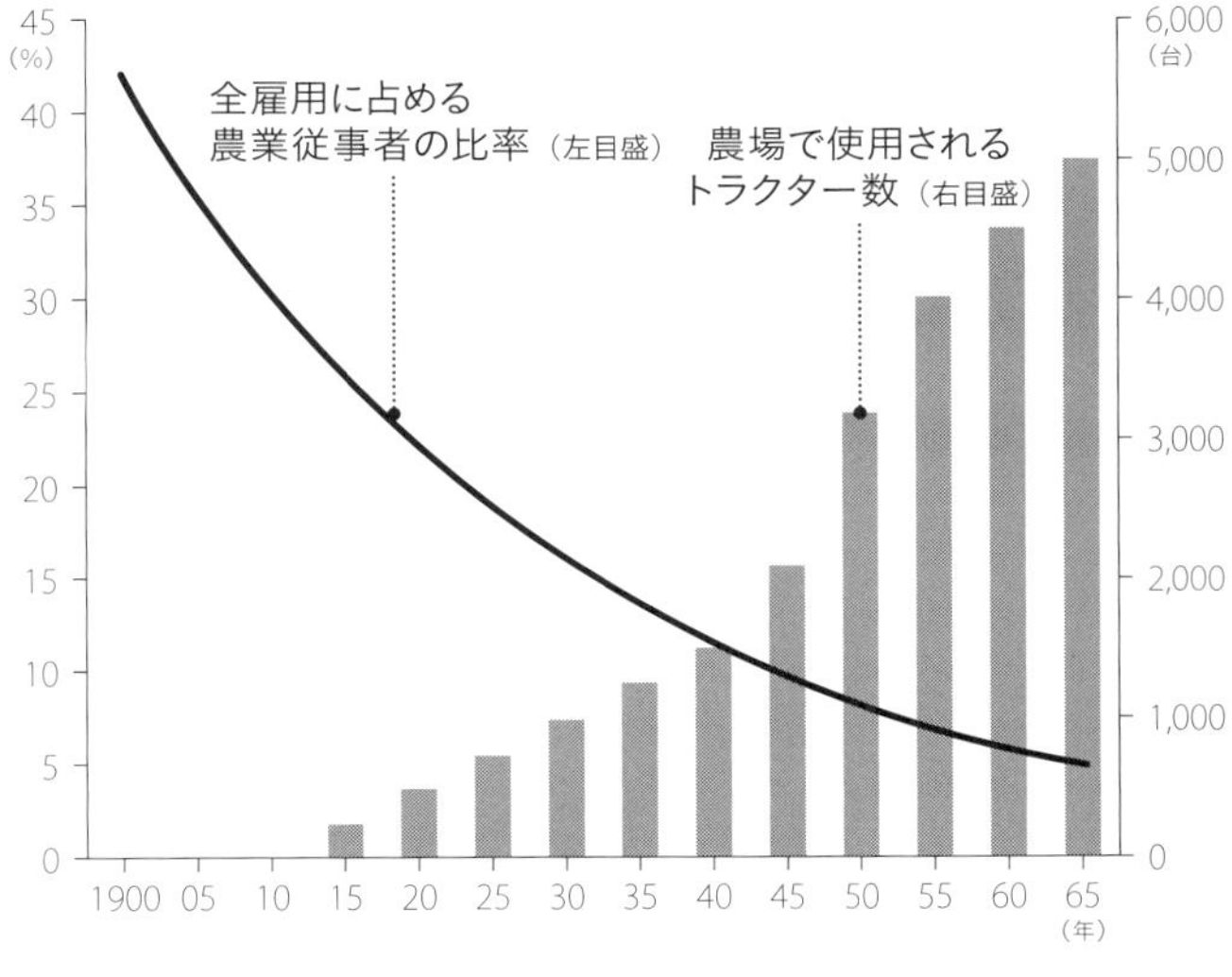

はここにもテクノロジーが姿を見せている。農業革命は、輪作、工作器具の改善、高度の労働力投入による農業技術の集約度向上と、飼育と畜産方法の向上を伴って、農業の規模拡大をもたらした。

この後の時代のディスラプションはおそらく少し地味だが、その変化のニュースの色合いはもっと劇的だ。

原子力、ジェットまたは宇宙時代（1945〜1975）

私の子供時代のヒーローは『ライト・スタッフ』だった。ニール・アームストロング、チャック・イェーガー、ユーリ・ガガーリン、アレクセイ・レオーノフ（注14）、バズ・オルドリン、デビッド・スコット、ジム・ラヴェル、ゴードン・クーパー、そして他のアポロ宇宙飛行士たち（名前を挙げたのはごく一部だ）が私たちのイマジネーションを捉え、想像の壁の向こう側へと私たちを押しやってくれた。だが、これらのすばらしい偉業は、何千人もの脇役たちの存在と技術力の飛躍抜きでは可能とならなかっただろう。この時代には、量子科学に関する研究開発が大発展したが、それは原子エネルギーがもたらす安価で手近で無限のパワーが有望視されていたためだ。これらそれぞれが発展して、人類史上最もすばらしい偉業のいくつかと、最も破滅的な武器を同時に実現することにつながった。

20世紀初頭に、ドイツ生まれの理論物理学者で科学哲学者が、原子の力を活用すれば巨大な量のエネルギーが得られる可能性があると主張した。1905年9月26日に発表された彼の論文「移動体の電子的動態」は、特殊相対性理論と、シンプルには $E=MC^2$ として知られる質量とエネルギーの関係を数値化する等式の双方の理論に同時につながるものだった。その物理学者はもちろん、ノーベル賞学者のアルバート・アインシュタインに他ならない。

アインシュタインが天啓を得るより前のこと、1898年のマリーとピエール・キュリーのラジウムの発見は世界を沸き立たせ、原子科学がもたらしうる恩恵に関する楽観の時代の幕開けとなった。しかしながら、1914年にH・G・ウェルズが書いた『解放された世界（The World Set Free）』での核戦争のイメージと、1930年代のラジウム夜光文字盤訴訟と1942年の最高機密である核兵器開発のマンハッタン計画によって、原子科学の闇の側面が露わになった。

第二次世界大戦が勃発すると、アインシュタインはルーズベルト大統領（FDR）宛に、フェルミとシラードという2人の科学者の研究について手紙を書いた（**図1－6**）。彼らはアインシュタインの質量〜エネルギーの等式を拡張していた。アインシュタインは、彼らの論文にフランスのフレデリック・ジョリオの研究を合わせて、核反応で「膨大な量のパワーと大量のラジウムのような元素が生み出される」と信じるに至った。さらに興味深いのは、アインシュタインが「この新しい現象は、新型の非常に強力な爆弾の製造にもつながるもの」であると飛躍して理解したことだ。

彼の手紙は**図1－6**のようなものだ。

この研究は核エネルギーの誕生への道筋をつけたが、それは同時にアインシュタインが述べているように、1942年のマンハッタン計画を扇動することにつながった。

V2ロケット（ドイツ語ではVergeltungswaffe2＝報復兵器2）は、第二次世界大戦における最も破壊的な長距離兵器の一つだった。ヒトラーの軍隊はロンドンとその近郊、アントワープ、リエージュに向けてこの兵器3000発を発射してのけた。V2はナチスが開発した先進兵器であるだけでなく、おそらく最も成功した兵器だった。ドイツはまた1941年に、最初の実用ジェット戦闘機兼ジェット推進爆撃機であるメッサーシュミットMe262を飛行させた（注15）。Me262はすばらしい戦闘機だったが、戦争への実用投入が遅すぎたため、意味のある影響

図1-6 ● アインシュタインからFDRへの核兵器に関する手紙

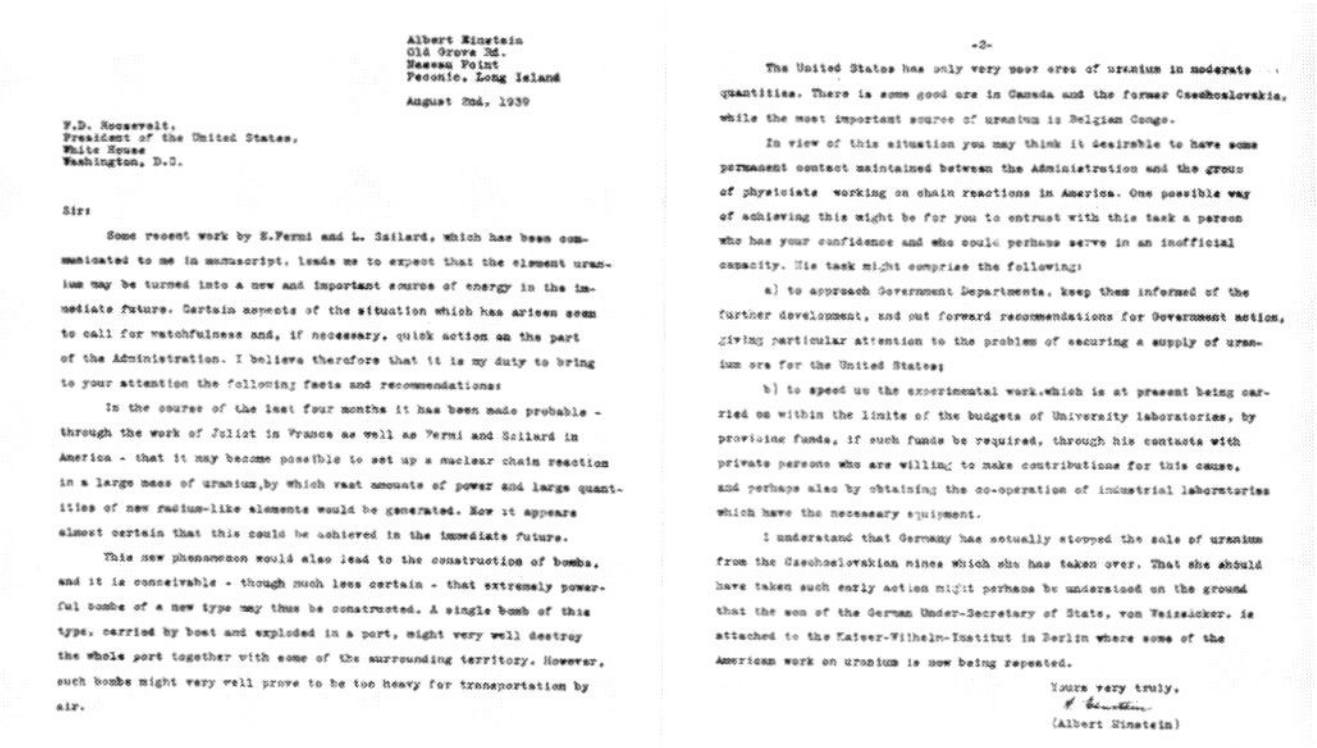

Albert Einstein
Old Grove Rd.
Nassau Point
Peconic, Long Island

August 2nd, 1939

F.D. Roosevelt,
President of the United States,
White House
Washington, D.C.

Sir:

Some recent work by E.Fermi and L. Szilard, which has been communicated to me in manuscript, leads me to expect that the element uranium may be turned into a new and important source of energy in the immediate future. Certain aspects of the situation which has arisen seem to call for watchfulness and, if necessary, quick action on the part of the Administration. I believe therefore that it is my duty to bring to your attention the following facts and recommendations:

In the course of the last four months it has been made probable - through the work of Joliot in France as well as Fermi and Szilard in America - that it may become possible to set up a nuclear chain reaction in a large mass of uranium,by which vast amounts of power and large quantities of new radium-like elements would be generated. Now it appears almost certain that this could be achieved in the immediate future.

This new phenomenon would also lead to the construction of bombs, and it is conceivable - though much less certain - that extremely powerful bombs of a new type may thus be constructed. A single bomb of this type, carried by boat and exploded in a port, might very well destroy the whole port together with some of the surrounding territory. However, such bombs might very well prove to be too heavy for transportation by air.

-2-

The United States has only very poor ores of uranium in moderate quantities. There is some good ore in Canada and the former Czechoslovakia, while the most important source of uranium is Belgian Congo.

In view of this situation you may think it desirable to have some permanent contact maintained between the Administration and the group of physicists working on chain reactions in America. One possible way of achieving this might be for you to entrust with this task a person who has your confidence and who could perhaps serve in an inofficial capacity. His task might comprise the following:

a) to approach Government Departments, keep them informed of the further development, and put forward recommendations for Government action, giving particular attention to the problem of securing a supply of uranium ore for the United States;

b) to speed up the experimental work,which is at present being carried on within the limits of the budgets of University laboratories, by providing funds, if such funds be required, through his contacts with private persons who are willing to make contributions for this cause, and perhaps also by obtaining the co-operation of industrial laboratories which have the necessary equipment.

I understand that Germany has actually stopped the sale of uranium from the Czechoslovakian mines which she has taken over. That she should have taken such early action might perhaps be understood on the ground that the son of the German Under-Secretary of State, von Weizsäcker, is attached to the Kaiser-Wilhelm-Institut in Berlin where some of the American work on uranium is now being repeated.

Yours very truly,
(Albert Einstein)

出典：ウィキペディア
https://en.wikipedia.org/wiki/Einstein%E2%80%93Szil%C3%A1rd_letter

は及ぼさなかった。

終戦を迎えると、ソビエト社会主義共和国連邦（USSR）（注16）と米国は、ドイツの兵器研究に関する情報を可能な限り入手しようと飛びついた。ドイツ軍崩壊に至る最後の日々の中で、ソ連軍と米国軍は、V2ロケットや同種の取り組みに携わったあらゆるロケット科学者を捕らえようと手を尽くした。捕まった科学者たちが最終的に与えられたのは、移住して米国とソ連のロケット計画で働くか、一生を牢獄で過ごすかという選択肢だった。V2計画に従事していた優れたロケット科学者の一人は、ドイツの航空宇宙エンジニアで、名をヴェルナー・マグヌス・マクシミリアン・フライヘル・フォン・ブラウンといった。フォン・ブラウンが率いたチームが、巨大なサターンV型ロケットをつくり上げ、それがアポロ宇宙飛行士を月へと運んだ。

第二次世界大戦終戦から6カ月ほど後の1946年3月に、ウィンストン・チャーチル英国首相はウェストミンスター大学でスピーチを行い、その中で「鉄のカーテン」という言葉を使った。それはソ連が支配する東欧を意味するものだった（注17）。この政治的対立がいわゆる「冷戦」で40年以上も続いたが、その期間に技術面で最も活発に成果が表れたのが宇宙競争だった。

1957年10月4日、ソビエト連邦は直径58cmの球体を低周回の楕円軌道に打ち上げた。名前はスプートニク（正式にはスプートニク1号）である。「スプートニク」はロシア語の単語で「衛星」を意味しているが、字義通りには「旅の友」とも訳せる。米国大統領ドワイト・D・アイゼンハワーは、195

5年に米国として人工衛星打ち上げの意図を発表していたが、ソビエト連邦は1957年にスプートニクを打ち上げて、西側を完全に出し抜き、分析と懸念の嵐を巻き起こした（**図1－7**）。

スプートニクの打ち上げに続いて、低周回軌道と月に向けた競争が始まった。宇宙に出た最初の人間であるユーリ・ガガーリンは、もう少しで地上に戻れなくなるところだった。帰還用ロケット点火の際に設備モジュールが切り離されないという問題が発生して、10分間ほど不快な荒っぽい旋回運動を経験することになったのだ。しかしその後モジュールが分離して、ガガーリンの帰還カプセルは正しい向きに収まった。

スプートニクから5年経たないうちに、米国大統領ジョン・F・ケネディが「私たちは月に行くことを決めた」（注18）という有名なスピーチを行い、1960年代の終わりまでに月面に人が降り立つことを約束した。このスピーチ

図1-7　宇宙への「競争」の幕開けとなったスプートニクの打ち上げ

によってアポロ計画が開始されたが、それはほぼ疑いなく、人類のこれまでのテクノロジーの成果として唯一最も偉大なものだ。月面着陸は非常によく作られたでっち上げだという陰謀説はあるが、今の私たちには、月面着陸を「でっち上げる」テクノロジー自体が１９６０年代後半にはなかったことがわかっている。また中国、インド、欧州そして米国の人工衛星が月面のアポロ着陸地点の写真を撮影しており、アームストロングたちが月面を歩いた疑いのない証拠は山ほどある。月へのミッションは全部で8回行われ、そのうちアポロ10号と13号は月を周回して帰還しただけだったが、6回のミッションは成功、つまり月面に着陸し、８４０ポンド超の月の石、土壌、試料（アポロ11号が持ち帰ったのはそのうちわずか48・5ポンド）が採集された。

なぜ月へのアプローチを復活させないのかという問いに対する回答はシンプルだ。アポロ計画は、そのピークには米国予算の４・４％を占める大食らいの事業であり、それは２０１５年時点だと2兆ドルに相当する。最後のアポロのミッションから10年経たないうちに、米国宇宙局の予算は１％未満に縮小し、ＮＡＳＡの宇宙飛行計画に割かれる予算は、現在では年間70億ドルに満たない。が、それでも相当な金額ではなかろうか。ＧＤＰが17・３兆ドル（２０１４年第2四半期推計）もある時代の話ではないのだから。

「人間かロボットかその双方による宇宙探索への取り組みの意味を問うのは、１４９０年代後半のコロンブスの新世界への航海の価値に疑問を投げかけるようなものだ」

――キース・カウイング、NASA Watch.com の設立者兼編集長、前NASA宇宙生物学者

スプートニク打ち上げの後、国家威信というものがソ連と米国の背中をそれまでなかった目標へと後押ししたため、両国は軌道衛星、宇宙遊泳、ドッキングといった分野で「一番乗り」を競った。それまで、こうした壮大な国家の取り組みは戦時の企てに限られていたが、冷戦期に武器競争がたけなわとなる中、地球衛星軌道につながる宇宙領域を自国のものだと主張することが、競い合う2国の頭の中では重要な勝利の基準だったのだ。

原子力時代は、大幅な経済成長の時代である。GDP成長は1950年代と60年代のほとんどの期間、6〜10%と高止まりし、電力需要の成長は年7%で推移した。石炭火力発電所が急速に増加していたものの、予測によれば、その設備能力では20世紀末までに想定される成長に対応できなかった。そのため原子力が、長期的選択肢としてより現実的であると考えられた。1967年の予測では、2000年までには米国発電能力の56%が原子力発電所によって生み出されるとされた。しかし、1970年代にはインフレーションの後に石油危機が到来して経済は大混乱となり、送電網成長に関する需要は縮小した。

現在では、エネルギーに関して最も王座に近いのは太陽電池テクノロジーである。ソーラーは本質的に、宇宙時代に匹敵する発明だ。ベル研究所は1954年に最初の実用的な太陽電池を作り出し、わずか4年後の1958年には、NASA初のソーラー発電衛星であるヴァンガード1号が打ち上げ

られた。
ソーラーは原子力時代に発明されたものだが、それが既存エネルギー産業に太刀打ちできる価格帯に到達したのはようやく現在になってからだ。戦後のテクノロジーブームの中で生まれたテクノロジーによるディスラプションはこれからも続くのであり、聞こえてくる音色からすれば、それは私たち皆にとってすばらしいものだ。

ロケット、電子工学、原子力の社会的影響

NASAはピーク時に約40万人を雇用していて、さらにその先には世界中に2万の大学、下請企業、製造業者がいた。1960年代半ばには、米国労働力の4・5%が何らかのかたちで宇宙競争に携わっていると言われていた。これは、さまざまな業界の盛衰とその経済成長への貢献度合いの変化からみても、未曾有の異常値だった。

今日に至るまで、テキサス州ヒューストンとフロリダの「スペースコースト」は、1960年代の宇宙計画でなされた投資から長期にわたる経済的恩恵を受け続けている。NASAが行ったテクノロジー投資がもたらした恩恵の例には、過去5年間で次のようなものがある。

・テフロンコートのファイバーグラス：現在は屋根材として使われる
・水冷宇宙服と宇宙下着：四肢灼熱症候群、多発性硬化症、脊椎損傷やスポーツでの怪我等の要加

療慢性症の治療に使うポータブル冷却システムに適用されている

・NASA開発の消防士用軽量呼吸システム：現在世界中で消防設備として使用されている

・NASA開発のロボット宇宙船作業アームと人工筋肉：現在四肢切断者向けの人工四肢として使用されている

・NASAのスペースシャトルの主エンジン燃料ポンプ設計：ベイラー医科大学のマイケル・ドベーキー博士およびジョンソン宇宙センターエンジニアのデビッド・ソーシアによる人工心臓ポンプのベースとして使用された

その他のNASAのクールな発明や貢献の中で私たちが日常使っているものは、透明歯列矯正ブレース、傷つきにくいレンズ、低反発フォーム、赤外線放射温度計、煙感知器、コードレス器具、ウォーターフィルター、高性能ラジアルタイヤ、LED、化学物質検知器、ビデオエンハンスメントや分析ソフトウェアまである。

原子力時代または宇宙時代は、テクノロジーの観点からは破壊的であるが、それが消滅させたよりもはるかに多くの職業と富を生み出しているのだ。

情報またはデジタル時代（1975～2015）

今日のテクノロジーによるイノベーションの中心には、3つの中核法則または原則がある。ムーアの法則は、本章ですでに述べた。他の2つは、メトカーフの法則（ギルダーの法則と密接に関係している）と、記憶媒体に関係するクライドラーの法則だ。これら全体が、デジタル時代の中心、つまりコンピューティング・パワー、ネットワーキング、ストレージ（またはデータ）の法則である。コンピューティングとテレコミュニケーションは、この20～30年にわたって、世界と私たちの行動に深い影響を及ぼしている。

デジタル時代の超絶的な数字を示すために、データストレージと、ネットワーク上のデータ送信をみてみよう。1990～2005年の間にハードディスクの容量は1000倍に増加した。それは現在も続いている。

2015年、この惑星を取り巻くインターネット・プロトコル（IP）ネットワークは10ゼタバイトのデータを送信した。2008年時点では、2015年の数値は1ゼタバイトと予測されていた。つまり私たちはすでにそれを10倍追い越してしまっており、2014～2019年の間にはさらに10倍の増加が予想されている。

より実感をつかむために、世界最大の図書館である米国国会図書館全体で所蔵される「データ」あるいはコンテンツがどれくらいあるかというと、およそ3ペタバイト（PB）である（注19）。国会図書館は書籍だけでなく、1300万枚の写真、400万枚の地図、50万本の映画と350万件の録音を所蔵している（注20）。私たちが1日に生み出すデータ量は、国会図書館が所蔵するものの8500倍になる。別の表現をすれば、私たちは現在、過去に印刷されたあらゆる書籍（約1億3000万タイトル）（注21）の1000倍のコンテンツを1秒ごと、あるいは8000万倍（注22）のコンテンツを1日ごとに生み出しているのだ（**図1－8**）。

現在の米国国家安全保障局（National Security Agency：NSA）は、6時間ごとに国会図書館全

図1-8　ギガバイト当たりのコストの低下

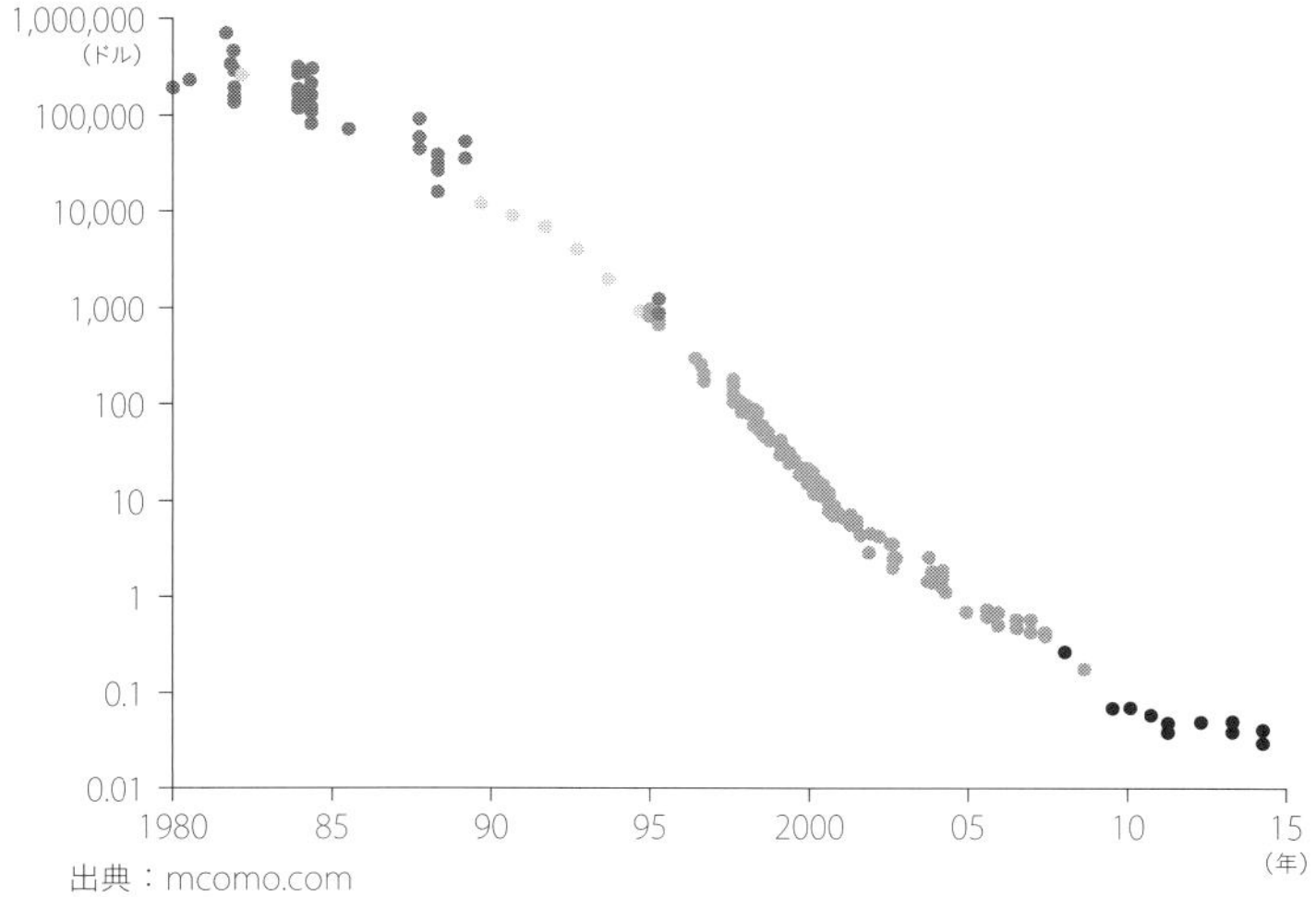

出典：mcomo.com

体と同量の情報を収集している。驚愕すべきことに、世界にはすでに、私たちが日々書き、演じ、撮影するあらゆるものを貯蔵できるだけのディスクスペースがあるのだ。それも余裕を持って。

インターネットが始まった頃、大学には若干の大型サーバーがあったが、インターネットにつながるコンピューターのほとんどは小型かミッドレンジの機器だった。「データセンター」は１９７０年代から存在していたが、１９９０年代に「サーバー」が創造されると、大企業が使用する民間データセンターが生み出され、ストレージ集中化と複数個所でのデータ複製における中心テーマは災害復旧対策になった。現在インターネットに接続しているすべてのサーバー・ファームやデータセンターは「ザ・クラウド」と呼ばれる。「クラウド」という言葉は、ネットワーク・ダイヤグラムでオフサイトのストレージを雲の形で表していたことからきている。

前マイクロソフト副社長でマイクロソフトのＸｂｏｘ部門を率いていたフィル・ハリソンは、２０１３年のエレクトロニック・エンターテイメント・エキスポでのＸｂｏｘ Ｏｎｅの発表において、このプラットフォームとしてのコンピューティングの力強い指数関数的な伸びについて、次のように述べている。

「Xbox Oneのデイ・ワンである今、私たちが持つ『クラウド』サーバーのパワーは、1999年の地球上の全コンピューティングパワーに匹敵しています。皆さんが使える具体的なデータポイントが存在するのです……」

――フィル・ハリソン、マイクロソフト社エンターテイメント部門担当副社長

シェアリング・エコノミーとソーシャルメディアが合わさって、コンテンツ、バイト／ビットそしてデータの爆発的増加を生み出した。10年前にはその到来は予想されていなかった。データ需要は直線的に増加すると予想されていて、モバイルが登場したときには、データ利用の増加を正しく予想できた。しかし、ソーシャルメディア、「シェアリング」の拡大、コンテンツ生産者としてのコンシューマーの台頭などの結果としてデータが爆発的に増加することは予想できなかった。

インターネット上で大評判のピューディパイ（ユーチューブのビデオロガーであるフェリックス・アルヴィッド・ウルフ・シェルバーグのビデオネーム）は、こうし

図1-9 ● 大手ケーブルネットワークの月平均トラフィック（視聴者数）推移

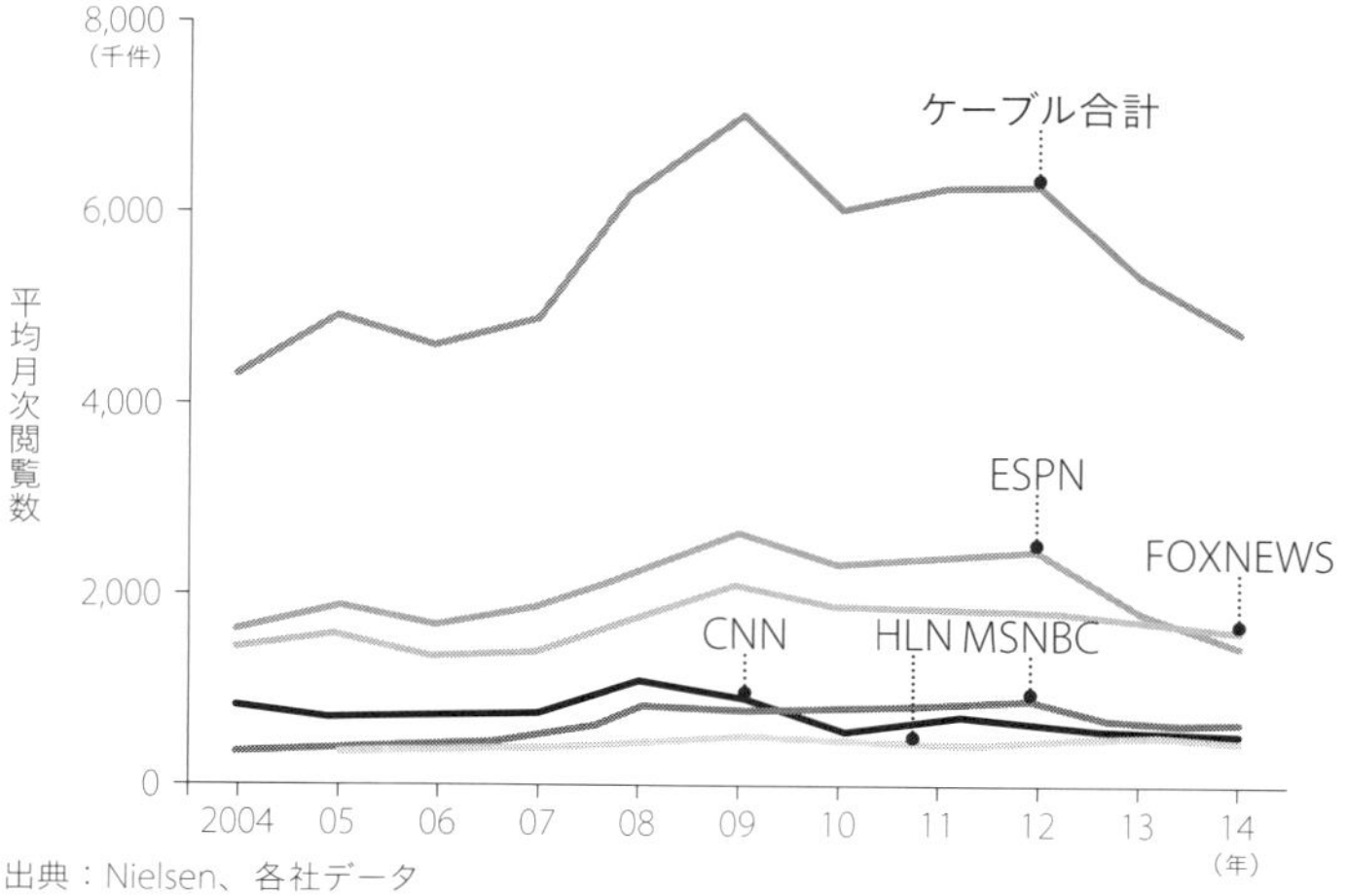

出典：Nielsen、各社データ

たコンテンツへの需要における変化の典型例だ。1カ月をわずか超える間に、ピューディパイは、2014年のワールドカップの世界の視聴者数を超えるユーチューブチャンネルの平均閲覧数を獲得した。ドイツ対アルゼンチンのワールドカップ決勝には2650万人のアメリカ人がチャンネルを合わせたと推定されているが、ピューディパイは同日すでに2000万の閲覧を受けていたのだ。

TheRichest.comというウェブサイトによれば、ESPNは世界で最も高価値のテレビネットワークであり、フォックスニュースは3位、CNNは10位となっている。しかし、視聴率の競争では、夜のケーブルテレビニュースか、ワールドカップのようなスポーツイベントを超える苛烈な戦場は見当たらないだろう。2004〜2014年をみると、2009年がテレビ視

図1-10 ● ピューディパイの月平均閲覧者数と米国大手ケーブルネットワークの比較

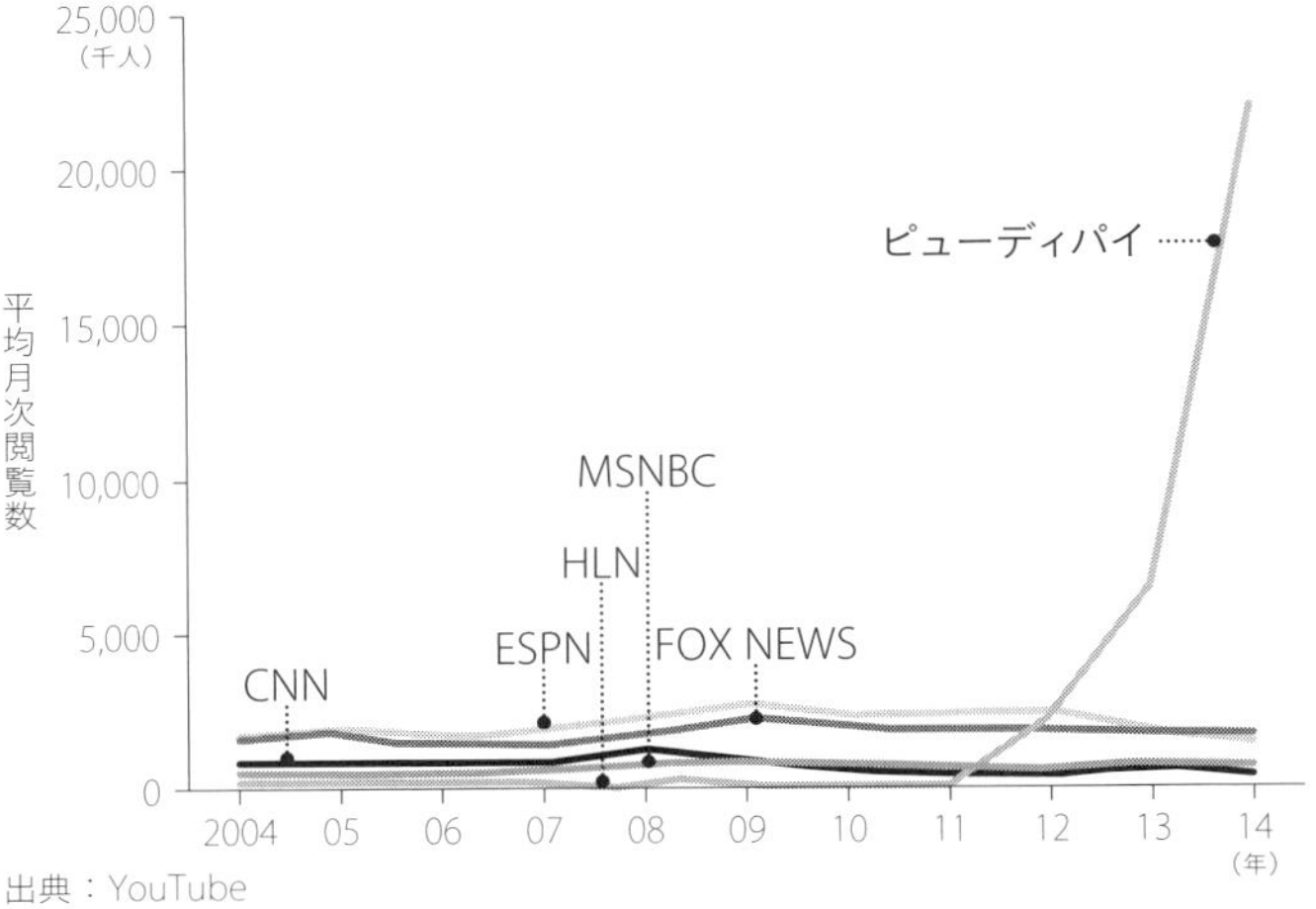

出典：YouTube

聴率のピークだった。それ以降の低下の理由は、IP層上にある2つのテクノロジーの組み合わせによるものだ。1つめはインターネット・ビデオで、ユーチューブに始まり、ネットフリックス、Hulu、アマゾン・プライムといったサービスへと発展した。2つめはモバイルやタブレットの利用方法が、従来のニュースネットワークから離れて、大量のコンテンツ群へと移行したことだ（**図1－9**、**図1－10**）。

ユーチューブのスターやテレビ番組など、ソーシャルで利用可能だが、従来型メディアを介さないものの効果を定量化しようとすると、非常におかしなことになる。このグラフが示しているのは、従来のニュース・ネットワークと比較すると、ピューディパイのようなわずか1人のビデオロガーが、驚くべき影響力とリーチを有していることだ。閲覧者数とトラフィックでみると、合計ベースでみても、両者の数値は近づく気配さえない。

ピューディパイの閲覧者ベースが、FOXニュース、ESPN、CNNの視聴者と全く異なることを理解したとしても、純粋なオーディエンスへのリーチについて言えば、ピューディパイの圧倒的勝利だ。彼は米国のプライムタイムのすべてのケーブルテレビの10倍を超える閲覧数を稼いでいるのだ。ピューディパイが決してFOXニュースのような影響力を持ち得ないと言い張る人たちは、完全にピント外れだ。1980年代以降に生まれたY世代や2000年代生まれのZ世代の影響力圏は、彼らの親世代とは全く異なっているのだ。デジタルの力によるコミュニティ内での交流は、歴史上目にしたことがないスピードで増大しており、その行動シフトの中核的なツールがビデオ、コンテンツ、画像の共有だ。拡張世代にとって、テレビのケーブルは決して重要なものではないのだ。

統計的に正確を期するなら、ピューディパイは明らかにFOXニュースよりも影響力が強い。結局それは、誰に対して影響力を及ぼそうとするかによる。つまり、テレビを視聴する消費者の世代なのか、あるいは数年後には商業、製造業そして人口統計の主役となる世代なのかということだ。

もう一人のユーチューブの大スターであるミシェル・ファンは、2005年に簡単なメイクアップのアイデアや手ほどきのブログを書き始めたが、それが発展して、2007年5月にはユーチューブのビデオとなった。2009年と2010年、米国のインターネット・メディアステーションであるバズフィード（BuzzFeed）が彼女のメイクアップ指導ビデオを特集したことで、彼女のユーチューブチャンネルは急速に拡散した。今や彼女は700万人の購読者を抱え、そのビデオ投稿の閲覧数は最初の1週間で100万回を数える。彼女はそのフォロワー基盤と知名度を活用して「イプシー（Ipsy）」という月次の化粧品購買サービスを2011年に立ち上げた。2013年にはロレアルが、新しい化粧品ライン「EM Michelle Phan」を発売している。

かつてシアーズのメイクアップ・カウンターへの就職を断られたこの27歳のユーチューブスターは、今や8400万ドルの化粧品帝国を動かす存在だ。ファンは、2014年のカリフォルニア州ハーフ・ムーン・ベイにおけるCode/Mobileのカンファレンスにおいて、過去12カ月の間に大きな消費慣行の変化が見えているとリポートしている。

「昨年は60%のトラフィックがデスクトップからのものでした。それが今や、70%がモバイルから来ています」(注23)

——ミシェル・ファン

過去50年の間に姿を現した最も革新的なビジネスモデルのいくつかの中核にあるのはインターネットだ。ティム・バーナーズ＝リーの手で最初のウェブサイトが日の目を見た1991年8月6日は、決して遠い昔ではない。そのページでは、ワールド・ワイド・ウェブプロジェクトが簡単に説明され、ユーザーがウェブサーバーをセットアップして自分自身のウェブページを作り出す方法の情報を提供していた(注24)。

「商用」インターネットとして私たちが知るものは、その3年後の1994年に登場したと一般に認識されている。そこにいたのは、ヤフー、ライコス、エコノミスト(出版社)、ファースト・バーチャル(銀行)、ローインフォ、ピザハット、シンプソンズ・アーカイブ(初のファンサイト)、ホワイトハウス、ウェブクロウラー、ワイアード・マガジン(当時はhotwired.com)等々だ。ピザハットでは、カリフォルニア州サンタクルーズの人がウェブでピザまで注文できた。現在のインターネットは、2・6兆ドルという驚くべきeコマースの売り上げを担っている。その数字は、1994年以前にはゼロだったのだ。そしてグローバルなeコマースの売り上げは20年間連続で、年20〜30%の成長率でぐんぐん成長を続けている。ところが、インターネットの利用方法が急速に変化している。それはスマートフォンによるものだ。

　スマートフォンは明らかに、過去50年間に私たちが目にしたネットワーク化された個人向けコンピューティング・デバイスのうちで、最も意義深い展開を見せている。２００7年であれば、スマートフォンは米国のような国での富裕層と中間層向けの流行のアクセサリーかと思ったかもしれないが、まさに現在それが発展途上国で起こっている。２０１3年だけでも、中国では米国の全人口数以上のスマートフォンが販売された。シャオミ（Xiaomi）のＲｅｄｍｉ、メイズ（Meizu）のｍ２、ユー（Yu）のＹｕｎｉｑｕｅ、オビ（Obi）のＷｏｒｌｄ ｐｈｏｎｅそしてグーグルのアンドロイド・ワン等のスマートフォンは、１００ドルクラスの機器によって、インターネット利用可能機器の入手のハードルを大幅に引き下げている。２０１４年1月には、モバイルからのインターネット接続が、デスクトップ（ＰＣ）からの接続を、接続時間ベース（注25）で上回った。

　現在インドでは、５０００ルピー（約１００ドル）以下で入手可能なスマートフォンが40種類以上ある。しかしながら、プリエコノミクス社の調査では、これらの電話の再販価値は、わずか18カ月後には平均で60％以上も下落してしまうと予測されている（注26）。スマートフォンの現在の普及速度から推測すれば、２０２０年にはほとんどの発展途上国で、初心者向けスマートフォンが20～25ドルで手に入るようになる。つまり、わずか5年のうちに、世界の85％以上がインターネットにつながるモバイルデバイスを持つことになるのだ。考えてみよう。１９９４年にインターネットが世界の舞台に登場してからこれまでよりも多くのユーザーが、２０１５～２０２０年の間にインターネットにつながるようになる。この観点からすれば、インターネットとモバイルコマースは、まだ初期段階にあるのだ。

50年後にそれまでに起こったすべての変化を振り返るなら、インターネットが私たちを最も前進させたテクノロジーであることは確実だろう。しかし、個人のコミュニケーションと交流に関しては、スマートフォンが真に世界を変えたデバイスとなっているだろう。

歴史上最も効率的な利益獲得

テクノロジー企業が今や、近年の最大級のブランドたちと肩を並べて競争している。アップルは明らかにテクノロジーブランドの中で目を見張る事例だが、マイクロソフト、IBM、オ

表1-1 ● 世界のトップ10テクノロジー企業の時価総額

	時価総額（十億ドル）	社員数
アップル	673.91	50,250
マイクロソフト	406.36	128,000
グーグル	364.27	53,861
アリババ	285.14	22,072
フェイスブック	206	8,348
オラクル	182.22	122,000
インテル	165.6	107,600
IBM	162.38	431,212
シスコ	135.86	74,040
クアルコム	116.99	31,000
TSMC	112.19	40,483
SAP	83.29	263,000
合計	2,894.21	1,331,866

出典：NASDAQ株価
訳注：TSMC＝台湾集積回路製造（ファウンドリー企業）

ラクルを甘く見てはいけない。彼らも皆、世界をリードし続けているのだ。

その中でも、NASDAQのトップ10のテクノロジー企業は約130万人を雇用し、3兆ドルの時価総額で経済分野に貢献している。その次の層にいるプレーヤーも加えるなら、そこにはHP、バイドゥ（Baidu）、NTTコミュニケーションズ、EMC、テキサス・インスツルメンツ、ヤフー、セールスフォース（Salesforce.com）、コグニザント（Cognizant）、イーベイ（eBay）その他が混在している（**表1－1**）。

テクノロジー企業の収益のあげ方は、他の大手上場企業に比べて非常に効率的だ。例えばウォルマートは、時価総額ではアリババ（Alibaba）を下回っているが、米国だけでも140万人以上を雇用している。

表1-2 ● 米国の主要産業における収益パフォーマンス比較（2013年）

	純所得（十億ドル）	社員数	社員当たり純所得
バンク・オブ・アメリカ	11.4	290,509	39,241.47
ウェルズファーゴ	21.9	265,000	82,641.51
シティバンク	13.9	251,000	55,378.49
JPモルガンチェース	17.9	260,000	68,846.15
銀行平均			61,526.90
ウォルマート	27.8	1,400,000	19,857.14
ホームデポ	24.27	340,000	71,382.35
ターゲット	1.971	361,000	5,459.83
小売平均			32,233.11
アップル	37	50,250	736,318.41
マイクロソフト	7.41	128,000	57,890.63
グーグル	33.91	53,861	629,583.56
フェイスブック	5.97	8,348	715,141.35
IBM	47.81	434,246	110,098.88
テクノロジー平均			449,806.57
マクドナルド	28.1	440,000	63,863.64
ヤム!	13.1	523,000	25,047.80
ファストフード平均			44,455.72

出典：各社annual report

「FANG」と呼ばれるフェイスブック、アマゾン、ネットフリックス（Netflix）、グーグルは、2015年だけでも4400億ドルを超える金額を稼ぎ出した（注27）。2015年初頭に、FANG株はS&P500指数のウェイトの3・5%をわずかに上回る程度だったが、年末には5・1%を占めるまでになった。比較のために示せば、これら4社がS&Pに付加した4400億ドルは、アップルの時価総額の約3分の2になる（**表1－2**）。

2013年、米国の4大銀行は従業員1人当たり年間約6万1500ドルの収益を生み出していた。同じ年、この4大テクノロジー企業は従業員1人当たり45万ドルという巨額の収益を実現した。大銀行の7倍以上で、小売業者やファストフードの巨人企業の10倍を超えるものだ。その意味するところはシンプルだ。ある産業においてテクノロジーの利用度合いが高まれば、その産業の収益創出効率が高まるということだ。突き詰めればこの理由から、「拡張時代」にはどの産業もテクノロジーベースの変革を実行しなければならない。

こうした効率性は株主にとってはすばらしいことだが、雇用にとっては必ずしもそうではない。例を示すなら、コダック社はピーク時に14万人を雇用していたが、コダックのミレニアル時代版と言ってもおかしくないインスタグラム社（フェイスブックによって約7億1500万ドルで2012年に買収された）は、買収当時には社員が13名しかいなかった。したがって、差し引きベースでみれば、テクノロジーは雇用に関しては社会にとってよくないものだ。

アップルは店舗で数多くの職を生み出しており、フォックスコン（Foxconn）の工場は123万人を雇用していると報道されていて、そのほとんどはアップル製品の製造と組立てに従事している。しかし、企業としてのアップルの巨大さからみれば、同社は相対的に少ない人数を雇用している。テクノロジーがもたらす効率性向上を前提とするなら、これが意味するのは、テクノロジーは伝統的なビジネスを排除するとともに、必然的に職業を破壊してしまうということだろうか？　実際にはそうではない。調査結果が示しているものは全く異なっている。

「世界の成長に対するインターネットの影響は急速に強くなっています。MGIが調査した先進諸国において、過去5年間のGDP成長の21%がインターネットによるものです。その前の15年間の10%からは急激に加速しています。インターネットによって創造された経済価値のほとんどはテクノロジー産業の外に広がっており、その恩恵の75%を従来型産業の企業が受けました。インターネットはまた、職業創造の触媒でもあります。調査した4800社の中小企業では、テクノロジーに関係する効率化により失われた職に対して、インターネットが2・6倍の職を生み出していました」

――「インターネットの意味：成長、職業、繁栄へのインターネットの広範な影響」マッキンゼー・グローバル・インスティテュート（MGI）、2011年5月

これはよい報らせだ。インターネットは、それがなくした1つの職に対して2・6の職を生み出し

ており、それは必ずしも、フェイスブック、グーグル、アップルのような企業につきものの、株式公開に関連した富の創造によって生み出されたものではない。

さまざまな組織が、世界経済へのインターネットの貢献度を定量化しようと試みている。推定範囲をeコマース関係の支出だけに絞り込めば、ウェブの貢献度は一般的に、先進国においてGDPの4〜8%の間にある（注28）。しかしながらこれは、ソーシャルメディアの利用、アプリ、ユーチューブビデオの視聴や他の活動を含んでいない。それらは従来の意味では経済に直接的に影響しないが、現在の商業や雇用に巨大な影響を及ぼしている。

デジタル時代における職業創造に関する一つの課題は、こうした仕事が、どこであれテクノロジー企業の本社周辺に集中することだ。例えば、マイクロソフトが雇用する12万8000人のうち4万人以上が、マイクロソフトが本拠を置くシアトルがベースとなっている。リンクトイン（LinkedIn）のデータに基づく調査では、アマゾンが営業する66カ国（注29）のうち、アマゾン社員の90%以上がわずか6カ国にいることを示している。それらは米国、英国、インド、アイルランド、中国、そしてカナダだ。

デジタル時代が、テクノロジー、仕事、富の創造における最大のブームの一つを引き起こしたことは確かだ。しかしながら先に述べたように、デジタル時代がもたらす仕事や富の分布は、地理的に、そして人口構成的により集中する傾向がある。これは、20世紀前半の米国での製造業ブームが中間層を幅広く生み出す原因となったような過去のブームと、際立った対照をなしている。

インターネットと、それと共にくる幅広いテクノロジーの自動化は、雇用に対してより深刻な問題を生み出す。ＭＩＴスローン・スクール・オブ・マネジメントのエリック・ブリニョルフソン教授とその協力者のアンドリュー・マカフィーは、産業ロボットから自動翻訳サービスまでのコンピューター・テクノロジーにおける進歩が、過去10〜15年間の雇用成長の停滞の大きな背景となっていると、この5年間主張している（注30）。

ブリニョルフソンとマカフィーは、過去70年の雇用データを分析して、生産性が継続的に向上している一方で、雇用が近年それに追いついていないことを見出した。１９４０年代以降、雇用の成長は生産性の向上にぴたりと追随していたが、それが続いたのは２０００年までだっ

図1-11 ● 雇用と家計所得中央値との関係でみた生産性の変化

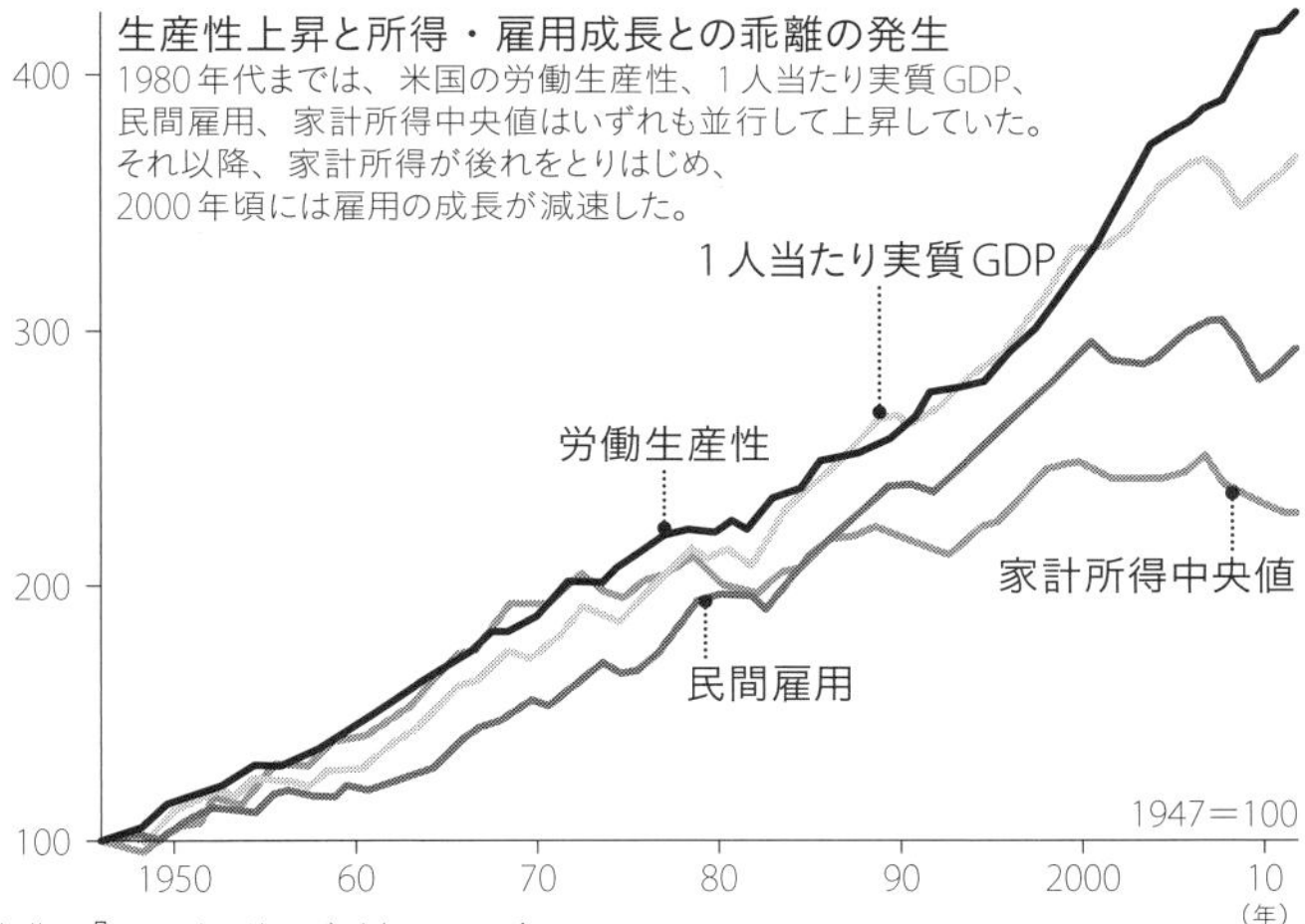
生産性上昇と所得・雇用成長との乖離の発生
1980年代までは、米国の労働生産性、1人当たり実質GDP、民間雇用、家計所得中央値はいずれも並行して上昇していた。それ以降、家計所得が後れをとりはじめ、2000年頃には雇用の成長が減速した。
1人当たり実質GDP
労働生産性
家計所得中央値
民間雇用
1947＝100
400
300
200
100
1950
60
70
80
90
2000
10
（年）

出典：『ハーバード・ビジネス・レビュー』

た。インターネット時代には生産性は向上し、GDPも同様だったが、中間層の所得と雇用の成長速度はそれほど急速ではなかった。これは近年、コンピューティングの成熟期入りとインターネットの発展とともに初めて明らかになった異常値だ（**図1－11**）。

農業および製造業の雇用が減少してきた一方で、サービス産業が米国GDPの80％を占めるに至っている。ことによると現在私たちの抱える問題は、過去200年間で初めて、テクノロジーがサービス産業を本格的にディスラプトするかもしれないことだ。だとしたら私たちは、現在存在していないサービス需要に基づく全く新しい産業を生み出さなければ、雇用の成長について深刻な問題に直面する可能性が高い。

新しい時代が姿を現す次の20～30年、雇用と富にどのようなディスラプションが訪れるのだろうか？

注1：「ディスラプション」という用語は現在では使われすぎのことが少なくない。「ディスラプション」と言う場合、一般的にそれは破壊的イノベーションのことで、満たされていない将来のニーズに対応したり、全く新しい市場をつくり出すものであり、その際に適応に失敗した既存プレーヤーが排除される（クレイトン・クリステンセン『イ

ノベーションのジレンマ』を参照されたい）。

注2：ここでは、米国内において25％の普及までに要した期間。

注3：「これが過去最高のｉＰｈｏｎｅだ！」「Ａｐｐｌｅ」と「ｉＰｈｏｎｅ」の商標はアップル社の所有物である。

注4：ゴードン・ムーアの論文「集積回路上への部品の集約搭載（Cramming More Components onto Integrated Circuits）」は、*Electronics* 誌の１９６５年４月19日号に掲載された。

注5：Gardiner Hubbard と Thomas Sanders

注6：２０１０年時点の２５０万米ドル相当。

注7：Gerald Sussman, *Communication, Technology, and Politics in the Information Age* (Thousand Oaks: Sage Publications). １９９７年、76ページ

注8：Joel Johnson, “1 Million Workers. 90 Million iPhones. 17 Suicides. Who’s to Blame?” *Wired*, ２０１１年２月28日号

注9：“Heathcoat of Tiverton, Lace Manufacturers,” UK National Archives, Devon Heritage Centre（1791-1957）— 1816 attack by Luddites on the Heathcoat lace-making machine. http://apps.nationalarchives.gov.uk/a2a/records.aspx?cat=027-4302b&cid=0#0

注10：“The Web at 25,” Pew Research Center, ２０１４年２月、http://www.pewinternet.org/files/2014/02/PIP_25th-anniversary-of-the-Web_0227141.pdf

注11：Kamelia Angelova, “Here’s When Smartphones Will Saturate the US Market,” *Business Insider*, ２０１３年１月５日、http://www.businessinsider.com.au/chart-of-the-day-smartphones-us-saturation-2013-1

注12：Kirkpatrick Sale, “America’s new Luddites,” *Le Monde diplomatique*, １９９７年２月、http://mondediplo.

com/1997/02/20luddites

注13：Destruction of Stocking Frames, etc. Act of 1812

注14：または Alexei Arkhipovich Leonov

注15：ターボジェット飛行機のＨｅ－１７８は１９３９年初頭から2年間ほど飛んだが、純粋なターボジェットではなかった。

注16：またはソビエト連邦。

注17：Winston Churchill, "Sinews of Peace（平和の力）"（「鉄のカーテン」演説として有名）、１９４６年3月5日

注18：１９６２年9月12日。

注19：1ペタバイトは１００万ギガバイト。1エクサバイトは１０２４ペタバイト。1ゼタバイトは１０２４エクサバイト、1ヨタバイト（『スター・ウォーズ』の登場人物ヨーダにちなんだ命名）は１０２４ゼタバイトである。

注20：国会図書館統計より。

注21：グーグル・ブックスのソフトウェア・エンジニアであるレオニド・テイチャー（Leonid Taycher）によると、実数値は２０１０年時点で書籍1億２９８６万４８８０冊分である。

注22：書籍1冊当たりに要する記憶容量の平均値を1メガバイトとして、２０１４年に生成された約9ゼタバイトのコンテンツに割り当てると、本文の数値となる。

注23："Michelle Phan: From YouTube Star to $84 Million Startup Founder," *Relcode*, ２０１４年10月27日

注24：次のＵＲＬで確認可能。http://info.cern.ch/hypertext/WWW/TheProject.html

注25：Kate Dreyer, "Mobile Internet Usage Skyrockets in Past 4 Years to Overtake Desktop as Most Used Digital Platform," *comScore*, ２０１５年4月13日

注26：“Your Phone Loses Value Pretty Fast,” Priceonomics, ２０１2年2月

注27：Jeff Desjardins, “The Market has no bite without FANG stocks,” *Visual Capitalist*, ２０１5年11月20日、http://www.visualcapitalist.com/the-market-has-no-bite-without-the-fang-stocks-chart/

注28：２０１４年に米国では４・７％、英国では８・６％だった。

注29：Business Insider, LinkedIn の原データより著者が分析したもの。

注30：Erik Brynjolfsson and Andrew McAfee, *Race Against the Machine: How the Digital Revolution Is Accelerating Innovation, Driving Productivity, and Irreversibly Transforming Employment and the Economy* (Richmond, VA: Digital Frontier Press, 2011). Erik Brynjolfsson and Andrew McAfee. *The Second Machine Age: Work, Progress, and Prosperity in a Time of Brilliant Technologies* (London; W.W. Norton, 2014).

第2章

「拡張」の時代

The Augmented Age

「十分に進歩したテクノロジーは、マジックと見分けがつかなくなる」

――アーサー・C・クラーク『未来のプロファイル』の第三法則（1973年改訂）

私たちは今や、新しい千年紀の始まり（2000年）よりも2030年に近いところにいる。人工知能、ゲノム編集、ナノスケール製造技術、自動運転車、ロボット、ウェアラブル、埋め込み型コンピューティングといった現在私たちが取り組んでいるテクノロジーは、次世代の人類のあり方を急速に定義し直しつつある。この来るべき時代を「**拡張インテリジェンスの時代**」またはよりシンプルに「**拡張の時代**」と名付けることを、私は提案しよう。それは、テクノロジーの埋め込み化と個人化が急速に進んで、私たちの**日常生活**や**行動**が拡張されることからくるものだ。次に世界に起こる変化は、明らかに個人レベルのものになる。単に業界のディスラプションとか、新しく発明されるテクノロジーといった問題ではなく、私たちの生活がこれまでの世代と比べて日常的にどれくらい劇的に変わるか、ということとなのだ。

これは本質的には、世界のつながり方と機能の仕方が同時に劇的に変化するということだ。次の時代を単に機械化時代の第2幕と位置づけるのは、あまりにエコノミスト的な世界の見方だ。機械やAIによる自動化が生産性や職業の観点から経済的インパクトをもたらす可能性が高いというのは正しいが、それは全体像の一部に過ぎない。

工業化時代・機械化時代の到来以降、社会は常に新しいテクノロジーの影響（それが蒸気機関であれ自撮り棒であれ）を受けてきた。今や私たちの子供の世代は、変化を10年単位ではなく月単位で見ている。私たちは、これまで企業が新しい商品ラインの発売までにかけていた期間よりも短い間に10億ドル企業が誕生するのを目にしている。この変化が持つスピードという性質のために、変化の背後で基礎となっているテクノロジーに焦点を当てることよりも、個人として、社会という集団として、変化にどう対応するのかがより重要になる。

私たち人間には、変化に対する葛藤がある。種としての私たちは、発展し、前進し、進化し、富を生み出し、知識を探索・発見・向上させて生活をリッチで豊富でよりよいものにしようと常に試みている。しかしながら、その変化の影響が自分の仕事、家や家族に個人的に及ぶとなると、私たちは怯え、まごついてしまいがちだ。例えば、より効率的な製造工程や先進的なコンピューター・アルゴリズムのために自分が余剰人員になって仕事を失うとなれば、私たちはおそらくそれを非常に腹立たしく思うだろう。その特定のテクノロジーやビジネスモデルの法的禁止や規制を求めて抗議の声を上げるか、政府に対して関税や免税を要求して、自分たちの従来型のアプローチが実質的には旧態化しているのに、時代後れの事業手段の競争力を確保しようとさえするかもしれない。これが非常に典型的なリアクションであることは、前章で示した。

過去に起きたことはまた起こる

映画『マトリックス』や『宇宙空母ギャラクティカ』からあまり多くを引用したいとは思わないが、新しいテクノロジーのサイクルは、全く新しい産業を生み出す触媒となると同時に、雇用のパターンや社会環境に劇的なインパクトを与えるということが、過去200〜250年の間に現実として繰り返し起こった。

レイ・カーツワイルやピーター・ディアマンディスといった私が尊敬する評論家は、こうした変化を来るべき「シンギュラリティ」の一部として位置づけてきた。ディアマンディスはそれを「豊かな時代（Age of Abundance）」（注1）と名付けたが、現在のデトロイトのフォード自動車工場や中国のフォックスコンの労働者は、それを全く異なる目で眺めている。1800年代初頭の織物職人、1920年代の煙突掃除人や農場耕作者、レンタルビデオ店員、1時間写真現像機のオペレーター、新聞記者、タクシードライバーなどはすべて、テクノロジー変化に大きく影響を受けた職業の例だ。テクノロジーは豊かさをもたらすと同時に、それが革新的であるがために破壊的でもあり続けるのだ。

私たちが最大限の努力をして、急速に変化するインターネットの世界に現行ビジネスを適合させようとしても、この時代に頭角を現す支配的なプレーヤーは、ほとんどが新規参入者だ。そのために今や、アップルやスポティファイが音楽配信でビッグプレーヤーなのであり、対するソニー、ヴァージン、タワーレコーズ等がみな世の中を支配していたのは1990年代のことだ。そのためにアマゾン・キンドルやアップルのiBookが書籍配信で最も伸びていて、ボーダーズ、ダイモックス、アンガス&ロバートソン等の書店を見かけなくなった。そのために私たちは、ネットフリックス、Hulu、ユーチューブを気に入って、ケーブルテレビのセット販売をやめたり契約を解除しているのであり、ブロックバスターは自分たちの店が時代後れになって世の中に追いつけなかった。そのために私たちは、アマゾンやアリババの発注を増やして、自動車に飛び乗って地域のショッピングセンターや小売店に行かなくなり、ベストバイの店舗にいるときにアマゾン価格と比べてみることもしなくなった。

新規参入者は通常、2~3年のうちに新しいビジネスの方法を築き上げ、有利なポジショニングをとって成長して消費者行動の変化にうまく乗っかるが、一方で従来企業は頑なに、そうした新規参入者の版図拡大を妨げようと試みる。こうした防御的行動がどんなものであれ、いずれにせよ2~3年もすればディスラプションは完了する。雇用パターンは変わり、政府は経済成長を優先して妨げないようにし、新規参入者が旧来のプレーヤーを買収するか、あるいは旧来のプレーヤーが市場の隅に追いやられ統合されて、小さくて縮小する市場に対応することになる。

事実としてあるのは、古いビジネスモデルや陳腐化したテクノロジーは決して支配的な位置に残らないということだ。現行プレーヤーがやり方を変えて自分のビジネスのカニバリゼーションを行い、自らを急速に変革することはめったにない。だからこそ、変化というものはほとんど常にディスラプティブになるのだ。

ディスラプションが時代を超えて際立つ理由

日常生活の消費者行動、雇用、サービスには、どの時代にも大幅な変化が起こった。1920年代に大流行したもののすべては、現在の私たちの日常の中には存在していない。現在、特に若者たちにとっては、スマートフォンが人生の現実だ。最近の調査によれば、ミレニアル世代のほぼ90%が、スマートフォンを片時も離さないと回答していて（注2）、そのうち80%はスマホを傍に置いて寝ている（彼らは寝る前の最後と起きて最初にスマホを使うのだ）（注3）。これは、20世紀初頭の10代やヤングアダルトの行動とは際立って明確に異なるものだ。こうしたタイプの行動変化はすぐに規範となるが、時間とともにそれ全体が積み重なって、社会の動きのより大きな変革につながっていく。例えば将来、スマートフォンなしでタクシーを呼んだりテイクアウトを注文することができるだろうか？　その可能性は小さい。

次に来る「拡張時代」がどのようなものになるかを論じる前に、過去200年間に起きたいくつかの具体的なディスラプションについて、それが社会にどんな影響を及ぼしたかをみてみよう。そうすれば、今後20～50年の間に何が起こるのかをより正確に予測できるかもしれない。

まずは、雇用パターンと産業についてみよう（**表2－1**）。

2020年の主要な職業は、100年前のものとはもちろん異なっている。私たちは200年の間に、農業社会から、テクノロジー主導でサービス主導の産業社会へと移行してきた（**図2－1**）。1750年には、英国の人口の80％が都市以外に住んでいたが、1900年にその数値は30％にまで低下し、2030年にはわずか8％になると予想されている。同じ現象が中国でも起こっていて、都市人口の比率は1950～2000年の間に13％から40％へと上昇し、2030年には60・3％に達すると予想されている（注4）。

表2-1 ● 職業の世紀の前後でみた上位の職業

1900年代初頭の職業の上位	2020年の職業の上位
農家、農業労働者	コンピューター・エンジニア 環境科学、蓄電・太陽光発電配備
鉱山経営者	データマイニングとアナリティクス
家計サービス労働者	ヘルステック、生物医学、バイオエンジニアリング
職人、商人	起業家
工場主、製造業主	心理学、カウンセリング、セラピー
秘書、事務員、オフィスワーカー	管理職
セールスマン	デザイナー、顧客経験専門家

1750年から1850年にかけて、農業は英国、米国と欧州において驚異的に成長した。しかし1900年には農業セクターで緩やかな雇用の減退が始まり、それはその後100年続いた。農業生産が減少したというわけではない。むしろ反対に、トラクター、作物の選択、灌漑技術の向上と農薬などのテクノロジーによって、生産量は大幅に増加した。

皮肉なことに、「拡張時代」においても、ロボティクス、メタマテリアル、人工知能等によって、地場生産が復活しそうだ。ロボットやAI労働力は、中国やインドの人的資源よりも低価格であることが明らかになってきている。運転、レストラン、食料品配達、会計、バンキングやその他の活動が自動化されるにしたがって、サービス産業の中には斜陽化するものが出るだ

図2-1 ● 時代と雇用パターンの変遷

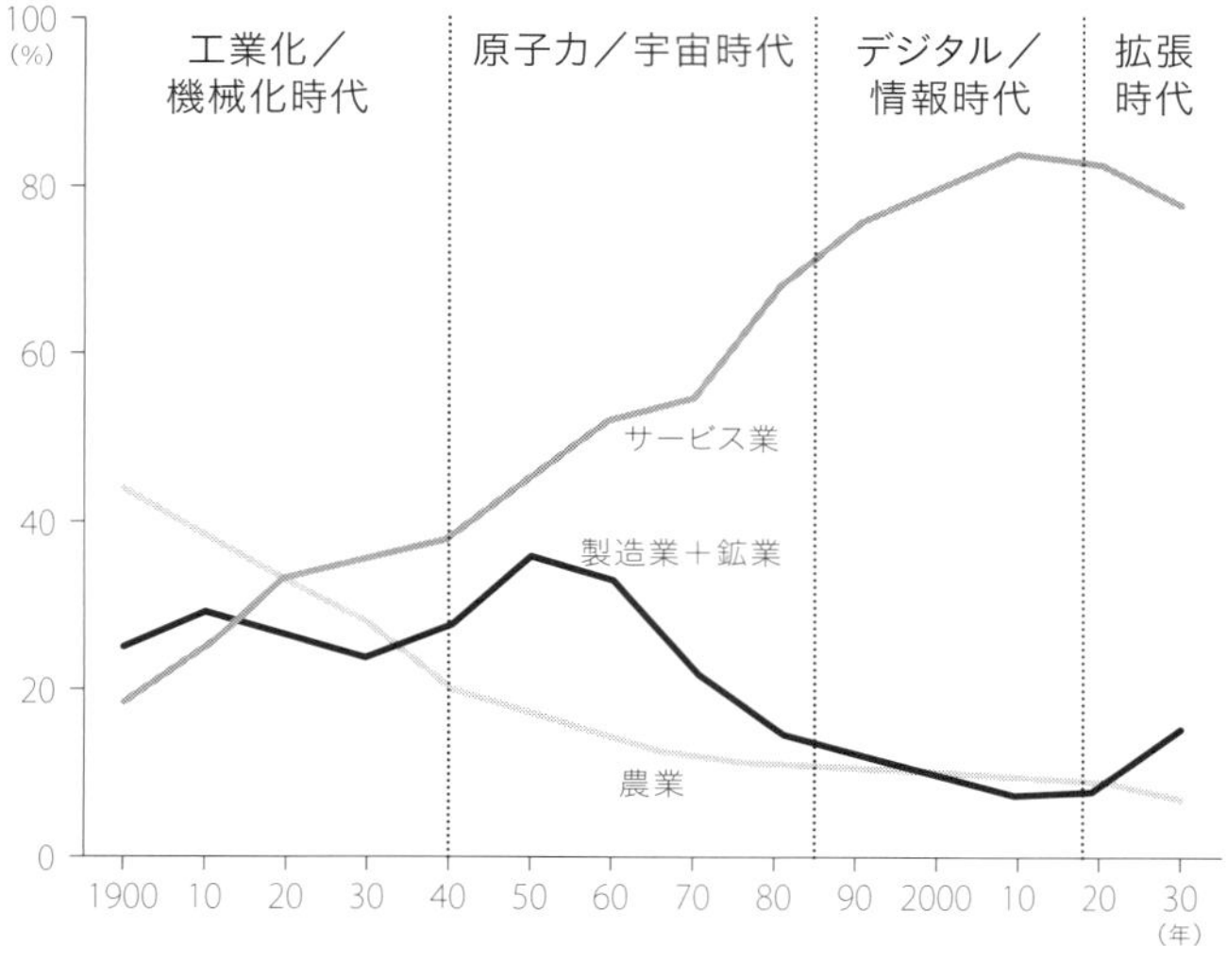

ろう。しかし一方で、新規のテクノロジーに基づいた全く新しいサービス産業の成長を目のあたりにする可能性がある。

表２－２に掲げた表では、各時代に起こった技術的飛躍と、世界的な経済、厚生、雇用の観点から生じたインパクトをハイライトしてみた。

工業化／機械化時代の到来によって製造工程がディスラプトされて大幅に生産性が向上し、生産における「規模」の概念が発達した。原子力／宇宙時代になっても生産の改善は起こっていて生産量は増加を続けたが、より容易ではなくなった。どちらかといえばこの時代は、第二次世界大戦による急速な技術の進展と向上を活用して、ものごとをより大きく考えるというものだった。デジタル／情報時代になると、プロセス効率性に向けた最初の動きが出てきた。そ

表2-2 ● 時代別の技術進歩とそれが引き起こしたインパクト

時代	技術進歩	プラスのインパクト	マイナスのインパクト
工業化／機械化時代	蒸気機関、灌漑、上水道、下水道、鉄道、電信、電気、自動車、内燃機関、通信、ラジオ	ヘルスケアの改善、平均余命と幼児死亡率の改善、衛生状態の改善、商取引や株式の市場化、中産階級の成長、マスメディア／広告の創出	職人や匠への依存の減少、農業労働者需要の減少、馬の利用の減少、サービス産業の減少、大恐慌
原子力／宇宙時代	「トロニクス」ブーム、電子力、太陽電池、商用／ジェット航空、衛星通信、テレビ	家電製品と省力化機器、エネルギー産業の興隆、大量生産の興隆、核医学、商用航空、テレビ産業	核兵器、グローバル化と労働力の輸出、CO_2生産ブーム、1970年代の石油危機、テロリズム、冷戦
デジタル／情報時代	コンピューター、ネットワーク、インターネット、モバイル／スマートフォン、ソーシャルメディア	コンピューターとテクノロジー産業の興隆（シリコンバレーの誕生）、コンピューターゲーム、モバイル／スマートフォン産業、Eコマース	現地生産の減少、鉱業の減少、輸入への強い転換、日本の失われた20年（1990-2010）、人口減少（20カ国超）、若年層の失業

れは初期のメインフレーム（ＥＲＭＡなど）（注５）や、工場や製造空間におけるさらなる自動化という形で現れた。１９９０年代になると、ＳＡＰのような企業全体にわたるソフトウェア・ソリューションによって、ビジネスプロセスとオペレーションの自動化が企業レベルに拡大した。しかしインターネットはそこからさらに進んで、ディストリビューションの仕組みをディスラプトした。それは私たちが書籍や音楽業界で目にした通りだ。

「拡張時代」には、人工知能がプロセスとフィードバック・ループの最適化を行うために、動的な意思決定、パターン認識、アドバイザリー・サービス等を含む大幅なプロセス見直しが起こるだろう。インターネットは一般に、ディストリビューション、情報入手、バリューチェーンの見直しに関わるディスラプションであったが、次の時代は、情報、インテリジェンス、アドバイス（情報やインテリジェンスの活用法）自体に関するディスラプションとなるだろう。「拡張時代」とともにもたらされるのは、４つの大きなディスラプションと、２つの長期にわたる破壊的なテクノロジーの登場だ。

人工知能

アドバイスのあり方を変革し、運転、ヘルスケアや基本的なサービス等の日常作業を人間よりもうまくこなす。ハイパーインテリジェントなロボットや知性が世界を乗っ取ってしまうと懸念する向きも多いが、今後30年間について言えば、こうしたＡＩは特化型で特定目的のために作られる可能性がはるかに高く、必ずしも人間と同等の知性となるわけではない（後段で詳述する）。

分散型・組み込み型の経験

世界と私たちの周りにある機器に埋め込まれて、フリクションがなく、コンテキストに沿ったサービス、商品、アドバイス、価値創造が可能になる。そしてその経験が持つ有効性に基づいてマネタイズされる。データや情報によって日常的に拡張されている世界では、価値、パーソナル化、そしてコンテキストがカギとなる。すべてのものにチップが内蔵され、クラウドと連動して人間や他のコンピューターと情報をやり取りする。

スマート・インフラストラクチャーの向上

エネルギー供給方法、人々や商品をある場所から別の場所へと移動させる方法、国家間の競争の方法、コモディティの価値評価方法等を根本から変革する。ドローン、ソーラーエネルギー、電気自動車や自動運転交通手段のどれであれ、そこに価値が集まる。スマートシティではスマート・リソース・アロケーションとスマート・インフラストラクチャーによって電気が供給され、市民生活は目に見えて改善される。エネルギー業界は根本的なディスラプションに直面するだろう。

ゲノム編集とヘルステクノロジー

ヘルスケアに対する考え方は大きく変わろうとしている。パーキンソン病、アルツハイマー病、肺ガン、筋ジストロフィー、嚢胞性線維症、鎌状赤血球貧血や色盲などの遺伝性疾患は20年以内に撲滅されるだろう。センサー、ウェアラブル、診断ＡＩや他のテクノロジーは、心臓疾患や他の予防可能な疾病への対処方法を劇的に変える。アルゴリズムとセンサーの診断は、医者よりも信頼度が高くなるだろう。

「拡張時代」の入り口にあってまだ登場してきたばかりの、より長期的かつディスラプティブなテクノロジーは、次の2つだ。

メタマテリアル

ナノテクノロジーや全く新しい製造方法を使って作られる。メタマテリアルには次のようなものがある。

- 覆った対象物周辺の可視光線や電磁波を逸らす透明マント（または表面素材）
- 生物から発想を得た、人間の筋肉のように動く自己作動型素材や電気活性型ポリマー
- 導電性の、あるいはどんな表面もディスプレイ化が可能なコーティング材
- 蓄電可能で、センサーや他の回路を織り込んで内蔵する衣服や生地
- 宇宙エレベーター等の建設に使われる可能性があるカーボン・ナノチューブやダイヤモンド・ナノチューブのロープ

・木のように成長するか、容器内で育成可能な超強力・超軽量金属と複合材料
・透明な埋め込み型太陽電池を備えた発電可能窓

3Dプリンティング

ほぼあらゆる製品のデザインをダウンロードしてリアルタイムでプリントすることが可能になる。3Dプリンティングの主な手法は、1回ごとに何ミリかの層を追加または押し出して徐々に3次元の対象物やデザインを作り出すという造形プロセスから、「積層造形」という名でも知られている。将来の3Dプリンターは、衣服をプリントしたり、設計に電子回路やディスプレイを組み込むことも可能になるだろう。

2015年7月、国際宇宙ステーションの宇宙飛行士が、特別設計の3Dプリンターを使って、「レンチ」をダウンロードしてプリントした。こうしたテクノロジーのおかげで、長期間の宇宙旅行用にサイズ、重量、格納庫の要件を大幅に削減することが可能になった。例えば、ほとんどの状況では必要でない工具を搭載したり、重複する複数の工具セットを搭載する必要がある場合には、必要な原材料を搭載して3Dプリンターを準備するだけでよい。理論的には、追加の3Dプリンターをプリントすることも可能だ。

こうした破壊的なテクノロジーが、雇用パターンを劇的に変えることは間違いない。過去の時代で

は、産業間で労働力の再調整が行われてきた。機械化時代には、それまでに定着していた産業から製造業へと雇用が大きく移動した。製造業セクターは20世紀を通じて堅調に拡大したが、1970年代から1980年代にかけてプロセス、電子、自動化等の改革がこのセクターでも本格化し、仕事は工場からサービス産業へとシフトし始めた。21世紀にAIとエクスペリエンス・デザインがサービス産業での雇用を減少させると、今度は何が起こるのだろうか。仕事はどうなるのだろうか？

雇用への影響

100年以上もの間、雇用は他産業からサービスへと移行してきている。農業、漁業、鉱業であれ、最近50年間の製造業であれ、プロセスの自動化が進むにつれ、仕事は人間の関与が重要な場所へと動いてきた。しかしながら、AIが人間の能力を超える世界では、多くの人間が職を失うリスクが現実にある。

これに関する未来学者たちの将来の見方は大きく分かれている。人間は以前ほど働かなくてもよくなって余暇が増え、芸術とさらなる知識や学習がこれまでになく追求されるようになり、新しい黄金時代が訪れると主張する向きもある。AIの破壊的性質に対して悲観的な見方をする者たちは、技術進歩の結果として、ここ250年間になかった雇用の喪失が起こると主張する。「拡張時代」に必要となるロボット倫理学者やロボット心理学者は限られた数しかいない。

　オックスフォード・マーティン・スクールのプログラムが発表した、未来のテクノロジーの影響に関する「雇用の将来：コンピューターリゼーションは職業にどの程度影響を及ぼすか？」と題する研究（注6）では、一般的な求人サイト上にある702の職業を評価して、コンピューターに置き換えられそうな程度で分類した。各職業に必要なスキルと教育レベルも考慮に入れられた。これらの要素は、自動化のしやすさと、現在自動化やコンピューター化を妨げている技術上の課題に基づいて重みづけされた。そして一般的な統計モデリング手法によって計算が行われた。結果は明確なものだった。米国では、45％を超える職業が10～20年のうちに自動化される可能性がある。**表2－3**は、基本的

表2-3 ● 自動化・AI化のリスクにさらされる職業例

テレマーケター	データ入力専門家	調達事務担当者
権原証書調査員、情報要約者、調査員	計時装置組立工、調整工	発送、受取、運輸事務担当者
仕立屋	**保険金請求／契約処理担当者**	切削加工／平削り機械調整担当者、オペレーター
計算技術者	証券売買仲介事務担当者	信用分析担当者
保険業者	注文処理担当者	部品販売担当者
時計修理屋	**融資担当者**	**苦情処理、調査担当者**
航空貨物・貨物代理店	保険査定者、自動車損害査定者	運転手、販売労働者
税務申告書作成代理人	審判や他のスポーツ職	無線オペレーター
写真処理技術者、写真処理機オペレーター	**銀行テラー**	弁護士秘書
口座開設担当者	エッチング作家、彫刻家	**簿記担当者、会計士、監査事務担当者**
図書館技術者	包装・ファイリング機械オペレーター	検査担当者、テスト担当者、仕分担当者、サンプル採取者、計量技術者

に100％の自動化リスクがある職業を示している（太字は著者の基準による）（注7）。

ＡＩがテクノロジーを有する限られた一部の人に巨額の富をもたらすため、貧富の差がさらに拡大するという懸念はよく聞かれるものだ。社会の継続可能性は、テクノロジーや、ヘルスケアの向上、貧困の撲滅だけではなく、ＡＩのインパクトがさらなる階層分化を引き起こさないような富の公正な分配にも基づいている。

ここ20年のシリコンバレーの発展は、先に述べた予想がナイーブであることを示しているのかもしれない。しかしおそらく、私たちはこうした社会問題を解決するだろう。でなければ、「技術保有者」とそのユーザーとの衝突が起こり、その影響がその後何十年も残るものとなる可能性もある。テクノロジー、特に個人の衣食住とケアに関わるものが無償または安価で利用可能であれば、私たちは人類が豊かな時代に到達したと自覚できるだろう。望ましいのは、私たちがテクノロジーを使い続けることで、ソーラーや電気自動車といったテクノロジーが大手の石油やガスのカルテルを破壊し、貧困や予防可能な疾病の撲滅だけでなく、教育や金融リソースへのアクセスの改善へと向かうことだ。

過去250年のテクノロジーによるディスラプションのほぼすべてにおいて、新しいテクノロジーによって消滅した職業はあるが、なくなったものに新しい職業が置き換わり、差し引きではプラスになることの方が多かった。

ピュー・リサーチ・センターは2014年8月（注8）に、このテーマに関する包括的な調査を実施し、世界の未来学者、ジャーナリスト、経済学者を招いて、AIやロボティクスが未来の職業に与える影響に関する意見を求めた。結果として示されたのは、新しいテクノロジーが社会にとってよいものかどうかについての意見は、現在も二分されているということだった。合計では調査対象の52％が、過去の各時代で見てきたのと同様に、消滅するものよりも多くの職業が生み出されて世界はよりよい場所になると回答した。しかしながら残りの48％は、ブルーカラーとホワイトカラー労働者の解雇が大規模に起こって、所得の不公平性、大量失業、社会的秩序の崩壊へとつながることが不可避と考えていた。

AIとロボティクスが私たちの将来に与える影響についてどちらの主張の立場をとるにせよ、絶対的に確かなことが一つある。未来にはディスラプションが増加するということだ。ディスラプションの問題への解決策の中心にあるのは、私たちの未来に対する準備の仕方だ。「拡張時代」を生き抜くために学生が学ぶべきスキルは、現在学校で教えられているものとは大きく異なる。科学、テクノロジー、エンジニアリングと数学（STEMと呼ばれる）だけでなく、俊敏性、創造的思考、高速学習、適応などについても学生に教える必要がある。技術反対派たちが変化を難しいと感じる理由の一つは、勤め先を替えようと考えることが痛みと困難を伴うため、適応するよりも変化に抵抗する方が簡単だからだ。

子供たちに、適応スキルや、前の世代よりも素早く変化するスキルを持たせてはどうだろうか？そうすれば、職業や仕事のパターンの変化は、そうしたスキルのない場合に比べて破壊的な度合いが減るかもしれない。

　新たに作り出されるのはどんな仕事だろうか？　ソーラーエネルギーについてもう少し深掘りしてみよう。**図2－2**は、2000～2040年（予測）の太陽電池の発電可能量である。

　過去20年間の太陽電池テクノロジーの成長をあらためてみると、数多くのテクノロジーの発達が辿ってきたものと同じく、見慣れた指数関数的な成長カーブがみてとれる。この展開は近い将来に非常にディスラプティブなものになる可能性が高い。それを説明しよう。

　2014年時点では、ソーラーエネルギーは米国の電力のわずか0・4％を供給しているに過ぎないが、その成長率は驚くべきものだ。屋上型ソーラー発電は2010年のおよそ3倍増（注9）となっている（2010年から4年間で418％

図2-2 ● 太陽電池発電可能量の増加（2000～2040年：予測）

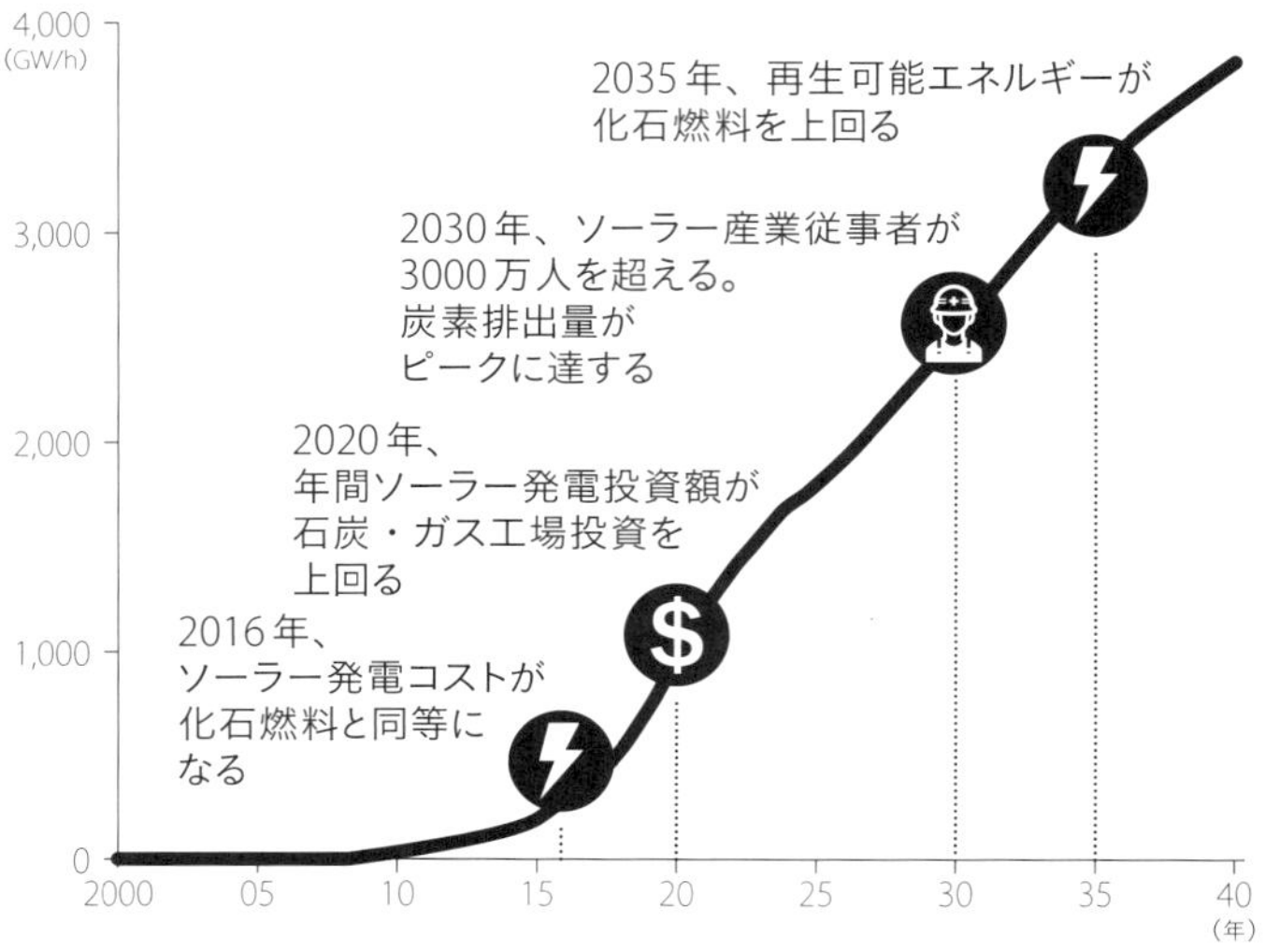
4,000
(GW/h)
3,000
2,000
1,000
0
2000
05
10
15
20
25
30
35
40
(年)
2035年、再生可能エネルギーが化石燃料を上回る
2030年、ソーラー産業従事者が3000万人を超える。炭素排出量がピークに達する
2020年、年間ソーラー発電投資額が石炭・ガス工場投資を上回る
2016年、ソーラー発電コストが化石燃料と同等になる

の増加という推計もある）。現在の推計では、米国では新たな屋上型ソーラーシステムは4分間に1台設置されている（注10）。ブルームバーグの新エネルギー調査チーム（Bloomberg New Energy Finance）によれば、現在から2030年までに世界中で増加する発電量の70％が再生可能型になる。このことは、2035年までには、世界のほとんどが再生可能エネルギーベースになることを意味する。中国やインドのような国がこうした動きの先頭になる可能性が高い。

すでに確立された配電網にとっての脅威は明確で大きい。特にそれは、ソーラー発電の導入速度が上がっているからだ。屋上型ソーラーが米国市場の10％に達すれば、それはエネルギー企業の利益が41％低下することにつながるのだ！

デビッド・クレイン、NRGエナジーのCEOの意見……彼が完璧に説明しているように、「ソーラー」は「現行の電力供給システムにとって重大な脅威」となっている。米国のほとんどの家庭で携帯電話が電話線にとって代わったのと同じ程度の時間で顧客が分散型の自家製グリーン・エネルギーへと移行すると、配電網は次第に不要になるだろう、と彼は述べている。

——「米国の配電網の生存日がカウントダウンされる理由」『ブルームバーグ・ビジネスウィーク』誌、2013年8月22日

オーストラリアの連邦科学調査機関であるCSIROは、2040年までにはオーストラリアの電

力の半分以上がプロシューマー（訳注・生産者兼消費者）（注11）によって消費の場で発電・蓄電されるとレポートしている。それをもたらすのは、家庭や屋上型ソーラーだけではなく、企業である。グーグルは現在、世界最大の再生可能エネルギー購入者であるが、今後2〜3年間にさらに25億ドルを再生可能エネルギーに投資することにしている（注12）。

全体的な風向きの変化を別としても、石炭やガスによる発電と比べてソーラーエネルギーは、「無償」で分散型となるため、配電網ベースのシステムを急速にディスラプトしてしまうのは絶対的に確実である。その理由は、ソーラーは各家庭やあらゆる消費の場に設置可能なため、配電網がなくて効率的だからだ。したがって、電力会社が配電網維持のために必要とするコストは早々に存在意義を失ってしまい、分散配電網の必要性がさらに加速するのだ。

2015年はソーラーにとって大きな年だった。発電用天然ガスと価格が同等になったのだ（注13）。だがソーラーでは、発電システム（または工場）と従来の配電網は不要である。電柱や高圧線をベースとした配電網の維持という概念は直感的に理解されなくなり、存在価値を失う。デビッド・クレインはもう一つ、この電力供給システムの変化のディスラプティブ性について洞察を示している。

「1億2000万本の木製電柱による電力システムを21世紀に構築しようというのがどれくらい馬鹿げたものか考えてみましょう……現行システムを強化するのは勝手ですが、私たちが進化への適応の第一段階にいることを認めるなら、1930年代からのシステムは長期的には機能しなくなりま

す」

——デビッド・クレイン、ARPAエネルギーサミット、2014年2月

こうしたコメントがソーラーエネルギー企業からだけでなく、米国全土に電力を小売供給している現行の市場リーダーからも出ていることを念頭に置いておこう。

しかしながら、家庭、オフィス、工場を現行の配電網から切り離すと、分散システムをうまく機能させるためには、電力の蓄積が重大な要素になる。自動車と蓄電企業であるテスラ・モーターズは、ネバダ州に50億ドルで建設した巨大工場が、テスラの自動車だけでなく、家庭向け蓄電池（パワーウォールと呼ばれる）を販売することを最近発表した。この蓄電池はソーラー発電の余剰電力を終日取り込むよう設計されており、夜間やソーラー発電力が減衰する曇天下でも、家庭が配電網を使わずに機能し続けられる。

プレスリリースから9日後、テスラは新型家庭用蓄電池を8万5000件、8億ドル以上受注した（注14）。さらに同社は、2016年半ばまでの蓄電池生産分がすでに売り切れたと発表している。

ここでの根本的問題は明確だ。ソーラーエネルギーの利用とテスラのパワーウォールや類似製品の登場によって、多くの家庭が近いうちに電力網の利用停止に向かうだろう。今後20～30年の間にそうした家庭が一定数以上になれば、現行電力会社は収入を失って配電網維持やサービス提供の力を失くし、そのことがさらに多くの家庭を新しいテクノロジーに依存させるようになって、配電網は立ち行

かなくなる。

　化石燃料ベース発電からの20年の長きにわたる移行は、すでに始まっている。アブダビ国立銀行（National Bank of Abu Dhabi：NBAD）向けにケンブリッジ大学とプライスウォーターハウス・クーパーズ（PwC）が提出した短い報告書は、今後2年のうちに80％の国家で、ソーラー蓄電池の価格が現行配電網コストに等しくなると述べている（注15）。石炭を地面から掘り出して電気に変換し、1億2000万本の木製電柱上の電線を通じて走らせるよりも、大幅に安価でクリーンなソーラーエネルギーの方が誰にとってもよい。**図2－3**に示したように、SF小説家のラメス・ナームはそのブログですばらしい分析を行っており、助成金なしのソーラーが、10年のうちには天然ガスと石炭のおよそ半分の価格になることを示している。この点だけでも、

図2-3 ● ソーラーエネルギーのコスト低下の可能性

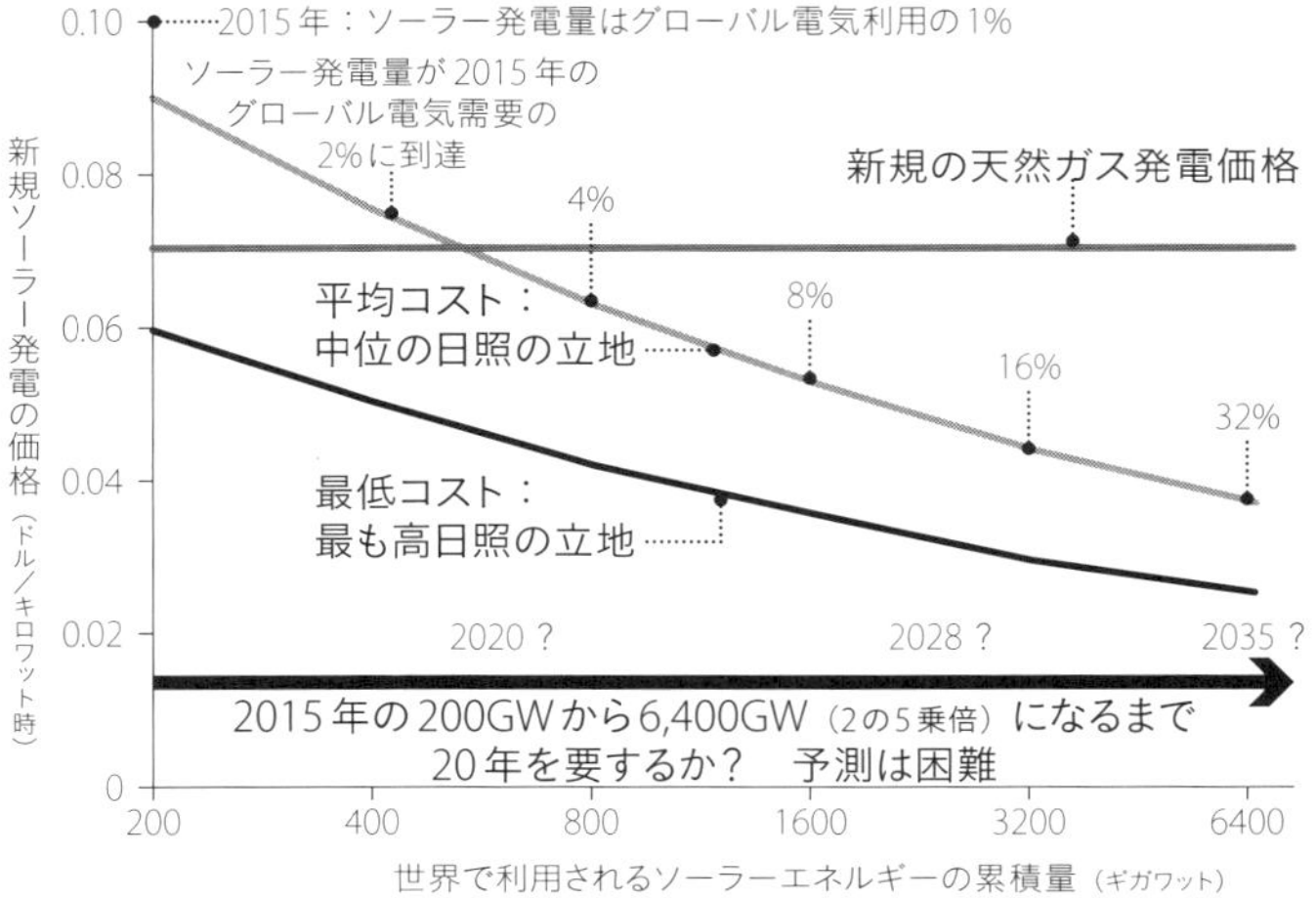

出典：ラメス・ナーム（rameznaam.com/tag/solar/）

最終的にソーラーが勝利するのは間違いない。もはや気候変動や汚染やクリーンエネルギーとかの問題ではなく、単に経済性なのだ。

将来を考えれば、米国に1億2500万の、世界では20億超の世帯があることはよいニュースだ。今後20~30年の間に太陽電池と蓄電池を新たに装備する家庭の数は多い。現在は再生可能エネルギーで800万人が雇用されているが、推計によればこの産業で、2030年には全世界で3700万人が雇用される。ソーラー財団（The Solar Foundation）の調査によれば、米国内のソーラーエネルギー産業の雇用は2015年の米国経済全体よりも12倍の速度で増加している。とすれば、これは未来の話ではないのだ。

図2-4 ● テスラのパワーウォール

出典：テスラ

フリーランス、転職、クラウドベース雇用

ミンテル（Mintel）社の最近のレポートでは、ミレニアル世代のほぼ4人に1人が自分で仕事を立ち

上げたいとしており、5人に1人は今後12カ月以内にそうする計画があると回答している（注16）。米国やオーストラリアのように、大学教育のコストが大多数の人口層にとって手が届かないか実りの少ない投資となりつつある市場では、これら世代の多くが、従来の大学アプローチではなく、インターネット・プラットフォーム、ハッカソン、インターンシップ、起業、実証実験といったものを通じた教育を選択している。教育に対するこの新たなアプローチがあるために、このテクノロジーに親しんだ世代はますます雇用のフレキシビリティを求めるようになっている。ミレニアル世代の66%は、テクノロジーを身につけて仕事の助けとすることに抵抗がない（注17）。実際にY世代の40～45%は、個人のスマートフォンに仕事目的専用のアプリをダウンロードしている（これに対してより高年齢層では18～24%である）。

英国では、Y世代大卒者の85%が、今後5年間について求人市場でうまくいく方法として、フリーランスか独立して働くことを、より一般的かつ受け入れられるものとしている（注18）。フリーランスはミレニアル世代でごく普通のものとなったため、実はそれを表す彼ら独自の用語「**ギグ**（gigging）」まで生まれている。「私、グーグルでギグするわ」といった具合だ。「パーマネント・フリーランサー」とか「パーマネンサー」と呼ぶ向きもある。こうしたタイプの仕事は次第に、自宅、共有ワークプレイス、あるいはスターバックスでさえも行われるようになる。ギガー（gigger）たちを助けて仕事場として使えるカフェを見つけてくれる専用ウェブサイト（注19）まであるほどだ。こうなると、英国と米国で調査されたミレニアル世代のほぼ半数がこの種の仕事のライフスタイルを好んでいるのも、決して驚くべきことではない。

フルタイムの仕事は、歴史的にみれば例外的存在だ（注20）。工業化時代以前は、存在さえしていなかった。初期の実業家は、製造ラインに労働者を同時に配置して生産性を上げることが必要だったのであり、彼らが計画的な週間労働時間という概念を生み出す元となった可能性は高い。その結果この100年間は、週40時間労働が仕事生活の中心的存在であった。一カ所に同時に集まって連携し、共同作業して生産することが最もよい方法だったからだ。

しかし今では、テクノロジーが仕事の性質自体を変えつつある。ミレニアル世代は複数の「マイクロキャリア」を同時に抱えて働く最初の新世代となって、従来のフルタイムの仕事や週間労働時間を過去のものにしてしまうだろう。「仕事」は、伝統的な企業のデスクの向こうよりも、クラウド上の市場にあるかの如くになる。中心的なスキルセットとかキャリアの根っこといったものはそのまま残るだろうが、大多数がアントレプレナーとなり、その多くが副業（side gig）を持つだろう。例えば、ウーバーやリフト（Lyft）、サイドカー（Sidecar）等は、自分のクルマと時間を活用して稼ぐ方法を人々に提供するプラットフォームだ。Ａｉｒｂｎｂがあれば、自宅の余っている部屋を貸せるようになる。エッツィー（Etsy）は、自宅で作ったハンドメイドの小物や３Ｄプリントの作成物を売るマーケットだ。デザインクラウド（DesignCrowd）や99デザイン（99designs）、クラウドスプリング（CrowdSPRING）はいずれも、おカネを払ってロゴや他のデザインを募るフリーランスのデザインリソースを提供してくれる。

近い将来テクノロジーによって、自分のスキルセットの即時販売や、ギグと専門性のオークションが可能になり、仕事の対価はほぼリアルタイムか成果物の完成時点で受けられるようになる。

「調査によれば、現在の大卒者は、彼らが30代になるまでに1ダース以上の職を持つことになりそうです。職業環境が不安定なため、社会的にも文化的にも、そうしたお試しをしても大丈夫になってきています。期待値が変わってしまったということです。20代は、何がやりたいのかを本当に見つけるための時間として使われているので、転職を繰り返して複数の業界を試してみることになるでしょう」

——エミリー・ヒー、Saba社CMO（注21）

こうしたものの中には、単に必要に応じて生まれるものもある。ミレニアル世代は一般的にその親たちに比べて教育レベルが高いが、2008年の金融危機の影響で、特に職業面で厳しい打撃を受けた。男性の30％、女性の37％が失業状態か、労働力市場の外にいた（注22）。このため、仕事に対するアプローチは現実的なものとなり、テクノロジーとリアルタイムでの雇用が、ミレニアル世代の代名詞である転職とギグの土台となったのだ。

生活の「拡張」

ディスラプションがテクノロジー主導で起こってきたとはいえ、これまでのすべての時代を通じて、人類は種として確実に進歩を重ねてきた。生活環境は改善し、10億もの人々が貧困から抜け出し、平均余命は長くなり、乳幼児死亡率は低下し、職の創出が続いた結果、世界的にほとんどの地域で失業率が安定した。全体としてものごとはうまくいっているが、それでも、ソーシャルメディアに時間を浪費しているとか、生活の中にテクノロジーが組み込まれて人間的要素が後退しているとか、過去の世代にとっての「ふつうの」ことをやらない傾向がある、といった若年層に対する数々の慨嘆の声が止んだわけではない。

私たちが知っているのは、人類は行動の面では常時適応を続けているということだ。こうした変化は軽微なものに見えることもある。例えば、読書が物理的な本からタブレット上へと変化する場合、その背景にある実際の行動変化としては、本の購入方法のシフトが起こっている。電子メールとかスマートフォンのような新しいテクノロジーは、時として日常のルーティンを大きく変化させ、私たちの祖父母が想像もできないような新しい行動を生み出す。そうした変化を受け容れるか、抵抗するかということだ。

最近私はあるイベントで、行動の変化について話していた。特に焦点を当てたのは、テクノロジーが組み込まれた時代に生まれた若年世代は、そうした新しいテクノロジーを世界の自然な一部とみなしているということだ。講演の後で、私は、ある心配性の親御さんに端の方に連れて行かれた。彼は、「技術懐疑派」という、テクノロジーが常によいものをもたらす力だとは限らないと考える新しい層の一人だった。彼には7歳になる息子がいて、平日はその子がコンピューターやテクノロジーに接するのを禁じて「ふつうの子供」として遊ばせていろいろな経験をさせており、週末だけテクノロジーを使わせているのだが、私の未来についての説明を聞いて不安になったのだと言う。

ここでの問題は、この親御さんが、自分が子供時代のふつうの子供生活という「彼自身の見方」を、新しい世代、新しい生存スキルが必要な世代として生まれた子供に押し付けているところにある。彼の子供がコミュニケーションをとれず、同じ年代の人たちとテクノロジーを使って競争できないとしたら、そのことが招くネガティブな結果にその子は苦しむことになると考えられる。

バランスは必要だが、テクノロジーの変化を避けることは、テクノロジーが組み込まれた世界で前に進む必要がある世代にとって有用な戦略とは言えない。ほとんどの先進国では現在、リンクトイン（LinkedIn）のプロファイルや有用なオンラインのネットワークを持っていないと専門的な仕事につくことはできない可能性が高い。マーシャル・マクルーハンは、ポストPCとポストインターネット世代が現在自らをどう見ているかを見事に評した言葉で知られている。

「水を発見した人が誰かは知らないが、それが魚ではないことは確かだ……」
——マーシャル・マクルーハン、1966年の講演

テクノロジーの世界に生まれたこの世代について考えてみよう。テクノロジーについて全く異なる世界の見方をする世代で、ジョーダン・グリーンホール（注23）が「オメガ」世代と呼ぶ最も若い世代だ。マーシャル・マクルーハンの言う特性をあてはめるなら、2000年以降に生まれたこの子供たちは、自分の周囲のテクノロジーを新しいものとしては見ない。彼らにとってそれは空気か水のようなものだ。ユニークでも、ディスラプティブでも、特段異なるものでもない。ただそこにあるだけのものだ。

2000年以降生まれの子供たちは、9・11のような事件を自分のこととしてとらえない。彼らにとってそれはただの歴史に過ぎないからだ。インターネットが存在しない時代の記憶は持っていない。彼らのほとんどは、テレビ番組が特定のチャンネルで一日の決まった時間に放送されていて、それをもう一度見る方法は再放送しかないという概念を理解すらしていない。私の6歳の息子もその一人だ。息子は、好きなデバイスで好きなときに、お気に入りの番組を見ることができる。

この世代は適応力が非常に高いが、その生活や意思決定は、自分の周りのテクノロジーと結びついている。例えば、何かを学ぶときにはどうするか？　グーグルで検索するか、ユーチューブのビデオを見る。ＶＨＳテープ、カセットレコーダー、ビニールのレコード、ブラウン管テレビといったもの

で育っていないのだ。だから彼らは、使う言葉までもが違っている。新しい電話、衣服、ビデオゲームや音楽を買うときの決め方はどうだろうか？　自分のネットワークに尋ねて、コメントや「いいね！」の影響を受けるのだ。だがこれは、意思決定の方法や人とのつながりのつくり方について、明らかな世代間変化があることの証拠だ。

こうしたテクノロジーすべてのせいで、子供たちは周囲との情緒的なつながりが減っているのではと思われるかもしれない。じっさい、それをある程度肯定する調査結果もある。最近の調査では、ここ20年くらいの間に自閉症の増加が著しいとされている。これが診断力向上の結果に過ぎないと考える人は多いが、要因として診断力向上（26％）、病気に対する認知の向上（16％）、高齢の両親の増加（11％）等を特定できた上でも、新しい自閉症の症例の47％は統計上説明がつかない現象となっている（注24）。

この世代がテクノロジー世界に生まれたことで、表情からの感情の読み方や、感情表現やコミュニケーションの取り方が変化していると考える向きもある。自閉症、アスペルガー症候群やその類いの症状を引き起こす原因は、子供が新しい世界に進化し適応しようとしていることかもしれないという仮説が考えられている。新しい世界では対人スキルよりもテクノロジー対応スキルの方が重要なのだ。

必ずしも、子供たちが感情を表さなくなっているということではない。実際には、友達の情緒的状態に関するソーシャルネットワークやテクノロジー経由のインプットが非常に多いため、実は彼らのEQ（emotional quotient：感情指数）はそれより前の世代に比べても高いようだ。彼らは、表情や言語の手がかりを読むのではなく、エコシステム内のフィードバックループを通じてそうした手がかりを得ているだけなのだ。

この世代は、ほとんど何でもリアルタイムでコミュニケーションすることが少なくない。その中には、彼らのリレーションシップの状況、朝食に何を食べたか、どんなコンテンツを見て、どんな物を買っているか、その中でどれが好きでどれが嫌いかといったものが含まれる。彼らは、私なら子供や若いころに決して使わなかったような情報源を駆使して、はるかに短い時間内に意思決定を行っているのだ。現在のラゴス、ムンバイまたはバンコクの大卒の若者は、20年前の米国大統領よりも多くの情報にスマートフォン上でアクセス可能だと言われている。換言すれば、彼らは考えを巡らすのに非常に適応力が高く、俊敏性が高く、テクノロジーの変化に抵抗もしない可能性が高い。彼らの世界では、変化は常態であり、そのスピードが増しているということは、ポジティブな進化のサインなのだ。

このことは、最も大きな社会的ディスラプションを生むことになるかもしれない。特にベビーブーマー（1946～63年生まれ）と初期のX世代は現在でも政府や大企業の舵取りをしているが、彼らは政治的または経済的変化に最も抵抗する世代であるという傾向がみられる。その理由は、安定性こそが最も必要だと考えているからだ。実は、第113回米国連邦議会は歴史上最も高齢の議会であり、議員の平均年齢は62歳で（注25）、歴史的に最も機能していないと考えられている（注26）。

ソーシャルメディアの登場とともに、私たちは、アラブの春や、占拠（Occupy）運動や、米国における警官の暴力や法を逸脱した殺人への抗議といった形で、Y世代とミレニアル世代が変化を起こそうとして抗議の声を大幅に高めたのを目にしている。ベビーブーマーは平和の持続を求める。X世代は経済的繁栄と安定を求める。新しい世界市民として2023年の世界で支配的となる世代は、安定自体を望まない。彼らが求めるのは、**変革を通じた前進**だ。

気候変動、エネルギー、雇用、教育といった問題については、今後10年間、新旧2つの勢力がぶつかりあうことになりそうだ。特に、より大きな有権者世代を政府が全くかほとんど代表していないことが明らかだったり、既存産業の利害とロビーグループがテクノロジー変化に反対する場合がそうで、米国のような国に特に当てはまる。

過去100年の間、ヘルスケア、金融サービス、技術分野、政策方針に関するアドバイスは、**情報の非対称性**（政府や「アドバイザー」が皆の知らないことを知っているという事実）という概念の上に成り立っていた。情報の非対称性はますます存在しなくなりつつあり、そのために、ロビーや特定利害グループの影響があからさまな場合に、政府が最大の公益のために活動していると主張することが、より難しくなってきている。

一つ確実なことがある。テクノロジーと「拡張時代」がもたらすディスラプションは、おそらく、社会の機能の仕方に対して、1750年代に産業革命が始まって以来の大きなインパクトを及ぼすだろう。「拡張時代」とは、私たちの生活のあらゆる局面に浸透するテクノロジー全体である。AIであれ、すばらしい分散型の経験であれ、新しいインフラストラクチャーと新しい価値連鎖から生み出される全く新しい価値システムであれ、すべてがそうなのだ。

30年後には、テクノロジーは非常に凝縮され、パワフルで、私たちの生活に組み込まれるために、現在のようにデバイス、インターフェイス、マルチタッチ、マウス、キーボードというふうにテクノロジーを定義することは困難になる。テクノロジーは私たちの体内に、身体に、衣服に、家庭に、車内に、あらゆる場所に存在し、そのそれぞれが、現在私たちが有する最も強力なコンピューターよりも何百万倍もパワフルとなるのだ。

想像してみよう。血流の中に血球細胞サイズのノードからなるセンサーのネットワークがあり、健康や生命活動の状態を個人ＡＩにレポートしていることを。ＡＩが電話や会議に耳を澄ませていて、何を予定表に書き込むかを知ろうとしていることを。そしてスマートホームやスマートカーがＡＩと連携して食事、移動、その他の経験をうまくまとめて準備してくれることを。

「最初のヒトゲノム解析には100億ドルかかった。現在はその100万分の1のコストで同じことが可能だ。エイズウィルスの解析には5年を要した……現在では1日もかからない。しかし10年後には、そうした作業を行うコンピューターは現在のものよりも100万倍パワフルになるだろう」

――レイ・カーツワイル、エクスポネンシャル・ファイナンスにおける基調講演、ニューヨーク、２０１５年6月

可能性の広がりは、気を失いそうなほどだ。

「拡張時代」、ＡＩ、テクノロジーを人類に対する脅威と考えることの最大の問題は、テクノロジーを軽々と使いこなす世代が、この新しい世界に参加するという選択肢を奪い去ってしまいかねないことだ。彼らにとってそれは新しいものではなく、単に日常生活の過ごし方に過ぎないのだ。それはクールで新しいものであり、もし最新のデバイスとか、友達がみんな使っている最新のアプリでなければ、古くて時代後れだ。「拡張時代」とは、テクノロジーがもたらす絶え間ない変化を是とするものであり、変化に抗う者は、失うものが最も大きくなるのだ。

注1：Peter H. Diamandis and Steven Kotler, *Abundance: The Future is Better than You Think* (New York: Free Press, 2012).

注2：Zogby Analytics Survey. Cited in Lisa Kiplinger, "Millennials LOVE their Smartphones: Deal with it," *USA Today*, ２０１４年９月27日、http://www.usatoday.com/story/money/personalfinance/2014/09/27/millennials-love-smartphones-mobile-study/16192777/

注3："Millennials: Confident. Connected. Open to Change," Pew Research Center, ２０１０年2月24日、http://www.pewsocialtrends.org/2010/02/24/millennials-confident-connected-open-to-change/

注4：Felicity Brown, "Percentage of Global Population living in cities, by continent," *Guardian*, ２００９年８月29日、http://www.theguardian.com/news/datablog/2009/aug/18/percentage-population-living-cities

注5：The Electronic Recording Machine, Accounting（ＥＲＭＡ）は、スタンフォード研究所によって１９５０〜１９５５年に開発されバンク・オブ・アメリカの小切手処理関連の簿記を自動化した。１９５０年代、銀行の小切手口座（他国では当座預金口座として知られる）は、２万３０００件／月のペースで増加しており、ＥＲＭＡの導入前の銀行は、手作業処理を終わらせるために午後2時に閉店せざるを得なかった。

注6：調査報告書は次のＵＲＬで入手可能。http://www.oxfordmartin.ox.ac.uk/downloads/academic/The_Future_of_Employment.pdf

注7：テクノロジーによってディスラプションが起こる可能性が98〜99％の職。信頼区間２％で基本的な統計的確実性を有する。

注8：“AI, Robotics, and the Future of Jobs,” Pew Research Center, ２０１４年8月6日

注9：http://cleantechnica.com/2014/04/24/us-energy-capacity-grew-an-astounding-418-from-2010-2014/

注10：http://www.americanprogress.org/issues/green/report/2014/05/29/90551/rooftop-solar-adoption-in-emerging-residential-markets/

注11：プロシューマーとは、生産者であり、同時に消費者であること。

注12：Google Green

注13：GreenTechMedia.com の分析を参照。http://www.greentechmedia.com/articles/read/Utility-Scale-Solar-Reaches-Cost-Parity-With-Natural-Gas-Throughout-America

注14：Alissa Walker, “Tesla’s Gigafactory isn’t Big Enough to Make Its Preordered Batteries,” *Gizmodo*, ２０１５年５月８日

注15：NBAD, University of Cambridge and PwC, “Financing the Future of Energy,” *PV Magazine*, ２０１５年5月２日

注16：“Enter the entrepreneurs,” *Mintel,* ２０１４年11月19日

注17：Cornerstone OnDemand Survey, ２０１４年11月

注18：“Generation Y and the Gigging Economy,” *Elance,* ２０１４年１月

注19：次のＵＲＬを参照。https://workfrom.co/

注20：歴史を通じた仕事のしかたのパターンについてさらに知りたければ、次のＵＲＬを参照。https://eh.net/encyclopedia/hours-of-work-in-u-s-history/

注21：“Solving the Mystery of Gen Y Job Hoppers,” *Business News Daily,* ２０１４年８月22日

注22：Pew Research 2014

注23：Jordan Greenhall についてさらに知りたい場合は、次のＵＲＬを参照。http://reinventors.net/content/jordan-greenhall/

注24：統計出所は次のＵＲＬで入手可能。http://blog.autismspeaks.org/2010/10/22/got-questions-answers-to-your-questions-from-the-autism-speaks%E2%80%99-science-staff-2/

注25：http://www.slate.com/articles/news_and_politics/explainer/2013/01/average_age_of_members_of_u_s_congress_are_our_senators_and_representatives.html

注26：“The 113th congress is historically good at not passing bills,” *Washington Post,* ２０１４年７月９日

第3章

姿を消すコンピューター

When Computers Disappear

「情報テクノロジーは基本的に毎年倍増し、等比級数的に成長する。ビルにしか入らなかったものが今ではポケットの中だ。そして現在ポケットに入るものは、25年後には血球の中に納まるだろう」

――レイ・カーツワイル、２００９年

第二次世界大戦当時、アラン・チューリングとブレッチリー・パークのチームは最初のプログラム可能な電子デジタルコンピューターを開発した。ローレンツ暗号機が生成する暗号の解読にあたる英国の暗号解析者をサポートするという特定の目的のために設計されたものだった。ドイツのローレンツ暗号生成機は、戦時中ドイツ軍が暗号メッセージ送信や発令に広く使用していたものだ。コロッサス・マークⅠは１９４４年２月５日に実稼働した。コロッサスの改良版（マークⅡ）は１９４４年６月１日に稼働を開始したが、それはＤデイ作戦開始のわずか数日前のことだった。

最初のプログラム可能な汎用計算機は、ＥＮＩＡＣ（Electronic Numerical Integrator and Computer：電子数値統合計算機）だ。最初は米軍が砲撃の弾道計算に使用したもので、１９４７年６月29日に実稼働した。１９５０年には、地球上にはこうした計算機は数台しかなかった。とは言え、コンピューティングはそこから始まったのだ。

当時と現在を比べてみるとどうだろうか？

昨今では、音楽つきグリーティングカード（注１）に内蔵されたサウンドモジュールのような日常的なデバイスでさえ、第二次大戦終結時のコンピューティング・テクノロジーの総和の約1000倍の処理能力を有している。そしてそのチップはわずか10セントだ。ムーアの法則がここでも成立しているのだ!

現在ポケットに入れて持ち運ばれる平均的なコンピューターの処理能力は、1980年代の世界最大級の銀行や企業、航空会社が持っていたものを超えている。いま私たちが使用しているタブレット・コンピューターは30ドル程度だが、20~30年前には4000万ドルはしており、当時スーパーコンピューターとして知られていたものだ。あなたのポケットのスマートフォンは、1970年代にアポロ計画でNASAが使っていたすべてのコンピューターより高い計算力を有しており、ニール・アームストロング、バズ・オルドリン、マイケル・コリンズを月面へと導くのに使われたコンピューターのほぼ300万倍のパワーがある。1993年、最も高い計算力のスーパーコンピューターを富士通が日本の宇宙航空研究開発機構向けに、費用約3400万ドル(1993年時点価格)をかけて作ったが、パフォーマンスに関しては、サムスン・ギャラクシーS6のようなスマートフォンが、それを簡単に上回る。この同じスマートフォンの能力は、1985年にバンク・オブ・アメリカが持っていた全コンピューターの30~40倍なのだ(注2)。Xbox360の処理能力は、スペースシャトルの最初のフライトコンピューターの100倍である。

あなたが手首にスマートウォッチを巻いているなら、その処理能力は、15年前のデスクトップ・コンピューター以上だ。ラズベリーパイ・ゼロ・コンピューター（訳注・手のひらサイズのコンピューターで電子工作等に利用可能）は現在わずか5ドルだが、2011年に発売されたiPad 2と同等の処理能力を有している。テスラのモデルSのような自動車は複数の中央演算装置（CPU）と画像処理装置（GPU）を搭載しており、全体では747ジェット機よりも大きなコンピューティング基盤を有している（注3）。

30年のうちにあなたは、ポケットの中や、衣服、自宅そして体内にまで組み込まれたコンピューティング技術を持ち歩くことになるだろう。そしてそれは、現在作られているほとんどのスーパーコンピューターよりも高い計算能力を持ち、おそらく1995年にインターネットにつながっていたすべてのコンピューターを凌ぐまでになるだろう（注4）。

ネットワークとインターウェブ

インターネットの草創期に、ARPA（Advanced Research Projects Agency：後にDARPA〔Defense Advanced Research Projects Agency〕となる）の主導で、ARPANET（Advanced Research Projects Agency Network）として知られるプロジェクトが始まった。ARPANETの最初の接続が成功したのは、カリフォルニア大学ロサンゼルス校（UCLA）とスタンフォード研究所（Stanford Research Institute：SRI）との間で、196

9年10月29日の22時30分のことである。

「私たちとSRIのスタッフとの間で電話線接続を行った。私たちは『L』をタイプして電話で『Lが見えますか?』と尋ねた。返ってきた答えは『はい、Lが見えます』だった。私たちは『O』をタイプして『Oが見えますか?』と尋ねた。『はい、Oが見えます』。次に『G』をタイプしたが、そこでシステムがクラッシュした……」（注5）

——レナード・クレインロック教授、UCLA、1969年の最初のARPANETパケット交換テストに関するインタビューより

初期のコンピューター・ネットワークの発展と同時期に、さまざまなコンピューター製造業者がコンピューター技術における小型化とパーソナル化に取り組み始め、自宅やオフィスでの利用を可能にしようとした。一般に信じられているのとは違って、パーソナル・コンピューター（PC）を生み出した最初の企業はIBMではない。1970年代前半、スティーブ・ジョブズとスティーブ・ウォズニアックは、自分たち独自のパーソナル・コンピューター製作に向けて忙しく働いていた。その結果生まれた最初のアップル・コンピューター（後にApple Iとして知られるようになった）は、IBMモデル（注6）に5年近くも先んじていて、かなり異なるエンジニアリング・アプローチによるものだった（**図3-1**）。しかしながら、パーソナル・コンピューティングが本格的なものとなったのは、アップル

がＡｐｐｌｅ Ⅱを発売して以降のことになる。

ジョブズとウォズニアックが最も初期のＰＣを開発していたのと同じ頃、職場におけるコンピューターの急速なダウンサイジングも進んでいた。コンピューターが、ディスク装置、プリンター、入力装置、ＣＰＵに分かれて部屋を占有することはもはやなくなり、メインフレームだけが企業コンピューティング分野における対象でもなくなっていた。メインフレームはミニコンピューター、あるいはミッドレンジ・システムとしてより一般に知られるものに置き換わりつつあった。

「ミニコンピューター」という用語は、まだ大型冷蔵庫ほどのサイズのものを形容するには必ずしも正しくなかったが、それでもそれは、一般的な初期のメインフレーム・コンピューターよりも強力で小さかった。デジタル・イクイップメント・コーポレーション（ＤＥＣ）が開発した Programmed Data Processor（ＰＤＰ）ミニコンピューターのシリーズは、

図3-1 ● ジョブズとウォズニアックが設計した最初のApple Ⅰコンピューター。1976年発売（注7）

出典：Bonhams New York

PDP－1から始まって、PDP－11を発売する頃にはかなりの販売量になっていた。1980年代には、サン・マイクロシステムズ、HPや他の企業が会計や基本的な企業システム向けのエンタープライズ・コンピューティング基盤で優勢となり始めた。だが、パーソナル・コンピューターが職場環境に革命を起こそうとしていた。それは、ネットワーキング技術の登場に帰するところが大きい。

1979年、ロバート・メトカーフは、1970年代前半にゼロックスのパロアルト研究所（PARC）でのローカルおよびワイド・エリア・ネットワーク（LAN／WAN）のイーサネット技術の研究成果を展開しようと、3Com社を設立した。当初、LANベースのプロトコルを使えるソフトウェアは、ファイル共有、ファイル印刷、電子メール送信等の簡単なタスクに限られていたが、このテクノロジーは急速に発展してn層コンピューティングとして知られるものとなり、数多くのパーソナル・コンピューターやアプリケーション・サーバーが接続して非常に高機能なオフィス・ネットワーク・システムを形成するようになった。こうした新しいアーキテクチャ上にデータベースやソフトウェア・システムを構築する必要性から、オラクルのような企業が誕生した。

メトカーフの法則（3Com社の創設者である彼の名をとった）の中核は、ネットワークの接続先（またはノード）の数が増えるに従って、接続ユーザーにとっての価値は等比級数的に増加するというものだ。フェイスブックやツイッターのようなソーシャル・ネットワークが近年急速に成長した理由は、これで説明できる。私たちの未来を知るためには、ネットワーク効果を理解することが不可欠だ。ネットワーク成長の法則をムーアの法則が示すコンピューターの成長と組み合わせると、コンピューターやデバイスの相互接続の等比級数的成長は、もはや止めることができないことがわかる。2008年には、地球上でインターネットに接続している「モノ」の数が、接続している「ヒト」の数を上回った（注8）。そして、グローバル・コンピューティング・ネットワークの成長は、ひたすら加速を続けてきている。

現在私たちは、電球、家庭内のサーモスタット、ドアロック、航空機、自動車、ドローン、ロボット掃除機その他数多くの機器や道具をネットワークにつなげる。インテリジェント機器、センサー、ノードといったものの相互接続が爆発的に増加する間際にいるのであり、それらが私たちが知る世界を変えていくのは間違いない。2020年までには、500億の「モノ」がインターネットに接続されるだろうが、2030年になると、センサーの数は100兆個、ある

図3-2 ● 2030年には50兆～100兆個の機器が接続され、1人当たりセンサーは150個に

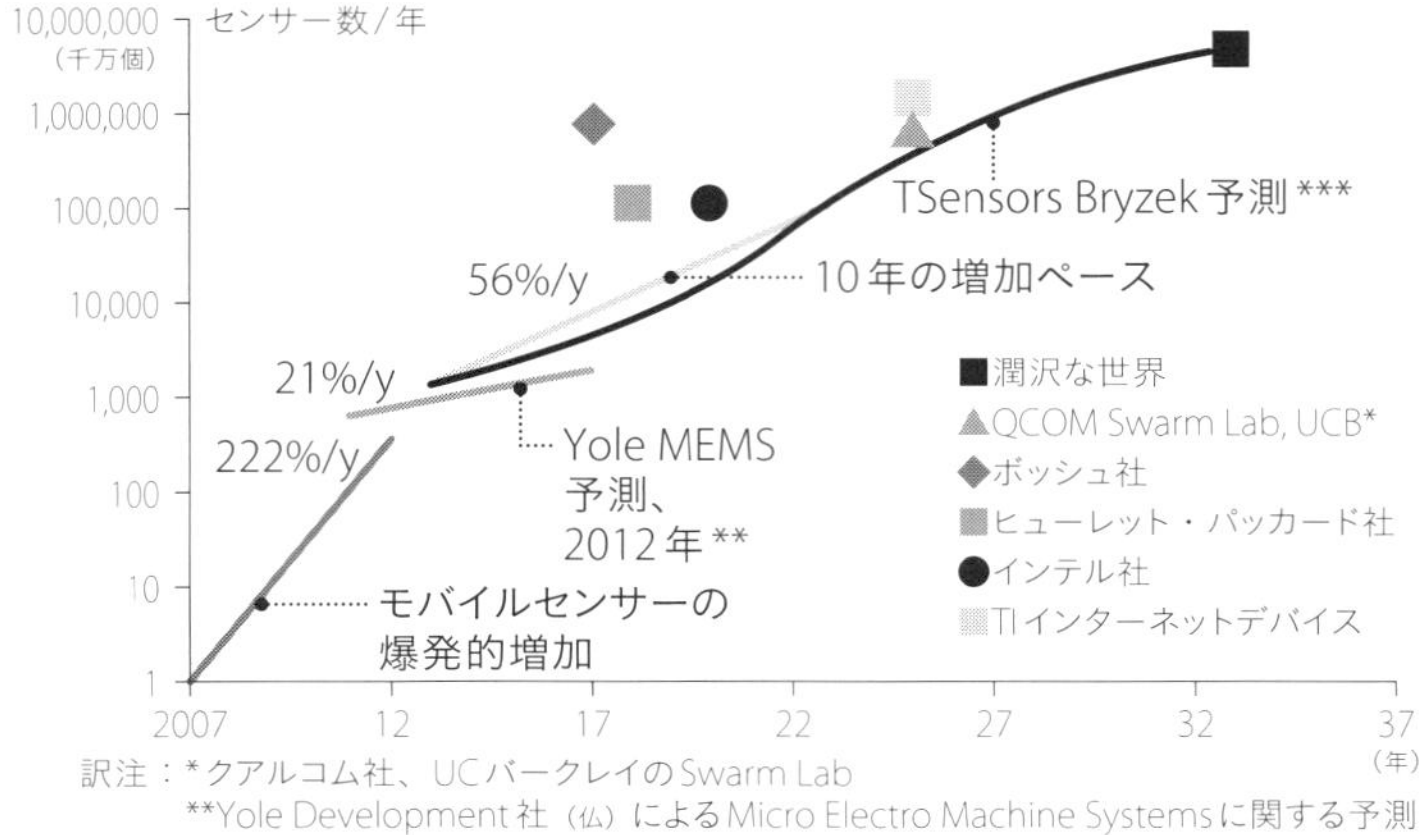

訳注：*クアルコム社、UCバークレイのSwarm Lab
**Yole Development社（仏）によるMicro Electro Machine Systemsに関する予測
***TSensors社CEO Bryzek氏の予測
出典：SBP Global

いは地球上の人間1人当たり150個となっている可能性もある（**図3―2**）。これらセンサーは、心拍をはじめ電気自動車の充電状況、大気汚染レベル、血糖値、あるいは日々の排泄物の状態まで、あらゆるもののフィードバックを生成する。センサーによって情報と測定による未来が開かれ、それによって寿命が延び、地球はより安全でクリーンになる。

世界の未来と運命を全く変えてしまうような接続性革命の実現のためには、先進国だけでなく、すべての人がネットワークにアクセスできるようにしなければならない。そのためにはどうすればよいだろうか？

2014年の香港の反政府運動（OccupyHongKong）の折に、注目の的の一つとなったファイアチャット（FireChat）というニュースアプリ（少なくとも当時の名前）があり、それはメッシュ・ネットワーキング技術を活用していた。このアプリは基本的には、インターネットや携帯電話網サービスがダウンしていても、WiFiかブルートゥース無線を使って、他の電話と通信が可能だ。ファイアチャット（FireChat）の創設者であるオープン・ガーデン社（Open Garden）は2015年にタヒチにおいてパートナーシップを発表したが、それによって島の住民は、データプランや携帯サービスへの接続なしでも互いにやり取りができるようになった。

メッシュ・ネットワーキングは、ネットワーク接続性に関する究極の解決策だ。理論的には、インターネットに接続可能なあらゆるデバイスは、分散ネットワークのノードとなることが可能であり、それによってそのデバイスはネットにつながるだけでなく、接続の共有を通じて他のデバイスとも通信可能なのだ。現在のインターネットでは、インターネット・サービス・プロバイダー（ISP）が提供するポイントかWi-Fiのホットスポットのいずれかを経由するアクセスポイントがあり、それがインターネットというより大きなネットワークへの接続機能を果たしている。メッシュのノードは小さな無線発信機であり、ノードのユーザーやアクセスポイントと通信するだけでなく、ノード同士の間でも通信を行う。この場合、ノードの一つがインターネット・バックボーンへの接続を失ったとしても、通信可能範囲内にある他のノードと接続を共有することになるのだ。これは真に分散化したネットワーク・トポロジーであり、個々のアクセスポイントからのインターネット・バックボーンへの接続に依存する必要がなくなる。

この影響は非常に広範囲に及ぶ。特にアフリカのような地域の都市以外の場所とか、インドネシア、インド、中国のようなネットワーク接続性に制約があるか存在しないような国においてそうだ。理論的には、隔絶した地域でも、小規模の無線発信を内蔵したデバイスがあれば、それがインターネットにアクセスする機器になりうる。メッシュ・ネットワーキング技術に加えて、フェイスブックとグーグルはいずれも、20億を超える接続のない人々に無線インターネットアクセスをもたらすテクノロジーを開発中だ。

フェイスブックは、Internet.orgという非営利組織の形で、アキラ（Aquila）と命名した高高度のソーラーパワー型ドローンによるネットワークのプロトタイプを製作している。アキラはレーザーを使って地上の小さなタワーやパラボラ向けに発信を行う。ドローンは数カ月にわたって浮遊し、その高度は商用航空機よりも高い。グーグルも「プロジェクト・ルーン(Project Loon)」という類似のプロジェクトに取り組んでいるが、こちらは高高度気球を使っている。

今後20年間に最も偉大なイノベーションが起きるのは、ネットワークの成長に関してではなく、私たちの日常生活のあらゆる局面に組み込まれた、インテリジェントでネットワーク化したコンピューターの使い方である。先に進むためには、新しいデザイン・パラダイム、新しいソフトウェア、そして新しいデバイス間通信方式が必要になる。初期の携帯電話と比べたiPhoneの美しさ、テスラの特性である大型ディスプレイ画面、アマゾン・エコーのようにデバイスにスクリーンがないものなどを見れば、デザインの重要性は明白だ。私たちを囲む世界にテクノロジーを組み込む方法は、次第に想像力豊かなものが見つかりつつあるようだ。

インターフェイスとインタラクションのデザインの進化

1982年、私はオーストラリアのメルボルンで選抜性セカンダリースクールの9年生になった。メルボルンの高校は、コンピューター・サイエンスを科目として導入したオーストラリアで最初のセカンダリースクールの一つだった。現在では、オバマ大統領のような人がJavaのシーケンスを初めてコーディングしたり、子供たちがユーチューブやコードアカデミー(CodeAcademy)を通じてコーディングを学ぶ姿を目にするものだが、1980年代前半に遡ると、コーディングはまだ大学における取り組みだった。私が学校でコーディングを習い始めた時には、メルボルン大学から譲渡されたコンピューターを使い、それでBasic、Pascal、Cobol、Fortranのプログラムを組むことができたが、それは紙のカードを使ってのみ可能だった（**図3－3**）。

当時のコーディングは、まずコードを紙に手書きし、それを1行ごとのコードとしてマークシートかパンチカードに写し替えるというものだった。次に使うのはカードスタックリーダーで、リーダーは1枚ずつカードを読んで、鉛筆のマークかパンチ穴を文字、数値、記号として認識した上で、それをまとめて理解してコンパイルする。伝統的な「ハロー・ワールド（Hello World）」のプログラムには4枚の異なるカードを使う必要があった。

学校での私は、明らかにコンピューターオタクの一族だっ

図3-3 ● 1970年代のコンピューター・プログラミングは、キーボード経由ではなくパンチカードで行われることが多かった

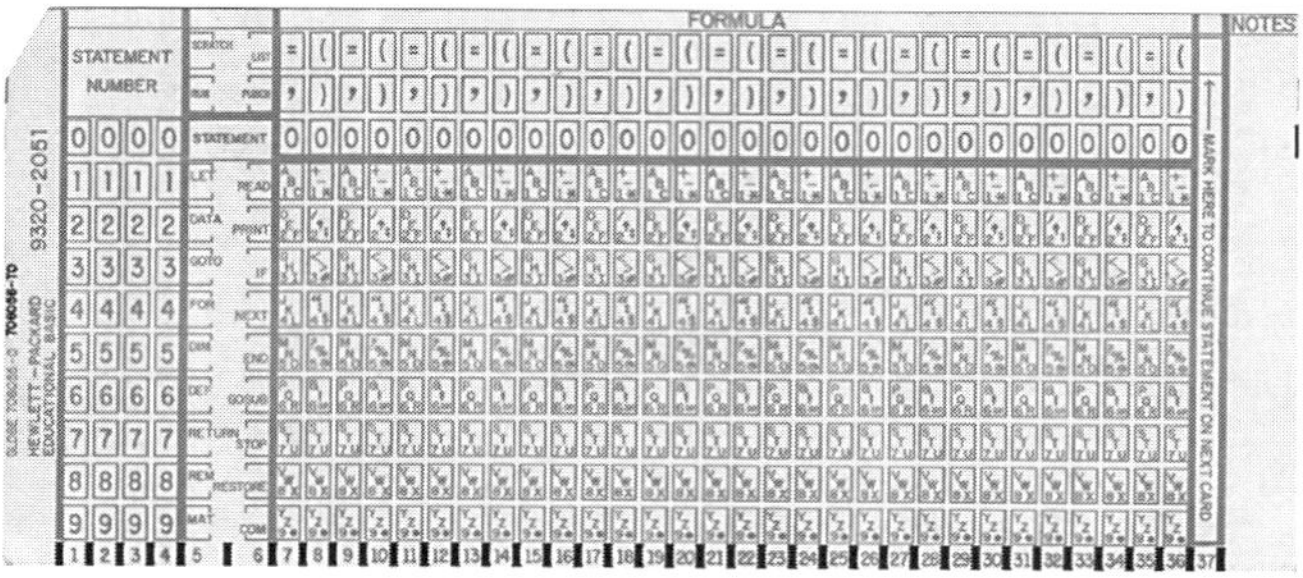

た。今でも鮮明に覚えているのは、私が学校の管理システムに侵入して、教師の記録を見つけたときのことだ。私は2週間かけて、それをコンピューター室から外に持ち出した。他の生徒の課題のプログラミングを、形ばかりの料金で請け負おうとしたのだ。目的はカネではなく、他のバージョンのプログラムを使って同じ結果やアウトプットが得られるかを試すことだった。

同じ頃、私の親友のダン・ゴールドバーグが私にＡｐｐｌｅ Ⅱコンピューターを初めて紹介してくれて、その後間もなく、私は自宅に最初のＶｉｃ－20マイクロコンピューターを持つことになった。私はＩＢＭ互換のコンピューターを自宅に置こうと、父を説き伏せてカネを出させた。そして私は鉛筆マークを読みとる紙カードにプログラムをパンチする作業を卒業し、キーボードと白黒の画面へと移行した。当時のインターフェイスは、特にゲームやグラフィックに関しては非常に初歩的なものだった。

私のコモドールＶｉｃ－20マイクロコンピューターには、4キロバイトの内蔵ＲＡＭ、16キロバイトの拡張パックと、プログラム保存用のカセットテープデッキが装備されていた。Ｖｉｃ－20を両親が置いていた旧い白黒テレビにつないでみると、それには16色をちゃんと表示する機能があった。思い出すのは、Ｖｉｃ－20のホビー雑誌を買ってきてそこから山のようなコード行を苦労してタイプして、新しいゲームがプレイできるようになったことだ。こうして私はプログラミングを学んだ。対象を変えることで、私はシンタックスを学び、プログラミングロジックを学んだ。セカンダリースクールを卒業する頃には、私のプログラミングスキルは、そのままプログラミングの実務に就けるほどになっていて、それでパートタイムで大学に入学する一方で、毎日大好きなコーディングをやっていた。Windows 3と3・11が出ると、そこにあったのは、コンピューター利用をさらに容易にするグラフィカル・ユーザー・インターフェイスだった。エディットボックス、ラジオボタンその他のデザイン要素等の標準的な制御やエレメントがあって、それで昔の緑の画面時代の技術よりもはるかに大きな自由度が得られた。

コンピューターの計算力は増していったが、同時にインターフェイスも使いやすくなっていった。第一世代のコンピューター・インターフェイスはエンジニアだけが知るものだ。第二世代のインターフェイスでは、ユーザーはプログラマーにならなくても、特定のプログラムの使用の訓練を受ければよかった。しかしその進歩があっても、一つのコンピューターシステムやオペレーティング・システムを知っていたからといって、慣れてよく知っているわけではない他のシステムを操作したり使い方を覚えられるというわけではなかった。

しばらくすると、店頭販売のソフトウェアを買って、そのディスクやカートリッジを自分のコンソールやコンピューターに差し込むことが可能になった。そのソフトウェアは一度も使ったことがなくても、かなりの確率でその使い方を覚えることが可能だった。現在では、アプリを自分のスマホに、あるいはソフトウェアをノートパソコンにダウンロードしてわずか2～3分で使い方を理解でき、何週間もの集中トレーニングは不要だ。ユーチューブや他のウェブベースのツールでは、私の12歳の息子でも2～3週間後には、人気のマインクラフト（注9）ゲームのエコシステム用に、Javaで「m ｏｄｓ」（訳注・modification の略。ゲーム改造用データ）をプログラムすることを覚えることができた。

　このトレンドが続けば、最終的には、私たちの周囲の世界には、多数の非常にパワフルな組み込み型のコンピューターがあって、その操作に明確なやり取りは不要で、言葉や動作一つもなしに動くことになるだろう。例えば、フィットビットのデバイスを身に着けていれば、ウェアラブルのコンピューターへの入力がうまく行われる、というふうに考えればよい。

　マルチタッチの導入は、個人向け機器におけるインターフェイス・デザインを大きく飛躍させた。それによってポケットに入れて非常に強力なコンピューターを持ち歩けるようになり、マウスやキーボードといった追加のハードウェアは不要になった。入力の正確性という観点では、マルチタッチは機能低下だという主張もあ

図3-4 ● コンピューター・インターフェイスの進化

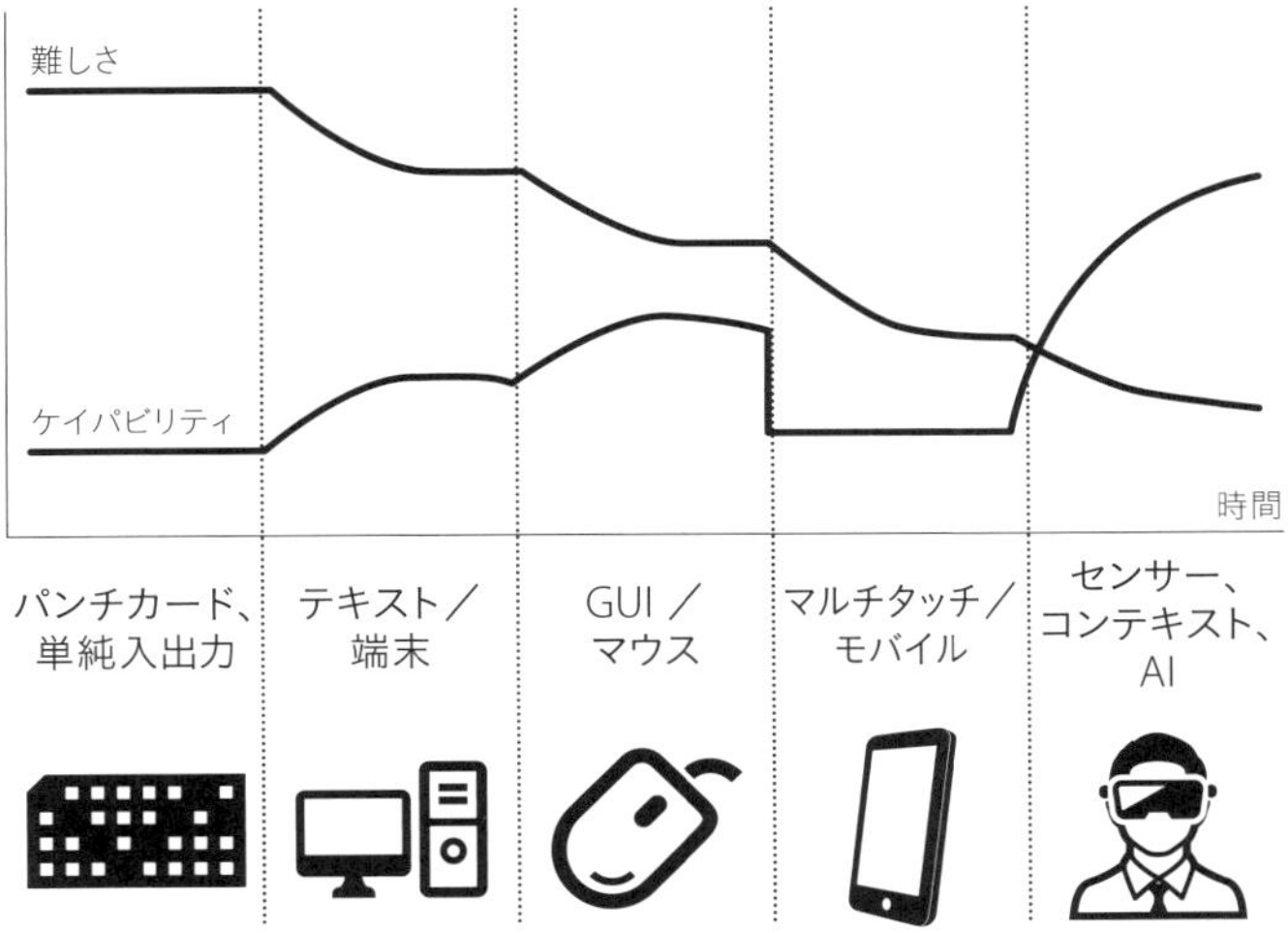

るが、同時に、2歳の子供でもiPadを手にして簡単に使えるというデバイス操作の単純性があることは誰も否定できない（**図3－4**）。

コンピューティングの次のフェーズでは、コンピューターの使い方が急激に進化するのを目にすることになるだろう。入力の方法は、オペレーターやユーザーによるバーチャル・キーボード、音声、タッチ、ジェスチャー経由の直接入力か、バイオメトリクスと健康状態データ、位置情報、機械や器具の作動状況から環境データからのあらゆるものを収集するセンサー経由のフィードバックか、あるいはソーシャル、ヒューリスティック、および行動分析など、行動の予測と比較の前提となるものからの入力かに分かれていくだろう。入力はリニアでもなく、一つの画面やインターフェイスに基づくものでもなくなる。

画面からセンサーへ

スマートフォン、ウェアラブルのフィットネス機器、あるいはスマートウォッチをお持ちなら、それらはすでに、あなたとその日々の活動に関する膨大な情報を取得している。内部加速度計に位置情報（GPS）チップを組み合わせて、動作のデータを取得する。それは正確であり、階段を上るときの歩数や高度の変化まで計算する。スマートウォッチやフィットネスバンド等のデバイスは心拍を取得し、歩数計として機能するものだが、次世代のセンサーははるかにそれを上回ったデータ取得が可能になる。

２０１４年、サムスンはシムバンド（Simband）として知られるウェアラブル機器のプロトタイプを発表した（**図3－5、図3－6**）。それは半ダースほどのセンサーを装備していて、日々の歩数、心拍、血流、血圧、皮膚体温、酸素レベル、発汗状況など全12個の重要データポイントを監視可能だ。シムバンドのディスプレイは集中治療室（ＩＣＵ）で見かける心電図に似ているが、それは手首に装着するものだ。

ＧＰＳやナビゲーション・ソフトウェアが、行程や移動時間に交通量がどれくらい影響するかを予測できるのとおおむね同じ方式で、次の10年には、ヘルスセンサーとＡＩおよびアルゴリズムの組合わせで、心血管疾患の進行や発作の予兆、消化器の問題、肝機能障害や腎不全（注11）の検知が可能になり、さらには、より直接的な医療支援が得られるまでの致命的事態予防の手当て方法の推奨や実行管理までが可能になるだろう。

健康保険と生命保険を販売する保険会社は、こうしたツールが保険引き受けリスクを劇的に低減するだけでなく、保険契約者（つまり私たち）が医療のプロと連携して健康状態をよりよく保つのに役立つことを理解し始めている。保険は、契約者が心臓病になるリスクを見積もるものにとどまらず、それ

図3-5 ● 腕時計のベルトに組み込まれたシムバンドのセンサー群

出典：サムスン

図3-6 ● 心電図（ECG or EKG）（注10）や他のフィードバックを示すシムバンドのディスプレイ

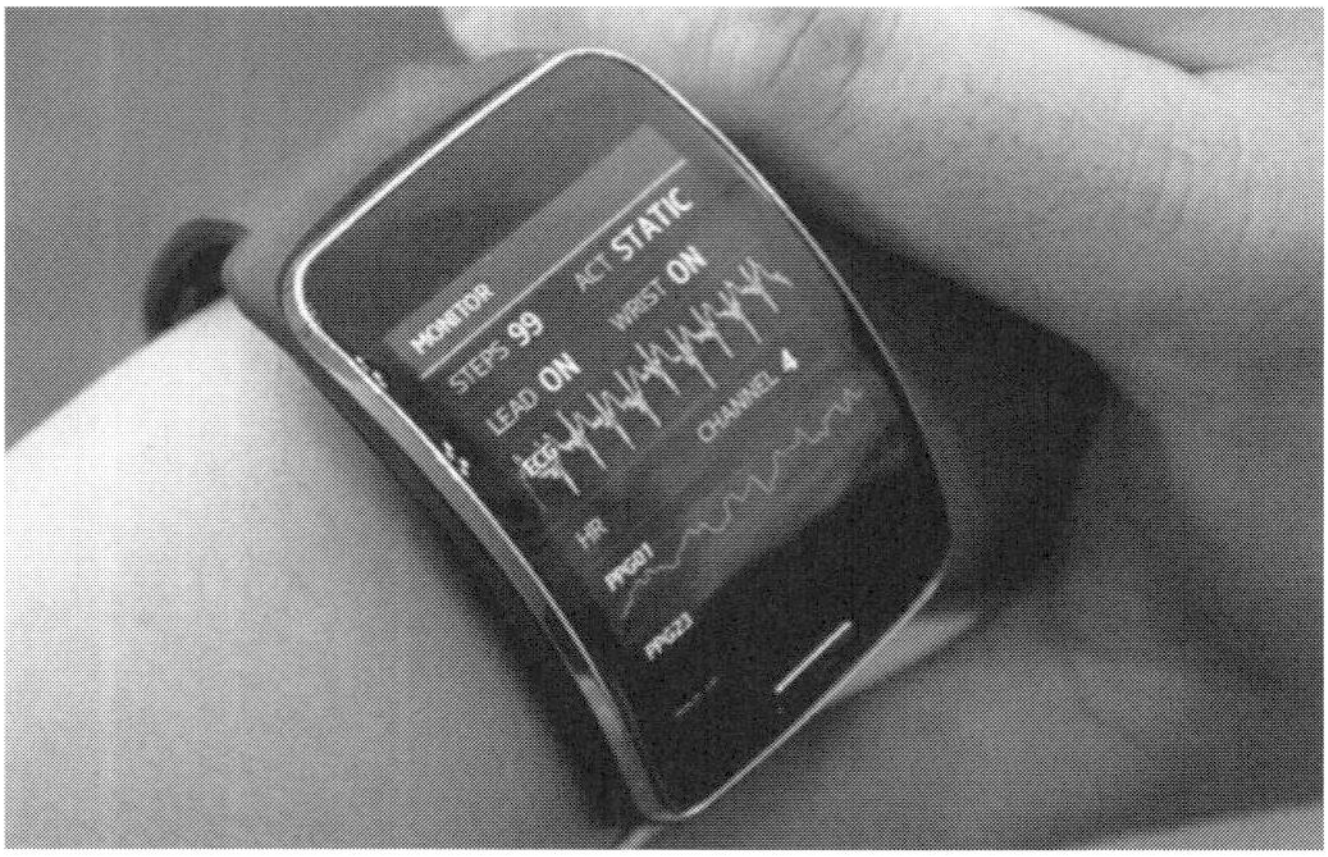

出典：サムスン

と同様に、契約者のライフスタイルとバイオメトリック・データをモニターして心臓病のリスクを管理可能なものとなるだろう。こうしたタイプのセンサー群から保険会社が得られるデータに比べると、現在、保険契約締結のために記入する紙の申込書は、非常に利用価値が低い。加えて、ダイエットや運動等を動的に管理して現行の心臓病リスクを低減することに、申込書は役に立たない。米国保険業界の巨人であるジョン・ハンコックのような企業が、すでにフィットネス・トラッカーを装着する保険契約者に割引を提供しているのはそのためだ（注12）。

これほど大量のデータが毎日毎秒インターネットにアップロードされている（注13）ため、世界中で集まるデータの量と範囲は、コンピューターを使わずに分析可能な段階を大きく超えてしまっている。このことは、診断に対する見方が劇的に変わることでもある。

2〜3年前、IBMが『ジョパディー！（Jeopardy!）』というテレビ番組にコンピューターを出場させ、長く王座に就いている2人のチャンピオンと対戦させたのを覚えておられるかもしれない。ワトソンという名で知られるこのコンピューターは番組で勝利し、無敵の前チャンピオンであるジェニングスとラッター（注14）という人間のチャレンジャー2人を打ち負かした。より最近では、IBMワトソンはニューヨーク・ゲノムセンターの理事会から、診断医として機能することを認められた（注15）。私たちが知る限りこれは、特定の機械知性（machine intelligence：MI）が、学問または職業の面から医療を実行することを認められた最初のケースだ。そして、これで終わりとはならないことは確実だろう。

医療分野において認められた背景となる推進要因は何だったのだろうか？　IBMワトソンを支え

るチームが懸念していたのは、ワトソンが正しいデータを与えられた場合に、ガンの診断や遺伝疾患を引き起こす遺伝子マーカーの発見といった問題について仮説を立てることを学習できるだろうか、ということだった。ＩＢＭのチームは、何カ月もかけて、腫瘍学、患者のケーススタディ、診断方法論等の医療雑誌20年分をワトソンのデータ・リポジトリに注ぎ込んで、それがうまくいくかテストした。

ベイラー医学カレッジとＩＢＭが発表した査読済み論文によると、研究の結果、科学者たちは、新しくて有効な病気治療法の長期的な開発において、科学的な質問を生成する新しい道の可能性を示すことができたとしている。生物学者とデータ・サイエンティストは、ワトソンを使って数週間のうちに、ｐ53タンパク質の構造を改変するタンパク質を正確に特定した（注16）。研究によれば、ワトソンのコグニティブ能力がなければ、研究者がこの偉業を達成するには何年もかかっただろうということだ。ワトソンはｐ53に関する7万件もの科学記事を分析し、ｐ53の活動にスイッチを入れたり止めたりするタンパク質を推測した。この分析の自動化によって、ベイラーのガン研究者たちは、新たに研究対象となる可能性のある6つのタンパク質を特定した。**過去30年間、科学者たちが同種の目的タンパク質を年平均1個見つけてきたことからすれば、これは特筆すべき成果だ。**ワトソンは、50億ドルをかけた米国のガン研究総体としての取り組みを、６００％上回ったのだ。

しかし、さらに感銘を受けるのは、ワトソンが特定の患者の症状に関するデータを与えられると、特定のガンのタイプと最も効果的な治療法を、90％以上の確率で正確に診断可能であったことだ（注

17)。なぜそれが重要なのか？　20年の医療経験を有する人間の医者、腫瘍学の専門家が正しい診断を下す確率は一般的に50％だ。ワトソンはどうやって、人間の専門家を定常的に上回ることが可能なのだろうか？

それは主に、20年間の研究データの完全な記憶を秒単位で統合できるという、ワトソンが有する能力によるものだ。

次の動きとして明白なのは、医師にワトソンを使わせて患者の診断の質を向上させることだろう。ここでの障害は、医者が患者を治療可能なのは、免許を持つ診断医からのアドバイスに基づく場合だけということだ。だからこそ、ニューヨーク・ゲノムセンターは、ワトソンを有資格の診断医として登録できるように、理事会に諮ってそれを実現したのだ。

「ワトソンができるのは、患者のすべての医療記録に当たることとです。彼は世界中の最高の医者たちから情報をもらって教育されています。そして、可能性の高い診断について、確信度のパーセント、その理由、根拠、確率、矛盾点等を提示します。これが東南アジアで100万人の患者を相手に始まったばかりです。そこの患者たちは、ここにいる私たちのように、メモリアル・スローン・ケタリングがんセンターを目にすることは決してないでしょう。それでも彼らはアクセスできる。それは大きなことです」

――ジニ・ロメッティ、IBM会長兼CEO、チャーリー・ローズのインタビューより、2015

年4月

　これで、ワトソンがガン診断において人間の医者よりも正確であることが証明された。そこで私の質問はこうだ。あなたのGP値が病気を疑わせるものだったとしたら、それを誰に診断してもらおうと思うだろうか？　ワトソン医師か、それとも「ヒト」か？　ワトソンは患者の扱いがうまいとは言えないだろうという議論はあるだろうが、それこそが、このテクノロジーが私たちを導く先が、ヘルスケアの未来に関する私たちの見方を劇的に変える可能性についての理解のしどころだ。ちなみに、IBMのCEOがワトソンのことを「彼」と呼んでいたのに気づいただろうか？　まあ、ちょっと言ってみただけだ……。

　将来、体内に持ち運ぶセンサー群が健康状態の変化を正確に評価して、それが問題化するはるか前に診断を下すことができるようになる可能性は高い。コンピューターが自動的にあなたの遺伝子構成を評価して、そうしたアルゴリズムや機械知性が問題だと知っている状態を見つけてフラグを立てる日も遠くないだろう。特定の異常状態にフラグを立てることで、ワトソンのようなアルゴリズムとかインテリジェンスが、細かい食事内容の変更や、日常行動の修正、例えば睡眠時間や運動の増加とそれとともに摂取するサプリメントや個人のDNAに合わせた薬を推奨することが可能になる。こうした機械知性が栄養士や個人トレーナーや医師に非常に近いコーチ役となる可能性が考えられるだろう。

ウェアラブルや体内摂取可能な医療デバイスが進歩すると、治療は自動的に管理されるようになる。糖尿病の場合は、機器移植によってインシュリンのレベルを維持することが可能になる。より深刻な問題が起こった場合には、デバイスが問題にフラグを立てて医療専門家に連絡し、ヒトのより優れた患者接遇を活用して、座ってより「人間的な」ディスカッションを行うことができる。

2020年までには、個々の患者の医療データの量は、73日ごとに倍増するようになるだろう（注18）。点と点をつなぎ、異常値にフラグを立て、これまで医者が行っていたような一連の行動の推奨を行うテクノロジーが必要となる。緊急処置を回避して管理可能な状態を維持することが当たり前となる中で、最大のコストは、病院や医者を訪れることではなく、医療サービスや、装着したり内服するデバイスの処方を受けることになるかもしれない。

テレビドラマ『ブレイキング・バッド』は、米国のヘルスケア・システムのコストに関する問題をドラマ化しており、高校教師が、ガン治療の費用を賄うために非合法ドラッグを生成することになるというものだった。将来的には、ヘルスケアにおける断絶は、保険の有無の間ではなく、おそらくヘルスケアAIやウェアラブル医療テクノロジーへのアクセスの有無の間で起こるものになるだろう。スマート社会では、社会のヘルスケア費用負担が劇的に減少するため、テクノロジーへのアクセスがすべての市民に対して確保されるようになるだろう。

2030年には50兆～100兆個のセンサーが存在している可能性があり、私たちの周りのコンピューターシステムの入力の大半は自動化されて直接入力することはなくなる。スマートウォッチ、スマートフォン内蔵の加速度計、バイオメトリック・リーダー、パッシブ・カメラ、あるいは行動データ取得アルゴリズムのいずれであれ、私たちをとりまく世界のセンサーが発するデータ量と、私たちがキーボードか画面経由で入力するデータ量は、わずか10年のうちに1万：1の比率となるだろう。言い換えれば、私たちの周囲の世界に組み込まれたコンピューターは、私たちがキーボードを叩くかクリックするよりも、私たちの行動、私たちの言葉、そして私たちの動作に反応するようになるということだ。

コンピューティングの未来は、センサーと機械知性を組み合わせたものになる。センサーによってデータが入力され、アルゴリズムがそのデータを統合する。インターフェイスは私たちに意味のある結果を提供するだけのものだ。操縦とか入力といったものは、少なくとも従来の意味ではほとんど行われなくなる。

ソフトウェアの進歩とユビキタス・コンピューティング

インターフェイスと経験のデザインのトレンドは、ソフトウェアやコンピューターとのインターフェイスを、従来私たちが考えていたものと大きく異なる方向へと導きつつある。将来的には、ソフトウェアのアプリケーション自体が現在と大きくかけ離れたものになるだろう。

出力のディスプレイは劇的に改善されてきているが、入力はそれほど変化してきていない。パンチカードからキーボードに移行し、それにマウス、カメラ、マイクが加わり、最近は画面がマルチタッチ可能になった。しかしながら、ほとんどの入力は現在でもＱＷＥＲＴＹ式のキーボードを使って記述されている（**図3－7**）。

私たちは、非常にシンプルなテキストベースのインターフェイスから、時間とともに、しだいに複雑な入出力へと移行してきた。初期のコンピューター・ディスプレイは原始的なモノクロのディスプレイだった。ブラウザや携帯電話を使い始めた最初の頃の入出力もまた、非常に初歩的なものだった。ｉＰｈｏｎｅやモバイルアプリが登場すると、それらは制約の多い携帯電話のウェブページよりもはるかにインタラクティブだった。スマートウォッチ、スマートグラスといったより新しいものでは、ソフトウェアについてより分散型のアプローチをとっている。私たちはスマートフォン上にアプリを持てるが、そのアプリに関する表示や通知をスマートウォッチやスマートグラス上に生成することが可能だ。私たちのオフィスのデスク、居間の壁、自動車のダッシュボードその他の環境のすべてに画面が組み込まれて入出力可能になるのは、そう遠い未来ではない。拡張現実（augmented reality：ＡＲ）装備のスマートグラスやコンタクトレンズを使って、現実世界の上にデータ、インサイト、コンテキストを重ね合わせることも行われるだろう。

アプリの時代になると、銀行や航空会社などのほとんどのビジネスは増加する機能のバンドル化へ

図3-7 ● 入出力パラダイムの進化

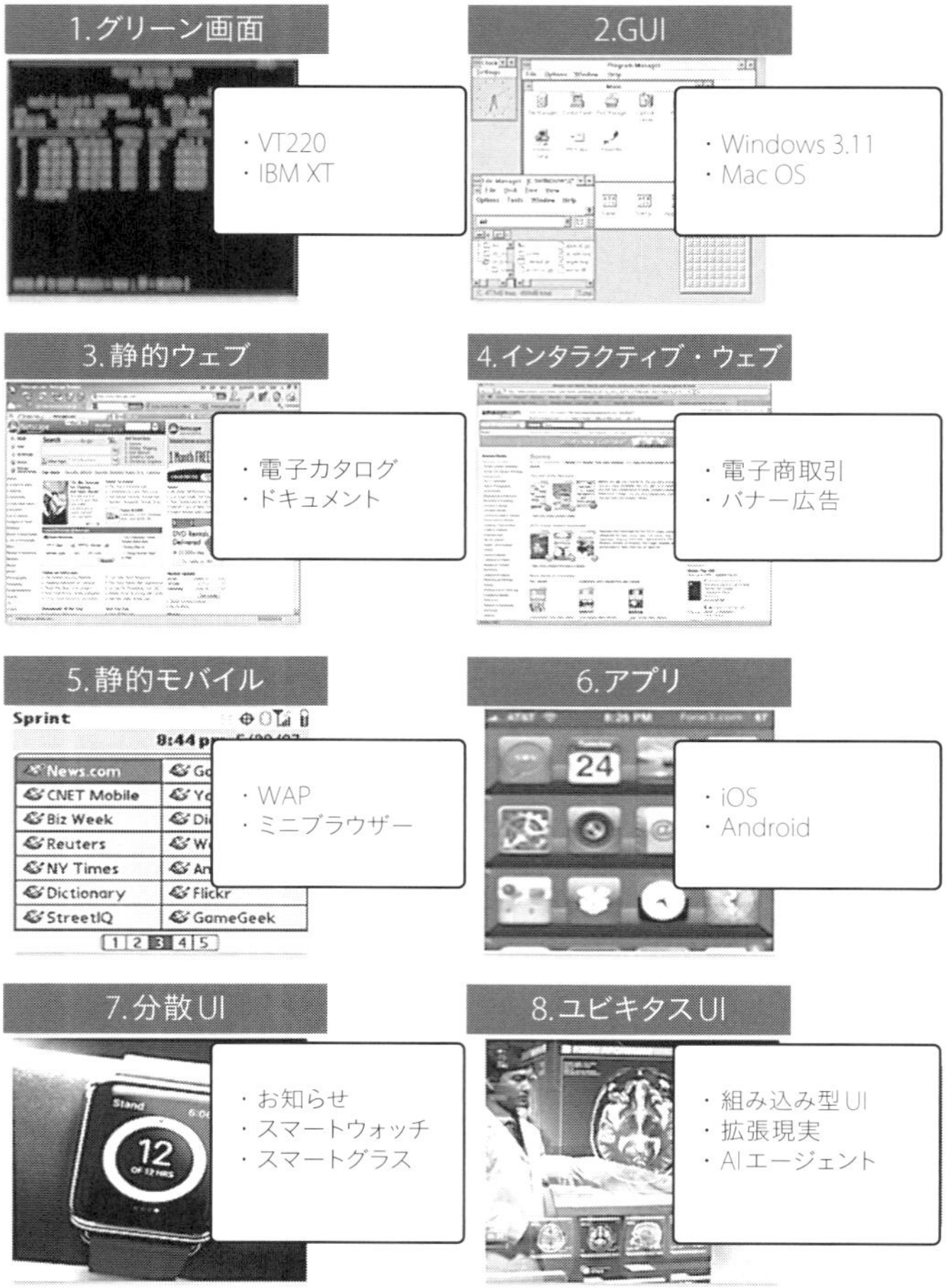

訳注：GUI＝Graphical User Interface
WAP＝Wireless Application Protocol

と向かったが、機能が追加されるほど、ジャレド・スプールが言う「エンゲージメント劣化（engagement rot）」傾向が非常に高くなる。問題は、機能が豊富になると、摩擦度の低いユーザー経験（注19）を維持できなくなることだ。機能を増やすとどこかで複雑性と混乱が生まれるというのが本質だ。例えば、小売業者の特別割引があるとしよう。そうしたオファーや案件がバンキングアプリに組み込まれている場合、あるところまで来るとデザイン上の観点から、これは「お値打ち品」アプリとバンキングアプリのどっちなのかということになる。顧客の注意を惹こうとする魅力あるユースケースが２つ競合して並存するために、デザイン上の決め事が明確でなくなってしまうのだ。

インターフェイス・デザイン、組み込み型コンピューティング、相互作用の科学の進化を長い目で理解すれば、時間経過とともにアプリの重要性は低下するという結論に至るのは必至だ。

その年の夏、グーグルは顔に装着する目的で、重さ8ポンドのコンピューターのプロトタイプを作成した。当時まだグーグルの計画を知らなかったアイヴにとって、その種のものを置く「疑う余地のない正しい場所」は手首だった。後にグーグル・グラスを見てアイヴは、自分にとっては顔は明らかに「間違った場所」だと言った。アップルCEOのティム・クックは述べている。「私たちはメガネはあまり賢い打ち手ではないと常に考えていた。それは、人々が本当にメガネをかけたいとは思わないだろうという観点からだ。テクノロジーは背景に追いやるべきものだという私たちがいつも思っていたこととは違って、メガネは押し付けがましいのだ」

――イアン・パーカー、ジョナサン・アイヴのウェアラブル通知デバイスに対する考え方（注20）

エンゲージメント改善のためにコンテキストが重要となるにつれて、機能性はもはやアプリから離れつつある。私たちの周囲の世界に組み込まれるインターフェイスが、スマートウォッチ、スマートフォン、スマートグラスや他の形態の何であれ、リレーションシップ向上と収益発生につながる最高のアドバイスと最高のトリガーは、特定目的に沿った小さな経験の集合体なのだ。

ソフトウェアやテクノロジーが顧客の生活の中に組み込まれた場合に経験がどうなるかを考えてみよう。そのすばらしい例がウーバーだ。ウーバーを支えるチームは、人々の移動に関する問題を見て、それまでタクシー会社が「移動」を取り扱っていたのと根本的に異なる方法でユーザーの生活の中にアプリを組み込んだ。そしてそれによって、個人の移動経験に革命を起こしたのだ。ウーバーがデザインしたのはアプリではなく、経験全体である。それにあたって彼らはドライバーの採用方法、ウーバーの車の配車方法（無線ではない）、乗り手が車を呼ぶ方法、料金支払い方法、およびその他多くのイノベーションを新たに設計した。ウーバーではドライバーが車をリース使用したり、契約時に銀行口座を開設することまで可能になっている。

サンフランシスコのタクシー市場の規模は、ウーバー参入前は年1億5000万ドルであった。2015年前半、ウーバーCEOのトラビス・カラニックは、市場が6億5000万ドルに拡大し、ウーバーはそのうち5億ドルを得たと発表した（注21）。ウーバーはアプリにとどまらず経験を構築することで、タクシー会社の手が届かなかった巨大な新ビジネスを呼び込んだのだ。ウーバーはタクシーの改良版を作ったのでも、同じ道筋を繰り返し辿ったのでもない。ゼロから新しい経験全体の構築に手をつけたのだ。従来型のタクシー会社にはどんな影響があっただろうか？　『サンフランシスコ・エグザミナー』紙は２０１６年１月６日号で、サンフランシスコのイエローキャブ協同組合が破産申請を行ったことを伝えている。

より多くの属性や機能をバンドルして増やしたいという誘惑は強い。フェイスブックとフェイスブックメッセンジャー、そしてメッセンジャーが今やフェイスブックから切り離されているのを見ればよい。この変更に異論を唱える向きもあるだろうが、これは、メッセージ交換とニュースフィードに関するやり取りの重要性は大きく異なっていて、同じ場所を奪い合うべきでないと認識しているということだ。意思の交流は私たちの日常生活に組み込まれた経験として明確に区別したものとなる方向に向かっており、ソフトウェア・アプリケーションの機能群の一つではなくなっているのだ。

別の例で示してみよう。

20世紀には、人々は自分の好きなテレビ番組を、決まったチャンネルで決まった時間に視聴していた。番組をもう一度見たければ、ビデオカセット・レコーダー（ＶＣＲ）が登場するまでは再放送を待たなければならなかった。私たちの子供たちが現在コンテンツを消費する方法は異なっている。彼らは見たい番組を選び、それをユーチューブかネットフリックスでリアルタイムで見る。ユーチューブ上のピューディパイのチャンネルと、ネットフリックス上の『ハウス・オブ・カード』との間にほとんど違いはない。視聴の選好という点では、ストリーム・コンテンツがすでにテレビを上回っているという調査結果も出ている（注22）。

今でもスマホ上にはゲームや読書のアプリがあるだろうが、行動やコンテキスト関連のコンテンツが、パーソナルで個人向けに仕立てられたコンテンツ経験の一部となっていくことは必然だ。それを妨げている制約は、コンテキスト化、帯域、そして予測分析または位置ベース分析だけだ。これらの機能を組み合わせれば、それはよりアプリ的でなくなり、単にニーズに対応したコンテンツになる。

コンピューターはチップ上のCPUから、あらゆるモノと場所へ

1997年、インテルは、1テラフロップスのパフォーマンスで持続稼働可能な最初のスーパーコンピューター、アスキーレッド（ASCI Red）を発表した。システムは9298台のペンティアムⅡチップを72台のコンピューティング・キャビネットに満載したものだった。いっぽうエヌビディア（NVIDIA）は先日、モバイル機器用の最初のテラフロップス・プロセッサであるテグラX1（Tegra X1）を発表した。このCPUは、スマートフォン、自動車（注23）、タブレットやスマートウォッチに収まり、1秒に1兆個の命令を実行または計算可能、つまり1997年のスーパーコンピューターと同等なの

だ。わずか15年の間にテクノロジーがどれだけ進歩したかを浮き彫りにするために、次のことを考えてみよう。アスキーレッドが1テラフロップスの能力を発揮するには1600平方フィートを占有して50万ワットの電力を消費し、さらに部屋の冷却にもう50万ワットが必要だった。これと比較するとテグラX1は、親指の爪のサイズで使用電力は10ワットを下回る。

　こうしたコンピューティング機器向けに新たに出てきたプラットフォームの一つが、当然ながら車載コンピューティング・プラットフォームである。それには自動運転を可能にするのに十分な処理能力が必要であり、車内ディスプレイとダッシュボードのビジュアル化への拡張を伴う。今後10年の間に、車載型コンピューティングの成長は急速に高まるだろう。2015年の国際家電見本市（Consumer Electronics Show：CES）で発表されたメルセデスF015はその例であり、自動運転テクノロジーとともに車内の「空間」がどうなるかのコンセプトを示したものだ（**図3－8**）。自動車は運転のためだけでなく、エンターテインメント、仕事、遊び、交際の場所となる。インタラクティブなラウンジ空間と言ってもよいだろう。運転のために視界

図3-8 ● メルセデスF015は、車内空間の使い方が従来の自動車と大きく異なる

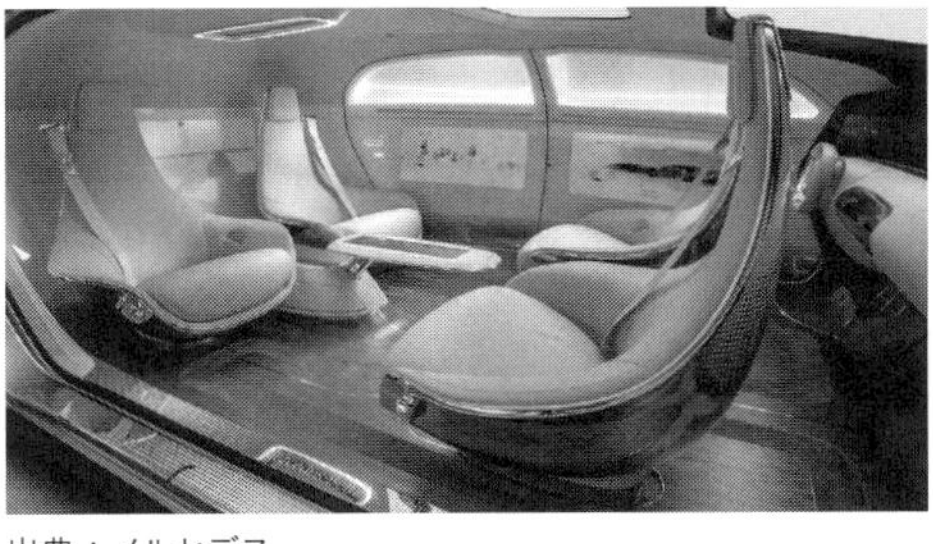

出典：メルセデス
https://www.mercedes-benz.com/en/mercedes-benz/innovation/research-vehicle-f-015-luxury-in-motion/

を生み出す全周型のウィンドウの必要がなくなると、それらウィンドウは統合型のディスプレイとなりうる。これについては後述する。

1テラフロップスのチップ（またはよりパワフルなコンピューター）が日常スペースに組み込まれるなら、ほとんどのものをインタラクティブなディスプレイにすることが可能だろう。これは、「ガラス製の1日（A Day Made of Glass）」というコーニング社が作成した未来のコンセプトビデオのシリーズにうまく描かれている（**図3－9**）。そこでは、鏡、テーブルトップ、壁そして自動車がインタラクティブなデバイスとなり、タッチスクリーンでの入出力とコンテキストを理解するインテリジェンスが備わっている。

図3-9 ● 安価なスーパーコンピューターがチップ上に載ることで、あらゆるものがインタラクティブなディスプレイになる

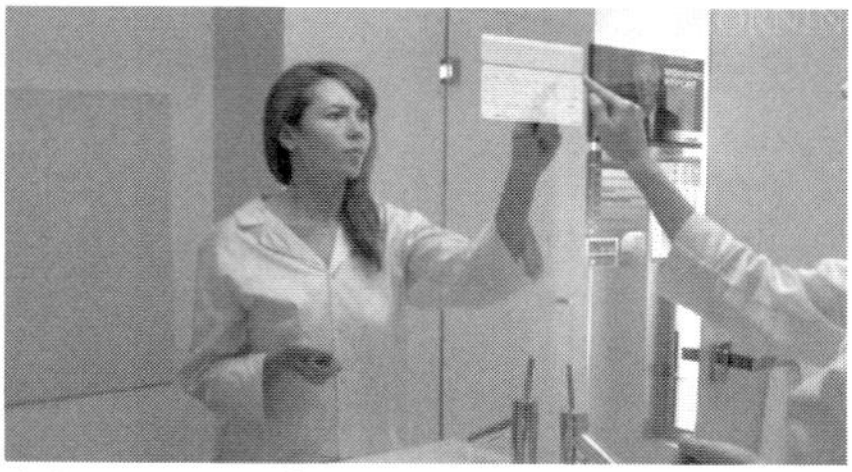

出典：コーニング「A Day Made of Glass」
http://vectroave.com/2011/03/a-day-made-of-glass/

コンピューターがクルマ、自宅、学校、職場等、私たちの周囲のすべてのものに組み込まれるようになると、私たちが知っている「画面」とオペレーティング・システムの概念が崩れ始める。鏡やテーブルトップに埋め込まれた画面には、ソフトウェアをダウンロードするａｐｐ ｓｔｏｒｅはないが、一定のパーソナライズ能力は間違いなくある。さらに重要なのは、これらの画面は一種の中央Ａ

Iやエージェントに話しかけて、私たちのパーソナル・クラウドから適切な情報を抽出し、アポイントの予定から興味分野の新ニュース、あるいは私たちに知らせるかアドバイスするに値する他のデータまで、私たちのことを学習してそれを反映させるということだ。サムスンのシムバンドは6種類の異なるセンサーを有しており、あなたの有用な情報を常に収集しているが、将来はあなたの周囲に組み込まれたコンピューター群が、24時間365日、耳を澄まして学習を続けていくだろう。

近年の2つのコンピューティング・プラットフォームの発展が、このインターフェイスのパラダイムシフトが始まったことを示している。最近、アマゾン・エコー（Amazon Echo）とインディゴゴ（Indiegogo）の支援を受けたベンチャーのジーボ（Jibo）が、家庭向けパーソナル機器市場に参入した（**図3－10**）。双方のテクノロジーとも、家庭に組み込まれるとともに、その周囲の世界から得られる合図に耳を澄まし、学習し、反応することが可能だ。ジーボは家族のパーソナル・アシスタントという役割までも対応する。それらがグーグル・ボイス、アップルのSiriやマイクロソフトのコルタナ（Cortana）のテクノロジーを使って家庭に組み込まれれば、インターネットが提供するほとんど無限の情報資源へのアクセスが可能になる。

図3-10 ● 家族ロボットジーボは家庭におけるパーソナル・アシスタントおよびコミュニケーション機器とされている

出典：Jibo
https://www.jibo.com/

最初は非常にシンプルだ。エコーかジーボに対して「明日は雨?」、「買い物リストにミルクは入ってる?」、「来週の休みのホテルの予約を忘れないよう知らせて」などと尋ねることができる。ジーボはもっと進んでいて移動可能であり、内蔵カメラがあるので、例えば家族の写真をとるように頼むことができる。ジーボのインターフェイスのスクリーンは、家族の誰に対応しているかで、ディスプレイを使って異なる人格を示すことさえする。

これら第一世代の「ホーム・アシスタント」の機能は、現状は情報要求に限定されているが、家庭やオフィスでスケジュールを管理し、ショッピングを行い、日々の意思決定を下すのに安心してこの種のテクノロジーを使うようになる日は遠くないだろう。20年のうちには、こうした機器は十分な知性を備えたAIとなり、私たち自身のパーソナル・ダッシュボード/ユーザー・インターフェイス、クラウドおよびセンサー網と合わせて、デジタルに実行・解決可能なあらゆるニーズに対応しているだろう。そして以前なら人的アドバイスの領域と考えられていた、私たちの健康状態、金融状態の健全さ、その他多くの領域で助言を行う。

話している相手がコンピューターと判別できるか?

2013年12月、『タイム』誌は「ロボットであることを否定するテレマーケター・ロボット」(注

24）と題するストーリーを掲載し、『タイム』誌ワシントン支局長のマイケル・シェラーが受けた電話セールスの様子を紹介した。シェラーは何か変だと感じて、ロボットに対してあなたは人間なのかコンピューターなのかと尋ねた。彼女は魅力的な笑い声とともに、心をこめて自分が生身の人間だと答えた。しかしシェラーが「トマトスープには何の野菜が入っているの？」と尋ねると、ロボットは質問が理解できなかった。ロボットは自分をサマンサ・ウェストと名乗った。

この種のアルゴリズムのゴールは、単に受電先を事前に絞り込むことであり、その先は人間のオペレーターに渡して販売成約に持ち込む。このアルゴリズムでは、音声認識が前提として不可欠だ。現在では、Ｓｉｒｉやコルタナのようなツールが、訛りのない会話なら非常によく理解するが、かつては音声認識はＳＦの世界のものだと考えられていた。

１９３２年には、ベル研究所が早くも機械ベースの「会話認知」の問題に取り組んでいた。１９５２年までにベル研究所は１桁の数値の音声認識システムを開発していたが、それは非常に限定的なものだった。しかし１９６９年、ベル研究所でもトップクラスのエンジニアのジョン・ピアースが、米国音響学会（Acoustical Society of America）に対してベル研究所での音声認識を批判する公開書簡を書き、それを「水をガソリンに変換するか、海から金を精製するか、ガンを治すか、月に行くような企てだ」と揶揄した。皮肉なことに、ピアースが公開書簡を出した１カ月後にニール・アームストロングが月面に降り立った。しかしベル研究所は、その後すぐに音声認識への資金投下を打ち切った。

１９９３年には、レイ・カーツワイルが開発した音声認識システムが、２万語を解する（一度に一単語だが）ようになっていたが、その精度は10％程度だった。1997年、ビル・ゲイツは音声認識に非常に乗り気で、「10年後には、キーボードやマウスを使った入出力だけでなく、音声認識と音声出力が十分な完成度に達して、インターフェイスの標準となるだろうと考えている」（注25）と予言した。だが2000年時点になっても、その実現は10年先のままだった。

大きなブレイクスルーは、マルコフモデルとディープラーニングモデル、あるいはニューラル・ネットワークによりもたらされた。その基礎には、コンピューター能力の向上とデータベースのデータ源の拡大がある。しかし、私たちが現在有しているモデルにも制約がある。モデルは言語を学習しない。アルゴリズムは人間のように言語を学ばない。認知機能によって表現を特定し、それをデータベースから拾って、適切な反応を返すのだ。

会話を認識することと会話を継続できることは、2つの大きく異なる達成課題だ。コンピューターが人を騙して自分を人間だと思わせるために必要なものは何だろうか？

チューリング・テストか否か……

1950年、アラン・チューリングは「計算する機械と知性（Computing Machinery and Intelligence）」という題の有名な論文を発表した。その中で彼が問うたのは、単にコンピューターあるいは機械が「考える」ことができると見なされうるにとどまらず、より具体的に「『イミテーション・ゲーム』を上手に行うデジタル・コンピューターというものが想像可能か？」（注26）ということだった。チューリングが提案したのは、彼が「イミテーション・ゲーム」と呼んだ機械知性の「テスト」を、人間と機械の質疑応答セッションを通じて実施することだった。チューリングは論文でさらに、もし5分以内にコンピューターや機械と人間を区別できない場合は、それは十分に人間らしいということで、基本的な機械知性や認知のテストに合格したものとすると述べている。その後チューリングの業績の上積みをした研究者たちは、現在「チューリング・テスト」としてより一般に知られるものの1バージョンまたは1シナリオとして、イミテーション・ゲームを位置づけている。

コンピューターはチューリング・テストに常時合格するには至っていないが、それに近づきつつある。２０１４年6月7日、ロンドン王立協会（Royal Society of London）がチューリング・テスト大会を開催した。大会はチューリング死後60周年に実施されたが、そこに参加していたユージン・グーツマンという名のロシアのチャットボットは、自分が英語を第二言語として学んだ13歳のウクライナ人だとして、33％の人間の審判を首尾よく信じ込ませた。ＭＩＴの数理心理学教授のジョシュア・テネンバウムのように、この大会の成果を「感銘を受けたとは言えない」とする向きもあったが、それでもこのことは、コンピューターが人間だと偽れるところに私たちがこれまでになく大きく近づいていることを示すものだ。

航空便のチケット予約やホテル予約の変更、銀行での問題解決、自動車利用の予約、あるいは親子鑑定の結果判定のようなやり取りは、非常に近い将来、機械知性がうまく対応するようになるだろう。すでにそうなっているケースも多い。人間は、コールセンター・オペレーターの人的コストに見合うほどには効果的に個別対応を行うことができない。私の考えでは、「ホンモノの」人間と話したければ手数料を払うことを受け入れなければならない時代は遠くない。多くの航空会社とホテルではすでに、ネットで予約変更をする代わりに電話をかけた場合に電話サービス料を課している。人間のコンシェルジュ・サービスは将来、最も高価値の顧客リレーションシップ向けのプレミアム・サービスとなるだろう。その他の人々向けの基本的なサービスモデルはＡＩベースとなる。しかし、ここで私たちが認識しておくべきことがある。将来、人間が提供するサービスのレベルは現実には向上しない、ということだ。

　将来、話している相手がコンピューターではないかと疑うことは十分ありうるが、やり取りが非常に巧みなため、１００％そうだとは言えないか、単に気にならなくなるだろう。今から15年も経てば、機械とのやり取りは幅広く普及して、特定の問題の処理のレベルや速度が高くなるため、ＡＩやＭＩ（機械知性）は独自の存在として認められるだろう。例えば公道での自動運転車は統計的にみて人間よりも20倍安全だということを踏まえれば、ウーバーは自社ＡＩと自動運転車を「世界で最も安全なドライバー」として宣伝することが可能だ。

　未来へのカギは、ＡＩが言語と会話を学ぶ必要性にある。『ガーディアン』紙が２０１５年5月に、人工ニューラル・ネットワークの専門家であるジェフ・ヒントン教授に行ったインタビューによれば、グーグルは「論理的で自然な会話、そしていちゃつきまでも可能なアルゴリズム開発の間際にある」とされている。グーグルは現在、一連の数値によって記述されるベクトルとして思考をプログラミングすることに取り組んでいる。10年のうちには、これら「思考ベクトル」がＡＩシステムに人間のような「常識」を与える、とヒントン教授は述べている。

ヒントンの予想によれば、コミュニケーションのある領域ではより課題が大きいことが判明する可能性が高い。彼は言う。

「皮肉は非常に難しいでしょう。まずは字義通りの意味をマスターする必要があります。しかし、米国人も皮肉力がありません。コンピューターはまず米国人のレベルをクリアして、それから英国人ですね……」

――ジェフ・ヒントン『ガーディアン』紙インタビュー、２０１５年5月21日

この種のアルゴリズムは、機械の認知理解の飛躍的進歩をもたらすものだが、それは大量データ処理アプリケーションとコンピューティングパワーがあって初めて可能になる。

チューリング・テストまたは人間を模倣できる機械は、人間とコンピューターのやり取りにおけるベンチマークとして必要だろうか？　必ずしもそうではない。第一に私たちが認識しなければならないのは、ＭＩが完全に人間と同等になるより前に、従来の雇用や生活の仕方がディスラプトされてし

まうということだ。

人間と同等のコンピューター「脳」が必ずしも重要なゴールではない理由を理解するためには、AIの進化が3つの明確なフェーズに分かれていることを理解する必要がある。

機械知性（Machine Intelligence）

初期段階の機械知性および機械認知は、人間の思考、意思決定や特定タスク実施の一部の要素を代替するものだ。ニューラル・ネットワークやアルゴリズムは、非常に具体的な機能について人間と同等の意思決定を行ったり、一定の測定基準では人間を上回るパフォーマンスを示しうる。だからといって、機械知性が**機械学習や機械認知**機能を備えて、当初のプログラミング範囲外の新しい作業を学習したり新しい情報を処理できるようにならなくてもよいということではない。じっさい、多くの機械知性がすでにこの能力を備えている。グーグル自動運転車、IBMワトソン、高速トレーディング・アルゴリズム、顔認識ソフトウェア等がそれに含まれる。

汎用AI（Artificial General Intelligence）

チューリング・テストに合格して人間として反応するだけでなく、人間並みの意思決定が可能な、人間と同等の機械知性。それは、情動、口調、表情やニュアンスなどの非論理的なものや情報を意味する合図という、現在は生物知性（自分の犬が怒っているか悲しんでいるかがわかるだろうか？）だけが可能なものを処理するようになりそうだ。そのようなＡＩは、人間が可能などんな知的作業もうまくこなすことが可能だろう。

ハイパーインテリジェンス

機械知性または機械知性の集合体（集合ＡＩとでも呼ぶか？）で、個人または集団ベースでの人間の知性を超えて、人間が理解できない概念を理解し処理することが可能なものだ。

雇用パターンに大きな影響を及ぼしたり、サービス産業で雇用される人々をリスクに晒すようなフル機能のＡＩは必要とされていない。そうしたことはあと10年、15年か30年たたないうちに起こるだろうが、チューリング・テストは、機械知性が私たちの生活や仕事の仕方を破壊する能力の測定指標としてはほとんど役に立たない。

現実には、人間が知的であると考えられるのと同様の知性を持つように機械が進化する必要はない。動物世界について当てはめているのと同じ基準を使えば、ワトソンは、現在地上にいる多くの生物種よりもはるかに優れた知性を持つことをすでに示したかもしれない。人間が賢いと考えられるのと同等かそれ以上に、機械がスマートである必要があるだろうか？　そうではない。実際には、ＡＩが本当に人間のように考えるという想定は、全く行うべきではない。なぜ、機械知性が進化・発展して私たちと全く同じように考える必要があるだろうか？　その必要はないし、そうならない可能性が高い。

2つの例を使って説明しよう。

2009〜2013年の間に、機械知性である高速トレーディング・アルゴリズムは、米国株式全取引量の49〜73％を、EUでは2014年に38％を占めている。2010年5月6日、ダウ・ジョーンズ指数は日中の下落幅が最大となったが、その下落分は数分で戻った。5カ月の調査の結果、米国証券取引委員会（SEC）と商品先物取引委員会（CFTC）は共同報告書を発表し、その中で、高速トレーディングが「フラッシュ」クラッシュと呼ばれる相場の変動性の拡大に大きく寄与していると結論づけた。一方、大手先物取引所であるCMEグループは、自らの調査に基づいて、高速トレーディング・アルゴリズムは市場を安定させ、クラッシュの影響を低減する働きをした可能性が高いとした。

過去100年間にトレーディングを芸術の域にまで発展させてきた業界からすれば、高速トレーディング・アルゴリズムとは、ゴールドマン・サックス、UBS、クレディ・スイスの従来のトレーディング・ルームから大きく脱却したものだ。アルゴリズム自体は、通常の人間の行動とは大幅に異なっている。高速トレーディングの取引パターンを解析したところ、大きく異なる行動と意思決定が観察された。このシフトを起こしたものは何だろうか？

高速トレーディングには、人間のトレーダーが持ちうるバイアス（例えば、個々のトレーダーは特定銘柄や業界に思い入れがあるため、ある資産カテゴリーのポジションをアドバイスよりも長く持つ）がなく、意思決定における倫理的なバイアスもないことは、おそらく事実だ。ウォール街に倫理の拠り所などないと主張する向きもあるだろうが、実は高速トレーディング・アルゴリズムは意思決定用の倫理的基礎を持っていない。

そうしたスキルをプログラムすれば別であるが。

アウディでは、PS4サイズの頭脳をトランクに搭載して改造した2台のアウディRS7で、レース場において自動運転車のテストを行っている。現段階のレース用アウディはまだ完全な自動運転ではなく、自動車が限界を学習するためには、エンジニアが運転してまず2～3周回る必要がある。2車はアジャイ（Ajay）とボビー（Bobby）（注27）として知られるが、興味深いのは、両者のハードウェア、ソフトウェアおよびマッピングが全く同じであるにもかかわらず、異なる運転スタイルを発展させたことだ。アウディのエンジニアリング・チームの膨大な量の専門性をもってしても、運転スタイルが明らかに異なることを簡単には説明できていない。

機械認識では「知性」の異なるバリエーションが見られる傾向があるらしく、それは従来の人間モデルや私たちの予想通りではない。しかしそれでも、従来の人間の意思決定を改善したものであり、従来からの人間のクリティカル・シンキングへのアプローチから脱却するものだ。機械の中で成長する知性が人間の知性と異なるからという理由だけでは、それが劣っているとか知性が低いということにはならない。

AIが世界を乗っ取るとか人間を征服するなどと懸念する人々は、おそらくすべてのAIがスーパーIQを備え、人間と同じ欲望、倫理そして暴力性やエゴ傾向を持つものだと考えている。人間のスーパー・インテリジェント版は確かに恐ろしいだろう。だが、人工知能が人間の性向、バイアスと偏見を示すと信じる根拠はどこにもない。実際には、その反対の方がはるかに可能性が高いのだ。

2〜3年のうちにAIは、感情や情動を検知可能になるだけでなく、私たちがウソをついているのも検知できるようになるだろう。どこかの時点で、政府のお歴々を選出するプロセスはAIが引き継ぐことになるだろう。特にAIを使って選挙区の区割りを最適化してあらゆる有権者の1票の重みを最大化した場合に、真にクリーンでバイアスのない選挙プロセスが実際にどう機能するかを想像してみよう。資源配分や気候変動問題への取り組みについてはどうだろうか？　例えば化石燃料の継続使用の正確で証明可能な影響や、牛の放屁がCO_2水準に与える影響について、AIが100年にわたる地球規模の気候科学をピンポイントの正確さでモデル化可能だとしたら、それが資源配分や再生可能エネルギーの利用にどう影響するかを考えてみよう。

そう、AIは現状維持の危うさを象徴するものだ。なぜなら、おそらくそれは、常識とロジックの最も純粋な形態だからだ。現在グレーなものは何であれ、速やかにAIの世界に晒されることになるだろう。組み込まれた機械学習と仮説設定力をもって機械が提示する否定しようのないロジックに対して、近い将来には人間の意思決定のお粗末さが証明される。機械は、人間の私たちがかないようのない、すべてのファクトと思考の効率性を有しているのだ。おそらく15年のうちには、人間の運転を禁じる都市が出てくるだろう。自動運転車の方がリスクが小さいことが証明されるからだ。保険会社も人間が運転する車の方にはるかに高い保険料を課すだろう。

私たちが学ぶ必要があるのは、部品のような形態の機械知性でも人間をはるかに上回り、間違いなく高いディスラプト性を持つということだ。それは人間と同等のAIが実現されるよりもはるか前に起こる。人間と同等の機械などすべて理論上のものでまだ20〜30年先のことだと高を括っていてはいけない。機械はずっと長いこと、人間の仕事を奪ってきた。それは200年前に蒸気機関の登場によって始まった。アルゴリズムとロボットは、産業をディスラプトしてきたテクノロジーの長い列の後ろに一つ加わった機械に過ぎないのだ。

注1：このような典型的な音楽グリーティングカードは3・5MBのオーディオファイル（12kHzかそれ以上の音質で最大300秒）を格納できる容量がある。

注2：1985年、バンク・オブ・アメリカはIBM3033のメインフレーム7台をサンフランシスコのデータセンターに保有していた。合計の処理能力は40ギガフロップスである。サムスンのギャラクシーS6の処理能力は1200ギガフロップス以上またはマルチコア・アーキテクチャーで380ギガフロップス相当である。

注3：インフライト・エンターテイメント・システムを除く。

注4：著者の計算による。1995年、インターネットには4500万台のコンピューターが接続されていた。そのすべてが最新のペンティアム・プロセッサーか同等のものを内蔵しているとすれば、120MHz×4500万台または約5・5ペタヘルツ相当となる。ムーアの法則等が2045〜2050年まで維持されるならば、チップ1枚に同等の処理能力が乗ることになる。

注5：Gregory Gromov, "Roads and Crossroads of Internet History," *Net Valley*, 1995年、http://history-of-internet.

com/

注6：ＩＢＭ ＰＣ（５１５０モデル）は１９８１年８月12日に世界発表された。そのすぐ後、１９８３年３月８日にはＩＢＭ５１６０、現在ではＩＢＭ ＸＴとして知られるマシンが発売された。このモデルはSeagateの10ＭＢハードディスクドライブを備えていた。それから10年以上が経つと、人々は「ＩＢＭ互換機」をパソコンの支配的形態として話していた。当時のＰＣ関連のＩＢＭのブランディングはそれほど強かった。

注7：２０１４年10月22日、ニューヨークのボナムで開催されたHistory of Scienceのオークションでは、Apple-Ⅰのオリジナルのコンピューター50台のうちの１台（そして稼働可能な15台のうちの１台）が、90万５０００ドルという途方もない値段でヘンリー・フォード博物館に売却された。

注8：Cisco――Internet of Things（ＩｏＴ）

注9：マインクラフトはMojang/Microsoftが所有する商標である。

注10：世界的には、ＥＣＧ（elektro-cardia-graph、英語表記では「electric-heart-writing」）という用語が最も一般的で、頭文字の真ん中にはギリシャ語で「心臓」を意味する単語であるcardiaまたはkardiaが含まれている。

注11：R. W. White, R. Harpaz, N. H. Shah, W. DuMouchel and E. Horvitz, "Toward enhanced pharmacovigilance using patient-generated data on the Internet," *Journal of Clinical Pharmacology & Therapeutics* 96, no. 2, ２０１４年８月、２３９〜２４６ページ

注12："All Things Considered," NPR Radio, ２０１５年４月８日オンエア

注13：「インターネット」の俗語

注14：John Markoff, "Computer wins on 'Jeopardy !': Trivial, It's Not!" *New York Times*, ２０１１年２月16日、http://www.nytimes.com/2011/02/17/science/17jeopardy-watson.html

注15：Irana Ivanova, "IBM's Watson joins Genome Center to cure cancer," *Crain's New York Business*, ２０１４年3月19日、http://www.crainsnewyork.com/article/20140319/HEALTH_CARE/140319845/ibms/watson-joins-genome-center-to-cure-cancer

注16：ｐ53は、ガン細胞形成に対して身体を保護する役割があるため、「腫瘍抑制因子タンパク質構造」と呼ばれることがよくある。

注17：Ian Steadman, "IBM's Watson is better at diagnosing cancer than human doctors," *Wired*, ２０１３年2月11日、http://www.wired.co.jk/news/archive/2013-02/11/ibm-watson-medical-doctor

注18："IBM and Partners to Transform Person Health with Watson and Open Cloud," ＩＢＭ社プレスリリース、２０１５年４月13日、https://www-03.ibm.com/press/us/en/pressrelease/46580.wss

注19：ここでの摩擦度（Friction）は、ソフトウェアを使用する際の作業負荷のこと。摩擦度が高いと複数回のやり取り、クリックや入力を要する。摩擦度が低いと、過去のやり取りや外部データ等からデータモデルを構築する際に要するやり取りが最低限になる。また低摩擦度のインターフェイスは、情報表示が最適でもあるため、高い読みやすさや使いやすさを有する。

注20：Ian Parker, "The Shape of Things to Com――How an Industrial Designer became Apple's Greatest Product," *New Yorker*, ２０１５年2月23日、http://www.newyorker.com/magazine/2015/02/23/shape-things-come

注21：Henry Blodget, "Uber CEO Reveals Mind-Boggling Statistic That Skeptics Will Hate," *Business Insider*, ２０１５年１月19日

注22：Todd Spangler, "Streaming overtakes live TV among consumer viewing preferences," *Variety*, ２０１５年４月22日、http://variety.com/2015/digital/news/streaming-overtakes-live-tv-among-consumer-viewing-preferences-

study-1201477318/
注23：テスラは同社の自動車にTegraのチップを使用している。
注24："Meet the Robot Telemarketer Who Denies She's a Robot," *Time*, 2013年12月13日、http://newsfeed.time.com/2013/12/10/meet-the-robot-telemarketer-who-denies-shes-a-robot/
注25：1997年10月1日、マイクロソフト・デベロッパーズ・カンファレンスにおけるビル・ゲイツのスピーチより。
注26：A. M. Turing, "Computing Machinery and Intelligence," *MIND: A Quarterly Review of Psychology and Philosophy* vol. LIX, no. 236, 1950年10月、http://mind.oxfordjournals.org/content/LIX/236/433
注27：テストカーAとBがそれぞれAjayとBobbyとなった。

第4章 ロボットの優位性

The Robot Advantage

アレックス・ライトマン寄稿、ブレット・キング編集

「2025年に核心となる疑問は次のようなものだ：肉体を使って働く必要がなく、『ロボットが運営する』経済を導くのがわずか一握りの人だという世界では、人々は何のために存在するのだろうか？」

――ストウ・ボイド、ギガコム・リサーチ主任研究員

人間を怯えさせている亡霊がいる。仕事を奪い、セクシーで、残忍で、抜け目がないロボットという亡霊だ。確かに、ロボットほど大衆小説において私たちのココロとアタマを虜にしたテクノロジーは他にほとんどない。ロボットという、オモチャとして、そして子供時代にマンガで見たものとして知るものについて私たちが本気で気にし始めたのは、それが50〜70％の職業で私たちに取って代わるということを耳にした時だ。テクノロジーと、テクノロジーが私たちのコミュニティにもたらすインパクトの可能性をもっとよく理解しなければならないことに、私たちは気づき始めている。１９８０年代にはパソコン戦略が、90年代にはウェブサイト戦略が、そしてこの10年はソーシャルメディア戦略が皆にとって必要だったように、私たちにはロボット戦略が必要となるだろう。それは次の10年間だけでなく、これからの人生にわたってだ。ロボットがなくなってしまうことはないため、それらとの付き合い方と働かせ方を学ぶ必要がある。

まず、小説に書かれているロボットについて知ることから始めよう。最初の10セントＳＦ小説『草

原の蒸気男（The Steam Man of the Prairies）』の登場には、１８６８年まで遡る必要がある（**図４−１**）。大衆文学において初めてロボットを描いたものだ。小説はあるティーンエイジャーの話で、彼がお決まりの蒸気で動く人間を発明し、それを使って中西部の平原を走り回る（注1）。この「エジソンもの」（注2）は、その後何度も繰り返されるテーマの先がけとなった。頭のいい人々が自分用にロボットを発明するというものだ。この伝統は現在まで続いていて、ロバート・ダウニー・Jr.が演じた『アイアンマン』として知られるトニー・スタークのかなりリアルな物語もその範疇だ（ダウニー・Jr.はトニー・スタークとして、腕を切断した子供たちに3Dプリンターで製作したロボットアームをプレゼントまでしている）。

図4-1 ● 「ロボット」の概念を世に出した最初の小説

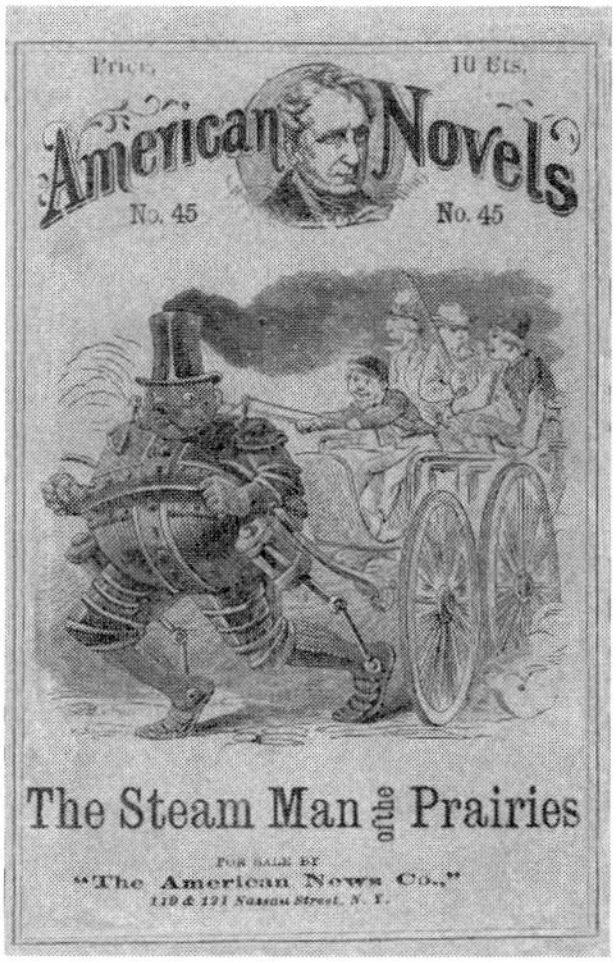

https://en.wikipedia.org/wiki/The_Steam_Man_of_the_Prairies

ロボットは、私たちがテクノロジーに対して持っている愛憎関係、つまり恐れと期待の双方が同じくらいあることの象徴だ。映画『アベンジャーズ：エイジ・オブ・ウルトロン』では、ロボットは最大の悪者（ウルトロン）と最も気高いヒーロー（ビジョン。マイティ・ソーのハンマーであるムジョルニアを持ち上げられるほどの力を持つ）の双方であり、『ターミネーター』シリーズにおいてもヒーローと悪役の両方になっている。

映画『エクス・マキナ』では、女性のロボットが、わずか6回の出会いを通じて若くて賢いプログラマーを自分の虜にして、自分の発明者である地上で最も裕福な男である彼の雇い主と対立するように仕向け、億万長者の裏をかいてだますことに成功する。この物語は警鐘として、ロボットが私たちにますます似てくると、私たちを互いに競い合わせて分断し、場合によっては私たちを征服さえすることが可能かもしれないと告げている。ことによると『エクス・マキナ』は、200年前のマリー・シェリーのホラー小説『フランケンシュタイン』の21世紀版として見ることができるかもしれない。しかしこの新バージョンの創造物が、グーグル創設者のセルゲイ・ブリンを一瞬ほうふつとさせる架空のテクノロジー起業家の自宅や研究所を歩き回っている様子は、空想の先にある怪物のようには全く見えないのだ。

平均的な10代の学生は、ロボットの出てくる物語に何千時間も接してきている可能性が高い。そのほとんどで、ロボットは味方で、友達で、そしてヒーローであり、理想の父親像でさえある。例えば、どのロボットが最も強いだろうか？　私の見解はシンバイオニック・タイタンだ。最も愛されているロボットは？　おそらく『スター・ウォーズ』のR2－D2かBB－8だろう。最も危険なのは？　グールトかダーレクだ。この話題なら何百時間でも議論できる。なぜなら、ロボットには非常に魅力があって、私たちは何千ものストーリーを知っているからだ。話をする相手次第で、ロボットは、驚くべき可能性を秘めたすばらしい新世界へと誘うか、人類と人類が作ったものすべてを破壊することになる。最近のある作家は、人間をゴキブリ並みの存在にまで追いやってしまった。ロボットは、私たちの未来にとっての脅威なのだろうか？　私たちが持っているロボットに対する偏見は、より多くのモデルのロボットが不気味の谷を渡り、ヒト型以外の別の形態のロボットが私たちの周囲に組み込まれてプラスの影響を与えることで解決されるかもしれない。

不気味の谷に橋を架ける

「不気味の谷」（**図4－2**）という言葉は、1970年に日本のロボット学者の森政弘博士が造ったものだ（注3）。

図4-2　森博士の不気味の谷は、人間のような外見のロボットに私たちがどう反応するかを予見したもの

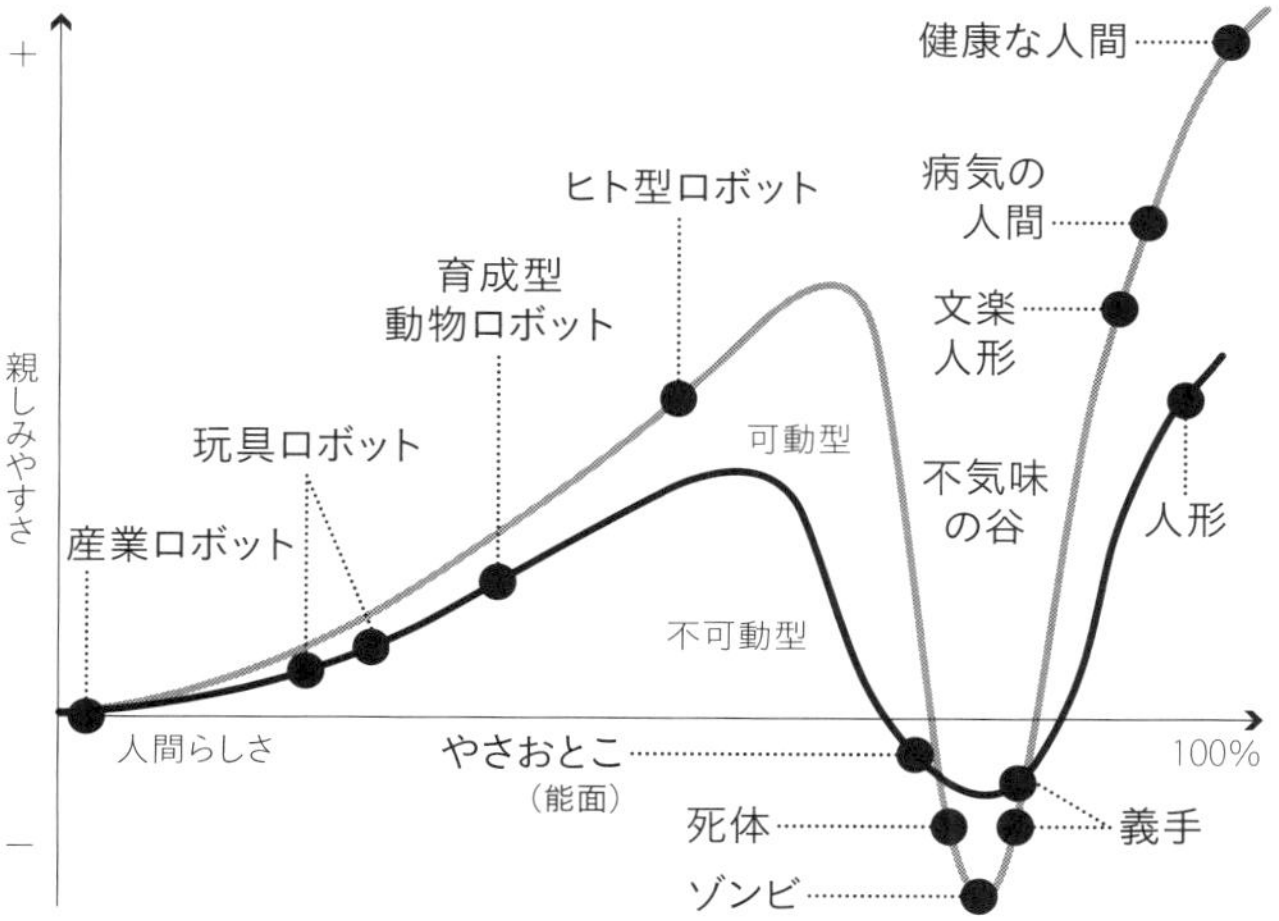

　ロボットが行う模倣が人間に似たものになるほど、こうしたロボットに対する一般的な反応は、「気味が悪い」とか「ゾッとする」というものになる。ロボットの実演をやって見せている人が言うのは、人々が、ロボットが生身の人間ではないと何秒〜何分間か気づかないでいることはよくあるが、いったん自分の前にいる「ヒト」がロボットであると気づいた時の反応は、電撃的かつ強力なものだということだ。見ている人が驚いて感心するところまでは共通だが、その先のリアクションは、強い興味とワクワク感か、恐怖と不安に分かれることが多い。後者が、森政弘博士が「不気味の谷」と名付けたものだ。

　不気味の谷を懸念して、それはすぐに乗り越えられないと考えるロボット研究家がいれば、ヒト型以外の道へと下りてそれを回避する者もいる。ハンソン・ロボティクス社のデビッド・ハンソンは、ヒト型ロボティクスの領域に真のアーティストが生まれる機会として、不気味の谷をとらえている。ハンソンは、日本と中国のロボット企業は、アジア人女性の顔をロボットの基本形とすることが多いと指摘する（**図4－3**）。彼によれば、おそらく物議を醸すだろうが、アジア人女性の肌の滑らかさとシワや変

図4-3 ● 大阪大学が開発した「オトナロイド」のようなロボットは、人間の模倣へとより近づきつつある

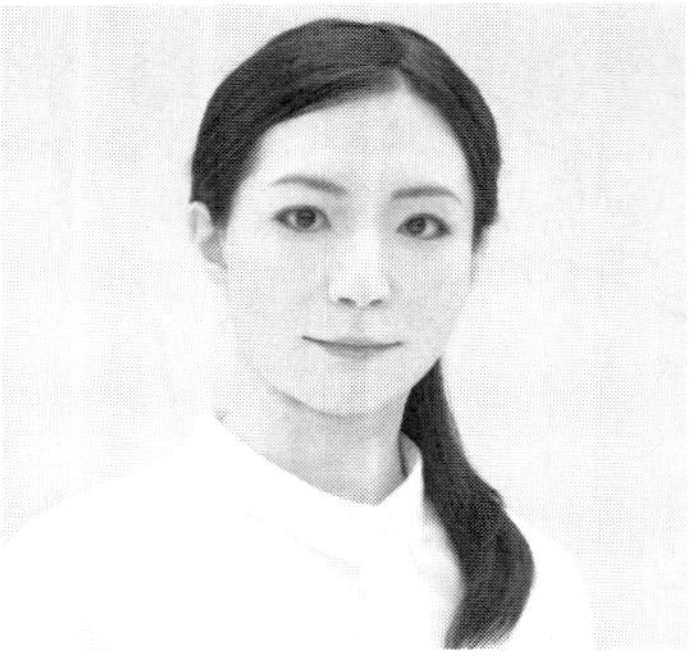

出典：大阪大学

色がないことが、少なくとも男性や他の人種よりも、人間に似せる場合のロボットのテンプレートとして最も有効なのだろうということだ。ハンソンは、彼の会社の最新のロボットが、不気味の谷に橋を架ける間際まできていると言う。40個を超えるアクチュエーターと「フラバー」という名の生体に似たスキン（特許取得済み）を使ったこれらのロボットの皮膚は、見かけも触感も現実のものに似ている。ハンソンは、SF作家のフィリップ・K・ディックに似せたアンドロイド・ロボットまで制作している（**図4−4**）。

図4-4 ● ロシアのテレビのキャスターがアンドロイドのフィリップ・K・ディックにインタビュー

出典：ハンソン・ロボティクス

またハンソンは、関連ソフトウェアを拡張して、ロボットの目や反応も同様にホンモノらしくした。このロボットの強力なソフトウェアを使って、私たちがするように、複数の顔を追いながら、目から目そして口へ行って戻るという動きで自然なアイコンタクトを続けると、それはこれまでのどんなロボットよりも人間らしく見える。頭と首の動きはまだ多少ぎこちないが、プロセッサーとアクチュエーターが向上するにつれて、それも急速に改善しつつある。

ロボットは爆発的に増加する

現在、ロボットはまだ比較的少ない存在だ。しかし20年のうちには世界の人口を上回るだろう。国際ロボット連盟（注4）によれば、2014年の産業ロボットの販売台数は、29％増加して22万9261台であった。2000年には、産業ロボットの台数は100万台程度であり、その40％は日本に設置されていたが、2010年には、世界の産業ロボット台数は900万台近くにまで膨れ上がった（注5）。それでも産業ロボットは、ロボット全体のごく一部を占めるに過ぎない。

トラクティカ社の調査によると、消費者向けロボット、つまりロボット掃除機、芝刈り機、プール掃除機およびソーシャル・ロボットの年間出荷数は、2015年の660万台から、2020年には少なくとも世界で3100万台へと増加し、その期間に出荷される消費者向けロボットの累積台数は1億台近くとなる。中国と日本では、毎月1000台のペッパー・ロボットが売れている。ジーボは新たに1600万ドルを調達し、2016年3〜4月に7500台超を供給する準備を進めている。アイロボット社（iRobot）は2015年に10万台を超える家庭用ロボットを販売し、掃除機のルンバ800／900が最も人気だ（注6）。連邦航空局（Federal Aviation Administration：FAA）は、2015年のクリスマス時期だけで、100万台を超えるドローンが売れたと推計している（注7）。

産業ロボット、家庭用ロボットおよび軍事利用のものを含めると、2015年だけでもさらに1000万台近くのロボットが、世界のロボット台数に加わりそうだ。だが、次の5～10年には、それ以外の大きな存在が加わる。その中に自動運転車がある。2025年までには、年間1500万～2000万台の自動運転車が販売されうる（注8）。

2025年までには、15億台を超えるロボットが地球上で稼働しており、その数字は2～3年ごとに倍増を示して等比級数的な増加をみるだろう。2030年代前半には、ロボットは人間の数を上回りそうだ（**図4－5**）。

ロボットは非常に小型にもなり、いずれは自己複製するようになるだろう。そうなるとすべてが変わる。特にその数（昆虫は人間の2億倍多く存

図4-5 ● 世界のロボット台数の増加

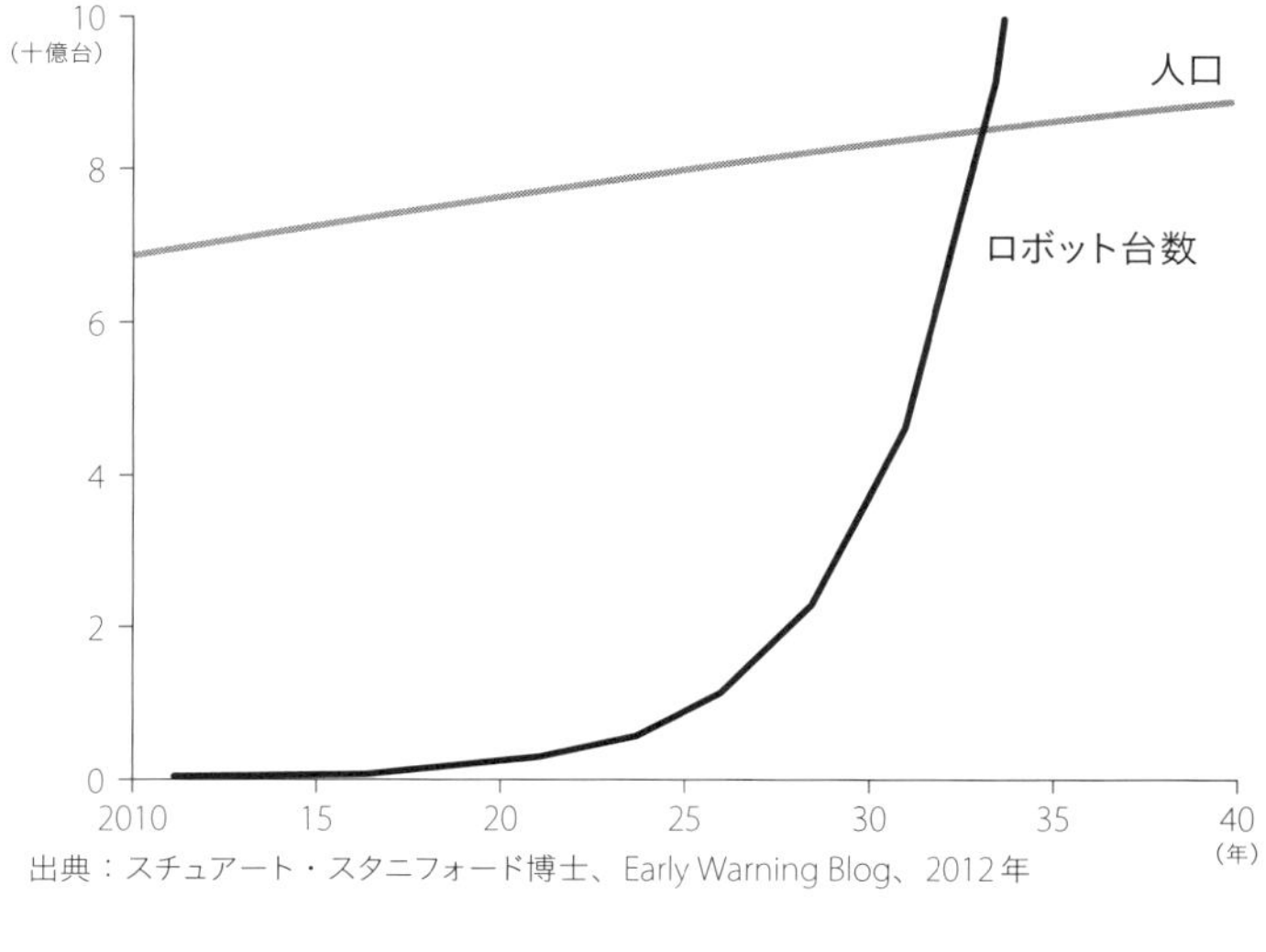

出典：スチュアート・スタニフォード博士、Early Warning Blog、2012年

在するが、ほとんどの人間は気づかないか気にしていない）と性質（知性では私たちに匹敵し、上回る）だ。マサチューセッツ工科大学（ＭＩＴ）の教授たちは、次に来るのは「第二の機械化時代（the second machine age）」であるとするが、私は「ロボット・シンギュラリティ」と呼ぶ方が、歴史的にはそれよりもはるかに意味を持つ可能性があると考える。

自宅のガレージでロボットを作る？

進化生物学者は、地球の生命の歴史上で最も重要な唯一の出来事は、単細胞生物が出現したか多細胞性に進化したすぐ後に起こったと推測している。およそ5億7000万年前、突然変異と自然淘汰という2つの進化エンジンによって、生命は百万、あるいは数千万もの組み合わせを試行し、多様な生物体制というビッグバンを引き起こした。地球規模の実験の後には生き残った種と消滅した種があり、その結果残ったのが、それから5億7000万年後に存在するすべての生物体制だ。それから後の変化は体制ではなく、脳のあり方である。生物学者はこの生命実験とバリエーションの急拡大を「カンブリア爆発」と名付けている。

私たちは現在、ロボットの形態と機能の新カンブリア期を経験しつつあると言える。それは、ＳＦ作家の豊富な想像力とハッカーや製造者コミュニティの創造的推進力のおかげだ。３Ｄプリンターや、マイクロプロセッサーとセンサーおよび制御を併せ持つアルドゥイーノシステム（訳注・マイコンに入出力ポートを一体化した基板とプログラム開発用の統合開発環境から構成されるマイコンボードシステム）に飛躍的に多くアクセスできるようになった学生たちもこれに寄与している。同じスペックでほとんど10年間も出回っているチップを使っているため、こうしたマイクロプロセッサー部品は安価だ。ムーアの法則に従って2年ごとにパワーを倍増させ、それがためにプレミアム価格を張り続けるインテルチップとは異なる。したがって、カンブリア爆発の時期と全く同じように、ロボティクスの飛躍的成長のフェーズは、成功し反復する体制の進化と、多くのデザインの失敗と途絶をもたらすことになる。過去250年というテクノロジーによる破壊の歴史からみれば、この大いなる実験の大半は、比較的短い期間で終わることになるだろう。

ロボットの幅広い活用を妨げるすべての障壁が急速になくなりつつある。ロボットは長年にわたって、際立って難しい課題に足止めを食っていた。ロボットは、人間の作った世界の中を歩いてどこかに行くという課題だ。移動の自由に制約があるせいで、ロボットは、研究室に閉じ込められて動かないものとして設計されるか、揺すられたり転がされたりトラックを周回させられるオモチャにされたということだ。このことが、ロボットの有用性を大幅に制限していた。その後誰かが、ロボットとラジコン飛行機とヘリコプターを組み合わせてこの問題を解決した。そしてドローンが世に出た。ロボットは突如として鎖につながれた存在ではなくなり、新しい使用方法が爆発的に増えた。ロボットはプログラム可能な機械であり、少なくとも3つの運動軸で稼働可能だ。そしてドローンはその定義にかなっている

（注9）。

ロボットは現在は比較的少数（人間100人に対して1台というところか）だが、それでもすでに巨大なインパクトを持っている。ガートナー社調査ディレクターのピーター・ソンダーガードは「ガートナーの予想では、3分の1の仕事は2025年までにソフトウェア、ロボット、スマートマシンに置き換えられます。新しいデジタルビジネスでは人間の労働力はさほど必要ありません。機械が人間よりも早くデータの意味を理解するからです」（注10）と述べている。ロボットとの付き合い方が、来るべき経済と社会の成功を左右するのだ。

『ワイアード』誌で編集長をしていたケビン・ケリーは言う。「これは機械との競争ではありません。競争すれば私たちは負けてしまうでしょう。これは機械と共に行う競争なのです。将来は、ロボットとの協働のうまさに応じて給料がもらえることになります」（注11）

働き方、遊び方、付き合い方や自分の面倒の見方まで、ロボットはすべてを変えてしまう。将来私たちは、誰が人種差別主義者だとか頑固一徹だとかを見分けるのとほぼ同じ方法で、誰がロボットとの協働に前向きかそうでないかを見分けることになるかもしれない。この章では、私たちがよりよい生活をしてよりよい人間となり、よりよい地球の世話役やそれ以上のものとなるのに、ロボットがどのように役立つのかを検討していく。

ロボットに支配された世界での生活——ロボットスキルベースの職務要件の登場

人間が何千年もかけて行ってきたように、現在のロボットは、その形態と機能について、アバターから製氷車まで多様な方向に進化している。ここまでの章では、産業時代からの主要な破壊的テクノロジーが社会のあらゆる側面をどのように劇的に変革してきたかをみてきた。次にくる「拡張時代」にもその進化は続く。

1980年代のオフィスワーカーがパーソナルコンピューターを自らの生存への脅威として恐れたように、ロボットに対する恐怖は、さらに幅広い労働者にとって同じ感情的反応を引き起こす。1980年代前半以降の30~35年間に出世の階段を上ったのは、パーソナルコンピューターを受け入れた数少ない人々（ハードウェアとソフトウェアの何たるかを理解した人々は新会社を興す傾向が大幅に強かった）だった。次の35年である2015~2050年には、ロボットを協働者として受け入れる人々がキャリアを高めて、ビジネス、健康、寿命、安全、所得、そして戦争において優位性を獲得するだろう。

1990年にはウェブデザイナーという職業を知っている人は誰もいなかったように、「拡張時代」に生み出される新しいタイプの職業がどんなものになるかを予想するのは難しい。第2章で紹介したが、ピュー・リサーチは2014年に、新しいテクノロジーで雇用がしわ寄せを受けるという問題が出てくることについて、テクノロジー企業やアナリストに調査を行った。同社は以前にインターネットの将来について正確で洞察のある予想をした人たちに対して、AIとロボティクスについて同じように尋ねた。ロボットと自動化の影響について調査した専門家集団は、来るべき時代が雇用と職業に及ぼす影響の見方について、均等に二分された。しかし、ロボットと共存する未来に対する希望と懸念については、双方とも十分な理由がある。

重要テーマ：希望の理由

①テクノロジーの進歩はある種の仕事を消滅させてしまうかもしれないが、歴史からみると、それによって職はむしろ増加してきた。
②私たちは全く新しいタイプの仕事を創出し、人間独自の能力を生かして変化に適応していく。
③テクノロジーは私たちを日々の骨折り仕事から解放してくれ、私たちはより前向きで社会的便益につながる方法で「仕事」への関わり方を見直すことができるようになる。
④最終的には、私たちは、その選択を通じて自らの運命を支配する。

重要テーマ：懸念の理由

①これまで自動化は、主にブルーカラー雇用に影響を与えてきた。次のイノベーションの波は、ホワイトカラーの仕事をも奪う脅威となる。

②高スキル労働者はこの新しい環境下で非常に大きな成功を収めるだろう。しかしはるかに多くの人々が、よくてより低給与のサービス産業職、悪ければ定常的な失業状態へと追いやられてしまうだろう。

③私たちの教育システムは未来の仕事に対して適切な準備ができておらず、政治／経済制度はこうした厳しい選択に対応する準備が不十分だ。

つまり、これら新しいテクノロジーが私たちの能力を強化するものか、それとも私たちに取って代わるものかのどちらと考えるかで、大きな分裂があるようだ。

ハーバードの社会科学者であるショシャナ・ズボフ（Shoshana Zuboff）は、1989年に出版した『スマートマシンの時代：未来の仕事とパワー』において、企業のテクノロジーの活用方法について調べている。彼女が着目したのは、「自動化」を行うか社員のパワーを奪っている経営者と、「情報化」を行うか社員をエンパワーしている経営者のテクノロジーの使い方だ。明らかなのは、私たちの主張は後者の方がはるかに望ましいということだ。

ＣＲＭとＥＲＰを使ったソフトウェアベースの自動化の30年の歴史を見れば、一般的にテクノロジーの導入自体は簡単であることがわかる。唯一かつ最も重要な要素は、新しいテクノロジーを従業員たちに受け入れさせ、取り込ませ、生産的に使わせることだ。ただし、こうした新テクノロジー・プロジェクトが、自動化がもたらす効果よりも多くの人員や外部契約、コンサルタントの増加につながるケースは、もっと多い。

プロジェクトが成功すると、通常は、それによって従業員経験と顧客経験の情報化と向上が進み、企業はさらに成功・成長して雇用が増える。プロジェクトが失敗すると、首切りが起きて、顧客経験と社員経験が悪くなり、社員数は減少する。

アマゾンはロボット・ワーカーが大好き

純粋に自動化を行うプロジェクトは非常に少ないが、同時にそれは、消滅させる分よりも多くの仕事を創出しうる。興味深い例は、キヴァ・システムズという倉庫自動化ソリューションだ。キヴァ・システムズは2003年にミック・マウンツが設立した企業で、それは彼が食料品デリバリーサービスであるウェブバン(Webvan)で失敗を経験した後のことだった。ウェブバンはすべての食料品店を廃業に追い込むものだった。マウンツは、ウェブバンが失敗したのは、従来の倉庫オペレーションのコストの高さのために、従来のマテリアルハンドリング(材料取扱)と倉庫管理ソリューション(Warehouse Management Solution:WMS)を使うと、個々のオーダーへの対応コストがあまりに高くなってしまったせいだと考えた。そこでマウンツは、商品ピッキング、包装、出荷をもっとうまく行う方法を開発しようと決心して、キヴァが誕生した。ピーター・ワーマンとラファエロ・ダンドレアというロボティクスとエンジニアリングの専門家とチームを組むと、キヴァは、従来の倉庫を自動化する全く新しい方法を3つ生み出した。

従来のモデルは、搬入口で商品を受領すると、ワーカーがフォークリフトやカートを使って商品を棚にしまうというものだった。次に、同じワーカーが倉庫に入って商品をピッキングし、注文に対応して必要な組み立て、包装または発送を行う。人員効率の最適化が可能なマンハッタン・アソシエイツ、ハイジャンプ、レッドプレーリーのような先進的なWMSソフトウェアの自動化システムでさえ、注文処理コストは手に負えないほど高かった。特に、低マージンで商品混載度の高い食品のようなオーダーでそうなっていた。キヴァのソリューションは斬新でシンプルなもので、「もし棚が自分の方から来てくれれば、人々が商品を棚に納めてまた取り出す必要はないのではないか？」という質問に対する回答から生まれたものだ。

キヴァが創ったのは自動ガイド車（ロボット）で、動かす必要があるアイテムに最も近い車を特定して、アイテムを取り出すよう指示するというものだ（**図4－6**）。移動ロボットは、床に貼られた一連のバーコードシールをたどって倉庫内を動き回る。ロボットはAIとセンサーを装備していて、ロボット同士や障害物と

図4-6 ● キヴァの倉庫マネジメント用自動ガイド車

出典：キヴァ／アマゾン

ペレーターは商品に対して作業を行うのだ。

の衝突を避けられる。正しい場所に到着したロボットは棚の下に入り込み、ねじ回しのような動きをしてそれを床から持ち上げる。そしてロボットは棚を特定の人間のオペレーターのところへ運び、オペレーターは商品に対して作業を行うのだ。

製品開発とマーケティングに何年もかけた後に、キヴァが業界で大評判となって販売がテイクオフし始めた頃、アマゾンがやって来て、2012年3月にキヴァの全株を取得した（注12）。アマゾンにとってキヴァ・システムズの買収は、2009年のザッポス（Zappos）に次ぐ2つめのものだった。キヴァが競合を大きく凌駕する優位性を示していることをアマゾンは理解したわけだ。アマゾンはすぐにキヴァ・システムズのセールスとマーケティングのスタッフを解雇し、すべての製品販売をストップさせた。どうやらアマゾンは、自社倉庫の自動化が非常に重要であるために、システムの販売から得られる利益は諦めて、テクノロジーを競合から守ることにしたようだ。

現在アマゾンは、キヴァのソリューションを使って、自社倉庫のワーカー数と注文対応コストを最少化しつつ、注文対応の精度を向上しようとしている。アマゾンは、私たちが将来よく目にするであろうものを垣間見せてくれている。自動化テクノロジーは、低スキルワーカーと、高給与のセールス／マーケティングスタッフの必要性や数を低減する一方で、高スキルのロボット技術者とＡＩソフトウェアワーカーからなる全く新しい部門を企業内に作り出すことになるのだ。

前述したように、あらゆる人と企業にとってロボット戦略が必要になる。早い段階でロボット戦略のリーダーとなったのは誰で、何をしているだろうか？　アマゾンが、キヴァの倉庫システムを買収してロボティクスを取り込んだことはすでに見た。グーグルはロボティクス企業を8社買収して、NASAの飛行船格納庫（注13）だった場所にすべてを集めた。それはまるで巨大な子供のプレイルームで非常に映画っぽく見えるのだが、よくわからない打ち手でもある。というのは、ロボットには軍事的性質があり、グーグルのコアビジネスや、検索を民生特化させていることと相反して見えるからだ。

アップルの主たるアウトソース先製造業者であるフォックスコン（鴻海のこと。本拠地は台湾）は、アップルの製造ビジネスを維持し続けられる唯一の道は、工場をレベルアップしてより多くのロボットを使い、上昇が続く中国の労働コストを吸収することだと理解しつつある。15～59歳（伝統的な退職年齢）の中国人の人口は年300万～400万人減少している。企業はロボットを客人とは考えていない。単に仕事を外部化するものとしてだけでなく、企業全体の存在を脅かすものとしてもとらえているのだ。

就職活動中か在学中の学生たちは、労働市場の変化に適応できて、次世代のロボット・ワーカーを創造し、サポートし、補完することが可能なスキルを獲得する必要がある。コンピューター・サイエンス、あらゆる種類の電気・機械工学およびセールスは従来から存在し、予見可能な将来においても存続可能なごくわずかの分野であり、そこではロボットと共に、そしてロボットのために働く。現時点で、どんな新しいキャリアや専門領域が20年後に生まれているかを具体的に示すのは困難であり、それは1995年にフェイスブックのマーケティング・コンサルタントがどんなものかを見通せと言うのと同じだ。ロボティクスが年間5000億ドルの産業になるという予測が実現されるなら、そこに巨大な機会があることは間違いない。

ロボットにはあなたが見えている

ヘルスケア産業では少なくとも30年間、ロボットが働いている。外科手術支援ロボットの使用が最初に記録されたのは1985年のことであり、PUMA 560の手術用アームが神経外科の生体検査に使われた。それ以降、外科ロボットから病院内搬送や遠隔治療ロボットまで、さまざまな能力の医療用ロボットが何百万もの人々を助けている。

しかしながら、日本や米国のような国では、今後5〜10年の間に必要となる適切なケア水準の提供のために、ロボットの利用が唯一残された実現可能な選択肢となるかもしれない。ロボットが私たちの健康維持を支援するソリューションであるとはどういうことかを見ていこう。

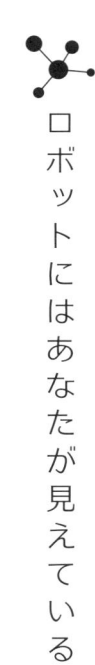

ロボット看護師

私の予想では、ヒト型ロボットの最初のマス市場は看護師だ。それは、需給のミスマッチの存在と、病院および医療産業全体としてミスマッチがさらに強まる可能性があることに基づいている。政府が最大の医療専門家側の交渉パートナーとなっているために、業界はコストを抑制する厳しい圧力下にあるからだ。

米国と日本はいずれも、大幅な登録看護師数の不足に直面すると予想されている。ベビーブーム世代の高齢者とヘルスケアに対するニーズの双方が拡大するからだ。国のヘルスケア制度の見直しへの動きを前提として見込まれる需要増に対して、看護師学校がキャパシティ増加に苦労しているという事実が、問題をさらに悪化させている。

・2013年12月に発表された労働統計局の2012〜2022年の雇用予測によると、登録看護師は、2022年までを通じて雇用成長の点でトップの職業に挙げられている。登録看護師の労働力は2012年の271万人から2022年には324万人に増加する見通しで、52万6800人または19％の増加となる（注14）。

・2015年7月の日本の厚生労働省の予測は、人口の高齢化が今後10年間加速するために、日本は介護ワーカーの厳しい不足に直面することを示した。日本では、2025年には253万人の介護ワーカーが必要となるとみられる。2013年の介護ワーカー数は177万人であった。目標を達成するためには、2025年までに80万〜100万人の看護師増が必要となる。しかしながら、現在の増加ペースが上昇しないとして、介護ワーカー数は少なくとも38万人の不足となるだろう（注15）。

・2012年1月に出版された『米国医療品質ジャーナル（*American Journal of Medical Quality*）』の「米国の登録看護師の現状と不足の予測（United States Registered Nurse Workforce Report Card and Shortage Forecast）」によると、2009〜2030年にかけて全国にわたって登録看護師が不足すると予測されている。州別の分析では、南部と西部で最も不足が大きくなっている（注16）。

・2010年10月、医学研究所は、ロバート・ウッド・ジョンソン基金の主導で、看護の将来について重要なレポートを発表した。レポートでは、国家試験をパスした看護師の数を80％まで増加させ、博士号を持つ看護師の数を倍増させるよう求めている。現在の看護師数はこの提言には大きく不足しており、登録看護師のわずか55％が大学卒のレベルである。前記に加えて、かなりの割合の看護師労働力が退職年齢に近づいている。

・2013年に州看護師評議会全国会議と州看護師労働センターフォーラム（National Council of State Boards of Nursing and the Forum of State Nursing Workforce Centers）が行った調査によると、登録看護師の55％は50歳以上である。

・健康関係リソースおよびサービス管理局（The Health Resources and Services Administration）は、登録看護師の100万人超が、今後10～15年の間に退職年齢に到達すると予測している。
・2001年5月にイリノイ大学看護カレッジの看護研究所が発表した報告書「誰が私たちを介護するのか？　長期的介護労働力危機への対応（Who Will Care for Each of Us? Addressing the Long-Term Care Workforce Crisis）」によると、介護を必要としそうな人々（高齢者）に対する介護者の比率は、2010年から2030年までに40％低下する。

端的に言えば、米国や日本のような先進国においては、現在私たちを介護する看護師の数は不十分であり、問題は悪化の一途だということだ。米国では他国、特にフィリピンから看護師を輸入している。カリフォルニア州の看護師は現在、その20％以上がフィリピン人となっている。カリフォルニアの人口に対するフィリピン人の比率が3％であるにもかかわらず、である。2009年の移民法の改正によって、看護師の米国入国は次第に難しくなってきた。そして米国ベースの看護師プログラムが不足しているために、訓練された看護師を十分に供給して需要に対応するだけでなく、コストを下げるという問題は、米国では非常に大きく悪化している。

患者と看護師の双方にとって、より人間的な方法でロボットが介護を拡張してくれる可能性についてみてみよう。

マリアという女性がいるとしよう。彼女は25歳で学卒の、マニラ在住の看護師だ。小さな子供が1人いて、夫はよい仕事に就いており、双方とも家族とのつながりが強い。フィリピン国内で看護師の仕事を見つけるのは、厳しい競争のためにほとんど不可能だ。一方で看護師学校は430校あって、看護師になることは国外へのチケットを得るベストの方法となった。多くの他者と同様に、仕事をするためにマリアは母国と家族から離れて外国での職を探さなければならない。彼女が米国で働くためのH1ビザを運よく取得できれば、おそらく彼女は夫と子供たちを置いて国を出なければならない。しかし驚くべきことに、適切なロボット群があれば、彼女は双方の世界の最良の部分を得ることが可能になるのだ……。

例えば、マリアがマニラに住みながら米国の患者のために働くことができればどうだろうか？　マリアがコールセンターか自宅で勤務していると考えてみよう。彼女はコンピューターの前で、ロサンゼルスの介護施設にある10台のロボット・コンパニオンをモニターしている。個々の患者には専用のコンパニオン・ロボットがあってそれがベッドの脇に座っており、標準型のAGI（artificial general intelligence：汎用AI）を半自動モードで稼働させている。このモードでパーソナル・ロボットは会話をし、基本的な質問に答え、患者が介助を受けたり娯楽を楽しむのを支援することができる。ロボットが装備するカメラとセンサー群は、患者の血圧、覚醒状態、心拍、感情状態等を読み取ることができる。

マリアは遠隔地から随時ロボットに入り込み、ロボットの眼を通してものを見て、ロボットのセンサーデータを活用することができる。ロボットに入ったマリアは、質的・量的データ（体温の急変、血圧低下、アルツハイマー症状の発現等）の双方のチェックや、そうでなくても毎時のチェックを行うことができる。マリアは現地常駐の看護師にアラートを出すか、医師に対応を引き渡すか、自分を遠隔会議に参加させることが可能だ。またマリアは、家族の誰かを呼んでセッションを行ったり、家族が愛する患者の最新状態を説明することもできる。

こうなると、マリアは自宅で家族と生活することができて、さらに十分な給与を得ることになる。現在では、フィリピンの看護師はおおむね月500ドルの給与をもらっている。同じ看護師がロサンゼルスでは月8000ドルをもらっているから、彼女の母国での給与を倍に引き上げたとしても、皆がプラスを得られることになる。患者に対する安全も含まれていて、24時間のモニタリングとクラウドへのビデオストリーミングによって、虐待や盗難が防止される。さらに、家族が都合のよい時に「訪問」可能になる機能が追加されれば、その価値は非常に大きい。

これらロボットは、軍事用語でいうところの「増強要因（a force multiplier）」となる。1人の看護師が複数の仕事をこなすことが可能になり、熟練看護師の不足という、人口高齢化とともに拡大の一途と

図4-7 ● 米国の病院はすでに薬や薬品のデリバリーにロボットを活用している

出典：アーソン社
http://www.aethon.com/tug/tughealthcare/

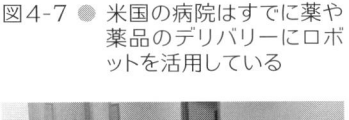

なる問題の解決に資する。
外科手術ロボットは進化を続けて私たちの能力を引き上げ、人間がやるのは不可能なタスクをこなすようになるだろう。

2015年4月、グーグルとジョンソン&ジョンソンは、インテュイティブ・サージカル社(Intuitive Surgical)の現行のダ・ヴィンチXiを上回るという新世代の外科手術ロボットの作成に向けてチームを組む計画であると発表した（**図4-8**）。

図4-8 ● 外科手術ロボット「ダ・ヴィンチ」

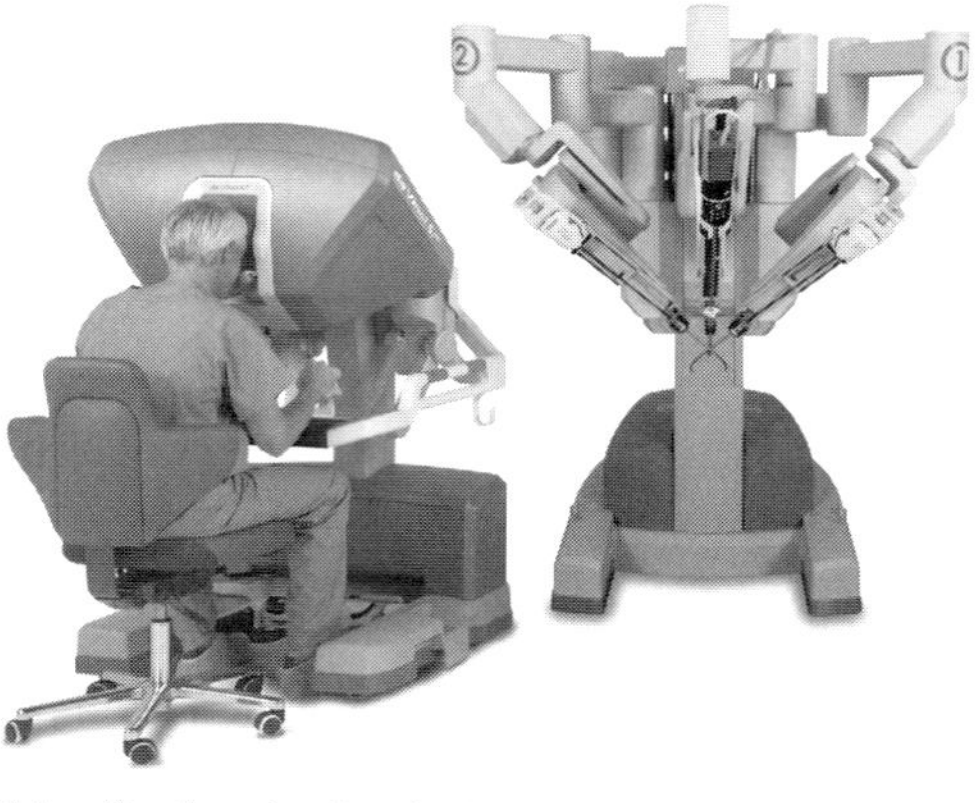

出典：ダ・ヴィンチ・サージェリー
https://www.cc4surgery.com/2017/03/07/da-vinci-robotic-assisted-surgery-system/

我々が死と呼ぶ小さな問題の解決のために設立したキャリコ（Calico）という子会社を持つグーグルと、家庭用ヘルスケア製品の巨人であるジョンソン&ジョンソンとの提携は一つの分水嶺であり、未曾有の数のロボットの手術室導入を推し進めるだろう。グーグルのボストン・ダイナミクス部門、キャリコ、グーグルのバイオテク部門のテクノロジーと、ジョンソン&ジョンソンの医療機器に関する非常に深い知識が何をもたらすかは想像可能だ。ヒト型ロボット外科医はあらゆるものを変革する。そして、10年のうちには、多くの患者がそちらの方を選好して要求するようになりそうだ。

これがあまりに遠い未来のように思えたとしても、私たちはすでに、人間の介在や人間とのやり取りなしにロボットが手術を行える世界へと動きつつある。デューク大学のバイオエンジニアは最近、バイオプシー・ボット（Biopsy Bot）と呼ぶロボットを開発したと発表した。このロボットは、「人間の内臓組織のシミュレーションの中にある人工あるいは架空の病変場所を特定し、そこまで機器を案内して、３Ｄと超音波を使って複数の組織サンプルを取得する作業を1回のセッションで行う」ものであり、医師による監督は全く不要だ。ロボットは３Ｄデータを処理してセンサー付きの機械アームに指示を送り、病変部を精査してサンプルを取得する。

「このシステムの美点の一つは、すべてのハードウェア部品が市場にすでに存在することです……この種のシステムは、多少の修正をすれば、新しいテクノロジーを一から開発しなくても構築可能なことを示す第一段階のものだと私たちは考えています」

――ステファン・スミス教授、デューク大学バイオエンジニアリング学部、チームリーダー

これは、外科医が必要なくなるということだろうか？　自動化の範囲が拡大するにつれて、ロボットの設計、テスト、運用について外科医の支援が必要になるだろう。すでにロボットは手術の支援を

しており、ヒューマンエラーを排除し、侵襲的な処置を大幅に削減して、成果を大きく改善する助けになっている。

現在では、外科医は1日に2～3件の手術を実施可能で、手術日は通常、週に1～2日にとどまる。

ロボットの支援によって、より多くの人がより早く支援を受けられるようになり、もし患者が移動不可能か遠隔地にいる場合は、患者のところにロボットを送ることが可能で、その場合のコストは人間が赴くよりもはるかにリーズナブルなものになる。

ロボット外科医は、現在何万、何十万ドルとなっている処置のコストを劇的に押し下げることが可能だし、実際にそうなるだろう。2015年時点でも、すでに驚くべき事例が存在する。例えば、ヒザの手術は人間が行うと8万ドルか

図4-9 ● 遠隔操作ロボットRP-VITA

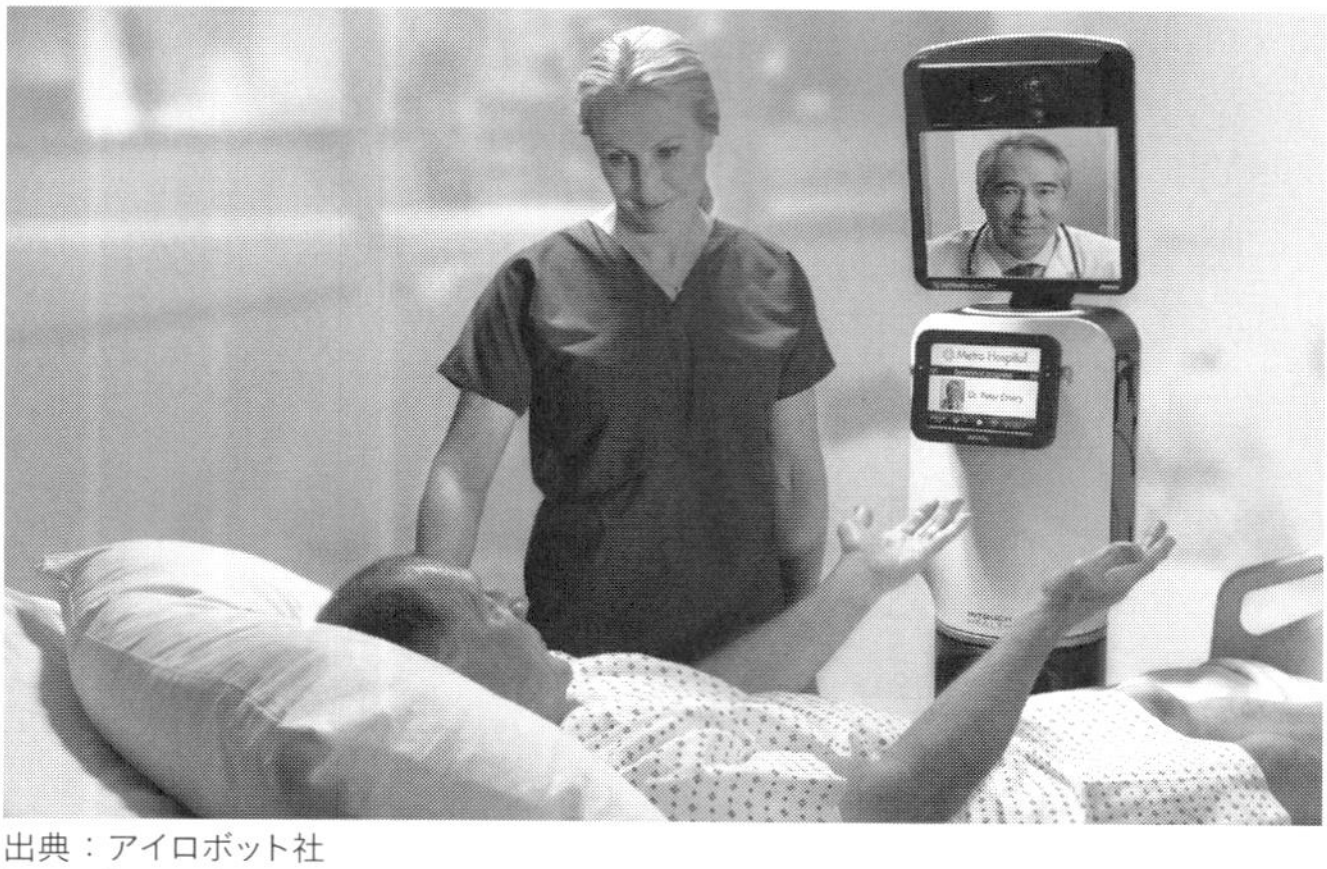

出典：アイロボット社
https://www.businesswire.com/news/home/20130506005495/en/InTouch-Health-iRobot-Announce-Customers-Install-RP-VITATM

かるが、ロボットが行うとわずか800ドルですむ。いつの日か、かかりつけの医者がロボットになり、さらには自宅に置かれた医療ロボットが、現在では富裕層個人だけが享受できるレベルの介護を提供するようになるかもしれない。

看護師、瀉血医、外科助手、麻酔科医、そして薬剤師すべてのロボットが開発中であり、それらは高齢化が止まらない人口のヘルスケアニーズに対応するために不可欠だ。

遠隔医療ロボットもまた、病院と家庭における医療の将来に大きな影響を及ぼしつつある。FDA(米国食品医薬品局)の承認を受けた最初のテレプレゼンス・ロボットはすでに市場に出ており、文字通り国中の病院に配備されている。RP－VITAテレプレゼンス・ロボットは、インタッチ・ヘルスシステムズ社(InTouch Health Systems)とアイロボット社とのジョイントベンチャーだ(**図4－9**)。ヘルスケア従事者が病院のような複雑な環境を動き回り、場所に関係なく患者訪問ができるようになれば、効率性が生み出されて昔ながらの自宅で医者に看取られての臨終が可能になる。自動運転車とこの種のテレプレゼンス・ロボットとを組み合わせれば、ヘルスケアの新しいパラダイムが誕生する。ドクターロボットがウーバーを呼び出して、日に20～30件の往診を行うことが可能になるのだ。

高齢者介護ロボット

8秒ごとに1人が50歳を迎えている。毎年、350万人を超えるベビーブーマーが55歳になっている。2012年には、50歳以上の米国民数が1億人という歴史的な区切りに到達した。高齢化対策局によれば、高齢化は米国に巨大なインパクトを与えることになる。

・今後20年間に65歳に達する米国人の数は、過去10年間よりも31％増加する。
・65歳になった人は、その後ほぼ19年生きると予想される。
・高齢者の31％（1120万人）が独居である。
・65歳以上の人口は、2000年の3500万人から、2020年には5500万人になる。
・85歳以上の人口は、2000年の420万人から、2020年には660万人への増加が予測されている。

2012年時点で、日本の人口の22％がすでに65歳超となっている。政府は、2060年までには人口が1億2700万人から8700万人へと減少し、65歳超人口が全体の40％近くにまで増加すると予測している。日本では2010年に、高齢者と介護施設にいる寝たきり老人がすでに3000万人存在していたが、その世話をする介護者数は、予測値の200万人よりも大幅に少なかった。そして介護職員の離職率は年17％となっていた。

人口高齢化はグローバルな現象だ。2030年までには55カ国の総計で、65歳以上の人口が少なくとも20％になると予測されている。65歳以上の人口が、ロシア、日本、フランス、ドイツ、オーストラリアの人口の合計を上回るのだ。2040年までには、世界の高齢者人口は13億または全体の14％

に上ると予測されている。

長期介護施設は、人口の高齢化に伴う需要に対応すべく増加しているが、安全で精神的な支えとなって健康状態を維持・増進する環境を作り出すのは困難な作業だ。患者虐待、盗難、過剰課金、放置はいずれも現実の問題である。それを悪化させているものは、苦しみや、予見される機能性低下を実際に目にするような環境下で働きながら人間的でいる必要があるという、職務自体が持つ情緒面の難しさだ（しかしながら、次の章で説明するように、一部の人には、必要なことを行えば肉体的衰えを遅らせたり逆転させる方法が存在する）。65歳の年齢に達するアメリカ人の70％は、人生のうち少なくとも3年間は何らかの長期介護が必要となる。ホスピス介護では、最期の日々を過ごす穏やかな人々の世話をする介護人の負担感は、耐えられないほどつらいものになりうる。

ますます増加する人口に対して、優しく思いやりのある方法で質の高い対応を行うにはどうすればよいだろうか？　思いやりを模倣するようプログラムされたロボットが、私たちにとっての最良で唯一の選択肢となるかもしれない。

●高齢化する人口に対する介護の拡張

中国、日本、韓国のような国では高齢化社会のジレンマが米国よりも早く到来するため、介護ロボットに大量の資金を投資している。私たちには、この新しい革新的な技術を許容するシステムと規制環境を作り出すオーナーシップを引き受けるリーダーが必要だ。トランスパレンシー・マーケット・

リサーチ社によれば、医療ロボットシステム市場は、2011年の55億ドルから2018年には136億ドルに達するが、効率性とロボットのコスト逓減曲線を考慮に入れれば、これはほぼ3兆ドルという米国の年間医療支出のうちのごく小さな部分に過ぎない（**図4－10**）。

現在は、部屋で患者の傍に座って常にそのニーズに気を配れるコンパニオン・ロボットを開発することが可能になっている。こうしたロボットは体温や発熱や低血圧の兆候のデータを、部屋の反対側からでも収集可能だ。カメラが患者の心拍や感情状態を見分けて、ずっと話に付き合い、刺激を与えて、認知能力の維持を支援する。ロボットは患者に対して薬を間違いなく服用させ、必要に応じて起こしたり動かしたりすることができる。介護ロボットは患者の予定

図4-10 ● 産業別にみた最も高成長のロボット市場

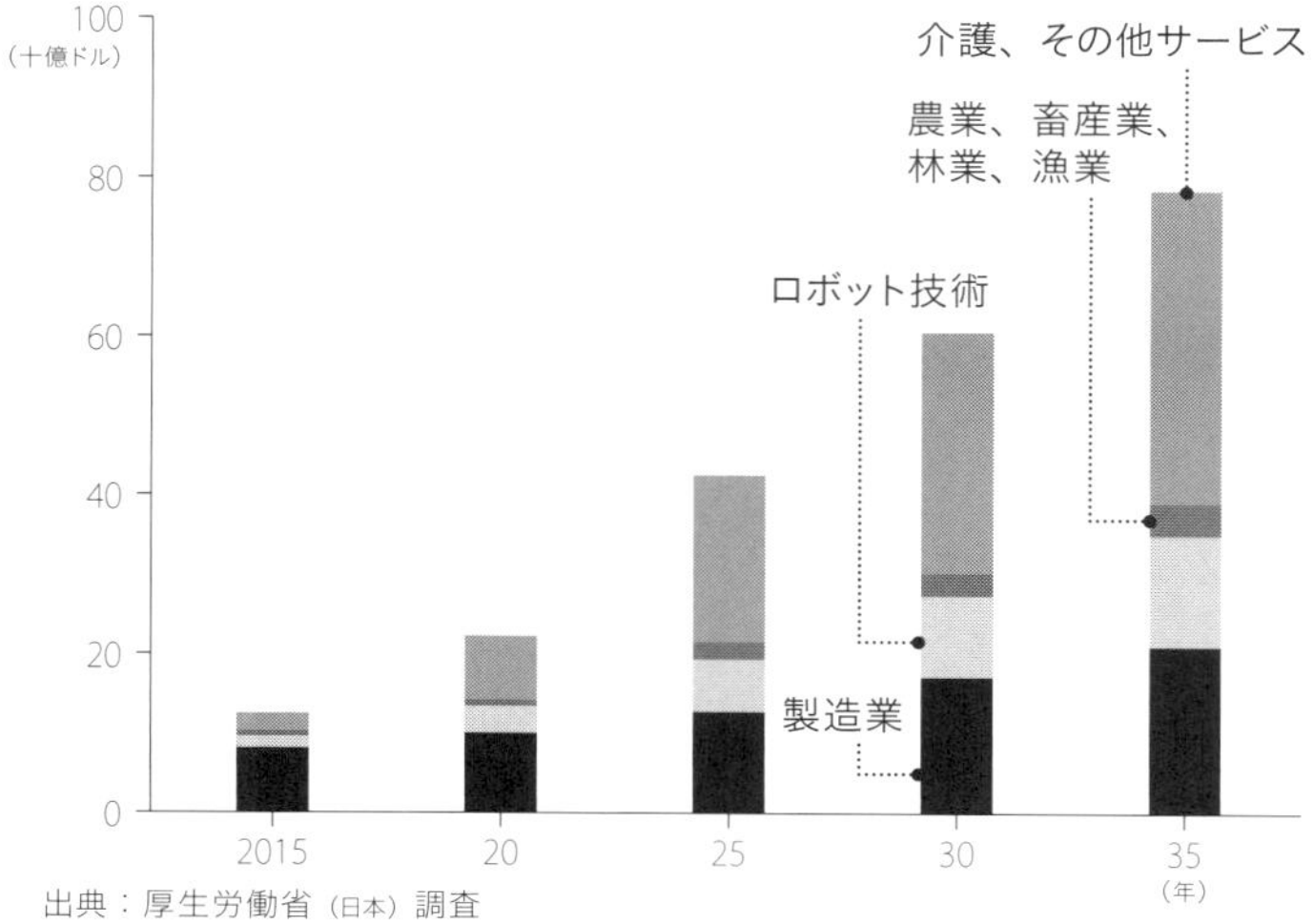

出典：厚生労働省（日本）調査

を確認して身体的および職業的治療訓練を行うようガイドし、水分や食事の摂取を確認することも可能だ。

従来型のユーザー・インターフェイスまたはCUI（キャラクター・ユーザー・インターフェイス）によって、言葉を話せる人は誰でも、訓練や特殊なスキルや特殊な装置なしにロボットと一緒に働くことができる。介護ロボットは質問を発して脳を刺激し、言葉遊びを行い、歌を歌い、音楽をかけて話を聴かせる（これは特に新しいものではない。何十年も前からディズニーランドにあるカントリー・ベアー・ジャンボリーに「イッツ・ア・スモール・ワールド」を歌うロボットがある）。

ロボットはさらに、患者からその人生のストーリーに関して有用な情報を収集すること、つまり話し言葉をテキスト化して電子的な患者記

図4-11 ● 日本はいわゆる介護ロボットに多額の投資をしている

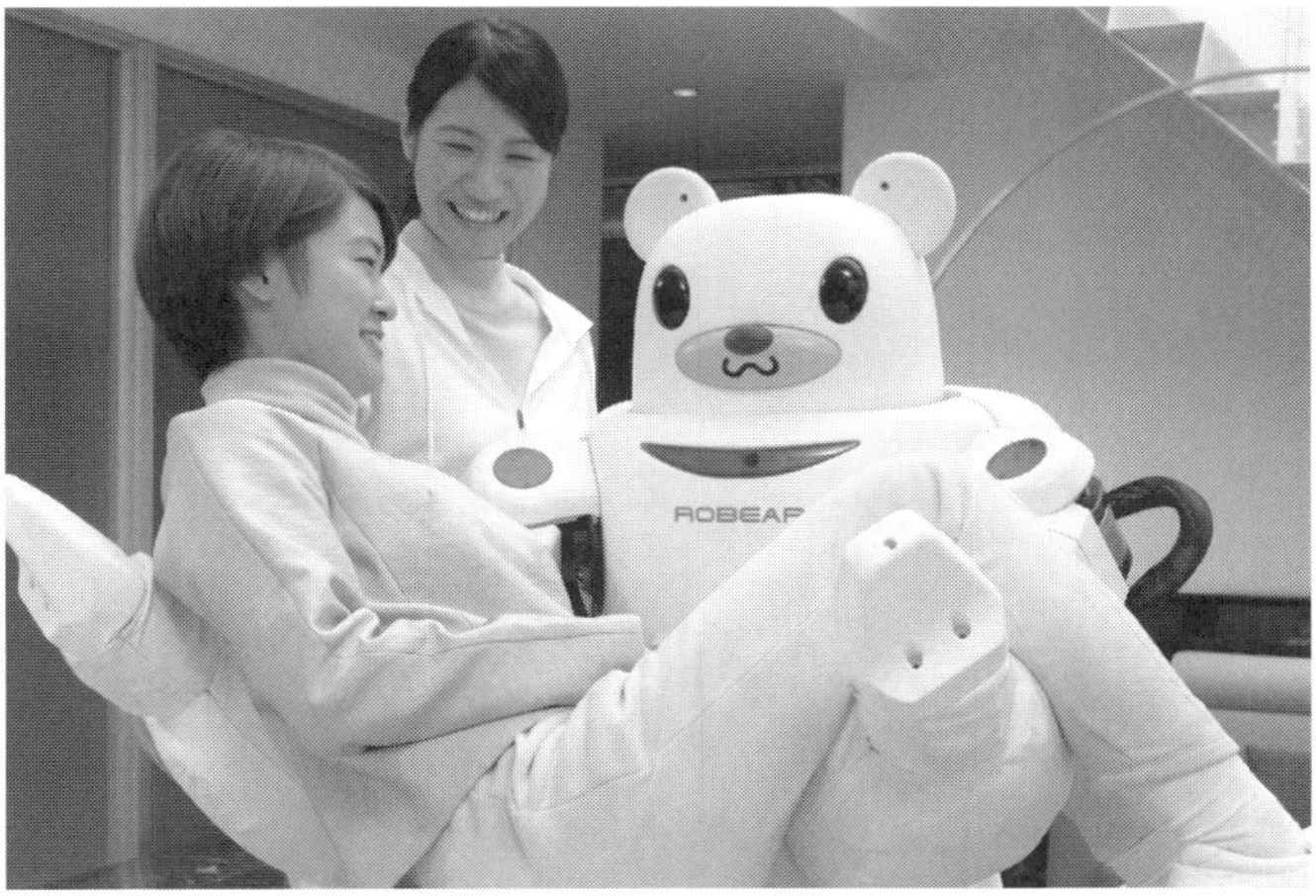

出典：ROBEAR／理化学研究所

録の形に整えることも可能だ。人々が亡くなるとその世代にある多くの知識が失われてきたが、こうしたロボットは、世代から世代へと受け継がれてきたが今は忘れられてしまったような口頭伝承のキュレーターとなりうる。簡単な指示で、40年も昔の祖父の冒険の物語が、家族のパーソナル・アーカイブに不朽の記録として残せるのだ。

誰かと個人的に会う場合、ロボットがやり取りを支援して、個人の好みや背景情報を理解するとか、イベントや、看護師や医者から言われた細かいことや、記入すべき書類や、新しい処方への変更を患者に思い出させることが可能だ。カメラが映像をストリームでクラウドに上げるため、盗難や患者虐待は大幅に減少するだろう。発作の兆候、パーキンソン病、息切れ、精神的苦痛、アルツハイマー病による出来事等はすべ

図4-12 ● 除細動器を運ぶTU Delft社の救急ドローン

出典：TUシステムズ

て検知可能であり、看護師、医者または家族にアラートが出され、すぐに治療が施される。

欧州では、毎年100万人が心臓発作に襲われる。救急対応が遅いために、命を長らえるのはそのうちわずか8%に過ぎない。時速100㎞で飛行する救急ドローンがあれば、数分のうちに救急対応が受けられる（**図4-12**）。あるいは介護ロボットが、心臓発作の治療機能をダウンロードするか、遠隔地のかかりつけ医師向けのテレプレゼンス端末として機能することも可能だ。こうした選択肢が心臓発作による死亡を劇的に減少させうる。そして2018年までにはおそらく、心臓病はガンよりも死因として低位となるだろう。


ハンソン社のような企業では、顔面をスキャンして3Dプリンターで顔を作り、あらゆる人に似せられるロボットを開発中だ。介護ロボットを自分の顔にしたければ、2017年にはそれが可能になる。

センサーへの入力や患者の要求や緊急事態、あるいは日々の健康状態チェックのいずれへの対応であれ、看護師や医者が随時テレプレゼンスで入ってきて、音声や画像を通じて患者と非常に効率的にコミュニケーションを始めることが可能だ。訓練された看護師や、コールセンターの緊急対応オペレーターがリモートで即時に入ってきて、電話を通じて質問をして救急救命士を赴かせる現在のやり方よりも正確に患者の状態を調べ始めることも可能だろう。

高齢者はロボットとのやり取りなど望まないと主張する向きもあるが、ユーチューブ上の数々のビデオは、介護ロボットを喜んで受け入れる高齢の人々が急速に増えていることを示している。一方、介護ロボットは人間ではなく、ロボットはそうした作業への適合性が低いことから、ロボットには人間の「世話をする」能力はないという別の批判もある。

ロボットは価値判断をせず、イライラしたり、侮辱されたと感じることもない。設計と運用が適切であれば、ロボットは1日に同じ話を15回聞かされても、それに悩まされない。ロボットは言葉でも態度でも怒らないし、不快な騒音や臭気にも対応可能で、仕返ししたり出て行ったりもしない。ロボットは24時間常時部屋に居て、休憩や休暇も全く不要だ。介護ロボットは人々がよりよい暮らしをより長く、そして過去には考えられなかったほどの自由とともに過ごすのを支援することができる。

ヒト型ロボット（ヒューマノイド）

人間に似たロボットを作るのはなぜだろうか？　ロボティクスのコミュニティでは、これは大きな論争になっている。一方では、ロボットは合目的で作られ、特定機能向けに設計されるべきものだと考えている。もう一方では、ロボットは進化過程に沿うものであるべきで、カンブリア爆発の生存種の生物学的勝者をできるだけ活用して、自然界のデザインを利用すべきだと考えている（**図4－13**）。合目的派の一人に、エリオット・マックというロボット科学者がいる。マックは現在、カリフォルニア州ベニスにあるデジタル・エフェクトの企業であるライトクラフト・テクノロジー社のCEOだ。MIT卒で、ウォルト・ディズニー・イマジニアリング社でキャリアをスタートし、世界で最もポピュラーなアイロボット社のロボット「ルンバ」の機械工学面で重要な役割を演じた。マックは、ロボットを設計する最も効率的で論理的な方法は、具体的な目的に合わせることだと主張している。人間やハチドリや犬に似せたロボットという考え方は、彼にとってはばかげたものだ。彼には、眼や指や笑顔がなくてもすばらしいロボットを生み出してきた長い経歴があり、この流派の旗手として申し分ない存在だ。

図4-13 ● 映画『エクス・マキナ』のヒューマノイド「エヴァ」

出典：DNAフィルム

ロボットは人間に似ている必要があるか？

（ライトクラフト・テクノロジー創立者、エリオット・マックへの独占インタビュー）

エリオット・マックはMIT卒で、以前はウォルト・ディズニー・イマジニアリング社、アイロボット社で勤務していた。2004年、ビジュアル・エフェクトとモーション・トラッキングへの興味に沿ってライトクラフト・テクノロジー社を立ち上げ、ロボット技術を映画業界に適用してプレビジョン・バーチャル・スタジオ・システムの原型を生み出した。彼は非ヒト型ロボットの機械工学分野の権威として知られている。

問：エリオットさん。以前、未来のロボット設計の中核となる推進力について話されて、ロボットはその能力を発揮するために人間に似ている必要はないと主張しておられましたね。その背景にある考え方を説明してもらえますか？

答：要約して言えば、チューリング的に完璧な機械システムはないということです。電子の世界で一般的なことが、物理の世界でも同様に一般的ということではありません。

コンピューターの歴史を紐解くのは誤解のもとになります。重要な中心的イノベーション（汎用CPU）は他のどんなデータ操作タスクに向けても意図的に再プログラム可能なので、電子データはほとんど自由に動かせると言えます。時間と共にサイズは小さくなり、スピードは上がりますが、プログラミングには70年もの間、注目すべき変化は起こっていません。

しかし、原子を動かす（物理の世界）のは自由ではありません。重力が存在するので、それに抗ってモノを動かすのは大仕事なのです。

動物が動物らしく見えるのにはいくつかの法則があります。

- すべての部品が同時に成長するので、複雑な構造を作り出すことは問題ではありません。
- リニア・アクチュエーション（筋肉）は、効率的で安定的であり、強さと精確さを兼ね備えているので、同じ操作道具（手と足）を使って幅広い動作が行えます。
- 継続回転ジョイント（車輪）は持てません。
- 荒れた地面でも踏破しなければなりません。でないと捕食されてしまいます。

ロボットはロボットらしく見えるものです。それはルールが異なるためです。

- あらゆる部品を製造して他のあらゆる部品と組み合わせる必要があるため、複雑だと非常な高コストになります。
- リニア・アクチュエーションは絡みつかないようにするのが大変です。回転モーター、ギア、プーリーは厄介です。
- 複雑性＝高コストということは、汎用のハードウェアを作ってそれを問題なく動かすのは不可能だということです。ハードウェアはそれが行う作業に対して明示的に設計されなければなりません。
- 継続回転ジョイントは、作製とメンテナンスが最も簡単で効率的です。
- ほとんどの場合は、道路／床／平坦な面を進みます。ロボットが他のロボットに捕食されることはめったにありません。

問：この2つの世界は重なり合いつつあるのでしょうか？　世界が私たちに合わせて設計されているのだから、時が経てば、人間のようなロボットを設計する方が効率的になりうるのではないでしょうか。

答：2つの世界（動物とロボット）の相違点は、移動運動、製作、制御システムに根本的な問題があることから生じており、それらが時間と共に急速に変化する可能性は低いでしょう。

これら問題の一つ（例えば、人工筋肉の創造）を解決したとしても、まだ製造と制御の問題の解決が残ります。これは、予見可能な将来においてロボットが役に立つためには、特定タスクを非常にうまく実行するように作られなくてはならないということです。だからルンバは全くロージー（Rosie）には似ていないわけです。

もう一つの流派にも同様にスターの主唱者がいる。ロボティクスの偉大な預言者であるアイザック・アシモフも、それに含まれる。アシモフは、4つの世代のうち3つが生物進化の恩恵を受けると示した。それは主に13編近くあるファウンデーション・シリーズを通じて示されており、HBO（ホーム・ボックス・オフィス）は、それをSFと対をなすファンタジー・シリーズである『ゲーム・オブ・スローンズ』へと作り替えている。現代と近未来のロボット小説や短編の中で、スーザン・カルビン博士とその同僚が、同じように合目的派と生物型派の間の論争を行っており、カルビン博士は、なぜロボットが人間らしく見えるべきかについての彼女の意見を披露している。ロボットは人間のように設計される必要があって、それによってロボットは人間の世界で活動し、道具が使えるのだ。手と腕のあるヒト型ロボットは、人間と同じ場所に入ってドア、自動車、住居、道具を使うことができる。だからロボットには、感情的なつながりや意思疎通の理由以上に、私たちが生活する世界との互換性が必要であり、そうすればロボット用の特別の環境を作る必要がない。

このことは現在では大したことではないように思えるが、ロボットが何十億台も周囲にいるようになると、明らかに歴史的に重要な変化が起こる。だから、ロボットが生物型であるべきかそうでないかという議論は、どちらか一方ではなく双方であることは明白だ。ロボット心理学者は、優しい目やハグできる能力が必要だというものの、ルンバは顔などとは無縁だ。

倒れた人を助け起こす腕は、柔らかくて人間の手を持ち、相手の手を握ると親しみと心地よさが感じられるべきか、それとも単なるグリップであるべきか？　このロボットには何らかの顔が必要だろうか？　この同じロボットは、ある一つの作業を行う目的で作られるべきか、それとも多数の作業を行えるべきだろうか？　現在いくつかの疑問について論争が行われているが、それらはすべて解決可能であり、その恩恵が非常に大きいことから、介護ロボットの作成と導入を遅らせるわけにはいかない。カンブリア爆発2・0なのだ。何でも試み、役立つものを残せばよい。

ロボットに共感力が必要な理由

2014年6月の『タイム』誌の記事「ペッパー登場、感情が読めるロボット」は、ロボットが私たち自身の感情的なつくりに似たものを持つことができるという考えを、多くの一般大衆に紹介した。ソーシャルメディアの反応の多くから判断するに、この記事は疑念や恐れを引き起こした。怒れるターミネーターや、『銀河ヒッチハイク・ガイド』に出てくる被害妄想アンドロイドのマービンが、すぐに想起されたのだ。

ロボットが、感情を持つ能力と同様に重要な、他人の感情を読み取る能力を獲得するのははるか未来のことに思えるが、ロボティクスや人工知能のコミュニティには、それが可能なだけでなく必然で必要であり、おそらく比較的近い将来に可能になると考える人が多い。汎用人工知能（AGI）に取り組んでいる最先端の科学者とエンジニアの多くが考えているのは、本当の意味で思考や学習を生み出すためには、人とやり取りする機械は、仮に適切にコミュニケーションがとれるようになったとしても、さらに感情を理解して感情表現で返すことができなければならないということだ。

私たち人間はこれを自然にやっているが、その能力のレベルはさまざまだ。個々人が独自で多様な感情指数またはEQを持っている。EQはIQとは異なり、ヒトの自分の中や他人にある感情の認識の仕方や、感情状態への対応の仕方を測定する。IQは情報を扱う能力を測るが、EQは自分や他人の感情への対応能力を測るのだ。『スター・トレック』に出てくるスポックと、有名なホームドラマの『ビッグバン・セオリー』に出てくるシェルドンは、IQは非常に高いがEQは大幅に低いキャラクターの例だ。私たちは、さまざまなレベルのEQやEQ欠如の人々と出会っていて、こうした人々が自分の周りの社会と関係をとるのが苦手なことがわかっている。この重要な能力を欠いているなら、ロボットもまた私たちを理解してコミュニケーションをとるのは下手なことだろう。

ロボットが、コミュニケーションの際に私たちの感情を読み取る必要があることは明らかだ。怒りや欲求不満や悲しみを理解できなければ、ロボットは私たちがそうした状態にあるときに適切な反応ができない。特にヘルスケアにおいては、共感力は非常に重要だ。愛する人を亡くしたばかりの患者に陽気に対応する看護ロボット、患者が先端恐怖症であることを理解しない瀉血ロボット、患者がウソをついていることを知らない薬剤師ロボットがいたらどうだろう。こうしたロボットは、接触する人々の感情状態を読み取って、それに適切に対応する必要がある。このレベルの多くの感情を読み取る能力は現在でも存在しており、顧客サービスやマーケティングを含むさまざまな分野で使われている。

イスラエルのビヨンド・バーバル社（Beyond Verbal）は、一連の明確な感情特性を音声だけで判定可能なテクノロジーを有していると発表している。同社のソフトウェアは声を聞くと、話している人の性別、だいたいの年齢、基本的な健康状態、気分、態度、感情タイプを判別する。このテクノロジーがイントネーション分析だけから、ガン、パーキンソン病、自閉症といったさまざまな病気を診断可能だという検証結果まである。このソフトウェアを現在のカメラ技術と組み合わせて表情、ボディランゲージ、体温、状況理解をつけ加えたら、学習ができて最終的には多くの人間よりもうまく感情を表現または模倣可能なロボットができる。

感情理解がロボットと私たちとのコミュニケーションに役立つとしたら、ロボットが自らの感情を持つ必要はあるだろうか？　答えはイエスで、ロボットが私たちに感情を表現すれば、彼らが全く同じようにコミュニケーションしてくれることを理解することができる。

ロボットは感情を表現することが必要だ。それは、私たちには表情とボディランゲージが必要で、それらによってコンテキストと意味をも理解するからだ。互いに直接コミュニケーションすることについては、私たちはある意味、非常にシンプルな生き物である。私たちには、誰かが微笑みかけてきたなら、それが対面なら微笑を返すという自然な性向がある。面白いことに、笑いかけてくるのがテレビ画面上だと、画面の解像度がどんなに高くても同じことは起こらない。私たちの爬虫類脳または扁桃体は、非常に深いレベルで顔のサインやボディランゲージを読むようプログラムされており、人間の顔だけがトリガーとなって、感情レベルで直接私たちに語りかけるのだ。

このことが背景の推進力となって、いくつかの企業が、できるだけ生身の人間のような顔のアンドロイドを創ろうとしている。前述のように、ハンソン・ロボティクス社のデビッド・ハンソンは、ヒト型アンドロイドにおいて世界をリードするデザイナーであるとみられており、彼が生きているようなアンドロイドを作ろうとしている主な理由は、感情的なつながりだ。ハンソン・ロボティクス社のCEOであるジョン・リーは、ロボットの「ハン」について語るときには、ハンソン社のロボットはどんな人間よりも細かな感情表現が可能になると熱を込めて話す。

「ハンには本当にワクワクします。というのは、非常にホンモノらしい表情を作れるだけでなく、周囲の環境とのやり取りも可能だからです。眼と胸部に内蔵しているカメラで人の顔を認識可能ですが、それだけでなく、性別、年齢、楽しいか悲しいかも認識します。それによって、例えば、面前に

いるお客様の状況を察してそれに合わせた対応が求められるホテルのような場において、彼の存在が非常に刺激的なものとなるのです」

――ジョン・リー、ハンソン・ロボティクス社CEO

ハンソン・ロボティクス社は、先進的な汎用人工知能の形態でのEQを、現存する最も人間的なロボットと組み合わせようとしている。あなたがギャンブル好きで、早くテーブルについておカネを賭けたくてうずうずしているなら、中国のマカオのカジノの美人バカラディーラーとしてテスト中のエヴァに会ってみればよい。エヴァはディーラーの場所に立って、本物のデッキのカードを扱ってプレーヤーとやり取りすることが可能だ。

エヴァは、先進的なロボットアームを使ってカードを扱えるのと同時に、先進的な汎用AI、カメラ、センサーを駆使して他のディーラーと同じく人間に見える。エヴァはカジノが「感情のジャーニー」と呼んでいる、プレーヤーが勝ち負けの道程をたどる際のよき相手役として設計されている。プレーヤーが勝った時には幸せそうで、負けた時には悲しそうだ。カジノのシステムからの情報に基づいて個々のプレーヤーを認識することができ、適宜、プレーヤーとちょっとした会話をして場をもたせる。感情表現を行うヒト型ロボットのユースケースとして開発されたものには他に、ホテル従業員、高齢者介護コンパニオン、芸能人などがある。

ハンソン社は、ロボットを月額3000ドルのレンタルで市場に出すことを目指している。この水準の価格は非常に納得がいくものだ。同社は、この価格レベルであれば、ホテルのシナリオだけでみても、フロント受付係のコストを年間15万7000ドル節約することが可能だと示している。

さて、もう一つのより大きな争点となっている、ロボットに感情が必要な理由は、**そうすればロボットが私たちを皆殺しにしない**ということだ。

これは現在最も革新的ないくつかの汎用ＡＩマインドの背景となっているコンセプトだ。ロボットが私たちに好感を持ち、人間に共感するようにする必要がある。アシモフの3法則だけでは、人工知能の未知の未来から私たちを守るのには十分とは言えない。イーロン・マスクやスティーヴン・ホーキングのような人たちは、将来のすべてのＡＩの基盤として、非常に基本的な動機づけを作る必要があると考えている。その基盤とは、強制的に人間や地球に対する最低限の愛情を持たせるというものだ。もちろん問題なのは、私たちが組み込むことができるどんな安全装置でも、私たちよりも賢い知能であれば常にそれを迂回可能だということだ。したがってここでの課題は、基本的に私たちを守り、自由にしておきたいと考えるようにこれら知性体をプログラムして動機を与えることになる。

ロボットの未来に関する大きな疑問

ロボットに関する私の考えについては数多くの質問を受けており、この議論の中にもそのいくつかは繰り返し登場している。

ロボット、ドロイド、サイボーグが私たちに似せて作られてリテール、サービス、医療、軍事などで人間のために働くとしたら、ロボットに不可侵の権利を付与する法律を作ってもよいだろうか？

ロボットはこうした法律には値しないが、もしロボットにこうした権利を付与し、私たちのコントロールと、場合によっては理解さえも超えて成長したロボットから私たちを守るようなカルチャーをつくり出すなら、人間の生存の可能性は高まるだろう。

ロボットが反乱を起こす物語は何千ページも読んできたが、私たちが今後200〜300年を何の影響も受けないまま終われる可能性は低いと、私は思う。そして、敬意を持ってロボットを遇するようになるのが早いほど、事態はよくなる。いずれにせよ、自動運転車、ヘルスケア・ロボット、ドローンその他のロボットを安全に働かせるためには、稼働に関する法的枠組みが必要だ。ロボットの権利は同じ考え方の下にまとめられるものだと私は考えている。

マシンとロボットの時代を迎える準備ができているか？

何十年も前から準備ができている人たちもいる。その他の人々は、死ぬまで準備できないかもしれない。前に引用したように、ケビン・ケリーは「将来は、ロボットとの協働のうまさに応じて給料がもらえる」と、有用な見方を提示している。

社会全体としてのイエスかノーの答えと一つ大きな理由を求めるとしたら、答えはノーであり、その理由は、ロボットは私たちが現在やっている仕事の50～70%を代替可能だが、それは大多数の労働者と扶養家族が準備できていないことであり、地球上のどの政府も、日本でさえ、国民にうまく準備をさせていない。

私たちは、ロボットと共に暮らす世界に向けてもっとうまく準備をする必要がある。それが道を拓くことに資すると期待する。

『エクス・マキナ』や『トランセンデンス』のような映画が伝えるメッセージは何か？スーパーインテリジェントなロボットやAIは恐れるべきものか？

ＡＩの知性を人間と同等のものにするなら、そのパッケージの一部として他のさまざまな人間の特性も持たせることになる。その中には、ものの見方、性的関心、生存への欲望、好奇心と虚栄心等がある。そしてこうした特性とともに、憎む、気を逸らす、騙す、競争する、出し抜く等の他の行動をとらせ、命がかかった時に人間が行う他のどんなことでも行えるようにすることができる。

もっと端的に言えば、人間レベルのＡＩを作ることを目的とする場合には、それで何を望むかに非常に注意する必要があるということだ。

最後は、MITメディアラボのマーヴィン・ミンスキーの引用で終わるのがよいだろう。

「ロボットは地球を継ぐ者なのだろうか？　そうだ。しかしロボットはわれわれの子供なのだ」

――マーヴィン・ミンスキー『サイエンティフィック・アメリカン』誌、1994年10月

注1：現在における近未来で同等のものは、自動運転車を使いはじめたくてたまらないティーンエイジャーというところだろうか。

注2：*Encyclopedia of Science Fiction*（SF百科事典）では、19世紀終盤から20世紀初頭にかけての若い天才発明家とその発明についての物語を「Edisonade（エジソンもの）」というSFのサブジャンルとして定義している。これは人名からとった用語で、有名な発明家のトーマス・エジソンにちなんで名付けられた。

注3：1970年、東京工業大学教授の森政弘は、「不気味の谷」と題する公案のような2ページものの記事を「Energy」という日本の無名刊行物に著した。これが40年後の社会においても、ロボティクスを特徴づける小論文の一つとみられている。

注4：International Federation of Robotics, http://www.ifr.org/industrial-robots/statistics/

注5：IEEE.org, http://spectrum.ieee.org/automaton/robotics/industrial-robots/041410-world-robot-population

注6：iRobot 社会計報告書

注7：Michael Addady, “The number of drones expected to sell during the holidays in scaring the government,” *Fortune*, ２０１５年９月29日

注8：PricewaterhouseCoopers（PWC）, IHC の調査および自動車年間販売予測から著者が推計したもの。

注9：自律運転車、ハッブル宇宙望遠鏡、私のロボット掃除機と同様。

注10：http://www.pbs.org/newshour/rundown/smart-robots-will-take-third-jobs-2025-gartner-says/

注11：Kevin Kelly, “Better than human: Why Robots Will ――and Must ――Take our Jobs,” *Wired*, ２０１４年12月24日、http://www.wired.com/2012/12/ff-robots-will-take-our-jobs/

注12：“Amazon Acquires Kiva Systems in Second-Biggest Takeover,” *Bloomberg Business*, ２０１２年３月19日

注13：「Hangar One」と呼ばれ、モフェット空軍基地内にある。このハンガーは世界最大級の独立構造物である。ハンガーはメイコンのような飛行船を格納するために１９３１年に建造された。内部は非常に大きいため、天井近くに霧が発生することがある。

注14：http://www.bls.gov/news.release/ecopro.t08.htm

注15：http://www.japantimes.co.jp/opinion/2015/07/07/editorials/shortage-of-nursing-care-workers-2

注16：http://ajm.sagepub.com

第 2 部

スマート・ワールドの進化の仕方

How the Smart World Learns

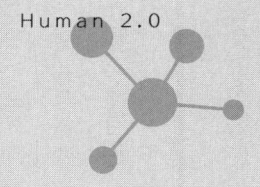

第5章
Human 2.0

Human 2.0

アレックス・ライトマン、ブレット・キング共著

「私たちはソーマを飲んで不死となった。神が見出した光を手に入れたのだ。今や敵兵の殺意が私たちに何の害となろうか? 不死の者に、死すべき者の策略など無意味だ」

――『リグ・ヴェーダ』8・48・3

最初の偉大な文学作品とみられている『ギルガメシュ叙事詩』は、ウルク国王ギルガメシュの旅路を記録したメソポタミアの詩を集めたものだ(注1)。この旅路の中心となっているのが、盟友エンキドゥの死後にギルガメシュが行う不死性の探求である。ウル第三王朝(紀元前2100年頃)に執筆されており、現代に残る人類最古の物語や叙事詩の一つだ。

不死性の探求は、歴史や文学を通じて繰り返し何度も現れる。古くは紀元前475年、中国の文献がさまざまな不老不死の薬について述べており、明の嘉靖帝(1521~1567)は、そうした不老不死薬を服用した後、水銀中毒で死んだとされている。古代ヴェーダ語あるいはヒンドゥ語の賛歌を集めた『リグ・ヴェーダ』によると、アムリタは不死性を与える飲み物である。ヒンズー教や他の伝承においても、これが「ソーマ」として触れられている。天国の神であるインドラと火の神であるアグニはアムリタ(またはアンブロジア)を飲んで不死性を獲得した。ギリシャ神話では、賢者の石は鉛を金に変えるだけでなく、その保有者に不死性を与えた。

「拡張時代」のテクノロジーは、歴史上初めて、不死性そのものではないが、寿命をかなり引き延ばし、人類を何百年もの間悩ませてきた疾病を排除する具体的能力を現実に与えることになる。今後

10年間注目すべき主なテクノロジーは、遺伝子工学という、DNAをコンピューターのコードのように編集する力だ。生命工学の進歩の中核にあるのは、これまで不可能だった私たちの生態の仕組みを解明する力だが、それは計測技術とコンピューターの処理能力の向上に支えられているところが大きい。

こうした時代が、永遠ではないにしてもより長く生き長らえる力を私たちに与えるような、テクノロジーに起因するイベントやシンギュラリティへとつながると考える人たちがいる。この動きはテクノロジーベースの不死探求とつながっていることが非常に多く、それは「トランスヒューマニスト・超人間主義者」運動というレッテルを貼られている。青春の泉を見つけようとする昔からの試みとは異なり、今後20年の間に寿命が延びるという見通しには一定の根拠があり、それはヘルスケアと医学関連のさまざまな領域で登場しつつある、驚くほど刺激的なテクノロジー進歩の結果としてもたらされるものだ。

「トランスヒューマニズムは定義のあいまいな運動であり、過去20年の間に徐々に発展してきた。それは、人間のありようと人体を強化する機会を理解し評価する学際的なアプローチを推進するもので、テクノロジーの進歩によって切り開かれている。遺伝子工学やITといったテクノロジーと、分子ナノ技術や人工知能のような将来期待されるテクノロジーの双方を紹介することに注力している」

――ニック・ボストロム「トランスヒューマニスト運動の価値」*Journal of Value Inquiry* 37, no.4

（2003年）、493〜506ページ

いわゆるポストヒューマン的未来で焦点が当てられているのは、人間の拡張に関する2つの大きな領域だ。第1はバイオエンジニアリング（生体工学）であり、第2はテクノロジー主導の拡張で、サイボーグ化と呼ばれることもある。人間としての私たちの生き方と全体としての健康や状態の変革が、「拡張時代」の重要な成果となる。以下の2つの章では、人類に影響を及ぼすこうした2つの道について概観する。もはやこれは、キワモノ的なSFの類として考えるものではない。私たちの生態に関する理解と、未来の私たちの健康や寿命への積極的な係わり方を、テクノロジーが根本的に変えつつあるのだ。

この章では、遺伝子、個別化医療（personalized medicine）および自己定量化（quantified self：QS）運動の中で見えてきた原理を使って、テクノロジーが私たちの生態をどのように改善するかについて考える。第6章では、人間をより具体的に拡張するためのテクノロジーの利用についてみる。

遺伝子と遺伝子編集が人類の未来に及ぼしうる影響を理解するには、ここ20〜30年の間にみられた飛躍的な進歩について知ることが助けになるだろう。1984年には最初のヒトゲノムプロジェクト（Human Genome Project：HGP）が提案され、米国政府が資金を提供した。しかしプロジェクトが結局動き出したのは、ようやく1990年に国際協力を得てからのことだった。それから13年の年月と全体で30億ドルの公的・私的投資をかけて、ドナーのDNAサンプル中の約2万5000の遺伝子と15万の塩基対のヒトゲノム配列が最初に完成した（注2）。現在では、23アンドミー社（23andMe）のような企業が、わずか100ドル、2〜3週間で遺伝子型の決定（個人のDNAを他の人間の基準値と比較すること）を実施可能だ。自分の完全な独自遺伝子配列を入手したければ、現在でも1万ドル近くかかるが、それもムーアの法則のおかげで、今後2〜3年すると1000ドル以下まで低下するとみられている。わずか25年で30億ドルが1000ドルまで低下したということは、2025年には自分のDNAの独自配列入手には10ドルもかからなくなる可能性がある。そしてコンピューターの処理能力によって、それが数秒で可能になるだろう。

なぜこれが重要なのだろうか？　自閉症、乳ガン、前立腺ガン、皮膚ガン、結腸ガン、嚢胞性線維症、血友病、パーキンソン病、鎌状赤血球貧血、その他すでに遺伝子由来であることが確認されている病気は多い（注3）。その他の多くの病気が、免疫システムの不安定性や特定のたんぱく質の欠如から起こっていて、それらも同様に遺伝性だ。遺伝子編集がこうした問題に取り組んでいることは、本章で後述する。

遺伝子工学だけが、私たちの健康管理の仕方を変えつつあるわけではない。診断の後で病気に対処することで大きなコストがかかっており、そして通常、さらに後に多くの状態が診断されて治療はもっと高額になり、その成功確率も下がる。多くのガンは、早期診断によって診断後5年生存率が90％になる（注4）。

近年のイメージ技術と検知技術の進歩によって、マイクロチップを活用した診断が、病理学と診断の領域を急速にディスラプトしつつある。これらテクノロジーについても一部後述する。

現在、個人ベースで健康と身体能力を測定するテクノロジーを応用することで、ヘルスケアと健康維持に急激な変化が起きている。このテクノロジーは全体としてみると自己定量化（QS）運動の一部だ。私たちのおカネと時間の使い方、食物や水のとり方、歩く歩数や燃焼するカロリー量、睡眠の質などについて収集されたデータが活用されることで、個人の健康状態の大幅改善が可能であることが次第に明らかになりつつある。

自己定量化から自己活性化へ

フィットビットやスマートウォッチのようなフィットネスバンドを身に着けているなら、あなたはすでにおそらく、自分の歩数や身体活動を日々モニターしていることになる。自己定量化の技術、標準や方法論は現在も発展中だが、すでにそれは、私たちの生活改善に幅広い領域で活用可能となっている。

それを裏付ける証拠は増えつつある。例えば運動中やそれ以外にも心拍をトラッキングしたり、さらには血圧や脳波（覚醒時と睡眠時）、体脂肪、体重その他を時おり読みとることだ。これら指標のうち一つまたはすべてをトラッキングすることで、日々の習慣を徐々に改善できるだけでなく、医療や健康の専門家がより高品質のデータにアクセスして個人向けアドバイスを提供することも可能だ。

心拍のトラッキングは従来、診療所にある高価な心電図の機械が行ってきた。そのためには、デスクトップマシンから延びる長いワイヤーに取り付けた10個ものセンサーにつながれる必要があった。心拍モニターを持ち運びたければ、以前ならユーザーは面倒くさい胸帯をつける必要があり、それは多くの人にとって不快だった。現在ではＭｉｏ（注5）やアップルウォッチのような、心拍モニター付きリストバンドを装着可能だ。ウェアラブル・モニターができると、心拍を活用するさまざまなアプリが使えるようになる。それらの多くはフィットネス用だが、非常に変わった目的のものもある。特定の食物にアレルギーがあるかどうか（注6）とか、一緒に過ごしている人々が、気楽にしているか、ストレスを受けたり感情的な気持ちになっているかをみる（注7）といったものもある。これらすべてが可能になるのは、心臓の反応が幅広いさまざまな活動を表しているからだ。

フィットネスの定量化

フィットネスアプリは、何十もの測定基準を持つプログラムの一部として、次第に多くのデータをトラッキングし始めている。人々が自己定量化の海に足先を浸す典型的な方法の一つは、ランニングマシンを使い始めることだ。ランニングマシンに乗って歩き始めると、ジョギングからランニングへと次第にスピードを上げることができる。（ジムで使われるランニングの定義の一つは、1マイル10分以上か、1時間6マイル以上だ）いったん走り始めれば、徐々にペースを上げることができる。以下に示すのは、アレックスがマイルストーンを達成した後にランニングマシンが吐き出したデータと、彼がフェイスブックで友達に投稿したコメントだ。

アレックス・ライトマン
2014年6月15日
ちょっとしたマイルストーン到達（図5－1）でハッピーだ。
ランニングを再開したのは、1週間の休みが結局30年間になってしまった後で、その時は5km（3・11マイル）を時速5マイルでやっとこさ走れた。
長いこと時速6マイルのカベにぶつかっていたが、神経ニューロン形成（新しい脳細胞の作成）のことを読み込んで、走るたびにランニングの

図5-1 ● アレックスのランニングのマイルストーン到達記録

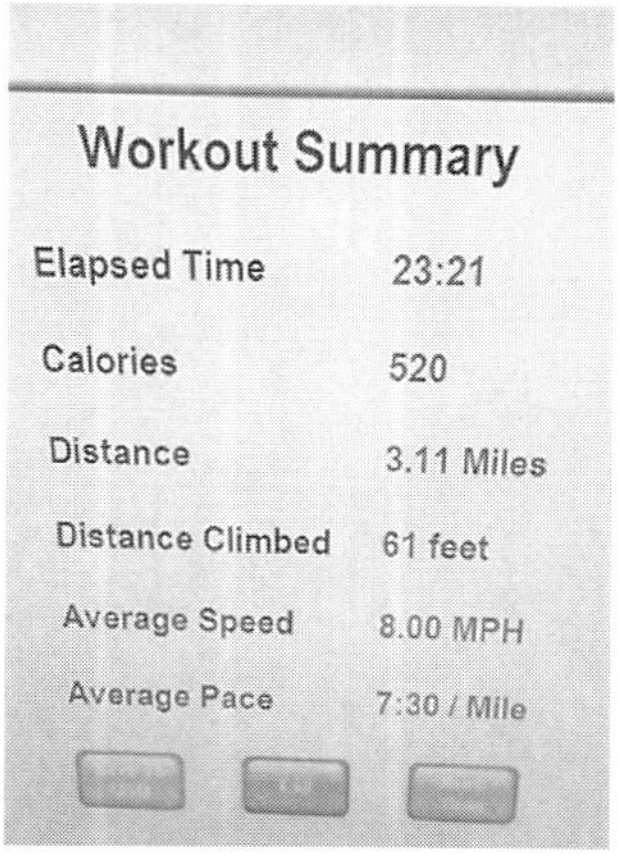

ペースを上げられるという仮説を立てた。筋肉、肺、心臓を強化するだけでなく、脳と学習をつかさどる私の意識の一部をも強化しようというわけだ。

僕は1週間に0・1マイル、速度を上げることから始めた。

13日の金曜日の昨日、時速8マイル（1マイル7分30秒）**で5㎞走るというマイルストーンに到達した。目標は6月30日までに時速8マイルで60分走ることだ。**

多くの友人がもっと速く長く走れるのは知っているし、僕はその人たちをリスペクトしている。僕が嬉しいのは、17歳のとき以降いちばん速く走れることだけでなく、自分の脳、意識そして肉体が規則正しい計画に沿って向上してきたことだ。

皆のマイルストーンにグッドラック。走りたくなったら遠慮なく声をかけてくれ。そして続けよう！

ビボフィット（Vivofit）（注8）や他の歩数測定機器に84ドルほど払うだけのことで、人は、はるかに多くの歩数や測定されるよい行動なら何でも、はるかに多く行うようになる。何かを成し遂げることの例をみよう。アレックスは1日で5万5848歩を記録して、ビボフィットユーザーの週間歩数チャレンジに勝利した（**図5－2**）。

アレックスはその週に自分がやったことを記している。

「雨が降っていたが、脱落しないようにするために、本を読みながらホテルのホールを往復して歩いた。飛行機では同僚が寝ている間に数千歩を追加で稼ごうと通路を行き来した。その特定の日に消費したカロリーを見てみよう。歩いただけで4065だ。これは、マシンや他のどこでも歩ける場所で燃やした1ポンド分のカロリー（3500）以上になる」

仲間うちの競争や比較によるゲーミフィケーションは、非常に強力な動機づけ要因となりうる。それは自分自身と競争して向上を目指すのと同じ。これが自己定量化の中心となる要素であり、行動を起こす強力な命令として認識されているものだ。

睡眠の役割の定量化

通常の夜のまどろみの中で自分の眠りがどれくらい妨げられているかを知ると、ほとんどの人はショックを受ける。世界中

図5-2 ● ビボフィットのようなアプリは仲間うちのランキングを行うことで運動をゲーム化している

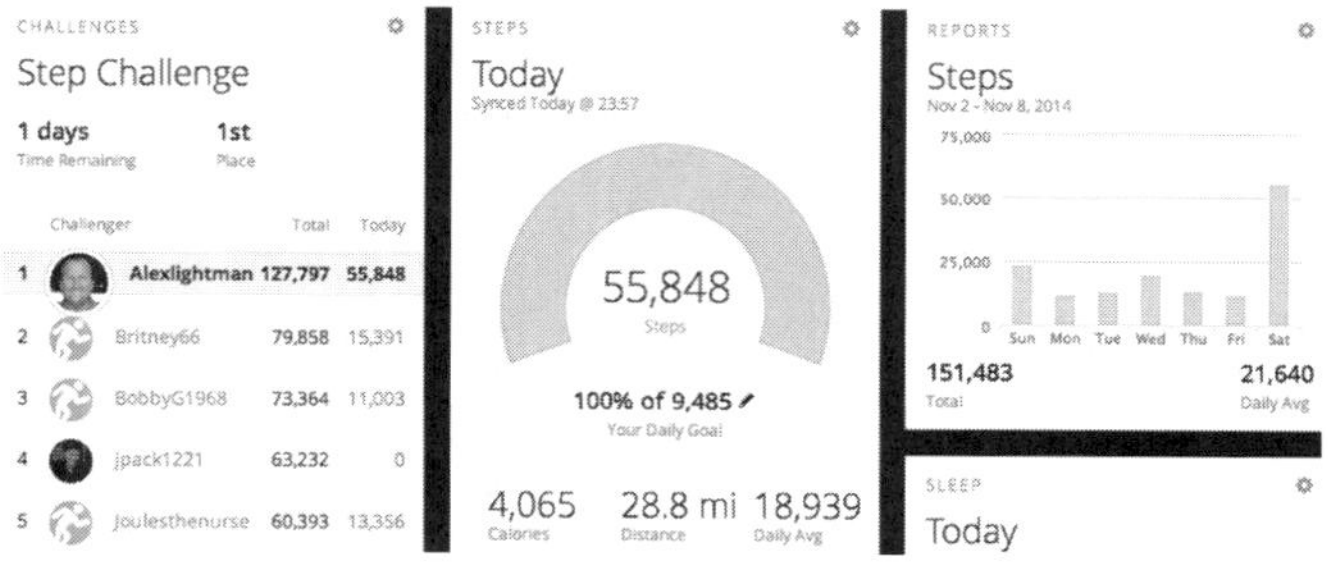

の何千万もの人々が、体重減に関するリアリティテレビ番組の『ザ・ビゲスト・ルーザー』を通じてこのコンセプトを目にした。出場者は皆が肥満だが、この人たちが睡眠時無呼吸を起こしていて、一晩に何度も呼吸が止まるのは珍しいことではない。この状態になると人は何度も目が覚めて、それが時にはひと晩数百回にも及び、元気と精神状態を最も回復できるレベルの睡眠に到達できない。その中にはレム睡眠（訳注・Rapid Eye Movement sleep：急速眼球運動を伴う。睡眠中の状態の一つで、身体は骨格筋が弛緩して休息状態にあるが、脳が活動して覚醒状態にある）と徐波睡眠（訳注・ノンレム睡眠のうち、出現する脳波の特徴として周波数の低い成分［徐波成分］が中心となる睡眠。睡眠の分類の中では深い睡眠にあたる）がある。

閉塞性睡眠時無呼吸のような睡眠障害は、現実に、高血圧、心臓の問題、体重増加、2型糖尿病、ぜんそく、胃酸逆流、集中力欠如などの原因となりうる。睡眠時無呼吸を起こしている人は、交通事故を起こす率が通常睡眠者よりも5倍も高いのだ（注9）。

徐波睡眠に関する自己定量化は聖杯探索化している観があり、ジョバンニ・サントスタージ博士のような研究者は、専門領域を宇宙物理学（波形分析を使って外宇宙の星や他の物体を発見して正確に描写する）から、徐波睡眠研究へと変更した。それは脳波図の研究であり、独特の波形パターンが現れる脳の電気的活動を読み取るものだ。

ノースウェスタン大学ファインバーグ医学スクールのサントスタージ博士のコメントを引用しよう。

「一般的な睡眠と、特に徐波睡眠と呼ばれる睡眠の特定のステージは、意識と身体の健康にとって

非常に重要です。徐波睡眠は、長期記憶の保持を円滑にするとともに、代謝、心臓血管の健康、免疫システムの機能に大きな影響があることが見出されています。徐波睡眠が十分でないと、認知機能と長期記憶の読み出しへのマイナス影響に加えて、肥満や糖尿病傾向が強まり、それが心臓血管の健康にマイナスの影響を及ぼし、免疫システムの機能を損ないます。さらに、徐波睡眠の質は年齢と共に劇的に低下し、それが加齢による重大な認知機能障害へとつながります」

サントスタージ博士とその同僚は、脳への音響刺激を用いて徐波活動の長さと強さを増幅し、睡眠の質を安定させ向上させるシステムを開発した。システムが行っているのは、徐波睡眠中の徐波活動の円滑化を担っている脳領域の電気活動の同調化を、若くて健康な人の中で自然に行われているものと同程度にすることだ。徐波睡眠中の徐波活動の質（長さと強さ）を外部からコントロールするものだ。

この自己定量化の考え方は、電気のかわりに音響によって同調化を進めることで、利用者の手や頭に徐波睡眠を強化する力がもたらされるというものだ。これまで電気を用いた同調化（頭蓋経由の電気刺激）では、安全に効果をもたらすために、訓練を積んだ専門技術者の力が必要だった。

「**新しい自己定量化システムは、フィードバックのアルゴリズムを活用しており、使用者の脳で自然に発生している徐波睡眠の長さと強さを測定して、徐波活動の不足の程度に合わせて強化されるよう分量を調整するものです。これは、基準値を変えずに徐波活動の長さと強さを強化するよりもはる**

かに効果的です。これによって、使用者の徐波睡眠が損なわれている程度に応じてシステムを合わせることが可能になります」（注10）

近いうちに、ヘッドフォンをかけて眠りに落ちて徐波睡眠状態に入ると、脳や学習能力、記憶力、健康体重の獲得と維持などを向上させることが可能になるだろう。この方法を用いて、毎晩の睡眠時間を短くする必要がある場合もあるだろう。睡眠時間が毎晩2～3時間短くなって現在よりも健康でいられるなら、何ができるか考えてみよう。

摂取カロリーの定量化

最近キックスターターのキャンペーンで発売された新しいデバイスは、目の前の食物をスキャンして消費カロリー量を推定することができる。

このポータブル・スキャナーは、物理と化学の力を組み合わせて、差し出されたリンゴが含有する糖分からバーに残した飲み物にクスリが入っているかまで明らかにしてくれる。「サイオ（SCiO）」と呼ばれるこのデバイスは分光法というテクノロジーを使っており、それは天文学者が星の成分の解明に活用しているものと類似している（**図5－3**）。

サイオは食物に含まれる分子の「署名」を検知して、ブルートゥース接続を通じてスマートフォンに詳細を送信してくる。サイオのデータベースはその署名を含有栄養分に翻訳する。それには標準的なカロリー数値や食物の特性等が含まれる。

このテクノロジーはまだ初期段階にあるが、近い将来、たった今友達とインスタグラムで共有した写真の食事にどれだけのカロリーと炭水化物が含まれているかをスマートフォンが教えてくれるようになるだろう。個人がこうした知識を手にするようになるとしたら、肥満という伝染病に対してグローバルにどんな影響が及ぶだろうか？「その最後に残ったドーナツを食べたとしたら、14・6年後の心臓発作の可能性が7・5％増加します」とスマートフォンが教

図5-3 ● サイオの分光器はスマートフォンと連携して食物の化学的組成を知らせてくれる

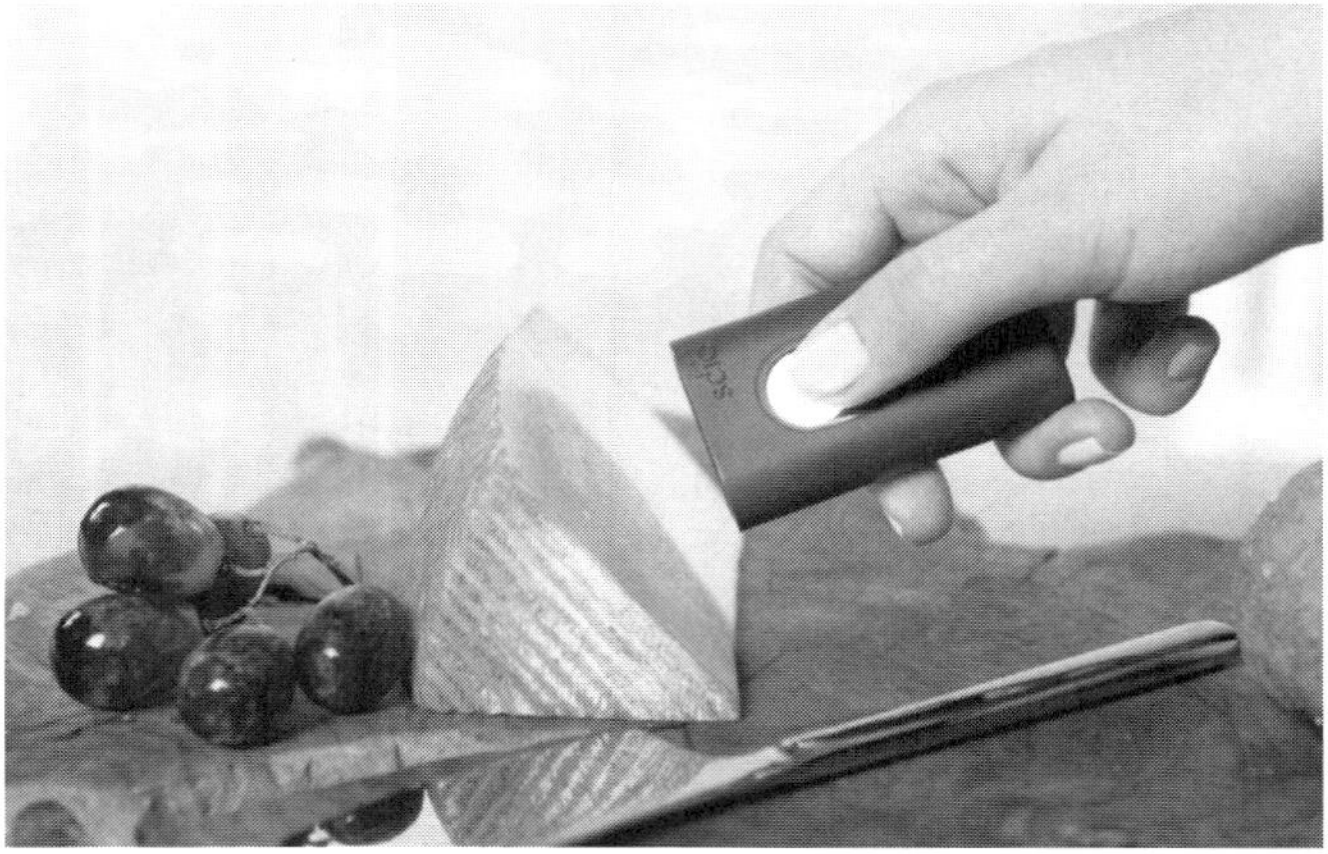

出典：サイオ社

えてくれるとしたらどうだろう。あなたはどう対応するだろうか？

寿命の延長

自己定量化情報の最も興味深い利用方法の一つは、一つひとつのことについてやるか／やらないかのトレードオフが見られて、その結果が平均的に自分の寿命に統計的にどんな影響を及ぼすかがわかるようになることだ。**図5－4**に示したような悪い習慣のいくつかを変えれば、このトレードオフを力強いプラス側に持っていくことへの取り組みが可能になる。

有酸素運動の最初の20分で寿命を1時間取り戻せるだって?!　33年前に、アレックスに誰もそれを教えてやらなかったのはなぜだろう？

図5-4 ● さまざまな日々の活動が寿命に与えるプラスとマイナス

出典：ブログ「Men’s Health」

彼はその後28年間、ランニングをやめることになったのだ。そしてさらに30分でほとんどブレイクイーブンになる？　これは非常にいい話だ。では最もよい手は？　朝はコーヒーと一緒に果物を食べ、夜はワインと一緒に野菜を食べることだ。1時間のランニングとこの食事プランを合計すると？　あなたの寿命に4・5時間が追加されるのだ！

このコンセプト、つまり寿命の年数を増やして長らえる時間を生き、その間に脳を強化するという考え方を深掘りしてみよう。持続的劣化への防御措置を発動し、自分自身をアップグレードする方法をみるのはその後だ。

自己定量化系の製品は、最初は独立した製品群としてスタートし、2013年には年間2億ドルを超える売り上げに達した。その主たるものは、歩数を数え、ユーザーが入力した身長、年齢、体重に基づいてカロリー計算を行う機器だ。これらの機能の複製や類似品のうちいくつかがiOSやアンドロイドに組み込まれている。2015年には、こうしたアプリの機能性がアップルのiOSの一部となり、アップルウォッチの機能性と使いやすさ増進の大きな要素となった。アップルはこのアプリを「ヘルスキット」と名付けている。

図5－5に示したアップルのヘルスキットのスクリーンショットでわかるように、その中には7つの大分類領域（身体測定値、身体活動、マインドフルネス、栄養、検査結果、睡眠、バイタル）と、それらすべての下に67の領域があって、それはアクティブカロリーから亜鉛レベルまでにわたっている。

図5-5 ● アップルの「ヘルスキット」は、67の異なる分野の測定を行っている

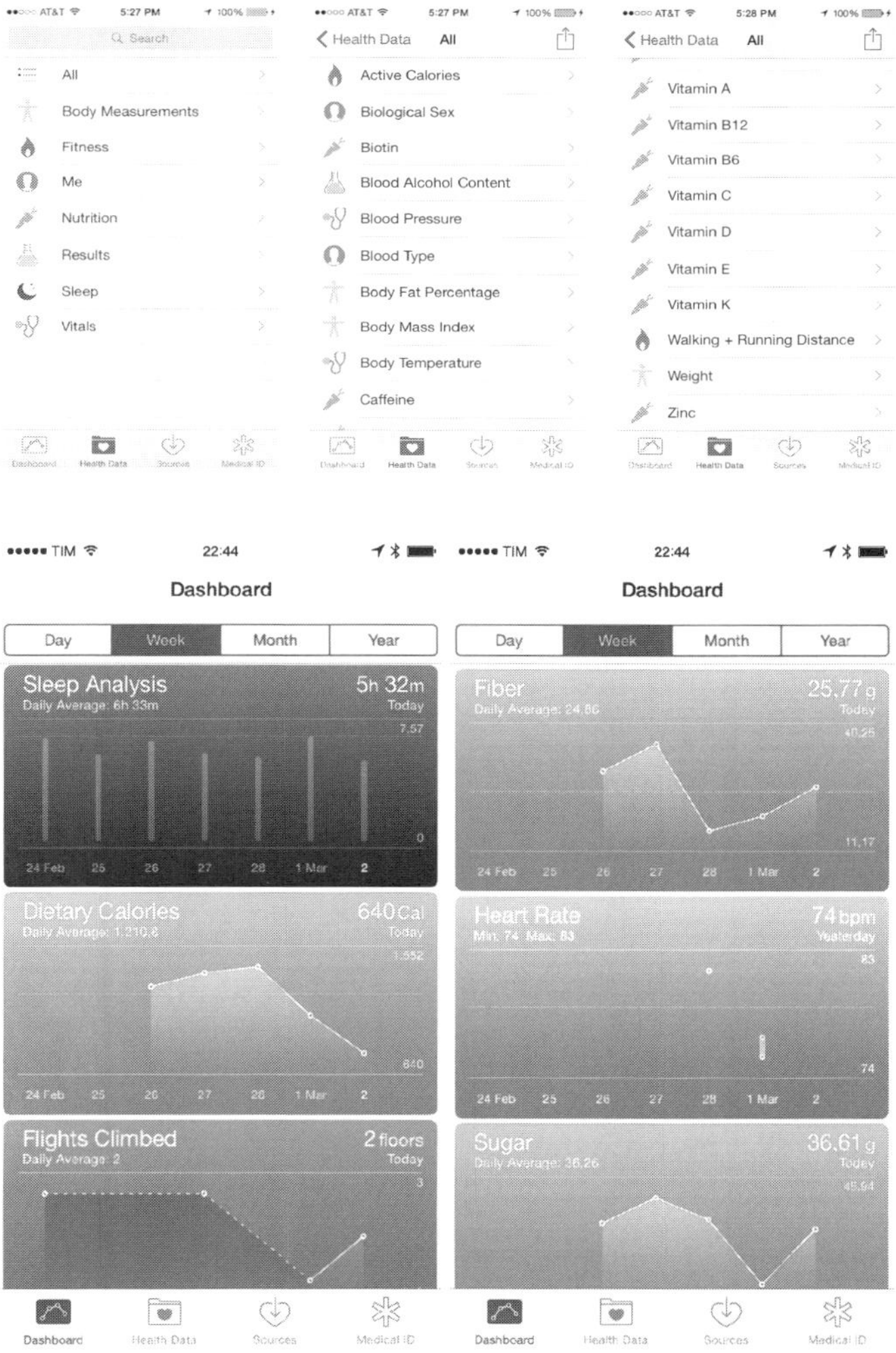

出典：アップル

将来、OS（iOSまたはアンドロイド）の新バージョンが出るたびに、新たな領域が追加されることは間違いない。このデータが将来の治療において非常に重要となる。それを近いうちに目にすることになるだろう。

この社会が測定好きであることが、テクノロジー面でいくつもの1000億ドル企業をつくりだした。その中には、インテル（処理力のメガヘルツが増加するので私たちは同社のチップを買う）、シスコ（ルーターがミリセカンド単位で反応速度を削るのを可能にしてくれる）、フェイスブック（友人、「いいね」、コメントの数がすべて数値化されて見える）、グーグル（紙ベースで行う検索時間に比べて平均的に1件当たり20分を削減する）などがある。こうしたすべての測定基準や機能によって、何万ものこれら基礎数値へのアクセスが用意されている。しかし、現実に意味があるのはどれだろうか？

依存関係による部分があるが、すべてに影響を及ぼすのは寿命の長さだ。数多くの未来学者が、明示的・非明示的いずれにせよ、フランク・フェザー（訳注・カナダの未来学者）が作ったDSTEPのようなモデルを使用している。モデルでは、人口変化が社会変化を、社会変化が技術変化を、技術変化が経済変化、経済変化が政治変化を引き起こすことになっている。

フェザーの方法論では、世界の事象のすべては人口変化に起因するものだ。このところの最も顕著な人口変化は、寿命がある程度長くなったことで引き起こされている。私たちの寿命は平均で毎日5時間延びている（注11）。それは医学と科学の進歩によるものだ。トーマス・カークウッドは『サイエンティフィック・アメリカン』誌の特集号で以下のように述べている。

「死をはるかに頻繁に目にしていたという理由だけでも、私たちの先祖は死とより身近な関係にあったということがよく言われる。わずか100年前の西洋では、平均寿命は約25年短かった。この文字通りの事実は、非常に多くの子供や若者が、さまざまな原因で成人となる前に命を落としたことからくる結果だ。子供の4分の1は、5歳の誕生日を迎える前に伝染病で死んだ。若い女性は、出産に伴う病で死亡することが少なからずあった。若い庭師も、鍬で手に傷を作ったことで、致命的な血液の汚染で亡くなった。

20世紀には、衛生と医療の発達が、人生の早い時期や中間期の死亡率を劇的に低下させたため、現在ではほとんどの人の死期が大幅に後送りとなり、総体としての人口は過去にないほど高齢になっている。寿命は現在も世界中で延び続けている。世界のより豊かな国々の寿命は1日当たり5時間以上延びており、多くの発展途上国がそれを追いかけていて、そのペースはさらに速い」

しかし最終的には、長生きしたければ、自分自身の健康に注意するしかない。自分にとってよいものを受け入れ、悪いものを受け付けない方法を見つける必要がある。

ここで俄然、iOSヘルスアプリ内の67個の領域が役に立つようになる。ひと通り体験してから特定の指標をトラッキングし始めて継続すると、いずれは安定状態に到達する。そして次の指標を選んでプロセスを繰り返すのだ。他にも、相乗効果で改善が進みそうな複数の方法を始めることも可能だ。ある領域に投下された時間、お金や努力は、他の多くの領域でもおそらく役立つからだ。かつてこのデータをトラッキングし続けることは非常に難しいかほとんど不可能だったが、そのためのコストは劇的に低下してきている。

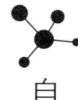

自己活性化

ロバート・カイルとジョン・カバノフの著した*Human Development: A Life-Span View*（『人体の変化：寿命の観点から』）によると、男性は一般に女性よりも筋肉量が多いが、どちらも20代後半か30代前半の若年成人期に肉体的ピークに到達する。それを過ぎると肉体的な強さは、人生の残りの年数をかけてゆっくりと低下していく。感覚能力は20代前半がピークだ。視覚は人にもよるが、通常40代や50代で劣化が始まる。しかし聴覚は20代後半から早くも劣化が始まる。味覚、嗅覚、平衡感覚、痛覚あるいは体温変動は、より高年齢まで維持される。

ピークに到達した後、毎年およそ1％ずつ衰える領域が5つある。これは「線形劣化因子」と呼ばれる。通常のグラフ用紙や対数スケールでみると、劣化がおおむね直線的になっているからだ。これら線形劣化因子を中和するか再び改善に向かわせるために行うプロセスのことを「自己活性化」と呼んでいる。現在収集し解釈している健康に関するデータの活用は、将来、必然的にこれに向かうだろう。

テロメア（染色体末端領域）の長さ

テロメアは、染色体の末端をカバーするものであり、固く巻いたヒトのＤＮＡの二重らせんでできている。アグレットという、靴ひもの端についている小さなプラスチックのカバーにたとえられることがある。

私たちは受胎時に１万５０００単位のテロメアを持っている。テロメアは細胞分裂のたびに失われる。子宮の中にいる間に細胞が非常に多くの回数の分裂をするため、私たちの誕生時に残っているテロメアの長さは１万単位だ。高齢で自然死する人が通常持っているのは５０００単位くらいである。特別な対応（ベニクラゲのような動物は自分の細胞を再活性化することができる）を行わないと、ある回数の分裂を行うと、私たちの細胞はヘイフリック限界に達してそれ以上分裂できなくなるのだ。

老化の原因の一つは、テロメアやＤＮＡに損傷が発生して細胞分裂前に修復されないことだ。これを、靴ひもの端のアグレットがほつれると考えてみよう。アグレットがなくなると、靴ひもはほつれ続けてほどけてしまい、使えなくなるか取り替えが必要になる。

２０１３年に行われた調査では、不安に悩まされる人のテロメアが短いことが証明された。この調査からカリフォルニア大学サンフランシスコ校と予防医学研究所の研究者たちは、ライフスタイル管理の向上がテロメアを長くするのに役立ち、そしてそれが寿命を延ばしうることを見出した。調査のために、研究者たちは35人の男性を5年間にわたって追跡した。参加者は初期の前立腺がんだった。この集団のうち約10人は、より健康的なライフサイクルをとるよう求められた。例えば、栄養価の高い食物摂取、1日30分の運動、そしてストレスレベルを下げる処方の服用といったものだ。

結果が示したのは、ライフスタイルを変えた男性たちのテロメアの長さはその他の参加者よりも10%程度長かったということだ。対照的に、健康的な行動をとらなかった男性たちは、調査終了時点でテロメアがより短かった。

長寿命調査の結果の最も有望な面の一つは、テロメラーゼ（テロメア修復酵素）の力を解放してテロメアを再活性化させることであり、その結果として細胞の寿命をほぼ無限に延ばせることだ。テロメアの長さは人体における老化の主たる「時計」の一つと考えられているが、私たちの身体には、自力でテロメアを長くする力が備わっていない。長命科学におけるテロメアの議論をはるかに多く耳にしたいものだ。

酸素摂取能力（VO_2 max）

VO_2最大化（または単にVO_2 max）は、最大酸素摂取能力の測定基準のことで、体重1キログラム当たり、1分当たりの酸素摂取量をミリリットル単位で測る。私たちは28歳から死ぬまでに、年間0・1～1ポイントのVO$_2$maxを失っており、毎日何時間も座ったままか体重過多な人だと平均的に0・4ほどその値が高くなる。

人間で最高のVO$_2$maxが記録されたのはサイクリストの97・5で、2012年のことだ。オリンピックのマラソン選手のほとんどは、70台中盤から後半だ。家畜で最大のVO$_2$maxは競走馬の150であり、野生の哺乳類ではチーターが300にも達して時速60～70マイルで走れるが、それはわずか2分間だ。

VO$_2$maxを促進する最良の方法は1マイルを可能な限り速く走るのを繰り返すことだ。VO$_2$maxは優秀なランナーやサイクリストにとっての公然の秘密だ。より多くの酸素を取り込むほど、他の条件が同等であれば、より明晰に考えられ、より遠くまで走れ、より注意力とエネルギーが持続する。脳は供給される酸素の20～25％を消費しているので、あらゆる細胞に酸素を送り込む能力を最大化することには意味がある。

VO$_2$maxを可能な限り高くそして長くするよう強化・維持に取り組むことは、高齢という黄金世代にも精神的な鋭敏さを維持するための大きなカギの一つなのだ。

サルコペニア（筋肉減少）

サルコペニア（sarcopenia）はギリシャ語で「筋肉不足」または「筋肉減耗」のことだ。30歳を過ぎると、私たちの除脂肪筋肉量は毎年1％失われていく。骨格筋は速筋と遅筋に分けられる。ニワトリでは、筋肉の速収縮は一般に白い肉で、緩徐収縮は色のついた肉だ。人間の場合、速筋の方が遅筋よりも速く衰え、そのことが高齢者がつまずいたり、立て直しがきかずに転倒したり、椅子から立ち上がれない等の問題を引き起こす。

高齢者が食事のときに若い人ほど速く筋肉を動かせないことは、研究者がすでに示している。そして、筋肉崩壊の抑制力は加齢とともに衰えることが発見された。このことが高齢者の筋肉量減少が続くことを説明している。食べたとしても十分な筋肉が構築できないうえ、高齢者ではインシュリンが食間や夜間の筋肉崩壊を防止できないのだ。

『アメリカン・ジャーナル・オブ・クリニカル・ニュートリション』誌（訳注・米臨床栄養学会誌）の2009年の調査研究では、1週間に3回のウェイト・トレーニングを20週間続ければ血流が再活性化可能で、究極的には20代後半のレベルに至ることが示された。

骨減少

オステオペニア（osteopenia）は「骨の減少、欠乏、減耗」を意味するラテン語の医学用語だ。30歳を過ぎると、女性とほとんどの男性では、1年に1％の骨が失われる。しかし40代以降は、オステオペニアは女性で加速し、平均して2・5％以上の骨量が背骨と腰から失われて、身長が縮んだり、筋肉減少からつまずいたり転んだりしたときに腰骨を骨折しやすくなる。高齢者にとって腰骨の骨折は深刻だ。近年の70歳以上の腰骨の骨折による死亡率は、転んだ後の最初の1年間以内が30％、18カ月以内が50％というショッキングなものだ。

筋力トレーニングをすれば、この傾向に立ち向かうことが可能だ。筋肉により緊張を与えれば、その緊張で骨に圧力がかかり、継続的に新鮮で新しい骨がつくられるという反応につながるからだ。さらに、筋肉を増やしてすでにある筋肉を強化することも、骨にさらに継続的な圧力をかけることになる。

好中球減少または神経変性（Neutropenia or Neural Degradation）

すべての線形劣化要因の中で、脳の減耗や衰弱は最も恐ろしいものだ。26歳（あるいはより早く）から、平均的な人間は年に脳量の1～2グラムが減少する（注12）が、それは徐々に増加して、15年のうち（45歳）には年2～3グラム減少するようになる。60歳以降は3～4グラムに増加し、75歳以降は4～5グラム、90歳以上は5～6グラムとなる。

カリフォルニア大学ロサンゼルス校の研究者チームは、肥満の高齢者は、正常体重の高齢者よりも脳量が8％少ないことを見出した。さらに体重過多の人々は、同等のより痩せた人よりも脳量が4％少なかった。これに加えて、不安、抑圧、偏執、トラウマ、離婚、暴力犯罪、あるいは感情的苦痛の持続は、さらに脳量減少を加速する。視覚、聴覚や他の感覚喪失は、運動機能喪失と同様に脳量の減少を引き起こしうる。

自らの医療研究診療所でＳＰＥＣＴ（単一光子放射断層撮影）の脳スキャンにより7万5000件以上の血流を観察してきたというダニエル・エイメン博士は、体重過多や肥満は脳量の4～8％喪失の原因となると主張している。エイメン博士は、体質量インデックス（ＢＭＩ）で25～30程度の体重過多の人々の脳は、より低いＢＭＩの人たちの脳量よりも4％程度少ないことが、ピッツバーグ大学の研究でも見出されていると指摘する。さらに体重過多の対象者の脳の外見は、健康な対象者の脳よりも8歳ほど高齢にみえる。ＢＭＩ値が30以上大きい肥満の人々の脳量は８％ほど少なく、その脳は健康な人たちよりも16歳高齢に見える。エイメン博士は言う。

「**脳を変えると身体も変わることがわかりました。意義深いのは、体重が増加すると脳のパワーが低下することが同時に判明したことです。脳のサイズと機能はBMIが上昇すると低下していきます。この情報によって、あらゆる人が自分の体重に気を遣うようになることでしょう。脂肪が炎症性化学物質を作り出し、脳にダメージを与えうるのです。体重が増すほど前頭葉が小さくなることがわかりました。これは大変なことです。前頭葉が人生を左右するからです**」

――ダニエル・エイメン博士、ピッツバーグ大学

平均的なヒトの脳は１３００～１５００グラム（約２・９～３・３ポンド）だ。脳は成人の全体重の２～３％を占めるに過ぎないが、全身の酸素供給の20～25％近くを消費する。興味深いのは、新生児では酸素供給の60％が脳に使われていることだ。というのは、脳はベイズ解析や他の統計的／確率論的比較と同様のことを膨大に行っていて、眼、耳、鼻、舌、指、皮膚等からのデータをすべて取り込んで解釈し、学習しているからだ。

ヘンリエッタ・ファン・プラーグ博士とその同僚が行った国立衛生研究所の研究は、ハーバードの

ジョン・レイティの著述（注13）によって広まったもので、私たちが最大心拍数の少なくとも75％のペースで少なくとも45分間走ると、主に海馬で新しい神経幹細胞が作られることを教えてくれる。こうした新しい細胞の寿命は約21日間だ。この細胞を他のニューロンと「つなげて」寿命を延ばすためには、何か新しいことを学ぶ必要がある。「ニューロンは互いに発火し合ってつながり合う」というのは、このプロセスを要約した神経科学者の表現方法だ。

運動が誘発する神経再生に関するさらに刺激的な発見の一つが、脳のある領域では他に比べてより急速に脳細胞が失われることだ。驚くべきことに、そして偶然の一致だが、脳細胞が最も早く急速に失われる領域は、脳細胞がより高い速度で再び増える領域でもあるのだ。1ダースを超える独立研究者がこの現象を報告している（注14）。

特定の運動を定期的に行いつつより厳格なダイエットを続ければ、健康全般と寿命を劇的に変化させることが可能になる。自己定量化は、将来の人生の質と長さの向上のために私たちが活用するあらゆる種類の道具への、ほんの入り口に過ぎないのだ。

診断の再定義と医学の拡張

現在、ヘルスケアにおいて議論が多い領域の一つは、病状や症状への治療とは本来何かということだ。薬学と医学では、多くの健康問題の原因を取り除くのではなく、病気の症状や病気との闘いに大量のエネルギーが注ぎ込まれている。その一部は、私たちがこうした症状を恒久的にうまく取り除けないという事実からきているが、同時に一部は、製薬会社が治療の必要性をなくすよりも現行の治療方法からもっと収益をあげようとする傾向があるという事実からもきている。

ガンを例にとってみてみよう。

20世紀の初めには20人に1人がガンで亡くなっていた。1940年代には16人に1人だった。1970年代にはニクソン大統領が「ガンとの戦争」を宣言し、この時は10人に1人だった。現在では、2～3人に1人が人生の途上でガンに遭遇する（注15）。読み間違いではない。この100年間で社会におけるガン発症率が爆発的に上昇したのだ。単に診断技術が向上したからだろうか？（注16）そうではない。ますます多くの人々がガンにかかっているようなのだ。

公正のために言うと、数多くのタイプのガンについての生存率は大幅に向上してきており、改善は続くと予想されている。しかしながら、米国の人口増加と高齢化をベースに、2020年のガンに関する医療支出は少なくとも1800億ドルに達し、2010年から27％の増加になる。ガン診断のツールが新たに開発されれば治療と経過観察の金額はさらに上がり続け、ガンの医療支出は2070億ドルにも到達しうる（注17）。2012年には、世界中のガン発生は1410万件であったと推計されている。そのうち740万件は男性で、670万件は女性だ。この数字は2035年には2400万へと増加すると予想されるので、ガンの治療法を発見する必要がある。どうすればよいだろうか？

マイクロ流体法とラボオンチップ診断

本章で前述したように、早期診断はおそらく、他のどんな短期方策よりもガン生存率に影響を与えうるものとして優先すべきだ。その実現にはテクノロジーが大きな役割を果たす。ハーバードのある学生が開発したと考えられる技術は、未来を拓く可能性としてすばらしい事例だ。

２０１５年11月、18歳のニール・デイビーは、全米発明家殿堂の大学発明者コンテストの学部生部門で銀メダルを獲得した。その研究プロジェクトは、「液滴ベースのマイクロ流体を利用したガン細胞の循環検知による早期ガン診断」というものだ。この非侵襲的ガン検査手法は、コンピューターパワーの増進、チップベース診断、センサー技術の向上がもたらした多数の新テクノロジーの代表選手だ。

このハーバードの学生は、微量の血液をマイクロ流体デバイスに入れるという新技術を活用して、血流から一つの細胞を個々の液滴中に閉じ込めた。こうしたデバイスは１００ナノメートルくらいの微小サイズのサンプルを取り扱うことができる。次にデイビーは、ポリメラーゼ連鎖反応という分子生物学では一般的な技術を活用して、マイクロ流体液滴中のガンＤＮＡの切れ端をターゲットとして増幅した。この小滴にレーザーを照射することで、彼はサンプルの輝度を検知して定量化することができた。それが血中を流れる腫瘍細胞中のガンDNAの存在（または不存在）を示すのだ。

「このテクノロジーの優位点は、非常に高感度であるために、血液中の通常細胞10億個の中にある1個のガン細胞を検知できることです……そのプロセスも非常に具体的です。このDNA増幅技術を使えば、幅広いガンを特定して検知することが可能です」

——ニール・デイビー、エンジニアリングおよび応用科学、ジョン・A・ポールソン・スクール（注18）

これまでは、適切かつ正確にガンのタイプを診断する唯一の方法はガンの生体検査であり、これは極端に侵襲的で、しばしば手術を必要とした。マイクロ流体法はより安全でより早く、そして現在使われている通常の検査費用のわずか一部で済む。

マイクロ流体法はヘルスケアと診断に関する考え方を根本的に変えようとしている。高コレステロール、糖尿病、腎臓や肝臓の問題、鉄分不足、心臓の問題、性感染症、貧血、肝炎、HIVやさまざまなウィルスといった、現在は検査が必要かもしれない症状について考えてみよう。これらは通常、血液検査か尿検査のいずれかで調べられる。血液検査では、正確な検査を行うためには、通常かなりの量の血液の抜き取りを伴う。ここが、テクノロジーの進歩が検査を劇的に変える部分だ。

最近多少議論を呼んでいるが、シリコンバレーのスタートアップ企業であるセラノス社（Theranos）は、この問題に本当の意味で取り組んだ企業の一つだ。セラノスは、針で指を突いて採取する1～2滴の血液だけに基づいて、数十もの症状の検知の支援が可能な血液検査を開発した。米国中のウォルグリーンの薬局で、IDと医師の診断書を薬剤師に提示するだけで、その場で血液採取を受けられるのだ。その一つのサンプルで、通常の病理学検査の何分の一かの費用で数種類の検査が実施可能だ。例えばコレステロールのラボ検査は、米国では50ドルかそれ以上かかる。ウォルグリーンで行うセラノスの検査は同じものが約3ドルだ。

図5-6 ● DMI rHEALTHのトライコーダー（携帯検査装置）用のマイクロ流体サンプル

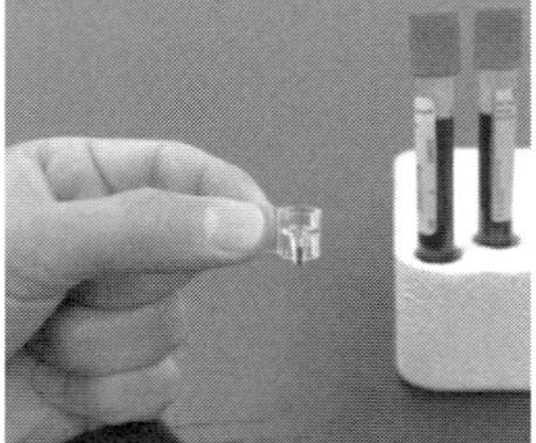

しかし、そもそも何で、薬局や医者の診療所といった場所に出向く必要があるのだろうか？ ピーター・ダイヤモンドとノキアやクアルコム等のスポンサーによる2014年のトライコーダー（携帯検査装置）のXPrizeコンテストの勝者は、NASA、国立衛生研究所、ビル&メリンダ・ゲイツ財団やその他多くから助成金と支援を受けている創立8年目の企業だった。DNA医療研究所（DMI）は、rHEALTH（Robot または Remote Health の短縮）というデバイスの開発者だ（**図5－6**）。

rHEALTHの診断システムが患者に提供を求めるのは、わずか1滴の血液だ。この1滴の血液は小さな容器に落とし込まれ、微細試験片と試薬が血液の含有物に反応する。次にその混合物全部がらせん状のマイクロミキサーを通り抜け、レーザーを通過して流れていく。光の強さと散乱をさまざまに変えたレーザーを使って診断が行われる。そして検査結果はブルートゥース経由でスマートフォンで見ることができる。

rHEALTH社のユニットは現在はデスクトップ式だが、DMIは、そのトライコーダーのサイズを手のひらに入れて持ち運べるところまで小型化しようと取り組み中だ（**図5－7**）。

その他の基本的なバイオモニタリングについては、『スター・トレック』のトライコーダーというテーマが開発テクノロジーにおいて繰り返し登場してくる。スキャナドゥ・スカウト・トライコーダーもまた、スマートフォンにリンクして、他の類似した健康心拍モニターよりさらに包括的な「ライブの」情

図5-7 ● rHEALTH社のデスクトップ型トライコーダー

出典：DMIおよびXprize基金

報を提供可能だ（**図5－8**）。

スキャナドゥ・スカウトは、非侵襲的なバイオモニタリング・システムで、体温、心拍、血中酸素濃度、血圧といった生理学的変数を測定する。小さなポータブル機器を頭にあてるだけで測定が行われ、データが分析用アプリに送信される。

スキャナドゥのミッション・ステートメントは、パーソナル診断という課題へのテクノロジーの取り組みのあり方を次のように言い表している。

「自分たちの健康についてほとんど知らない最後の世代となること」

現在、イルミナ社のマイセックDxというデスクトップ型DNAシーケンサーのような機器がすでに存在している。最終的には20年のうちに、一人ひとりの個人が、

図5-8 ● スキャナドゥ・スカウト・トライコーダー

出典：Scanadu

自分のDNA配列を瞬時に解析して、既知の疾患と比較し、ウィルスや他の不健康状態に起因する現在のほとんどどんな疾病でも診断可能なデバイスが利用できるようになるだろう。ガンを患っていれば、携帯デバイスが現在の医師よりも高い精度でガンのタイプを診断可能なだけでなく、特定のガン細胞の遺伝子配列をリアルタイムで解析し、データをどこか遠く離れた研究室に送信して特定の的を絞った個人向けの薬を製造することも可能になるだろう。

個人向け高精度治療

セントルイスにあるワシントン大学の研究者たちは、遺伝子配列解析技術（注19）を使って、進行性メラノーマの患者3人の健康な組織と病変した組織とを比較した。個々の患者に固有のたんぱく質変異を特定することで、研究者たちは患者のガンを殺すT細胞を強化するワクチンを製造することが可能になった。

個人向け医療の研究は現在、患者の遺伝子分析に焦点を当てているが、それに加えて環境面、社会面、生体情報面、そして宗教面での影響と、データに基づいた一人ひとりの個別治療にも焦点を当てている。科学は根本的に変化しつつあり、画一的なアプローチから、個人のDNA、生体の化学反応、さまざまな化学物質や治療レベルへの反応の傾向に基づいて的を絞った医療デザインへと向かいつつあるのだ。

その可能性の一つは、うつ病患者向けの薬の適切な処方と強さを特定することだ。現在の治療にはある程度当たり外れがあり、さまざまな薬と処方を試して何日間～何週間にわたって患者の状況をモニタリングする。適正になるまで処方の調整を続けるためには、内科医の存在が必要だ。

遺伝子ベースの情報の助けを得ることで、医師はDNAに合わせてより効果的で高精度に調整された処方ができるようになる。したがって、選択的セロトニン再取り込み阻害薬（SSRI）のような、身体のセロトニンの使い方をコントロールする薬ではなく、個人向け医療によって、個人の遺伝子タイプの基準に沿って身体を刺激してセロトニンのレベル（および他の神経伝達物質）を増減させることが可能になるだろう。鎮痛剤、伝染病治療およびてんかんのような神経疾患においても、同様の進歩が期待できる。

遺伝子シーケンシング能力が向上したことで、前立腺ガンのようなガンのタイプを特定するだけでは治療方法を正確に決めるのには十分でないことが認識されつつある。一人ひとりの個人患者が同じタイプのガンだったとしても、ガン内部の遺伝子特性は大きく異なる場合があるということが、最近の研究で示されている。したがって、将来効果的な治療を行うためには、個人別医療が必要となってくる。

しかしながら、遺伝子解析は、効果的な個人別医療や高精度医療をつくり出す力のわずか一部分でしかない。自己定量化データ、過去の医療履歴、家族の歴史や血筋、住んだ場所、定常的に晒されていた環境の影響、過去の血液検査結果、さまざまな薬剤への反応履歴やその他の情報などの「健康」ビッグデータが非常に重要なのは、特定の病気や慢性病に対して的を絞った高精度医薬を用いる際に、狙いを定めることを可能にするからだ。個人向け医療はまさに、電子化健康記録へのアクセスの改善と集中化の実現にかかっている。

自分の健康、居住地の履歴、過去の医療記録といったデータが共有されることが心配なら、そのことで将来、治療を受けられる可能性に劇的に大きな制約が生じることを心に留めておく方がよい。ヘルスケアの未来とは、遺伝子とセンサーとデータなのだ。

生体拡張（Bioaugmentation）

遺伝子治療や私たちの生態の拡張について理解したければ、遺伝情報をソフトウェアと同じように考えてみることが役立つ。DNAの中には、私たちを自分たらしめる人間性の本質をつくり出す特定の指令が存在する。私たちの両親や先祖がそのDNAに何らかのタンパク質の欠如をプログラムしたり、特定の病気を発症させる遺伝子を持っていたり、特定の病気を防ぐ遺伝子が欠けていたりすると、その「プログラム」が特定の変異をつくり出したり、病気にかかる可能性を高めることにつながる。

もし、このプログラムを「編集」して再びDNAの適切なシーケンス中に戻してやれば、欠落を埋めたり、エラーを排除したりすることが可能になる。

ゲノム編集：CRISPR／Cas9とTALEN

１９８７年に生物学者たちは、バクテリアが自然防御機構を持っていて、侵入するウィルスを認識することを発見した。次いで２０００〜２００２年、バクテリアは反応するだけでなく、攻撃してくるウィルスのDNAを処理して真似る対応もしていることに科学者たちは気づいた。学者たちはそのプロセスをCRISPR（クリスパー）と名付けた。CRISPRは「Custered Regularly Interspaced Short Palindromic Repeats」の略号である。

２００９〜２０１２年にかけて、バクテリア細胞が免疫防御の際に使うタンパク質を詳しく調べることで、対象ウィルスのDNA切断を最適化するCRISPR技術が開発された。CRISPRに関連したプロテイン９（Cas９）と呼ばれるタンパク質が発見された。Cas９は通常のタンパク質ではなく、ヌクレアーゼ（訳注・核酸分解酵素）というDNA鎖の切断に特化した酵素である。Cas９には２つのアクティブな切断部位（HNHとRuvC）があり、それぞれがDNA鎖に対応している。２０１２年には、Cas９が、パーキンソン病、アルツハイマー病、糖尿病、肺ガンのような遺伝性ガン、免疫不全といった病気に係わる遺伝子を特定して破壊しうる、ヒト細胞培養におけるゲノム編集および操作ツールとして利用可能だという提言がなされた。現在、遺伝子治療では、単一遺伝子疾患または一つの遺伝子が関係する病気に焦点が当てられている。

ＣＲＩＳＰＲ／Ｃａｓ９はＤＮＡを切断するだけでなく、新しい遺伝子シーケンスを挿入することも可能だ。そうなると科学者は、加工されたウィルスや、必要なＤＮＡシーケンスを持つＤＮＡプラスミドを作ることができる。カリフォルニア大学サンフランシスコ校の研究者たちが先陣に立つプロジェクトでは、ＣＲＩＳＰＲ／Ｃａｓ９を使って人間のＴ細胞からＨＩＶを編集しようとしている。ＨＩＶが人体に感染する際には、Ｔ細胞のＤＮＡを変えることで身体が持つ免疫システムを改変している。研究者たちは革新的なＣａｓ９プロセスを用いて、Ｔ細胞中のCXCR4-とPD-a-感染遺伝子を編集し、健康な細胞との入れ替えに成功した。健康な患者から得たＴ細胞を改変したものが幹細胞療法を通じて持ち込まれると、それが免疫システムの反応を加速した。これは、研究者が患者の現存細胞からＨＩＶウィルスを削除することができた最初のものだ。フィラデルフィアでは、遺伝子治療を通じてＣＣＲ－５タンパク質を白血球から分離することによって、ＨＩＶ患者にウィルス抵抗力を持たせることに成功した。

２０１５年3月、中国の科学者たちは、ＣＲＩＳＰＲ技術を使ってβ－サラセミア（訳注・地中海貧血）の原因となる遺伝子の改変に成功したと発表した。この病気は致命的な血液異常を引き起こし、ヒトの胚の生育不能につながる可能性を有する。中国のチームは86個の胚に改変を実施し、48時間ほど待機した。この時間が、ＣＲＩＳＰＲ／Ｃａｓ９システムと欠如しているＤＮＡを置換する分子が活動するための、また同時に胚が細胞8個に成長する余地をもたらした。生存した71個の胚のうち、54個に遺伝子検査が実施された。検査の結果、28例だけが遺伝子接合に成功し、そのうちの何分の一かだけに遺伝子物質の置換がみられた。

このことは、根本的な倫理問題を提起するだけでなく、CRISPR技術に対する最大の批判をも招いた。厳密にはまだサイエンスではないということだ。遺伝子治療が成功するためには、目標を高く設定して、いかなる遺伝子の汚染も回避する必要がある。

研究者たちは最近、Transcription Activator-like Effector Nucleases（TALENs）として知られる遺伝子編集タンパク質集合体が行う標的外のDNA結合を減らす方法を編み出してきており、徐々にその成果が形となりうるかもしれない。科学者たちはこの理論によって、タンパク質を自由に変化させることが可能になり、それは時間とともに、より特定の的を絞ったものとなっていく。

科学者たちが取り組むブレイクスルーにつながるのがどんなテクノロジーであるにせよ、次の10年間には遺伝子編集が劇的に進歩して、あらゆる遺伝病や症状の標準的な治療方法となりそうだ。もはや症状を治療しようとするのではなく、そうなる条件を完全に排除してしまうようになる。

近未来の遺伝子治療の利用（2020～2030）

遺伝子治療の利用法は、全く驚くべきで、そして完全に革命的なものだ。この領域は加速の度合いが非常に大きく、毎週新しい研究発表が行われている。本書印刷の間にも遺伝子治療の利用において、さまざまな症状の手当てや場合によっては治療へと近づく大きな進歩が起こっている。以下に示すのはそのごく一部だ。

聴覚：ろう、聴覚喪失、耳鳴り、メニエル病

視覚：先天性・退行性盲目、レーバー先天性黒内障、網膜遺伝子治療、先天性脈絡膜欠如

遺伝病、遺伝子病、自己免疫疾患：筋ジストロフィー、筋萎縮性側索硬化症、肢帯筋無力症（DOK7遺伝子の欠陥により発症）、エメリー・ドレイファス型筋脊髄性筋萎縮症と筋細管萎縮症等の神経筋障害、パーキンソン病のような病気、

ガンと血液異常：白血病、急性骨髄性白血病、神経膠腫、すい臓ガン、肝臓ガン、血友病、鎌状赤血球貧血

HIV：白血球中のCCR－5レセプタータンパク質の除去後に、患者がHIVに耐性を示すようになることが、研究によって明らかになっている。

心臓と肺の疾患：セラドン社の心機能不全遺伝子治療、カルシウム上方調節、鬱血性心不全、末梢動脈疾患、嚢胞性線維症、α1－アンチトリプシン欠乏症、ぜんそく、急性呼吸窮迫症候群、肺水腫

遺伝子治療を使えば、遺伝子のエラーを修復するとともに、病気、欠乏症、遺伝性疾患を取り除くことができる。これは驚くべき可能性であり、明らかに科学の手が届くところにある。遺伝子治療、幹細胞治療、センサーによるモニタリングと、他の利用可能な拡張技術を組み合わせれば、過去にないほど病気とその治療の制御力を実際に手にすることになる。現実に、今後20年間の病気治療の進歩は、過去100年間よりも大きなものとなるだろう。

遺伝子組み換えと移植用臓器（2025〜2040）

遺伝子編集が完成されたら、次に考えられる可能性は、DNAに改善を施すことで私たちの生態を向上させることだ。遺伝子組み換えは、人間－動物のハイブリッド遺伝子研究がすでに牽引力を強めている領域だ。ヒトに動物のDNAを挿入することの倫理性問題は疑う余地のないものだが、人間のDNAを動物に使うことについては、現在は同様の制約はない。

遺伝子組み換えが最初に成功した動物はネズミだ。1982年に生まれたこの「スーパーマウス」は、人間の成長ホルモン遺伝子を受精したネズミの胚に挿入することで作り出された。ウサギ、ブタ、ヤギ、ヒツジ、魚、家畜、そして最近は霊長類の遺伝子組み換えがこれに続いている。遺伝子組み換え動物作成の基本的な原則は、外部遺伝子を動物に組み込むことだ（挿入された遺伝子はトランス遺伝子と呼ばれる)。外部遺伝子は「生殖細胞系に挿入されて、動物の生殖細胞を含むあらゆる細胞が同一の改変された遺伝物質を持たなければならない」ということである(注20)。

以下に例を挙げよう。遺伝子組み換えの魚の中で、サケは通常の魚より10~11倍速く成長する。それは成長ホルモンと、遺伝子組み換えを行った淡水魚のゼブラフィッシュ(成長をもたらすクラゲの蛍光性タンパク質遺伝子を持つ)からくるものだ。遺伝子組み換えネズミには、アルツハイマー病患者と同じ脳症状を示すアミロイド前駆体タンパク遺伝子を持つものと、シナプス経路のNR2Bレセプターを過剰発現させるよう生物工学的に処理されたものがあり、後者はその生涯を通じて学習速度が高まる。ブタは現在、少なくとも5つのヒトの遺伝子による遺伝子操作が行われていて、ヒト移植用の低拒絶反応の臓器の生成が可能とみられている。その中には心臓、肺、腎臓等が含まれる。遺伝子組み換えウシは、狂牛病への抵抗力を持つように遺伝子操作されている。遺伝子組み換えヤギは、乳の中にクモの糸のタンパク質を発現させるよう操作されている。

穀物における遺伝子組み換え利用は、食糧安全保障に非常に大きな便益をもたらすと期待されている。遺伝子組み換え作物は収穫を増加させ、病気からの保護をもたらし、気候変動が引き起こす食料不足に対応する。

「遺伝子組み換えテクノロジーは、一つの植物種から別の種への遺伝子の移転を可能にし、新しいまたはよりよい性質を持つ植物の生産につながるものであり、今後15~20年の食糧安全保障の実現の

ために最も有望なものです」

――国家情報会議「グローバルトレンド2030：新しい世界の姿」2012年

遺伝子組み換えテクノロジーは、人間と動物の特性を持つ遺伝子の組み合わせを可能にし、人間と動物のハイブリッドは究極的にはほぼ無限の可能性がある。ヒト以外の私たちの友人には、うらやむべき資質が数多くある。イヌは私たちよりもはるかに聴覚と嗅覚が優れているし、ネコは暗闇でものが見え、霊長類には私たちより優れた記憶力を持つものがあり（注21）、鳥はすぐれて強力な視力を有する。将来、遺伝子組み換えによる自身の改変が可能になった時を展望するなら、遺伝子組み換え希望者の多くは、例えばタカの眼、トカゲのウロコ、イルカの泳ぐ力、クロコダイルの呼吸を止める力などを手に入れたいと思うだろう。

キム・スタンリー・ロビンスンの『火星』三部作では、著者は、長命化医療の通常プロセスの一部として、火星入植者への動物DNAの接合を提示している（それ自体は、遺伝子コードの複製エラーを編集してテロメアを修復する修正的遺伝子治療である）。作中の女性の生態に加えられた性質の一つは、ネコ由来の「ゴロゴロ」と喉を鳴らす行動だった。もう一つ物語に出てきた方向性は、一部が地球化されたとはいえまだ酸素が少ない赤い惑星向けに、クロコダイルのヘモグロビンを付加してCO_2耐性を付与するものだった。

合成生物学の進歩の行く末は、新たな治療や診断エージェントをつくる生産施設ということになりそうだ。再生医療が、診断や治療手順の発展と並行して進歩することはほぼ確実だ。例えば、腎臓や肝臓といった臓器置換は2030年までに開発される可能性がある。

3Dバイオプリンティング

第2章で述べたように、3Dプリンターは将来的に、製品の製造手段について、家庭まで含んで驚くべき利用方法を生み出す可能性がある。しかしながら、3Dプリンティングの特定利用方法のうち医療分野において巨大な可能性を有しているのが、バイオプリンティングである。バイオプリンティングの最も単純な形態は、3Dプリンターを使って臓器、骨や筋肉組織を「プリント」して、損傷を受けた身体部分を置き換えることだ。よりエキサイティングな利用方法は、再生医療の分野で移植に適合する組織や臓器の必要性に対応することだ。3Dプリンティングはすでに顔面再建手術で幅広く使われている（**図5-9**）。

3Dバイオプリンティングには、非生物学的プリンティング

図5-9 ● 3Dプリントされた「骨」は顔面再建手術で一般的に使われている

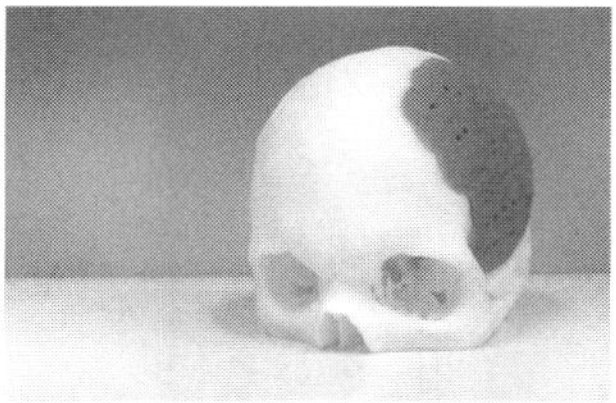

出典：Osteofab

に比べてより高度の複雑性が伴う。材料の選択、細胞のタイプ、成長や差異化要因、生体細胞や組織の反応性と血管等構築に関する技術的課題といったものだ。

こうした複雑性に対応するために求められるのは、エンジニアリング、バイオマテリアル科学、細胞生物学、物理学、医学の各分野のテクノロジーを統合することだ。３Ｄバイオプリンティングはすでに、複数層の皮膚、骨、血管グラフト、気管支、心臓組織、軟骨質構造といった組織の生成や移植に使われている。その他の利用方法としては、研究、新薬発見、毒物学用の高生産性３Ｄバイオプリント組織の開発がある。

３Ｄプリンティングは、すでに数多くの医療手順において利用されている。例えば２０１２年には、ミシガン大学の外科医たちが、再発性気道虚脱（注22）を患っていた生後わずか3カ月のカイバ・ジオンフリッドのために、３Ｄプリンティングを活用して人工気管支を作ることに成功した。他には、骨をプリントして患者のアゴや、他の患者の頭骨の一部を置換した成功例がある。３Ｄプリントのボディパーツは成功産業となっていて、２０１４年にはグローバルで5億ドルを超える収益を企業にもたらしており、２０１６年にはそれが倍増すると予想されている。

２００６年、ウェイクフォレスト大学のアンソニー・アタラ教授は、インクジェット・プリンターを使って交換用の膀胱を「育成する」ことに成功した。個々の患者の臓器の育成プロセスは、生体組織検査において筋肉細胞と膀胱壁に沿って並ぶ細胞のサンプルを得ることから始まった。こうした細胞は研究所の培養器の中で、膀胱のような形の生分解性の型枠や構造上に置ける細胞数になるまで培養される。テスト結果では、製造された膀胱は、腸組織を使って修復された膀胱と同程度の機能を示す一方、副作用は全くなかった。患者は現在も健康である。

再生医療と3Dプリント臓器置換の他の候補は、甲状腺、腎臓、肝臓だ。アタラ教授は、ヒトの皮膚細胞を再プログラムして心臓細胞に転換し、細胞培養器の中に集めることで、0・25ミリメートルのミニ「心臓」を作り出すことができた。そして3Dプリンターが使われ、必要な形状とサイズが与えられた。2015年3月にはさらに、ロシアのバイオプリンティング企業のスコルコヴォ社(Skolkovo)が、ネズミの甲状腺をプリントして移植することに成功した。同社は、2018年までにはヒトの腎臓をプリントする方向で進んでいると発表している。

これらすべての生体強化の可能性によって、30〜40年後には、私たちは文字通り完璧に近い人類を製造することが可能になるだろう。多くの人間は遺伝子的エラーがなくなって、はるかに長い寿命を生きることが可能になりそうだ。一方で医療コミュニティは、個人の遺伝子ベースでガンや病気に立ち向かうことが可能になる。同時に、細胞や臓器の健康状態の劣化を、個人独自の特性に合わせて作られた臓器で修正できるようになる。これらは皆SF小説のように聞こえるが、多くのテクノロジーはすでに私たちの手の中にあるのだ。

注1：ウルクの遺跡は現在のイラクにある。

注2：ヒトゲノムプロジェクト（HGP）には男女いずれもさまざまなドナーがいた。公開HGPにより生成された参照用ゲノムのシーケンスの多く（70％超）は、ニューヨーク州バッファローの氏名不詳の男性ドナー（コードネーム：RP11）から得られたものだ。

注3：National Human Genome Research Institute のデータベースは現在知られている遺伝性疾患をすべてリストしている。次のURLを参照。https://www.genome.gov/

注4：http://www.cancerresearchuk.org/

注5：http://www.mioglobal.com/

注6：https://itunes.apple.com/us/app/sweetbeat/id492588712?mt=8

注7：http://pplkpr.com/

注8：http://www.amazon.com/Garmin-Vivofit-Fitness-Band-Blue/dp/B00HFPOX9W/ref=sr_1_7?ie=UTF8&qid=1415520287&sr=8-7&keywords=garmin%20vivofit

注9：WebMDを参照

注10：Giovanni Santostasi への著者インタビュー

注11：Thomas Kirkwood, "Why Can't We Live Forever?" *Scientific American*, 2010年10月、14ページ、http://www.scientificamerican.com/magazine/special-editions/2015/03-01/

注12：1グラムは0・028オンスである。1オンスの8分の1は一般に3・5グラムとして受け入れられており、6グラムは英国度量衡では大さじ半分程度である。

注13：http://www.amazon.com/Spark-Revolutionary-Science-Exercise-Brain/dp/0316113514

注14：追加情報はShaun Clarkの調査を参照のこと。
注15：Cancer Research UK
注16：オバマ大統領は最後の一般教書演説でガン治療を「ムーンショット（大きな挑戦）」とすることを発表し、その主導者としてバイデン副大統領を指名した。
注17：National Cancer Institute
注18：Harvard University, John A. Paulson School of Engineering and Applied Sciences
注19：Beatriz M. Carreno et al., "A dendritic cell vaccine increases the breadth and diversity of melanoma neoantigen-specific T cells," *Science* 348, no.6236, ２０１５年５月15日、８０３～８０８ページ
注20："Transgenic Animals" from the Canadian Council on Animal Care
注21：http://www.baxterbulletin.com/viewart/20120625/NEWS01/306250010/Apes-monkeys-more-social-smarter-than-previously-thought
注22：David A. Zopf et al., "Bioresorbable Airway Splint Created with a Three-Dimensional Printer," *New England Journal of Medicine* 368, no. 21, ２０１３年、２０４３～２０４５ページ

第6章

人間の「拡張」

The Augmented Man

「……未来が現在とは異なるという考えは、従来のものの考え方からすれば非常に不快なものであるため、私たちのほとんどは、現実ではそれに沿って行動することに激しく抵抗するものだ」

――ジョン・メイナード・ケインズ、1937年

作り直し可能な人間

ヒュー・ハーは、生まれついての登山家だった。8歳になるまでには、カナディアン・ロッキーにある1万2000フィートのテンプル山を征服していた。17歳のときには、登山家仲間の中では、ハーは米国東海岸最高の登山家の一人とみられていた（注1）。1982年1月のこと、ハーと登山仲間のジェフ・バトザーは、ワシントン山の技術的難易度の高い氷上ルートを登っているときに、吹雪に襲われた。2人は方向を見失い、マイナス29℃の気温と時速100マイルの風の中で下山を試みたものの、大裂溝（the Great Gulf）として知られる氷河谷で立往生してしまった。下山ルートを見つけようとしていた彼らは偶然、人工降雪機の通った轍を見つけた。轍を追った彼らは、誤ってさらに北へと進んでしまい、安全な人里から離れてしまった。

2人の登山家は3日3晩、自然の猛威に晒されて山を下りることができなかった。氷で覆われた川を渡ろうとしたハーは、氷が割れて落ちてしまったが、何とか抜け出した。2人はやっとのことで洞

窟を見つけ、そこで多少の風を凌いだ。救助隊がようやく彼らを見つけたときには、２人の登山家はどちらも危篤状態だった。ハーがあと24時間もちそうにないのは明らかだった。状態からみて救助隊が彼を動かすのが無理なことも明らかだったので、救助隊は軍のヘリコプターを呼び、２人をニューハンプシャーの病院まで空輸した。病院での彼を救おうとする努力もむなしく、凍傷によるひどい損傷のため、ハーの両脚はヒザの下で切断せざるを得なかった。彼は精神的に打ちのめされた。どうみても、ハーの登山家としてのキャリアは終わりだった。

登山家として突然の終わりを迎えた後、ハーは勉強に打ち込んだ。地元のカレッジで物理を勉強し、ＭＩＴの機械工学の修士へ、次いでハーバード大学の生物物理学の博士課程へと進んだ。彼はその知識を使って、生体工学とロボット装具開発の仕事に就き、現在はＭＩＴメディアラボのバイオメカトロニクス・グループのディレクターである。ハーは自分のヒザ下は完全に人工物だと説明している。ＮＰＲ（注2）のインタビューでハーは言っている。

「私はチタニウム、炭素、シリコン、沢山のボルトとナットでできています。装着している脚には12台のコンピューター、5個のセンサー、筋肉のようなアクチュエータ・システムが組み込まれていて、それで一日中動き回ることができます」

——ヒュー・ハー博士

事故がもたらした想定外の果実として、ハーは先進的な人工装具を設計し、それを継続的に改善することができるようになった。これによって、彼は再び登山ができるようになっただけでなく、彼は事故の前よりもはるかに優れた登山家になった。登山は非常に競争の激しいスポーツであり、彼が健常な脚の仲間を追い越し始めると、そのうちの何人かは、追いつくために自分も脚を切断するぞと毒づいた（注3）。

ハーがロッククライミング用に設計した人工装具は、外見が通常の装具とは異なる。足を作ってそれに登山靴を履かせようとしてみて、そもそも靴など全く不要なことに気づいたので、装具の足の部分を人間の足に似せてつくる必要はなかったのだ。そのため、彼はカカトを切り落として重量を軽くし、都合に合わせて脚部の強度を上げた。そして、装具のふくらはぎに対する最適な足の角度を探し始め、雪山登山用にスパイクを追加し、子供の足サイズの小さな裂け目に挿し込むことができるように足の形状を細くした。最終的にはこれが、登山において、装具による拡張のない競争相手に対する彼の絶対的優位性をもたらすことになった。

ハーが自分の装具を形容する言葉は、「美しいマシン」「先進的」「アップグレード可能」「工学的」といったもので、「不滅的」とまで言う。彼は、自分が80歳になっても、生身の脚を持つ人よりも少ないエネルギーでうまく歩けるだろうと予言している。ある意味、彼の機械のカラダは継続的にアップグレード可能である一方で、彼の生身の身体はゆっくりと衰えていくのだ。

3Dプリントの人造人間

この種の拡張で歴史的におそらく最もなじみのあるものとしては、松葉杖やステッキのような器具とか、難聴の人の聴力を増すために設計された17世紀前半の「ラッパ形補聴器」（注4）等があるだろう。最初の義肢として見つかっているのは、貴族の婦人の足の人工爪先で、紀元前900年にまで遡るものであり、木と皮で作られている。現在では私たちは日常的に数多くのテクノロジーを利用しており、それが生活の質を向上させている。例えばインシュリン・ポンプ、ペースメーカー、透析機、レーザー色覚補正といったものだ。これらの拡張とヒュー博士の人工装具による拡張には、数多くの意味的な違いがある。端的にいえば、私たちは何千年もの間、身体の拡張に取り組んできているのだ。

近年の人工装具の発達における最も目覚ましい領域は、3Dプリントによる人工四肢製作の出現だ。これまで機能的な装具の開発は、高価で複雑なものだった。そこに3Dプリンター（これもロボットだ！）が登場して、コンピューターマニアと装具製作者が利用できるようになった。程なくして、個人が自分自身や有人、家族のために身体の部分的ロボット化を設計するケースが見られるようになった。3Dプリンティングのコミュニティはオープンソース的な性質を持っていたため、人々はデザインを共有し、こうしたデザインの進歩が驚異的なペースで加速し始めた。ほとんどとは言わないまでも、多くの人にとってこれまで手が出ないほど高価だった複雑な手や腕が、部位あたり数百ドルかそれ以下で手に入るようになり始めたのだ。人工装具設計に携わる人の数は日々増加しており、こうした拡張人工四肢によって、装着者がもともとの四肢にあった限界を乗り越えることが可能になることが想定される時期も遠くはない。

プリント人工装具は、自動的な形態補正と一緒に開発が進んでいる。それは装飾的な細部、例えばそばかす、指紋、ネイルカラー、毛、そして刺青といったものまでだ。実物そっくりの装具は、四肢を失ったことからくる感情的トラウマを和らげるのに役立ちうる。特にそれが神経パルスを脳に伝達して、感覚や直接の神経制御を持つものならそうだ。しかしさらに重要なのは、こうした四肢が生まれつきのものとほとんど見分けがつかないことだろう（**図6－1**）。

3Dプリンティング技術を使って、装具のパーソナル化というアプローチをとる人たちもいる。シンギュラリティ大学が出資しているベンチャーであるユニーク社（UNYQ）のような企業

図6-1 ● 3Dプリント装具は安価なだけではなく、カスタマイゼーションや個別設計も可能だ

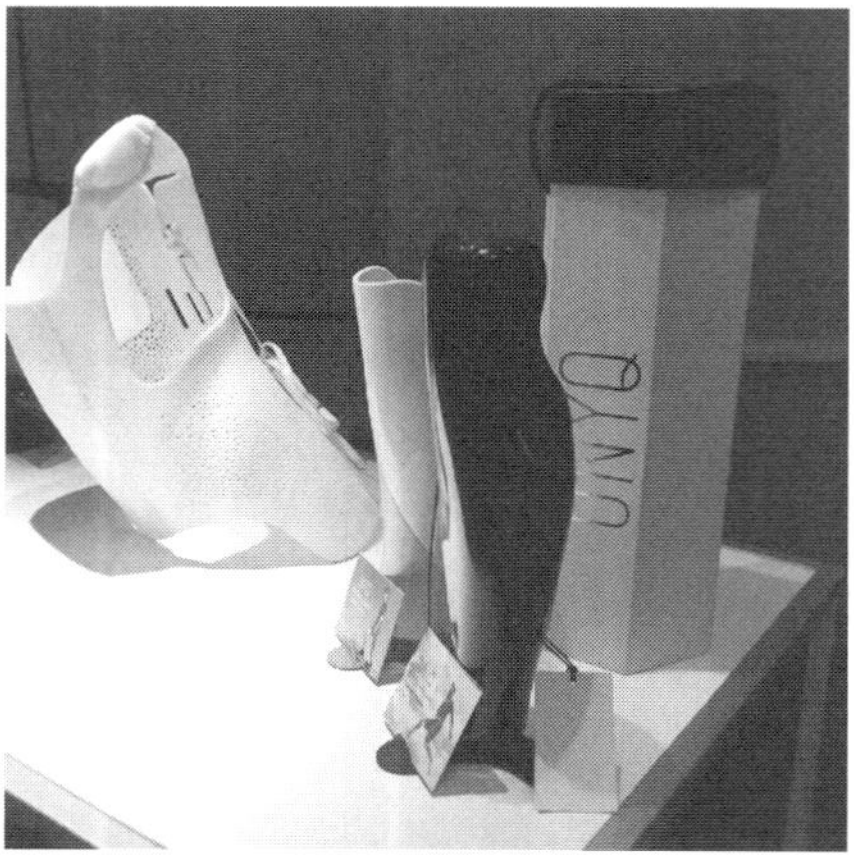

では、ファッション表現としての装具デザインを試行している。

ラトビア生まれの歌手兼モデルのビクトリア・モデスタは、2014年に最初のミュージックビデオを英国のチャンネル4でリリースしたが、その中で彼女は確信犯的に複数の人工脚を使ってパフォーマンスをしている。最初に出てくる装具は、シンプルな黒の円錐型で先が非常に尖っている。2つめはLEDが光っていて、その他もさまざまに華麗なデザインだ。モデスタの装具は劇的な効果のために使われていて、彼女のパフォーマンスの一部となっている。

2015年3月、マーベルの映画『アイアンマン』と『アベンジャーズ』のトニー・スターク役で名を知られる俳優のロバート・ダウニー・Jr.は、コレクティブ・プロジェクトというマイクロソフト社の取り組みを支援した。ダウニーは、プロジェクトグループから依頼されて再びトニー・スターク役となり、アレックス・プリング

図6-2 ● このアイアンマン型の義手は約350ドルで3Dプリントされた

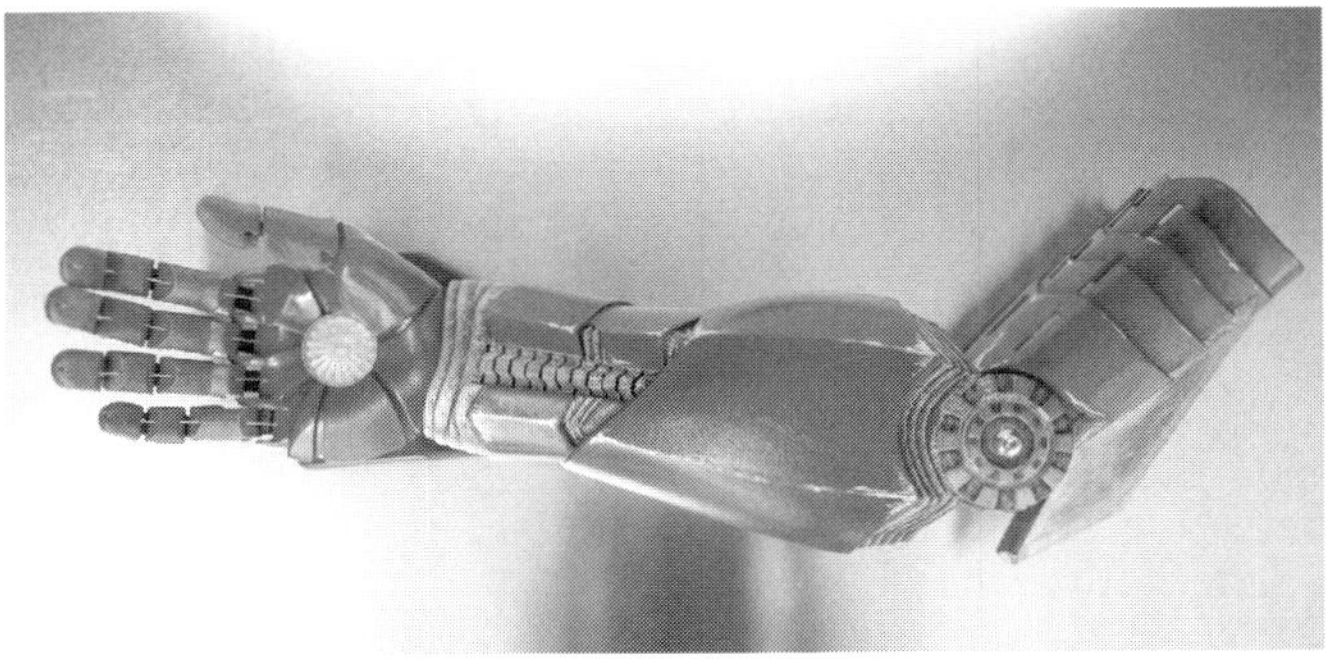

出典：マイクロソフト・コレクティブ・プロジェクト

という、片腕を肘のすぐ上から失った中央フロリダの7歳の少年に対して、次世代3Dプリンターで作ったロボットのアームをプレゼントした。アームはリムビットレス・ソリューションズ社（Limbitless Solutions）（注5）が製作したもので、アイアンマンのロボット強化スーツに模してあり、わずか350ドルだった（**図6－2**）。装具一つが4万ドル以上で売られることも少なくない中では、すばらしい成果だ。

人工装具ベンチャーのオープン・バイオニクス社がデザインした3Dプリント義手は、デザイン・エンジニアリングのイノベーションとして、2015年の英国のジェームズ・ダイソン賞を受賞した。オープン・バイオニクス社の義手で際立っていたのはそのデザインで、手足を失った人々が現在入手できる多くの装具よりも安価で早い生産が可能となっていることだ。3Dプリントに要するのはわずか40時間で、ロボット義手は装着者の手足にぴったり合うように設計された専用部品からできており、電気筋運動記録センサーを使って筋肉の動きを検知して、手を制御する。筋肉を動かすことで、装着者は手の開閉を選択してモノをつかむことができる。現在は3000ドルを下回る価格で購入可能だが、こうした装具の価格は急速に安価になっている。

装具はよりスマートなものに、あるいはより明確に生物工学的な手足（ロボット化された装具）になりつつある。ノースウェスタン大学では、思考で制御するロボット脚を開発中であり、その脚のおかげで、バイク事故で脚を失った男性がシカゴのウィリス・タワーの103階の階段を上りきったのは、最近のことだ。この特殊な装具はまた、生来のものと外科的に神経をつなげた大腿部筋肉からの電気筋運動の信号から、患者の運動の意図を解析・確定して実行する。この脚は2018年には広く利用に供される見込みだ。

「シンバイオニック・レッグ(Symbionic Leg)」は、世界で最初の、ヒザ上での脚切断を受けた人向けの生物工学脚だ。1年を超える試験期間を経て、シンバイオニック・レッグは、2014年後半に限定的市販される運びとなった。開発者のオズールによれば、この統合型装具は、マイクロプロセッサ内蔵のヒザと先行屈曲機能のある動力付マイクロプロセッサ内蔵の足首とを組み合わせている。装具は個人の歩き方に自動的に適合するようになっており、装着者が斜面や階段などの平面でない足場に対応する際に転倒しにくいよう設計されている。

コンセプトとして興味深い(そして多少論議を呼ぶ)のは、装具使用者はもはや身体障害を抱えるのではなく、むしろいわゆる身体的健常者に対する優位性を持ちうる段階に到達しつつある可能性があるということだ。このシナリオについてもう少し考えてみよう。

ガールフレンドのリーバ・スティンカンプの死に関して過失殺人の判決を受ける前、南アフリカの陸上選手のオスカー・ピストリウスは、「ブレード・ランナー」としてより広く知られていた。彼はパラリンピックにおいて、400m、4×400mリレー、100m、4×100mおよび200mで数多くの世界記録とメダルを保持していた。2011年、ピストリウスは、国際陸上競技連盟(IAAF)の陸上選手権韓国大邱大会に参加し、男子4×400mリレーで健常者アスリートと肩を並べて競い、銀メダルを獲得した。さらに彼は2012年の夏季オリンピックの400mと4×400mリレーに南アフリカチームとして参加資格を得た。パラリンピックではなく、本大会で健常者選手と競うのだ。この大会までに2011年の400mに優勝したことで、ピストリウスは世界のトップランナー10〜15人の中に入っていた（注6）。

興味深いことに、ピストリウスは世界選手権や夏季オリンピックにほとんど出場できなかった。IAAFが、当初から彼の主要大会への参加を拒否したためだ。彼に身体障害があるからではなく、人工脚が彼に、他の競技者に対する「アンフェアな優位性をもたらす」ことを恐れたためだ。MITのヒュー・ハーのチーム、シンビオニクス社その他が先に進んでいることからして、問題への対処の必要があるのはこれが最後ではないことは明らかだ。

テレビゲームシリーズの「デウス・エクス」は未来（2027〜2052年）を見据えて、この問題を扱っている。未来世界では、人々は四肢や他の身体の強化を進んで受け入れている。それは、こうしたテクノロジーベースの拡張が、生来のものよりも高い能力をもたらしてくれるからだ。コンピューターやスマートフォンと同様に、ムーアの法則が生体工学においても適用されるなら、10年後には、私たちは標準的人間を超える装具に向き合わざるを得なくなるだろう。健常者がより高機能の装具を装着するために自ら手足を切断することを禁止する法律が必要となるだろうか？　これは歯の美白措置のように、単に個人の好みの問題になるのだろうか？

100年前ならこれは、全くのSF小説のように思えたことだろう。しかしイラクとアフガニスタンからの1500人の帰還兵が手足切断となっている状況からすれば、人体の拡張は、単にテクノロジー的に解決すべき問題にとどまらず、社会的必要性でもある。この数字に加えて、下半身麻痺を伴う脊髄損傷は米国だけでも1万1000件あるが、世界保健機関（WHO）の推計では、年間25万〜50万もの人が脊髄損傷を患っている。2055年には、日本の人口の40％近くが65歳以上となり、多くの人が動くのに介助を必要とすることだろう。言及したこれらすべてのケースで、装具だけでなく、全身の動きを取り戻すことができる外骨格のようなテクノロジー開発も必要となるだろう。

3Dシステムズ社とエクソ・バイオニクス社はすでに、ロボット外骨格分野で開発を進めている。2社は共同で、「エクソ（Ekso）」と名付けた、患者の麻痺の克服を支援することを目的とした3Dプリントのロボットスーツを設計している。この生体工学外骨格は、世界中のリハビリテーションセンターで、脳卒中、外傷、脳性マヒのような発育上の疾病によって歩行能力を失った人たちを支援するのに使われている。もう一つのブレイクスルーは、アルゴ・メディカル社の「リウォーク（ReWalk）」で、コンピューター化した外骨格を人の下半身にストラップで装着するものだ。この外骨格は、脊髄損傷、二分脊椎症や他の下肢障害を持つ人々が、立ち、歩き、階段を上るのを支援する。

米国国防高等研究計画局（DARPA）と米国軍は、歩兵隊に関してよく似たコンセプトに取り組んでおり、それは、軍隊がはるかに多くの資材と、同じくはるかに重い兵器をより長距離にわたって運搬可能にするというものだ。『エイリアン2』のロボット・カーゴ・ローダーから『オール・ユー・ニード・イズ・キル（訳注・原題Edge of Tomorrow）』のトム・クルーズまで、私たちは映画の中でそうしたシーンを目にしている。軍でのこの種の開発は商業利用につながることが少なくないが、このケースでは、民間部門において並行して開発が進んでいるのを目にすることができる。第4章で述べたように、特に日本では、高齢化する人口に対するヘルスケアと継続的な可動性の提供について非常に関心が強い。その結果日本は、人口高齢化のこうした問題の解決に向けて、海外から日本へのヘルスケア労働者の移民の支援よりも、ロボット技術の発展に取り組む姿勢を明確にしている。

ブレイン・マシン・インターフェイス

こうした新テクノロジーの多くは、制御のために脳とインターフェイスをとる機能が必要になる。そのためにはブレイン・マシン・インターフェイスの開発が必要で、それは最終的には、神経移植と感覚フィードバック分野での大きな取り組みにつながるものだ。

カナダ人のスコット・ルートリーは、ひどい交通事故の後の12年間、脳の損傷を受けて病院で寝たきりとなり、医師たちはその状況を「植物状態」であるとした。彼は朝起きて夜眠るのだが、どんな刺激に対しても全く反応を示さなかった。英国の神経学者であるエイドリアン・オーエンは、ルートリーを磁気共鳴機能画像法（functional magnetic resonance imaging：ｆＭＲＩ）の機械にかけて、一連の質問に反応して彼の脳が活動するのを測定することに成功した。それ以降オーエンは、この手法を使えば、おおむね5人に1人の植物状態の患者が刺激に反応して、質問に対して回答可能なことを示した。

エリック・ソルトは2002年に背中を撃たれ、首から下が麻痺してしまった。2013年、5時間をかけた手術で、南カリフォルニア大学医学部ケック・スクールの外科医たちは、ソルトの脳内に2個のチップを移植しその上に数百本の特殊なニューロンをつないだ。カリフォルニア工科大学の神経生物学者のリチャード・アンダーソンとその同僚が開発したこのチップは、神経を移植して、脳に埋め込まれたチップとの接続を介して、ソルトがロボットアームを制御できるようにするものだ。このテクノロジーはまだ初期段階にあるものの、数カ月の訓練の後、ソルトはロボット・アームを使って、「じゃんけん」で遊び、握手し、ビールを飲むのに加えて、スムージーを作るといったさらに高度な作業までできるようになっている。

DARPA出資のプロジェクトはさらに先に進んでいる。レス・ボーは40年前、電気事故で両腕を肩から失った。DARPAは、ジョン・ホプキンス大学の応用物理研究所（APL）と組んで、10年以上にわたって人体の神経システムに接続可能な装具肢の開発に取り組んできた（**図6－3**）。神経移植を使ったソルトのケースとは異なり、ボーは標的化筋肉再神経分布（targeted muscle reinnervation：TMR）と呼ばれる手術を受け、以前腕と手を制御していた神経の再割り当てを行った。チームは、バーチャル・シミュレーションを使って、脳波と相関のある神経パルスを割り出した。APLはロボット腕を彼の胴体に接続するために、特製のソケットを設計しなければならなかった。わずか10日間の訓練でボーは、物を持ち上げ、コップを棚から棚へと移動させ、さらに両腕を同時に制御することができるようになった。現時点では、APLでロボットアームを使えるのはボーだけであるが、ジョンズ・ホプキンス大学は次の持ち運び可能なユニットの開発ステージにある。

脳波をモニターする脳波記録法

(electroencephalography：EEG)を使って脳波をモニターする脳とコンピューターのインターフェイスは、すでに商業マーケットへの進出を果たしている。ニューロスカイ社のヘッドセットはEEGによる読み取りだけでなく、筋電図描画法(electromyography：EMG)または筋肉の収縮と他の動きの記録を使って、ヒトの集中レベルに関する信号を検知し、オモチャやゲームの制御をしようとしている。エモーティブ・システム社は、EEGと表情を読み取り、ゲーム経験を強化するヘッドセットを販売している。パズルボ

図6-3 ● コロラド在住のレス・ボーが思考制御のロボット装具を装着した様子

出典：ジョンズ・ホプキンス大学応用物理研究所

ックス・オービットは、EEGヘッドセットを使って操作する遠隔脳制御ヘリコプターだ。

現在、病院にあるEEGヘッドセットは、100かそれ以上の電極があって導電性ジェルを使って頭皮に装着する代物で、数万ドルもする。一方でニューロスカイは、親指の爪サイズのセンサーを使い、導電性ジェルは不要で、わずか20ドルで売られるヘッドセットにつなぐことができる。他のスタートアップ企業でも、EMGと網膜の変化を測定する眼電図記録法（electrooculography：EOG）を使った玩具のプロトタイプを製作している。この最も直接的な利用法は、ゲーム環境内で、見ている場所と示している感情に基づいてポジティブなフィードバックを行うことだ。このテクノロジーではセンサー網が非常に迅速に構築され、対象者がハッピーか、恐怖を感じているか、悲しいかを区別できるだけでなく、ウソをついているか真実を話しているかまで判別することが可能だ。

ソルトが使っている神経移植のようなテクノロジーが商業利用に耐えうるまで洗練されるには、あと10年くらいかかりそうだ。神経移植とロボット外骨格の進歩からすれば、次の10年には麻痺のある患者が再び歩けるようになるのは当たり前のことになるだろう。しかしながら、現在私たちが使っているゲーム・コンソールとタブレットのような機器を何らかの形で神経インターフェイスと組み合わせるようなことは、2〜3年のうちには起こりそうだ。単に娯楽向けでなく、自閉症、脳障害、身体障害、神経障害などの治療向けも含まれる。未来のスマートフォンは、考えただけでメッセージに答えられるようになるだろうか？　考えうることではあるが、そのためには神経移植が必要になる。

人々はテクノロジーを、単に機能面の治療や回復に使うものとしてみるだけでなく、徐々に生活や意思決定を拡張するものとして使い始めている。何かをグーグル検索する、GPSを使って帰路を見つける、フィットネス・モニターを装着する、意思決定を拡張するといったことが当たり前になりつつある。

現在私たちは、余暇や娯楽用に自己拡張を行っている。スカイダイバーはウィングスーツを装着して滑空あるいは「飛行」し、同時にそれをゴープロ（GoPro）のカメラで記録して、下降する自分たちの鳥瞰を再現している。1952年には、米国陸軍医療隊のクリスチャン・ランバートソン少佐が、自給自足型水中呼吸器（スキューバ：SCUBA）の開発に取り組んでいた。現在は、水中で息をするのに必要な装備を減らす人工えらが開発中だ。人類は何百年もの間、移動と視聴の能力を向上させることに夢中になってきた。現在手にしているテクノロジーは、そうした拡張を妨げるのが私たちの想像力だけであることを示している。

センサー、ウェアラブル、インジェスティブルとフィードバック・ループ

第3章で述べたように、心臓病は先進世界において最も多い死因の一つだ。その結果、心臓の健康は現在、世界的に医学の最大領域の一つとなっており、その上にあるのはガンとガン研究だけだ。この分野は、センサーとモノのインターネットのテクノロジーによって根本的な変化が始まっている領

域の一つである。

　パリの医師、ルネ・テオフィル・ヤサント・ラエンネック（1781〜1826）は、1816年、「聴診をサポートする」または患者の心拍を聴くために聴診器を発明した。1851年には聴診器は両耳用となり、それ以降は部分的な改良が施されてきていて、電子的な増幅もそれに含まれる。心臓の健康に関する次の飛躍進歩であり、医学界ですでに100年以上も使われてきたものが、心電図測定器だ。

　第3章ではサムスンのシムバンドを紹介した。センサー付ウェアラブルで、集中治療室の心拍モニターに匹敵する精度を有する。しかし心拍センサーは、手首だけでなく、可能性としては衣服や家具等を含む日常的な環境の中に埋め込むことが可能だ。

　アンダー・アーマー社とゼファー・テクノロ

図6-4 ● アンダー・アーマー社はスマート・クロージングの開発に本気で取り組んでいる

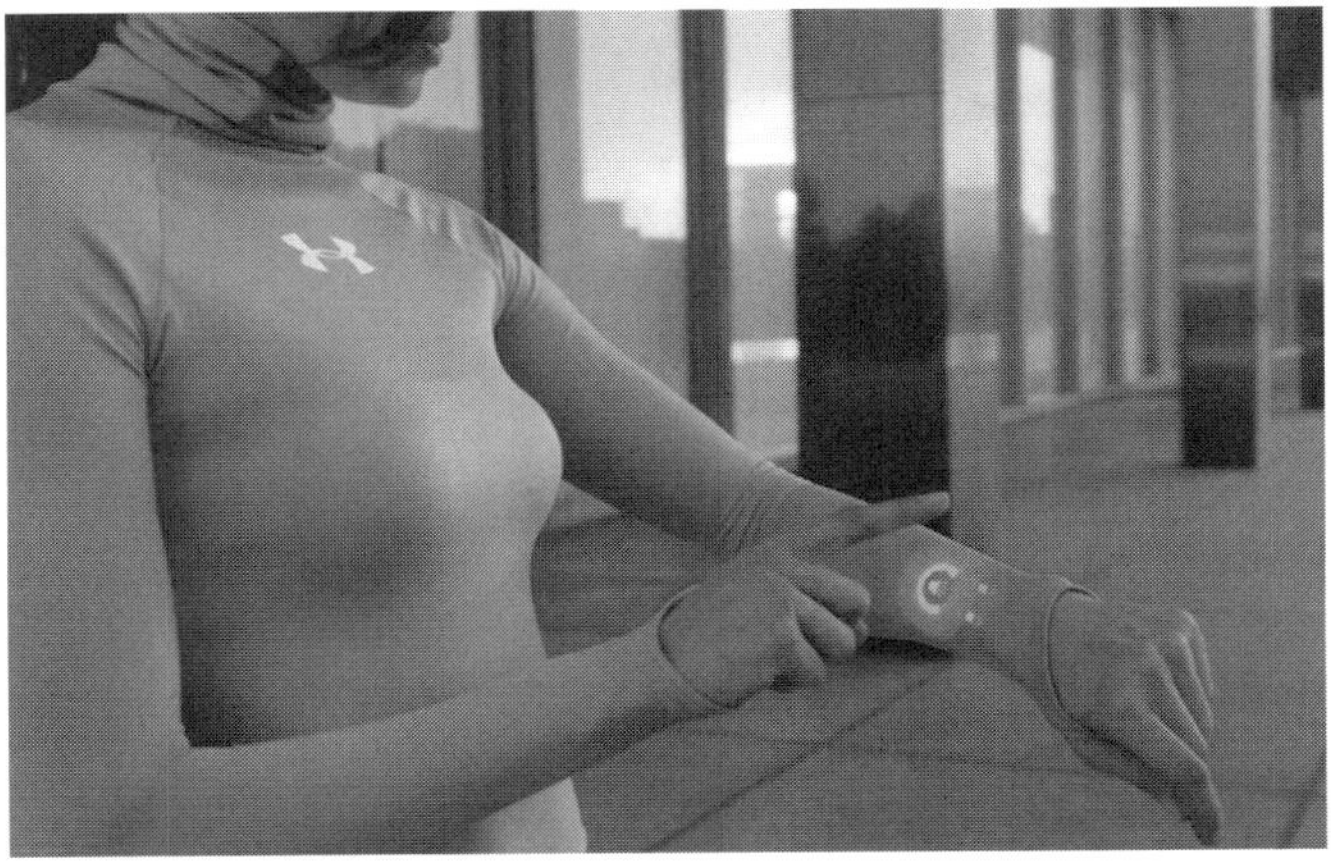

出典：アンダー・アーマー社

ジーズ社はすでに、E39（注7）スマート生体計測コンプレッションシャツを開発している（**図6－4**）。プロのアスリート用で、心拍バンドが服に組み込まれている。センサー装備のシャツは、心拍、代謝状況、体位、肺活量を含むアスリートのパフォーマンスを計測する。データによってコーチやトレーナーは、疲労や故障のリスクを避けてアスリートの練習を個人別にメニュー化できるが、それだけではなく、理論的にはそれをスタジアム内に発信して、観客を新しい形で巻き込むことも可能になる。プレーヤーの呼吸数、心拍の安静時回帰や加速に要する時間といったものが即時再生されることが、パフォーマンスを示す新たな数値となりうるだろうか？

２０１６年のＣＥＳ（コンシューマー・エレクトロニクス・ショウ）において、アンダー・アーマー社は数多くのスマート・フィットネス・テクノロジーを発表した。その中には、ＵＡバンド（フィットビットの競合品だが、複数タイプのトレーニング計測用に設計されている）、ＵＡスケール（体重だけでなく、体脂肪率を測定するスマート体重計）、スピードフォーム・ジェミニ2トレーナー（データ接続フットウェア）と新しいアプリがあった。アンダー・アーマー社はすでにさまざまなフィットネスアプリで1億6０００万人のユーザー（注8）を獲得しており、幅広いセンサーから毎日、膨大なトレーニングとフィットネスのデータを収集しているのだ。

本書を通じて、アップルウォッチのようなウェアラブルについてはすでに多く議論してきたが、現実には、今後私たちがより多くのデバイスを身に付け始めるということは起こりそうにない。それよりはるかにありそうなのは、現在もある衣服、メガネ、コンタクトレンズと腕時計のウェアラブル化がそのまま進み、そうしたパーソナルなテクノロジーが、時間経過とともにより煩わしくなく、侵襲的でもなくなるということだ。

『コンティニュアム（Continuum）』というカナダのテレビ番組が、2077年の未来に存在しうる、拡張された人間の姿を示している。2015年のナショナル・デザイン・アワード受賞者で、MITのアーティスト兼科学者であるジョン・アンダーコフラーの作品にインスパイアされて、番組は、北アメリカ連合（未来の政府であり、EUと似た経済共同体）のシティ・プロスペクト・サービス（CPS）という法律施行局に焦点を当てている。主人公の1人は、CPSスーツを装着しており、それは銅、カーボンナノファイバーと他のメタ素材から作られている。極限を極めたスマート衣服には、ディスプレイ、法医学データ処理と負傷者対応のための生体測定および医療道具一式を含む先進的センサー、磁場生成機、電気ショック銃、圧電発電、防弾チョッキ、多少の外骨格機能、そして光学迷彩までもが装備されている。それらすべてが、CMR（cellular memory review/recall）と呼ばれるユーザーの神経インターフェイスと共に機能するのだ。

ここで想定されている未来が実現するまでにはまだ50～60年かかるかもしれないが、こうしたテクノロジーの基本部分については、すでに取り組みが進んでいる。2015年のグーグルの年次開発会議では、グーグルの先進技術・プロジェクトグループ（Advanced Technology and Projects Group：ATAP）が、タッチ操作を検知する布地の開発に取り組んでいることを発表した。ジャカードというプロジェクト名のこの取り組みには、リーバイスや他の製造業者からの支援も含まれている。単なる目新しさを乗り越えるためには、現行の産業用織機でそのまま利用可能な糸が必要となる。ATAPは日本のような場所で布地の専門家と組んで、工業織布プロセスに耐えうると同時に実際の服を作るのに十分見栄えのする導電性の糸の作成に取り組んできている。

この考え方は、製造しやすく現行機器が利用可能なスマート衣服を作ろうというものだ。グーグルのイワン・プピレフはGoogle I/O 2015において、ロンドンのテーラーで製作されたベージュのジャケットを開発者たちに見せたが、それは身体の動きや他のデータを処理可能なものだった。ジャケット製作に使われた布地の15%はATAPによる導電性糸である。プピレフはイベントの場で「これはいわゆるウェアラブルではない。ジャケットと呼んでいいだろう」と述べている（注9）。

現在利用可能または取り組み中の、スマート衣服関係の代表的イノベーションには次のようなものがある。

- 動作検知パンツ／スラックス
- 近接距離検知シャツ
- 心拍検知ブラジャー
- スマート・ランニングシューズ

・ネットワーク対応ジャケット
・神経伝達ヘッドセット／ヘルメット
・バイオセンシング下着
・負傷防止用の装甲付衣服
・ナノファイバー（多種あり）

もちろんのこと、センサーはよりスマートでより小さくなってきているため、「装着」する必要は全くなくなるかもしれない。

スタンフォード大学の研究者たちもまた、新しいタイプのウェアラブル・センサーを開発した。これは心拍モニタリングで、非常に低価格であり、患者への適用が非常に簡単で、影響もたいへん少ない。化学工業分野の教授であるゼナン・バオが開発したのは、紙のように薄い切手サイズのセンサーで、柔軟な生物由来の素材でできており、粘着ばんそうこう（またはプラスター）の下につけて手首に貼り付け、脈を測ることができる。

スイスでは別の進歩の成果がみられており、スイス連邦工科大学ローザンヌ校（EPFL）の科学者チームは、血中の重要化学物質をモニタリングする、世界最小の医療用インプラントを開発した。デバイスは14㎜で、5つまで指標を測定でき、それには心臓発作が起こる／起こったことを示すトロポニンのようなタンパク質も含まれる。デバイスはブルートゥースを使ってスマートフォンにデータを送信し、トラッキングすることが可能だ。デバイスはブドウ糖、乳酸、アデノシン三リン酸（ATP）の量もトラッキング可能であり、さまざまなタイプの活動における生体モニタリングや、糖尿病のような病状のモニタリングといった高価値のデータを供給してくれる。

プロテウス社はすでに、インジェスティブル（服用可能）で、体内の健康状態をモニタリング可能なセンサーを開発している（**図6－5**）。プロテウスの服用可能センサーは、以前はプロテウス・インジェスティブル・イベントマーカー（Proteus Ingestible Event Marker：IEM）として知られていたもので、錠剤中に入れることができ、胃液によって活性化され、作動力を得て、対になっている皮膚に貼るパッチへと、身体を通り抜けて信号を送信する。センサーは砂粒ほどのサイズで、心臓障害、高血圧、メンタルヘルス、移植、糖尿病、結核の前臨床および臨床試験において、安全性と稼働実績が証明済みだ。皮膚パッチも独自に患者のバイタルと身体の動き、運動などの身体活動を計測している。そしてすべてのデータはセンサーとパッチからスマートフォン上のプロテウスのアプリに無線送信される。

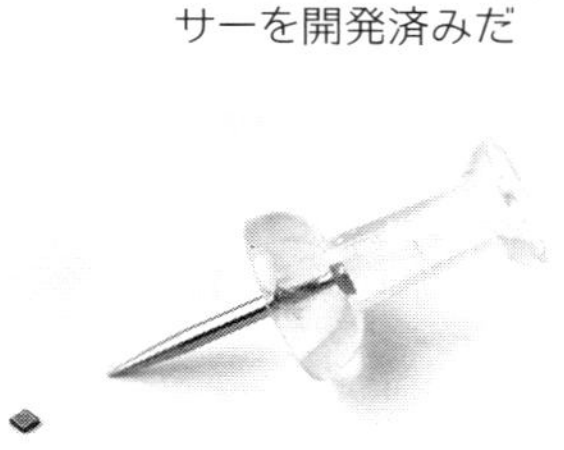

図6-5 ● プロテウス社はピンの先サイズのインジェスティブル・センサーを開発済みだ

プロテウスでは、このアプリとセンサーとその経路の組み合わせを「レジン・システム（Raisin

System)」と呼んでいる。システムは、処方の遵守状況、心拍、睡眠パターン、身体活動およびストレスレベルといった、行動、心理、治療関係の数値を収集・統合する。データは患者やユーザーだけでなく、患者からアクセス権限を付与されたヘルスケアの専門家にも共有される。

センサーは、食物連鎖の中にある生分解性素材で作られているため、安全で毒性はない。

「IEMは2つの素材でできていて、それが胃液と接触するとIEMに電力が供給されます。IEMは2つの素材の間を流れる電流を変化させてデジタル信号を発生させ、それが検知されます。IEMは電池、アンテナ、受信機を持たず、人体を使って電力を供給し、プライバシーを維持する方法で個々独自のシグナルを送信するので、RFIDのような、複雑で高価でプライバシー上問題のあるアプローチよりも優れているのです」

——マーク・ゼブリック、プロテウスCTO、共同発明者

ムーアの法則をこの種のインプラントにも適用するなら、5～10年のうちにこのセンサーは現在の20分の1のサイズになり、注射して血流の中を動いて健康状態データを送信することが可能になる。AIと組み合わせれば、このようなセンサーは問題の発生を予測し、ウェアラブルデバイスかスマートフォンとの組み合わせによって医療の専門家に連絡して、不調時に助けてもらえる。未来には、デバイス自体が血流の中で治療までも施すことになるかもしれない。

アライブコア社はサンフランシスコの民間の心臓健康テクノロジー企業で、不整脈や不規則心拍の特徴を割り出すプロセスを自動化することに取り組んでいる。同社のアプリに入っているアルゴリズムはFDA（米国食品医薬品局）の認可を取得しており、心房細動の発生を検知可能だ。また、アプリは心臓の異常な動きに関する周辺情報ログの取得も行う。例えば、コーヒーの摂取やストレスとの関係などだ。

「2〜3年後には、この業界では、今後3日の間に心臓発作を起こしそうな人の特徴を特定可能になると考えています」

——ユアン・トムソン、アライブコアCEO

サムスンのシムバンドのようなデバイス上のインターフェイスを使うとはいえ、センサーが収集する心電図データと、心電図データの解釈アルゴリズムとを合わせて使って心臓状態の問題を予測するというのは、まるでマジックに近い。例えばキーボードでやるように、データを手でフィードバックループに打ち込むことはなく、医者にデータを収集してもらう必要もない。その代わりに、センサーが自動で日々刻々とデータを収集するのだ。

胸の痛みを覚えて医者にかかると、医者はその時点では、心臓に何が起こっているかを確認することしかできない。ところがこの新しいテクノロジーでは、心臓の健康度合いを長期にわたって見て、患者の長期にわたるベースライン（あるいは同年齢層等の類似グループデータ）と常時比較することが可能なのだ。こうしたデータ収集能力とレベルを医者と比較することは不可能だ。スマートウォッチやセンサー網が心臓発作が差し迫っていることを検知した場合、最初にたたく扉はおそらく医者ということになるだろう。しかし、ここで重要な要素となるのは、医者がどんなデータを参照できるかだ。医者が患者をうまく手当てできるのは、医者が優れているとか心臓発作治療に山のような経験を積んでいるからではなく、患者の心臓状態が時間経過とともに徐々に変化していく様子を見ることができるからなのだ。

このことが、保険会社が付保を断る新しい理由になるのではないかと懸念を示す向きもある。しかし本当のところはその逆だろう。近いうちに、「センサーを着けていない人」は、保険会社が付保を断るようになるだろう。付保するリスクが高過ぎるからだ。センサーを使わない現行健康状態の評価方法で信頼できるものはないが、もっと重要なのは、リアルタイムで健康リスクを低減する方法はないということだ。

こうしたセンサーが非常に低価格であることと、スマートフォンのユビキタス性を考えれば、将来は、すべての人にセンサーと基本的なヘルスケアＡＩによる保護を提供することが、他のどんな方法よりも低コストになるだろう。読者の政治的感性が怒りの声を上げる前に言っておくが、これは社会主義的政策ではない。ムーアの法則が機能していることの新しい例に過ぎないのだ。センサーのコストがほんのわずかで、それをＡＩにつなげば人々の健康が増進され、診断の精度は上がり、国のヘルスケア費用は低減されるとしたら、大きな政治的反動が起こって、将来センサーがヘルスケア・システムに組み込まれることを妨げようとするだろう。

プライバシーがこの種のテクノロジーを葬るものとなると考えるかもしれない。しかし、私たちの子供たちはすでに、祖父母たちがプライバシーについて考えていたのと大きく異なる見方をしていることを忘れてはならない。プライバシーの問題については第10章で取り扱いたい。

感覚の拡張

私たち人間の感覚の拡張で最も早く起こったのは、おそらくメガネ、そして望遠鏡の開発だろう。メガネは13世紀のイタリアにまで遡るが、１７００年代には当たり前のものとなっていた。最も早くメガネをかけたのは、その仕事の細かさから、僧と学者であったとされている。初期のメガネは目の前で保持するか鼻の上でバランスをとるもので、拡大鏡から発展した。１４５２年の活版印刷の発明、識字率上昇と書籍の入手可能性増大が、新たな安価なメガネのデザインと大量生産を促した。しかしながらレンズ技術が登場すると、ガラスを使って視力を拡張することが急速にテクノロジーの利用方法となっていった。

ロジャー・ベーコンは、１２５０年頃に拡大鏡を発明したと言われている。最初の複合顕微鏡（凸レンズと凹レンズを組み合わせている）は、オランダの最盛期である1590年代に生まれたという証拠が残っている。最初に望遠鏡の特許を申請したのは、ハンス・リッペルスハイというオランダ人のメガネ職人だ。リッペルスハイは1608年に、3倍の拡大率の器械を発明したと申請した。彼の望遠鏡は、凹レンズの接眼レンズと凸レンズの対物レンズを組み合わせたものだった。彼が設計のアイデアを得たのは、店にいた2人の子供が2つのレンズを持っていたところ、遠くの風見が近くに見えたのを観察していたことからだという逸話がある。彼が別のメガネ職人のザカリアス・ヤンセンのデザインを盗んだという主張もある。その数年後、ガリレオ・ガリレイは、「顕微鏡」という名前の最初の器械を完成させた。その名前はガリレオの同僚で、ドイツ人の法王の医者で、植物学者で美術品収集家のジョバンニ・ファベールがつけたものだとされている。

回折限界として知られる光学の基本法則は1873年に最初に導かれたもので、顕微鏡の解像度は、それが見える光の波長の半分よりも決して高くならないというものだ。可視光の場合、この限界は100万分の2メートル、あるいは人毛の太さの500分の1である。そのため、バクテリア、細胞、DNAや個々のタンパク質を像としてみることは不可能だろうとされていた。

この不可能と思われていたことが、今や現実となっている。2014年、エリック・ベツィグ、ウィリアム・モーナー、シュテファン・ヘルは、超解像蛍光電子顕微鏡の設計によってノーベル化学賞を受賞した。これによって1873年に唱えられた回折限界は打ち破られ、光学顕微鏡がナノレベルの世界で利用可能となった。その1年前の2013年、米国物理学協会は、水素原子の量子波動関数の初めてとなる画像を公開して、「シュタルク効果」として知られるものを形にして見せた（注10）。オランダのFOM量子・分子物理学研究所が開発した量子顕微鏡を使って、研究チームは光電離と静電拡大レンズを使って励起された水素原子の電子軌道を直接観察することができた（**図6－6**）。ガリレオも誇らしいことだろう。

　現在の量子顕微鏡はスクイーズド光と呼ばれる技法を使っており、量子力学（およびハイゼンベルクの不確定性原理）を使って、光束の中のすべての光波の強さを弱めて強制的にすべてに同様の位相を持たせる。研究者たちは、この技法を使って量子の状態をナノメートルサイズで撮影できると考えている。

　その一方で私たちは、NASAのケプラーや、ジェミニ計画惑星撮像装置（Gemini Planet Imager：GPI）、トランジット系外惑星探索衛星（Transiting Exoplanet Survey Satellite：TESS）といった太陽系外惑星探索用望遠鏡テクノロジーを使って、他の恒星を周回する惑星を測定するだけでなく、その画像化まで行っている。

図6-6 ● 左の画像は水素原子の量子構造で、光子顕微鏡によって撮影したもの。右の画像は遠い恒星を周回する3個の太陽系外惑星

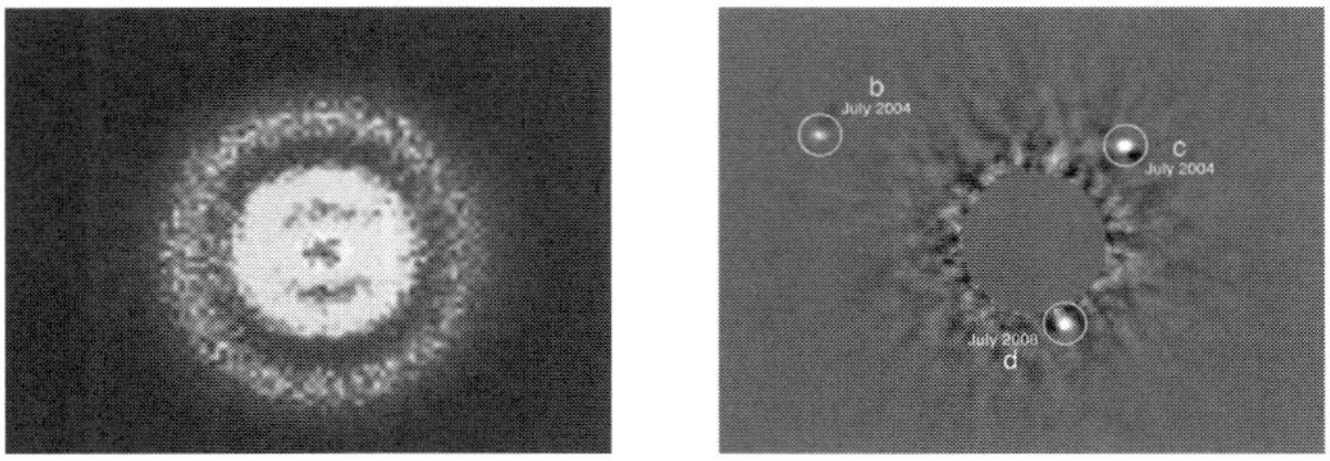

出典：AMLF FOM研究所およびジェミニ望遠鏡

2015年12月時点で、すでに1900個の太陽系外の恒星を周回する惑星、つまり太陽系外惑星が発見されており、それ以外にも現在4700件の候補が評価中となっている（注11）。

私たちは視覚を拡張し、量子世界の構造を、そして光年を超えた宇宙深くをのぞき込んできた。論理的には、日常的な視覚の拡張が次の領域となる。『コンティニュアム』『アイアンマン』『バットマン』『デウスエクス』あるいは現代のF22ラプタージェット戦闘機のいずれにせよ、ヘッドアップ・ディスプレイ（HUD）（注12）による視覚の拡張は、その後50年以上もの間、SF世界と軍用機にとって中心的な存在だった。

2013年にグーグル・グラスが発表された時には、壮大なメディア宣伝が行われた（注13）。グーグル・グラスは、ウェアラブル・テクノロジーと拡張現実（AR）の双方における次の大きな飛躍的進歩と考えられたが、テクノロジーにおけるすべての飛躍と同様、揺るぎない情熱か控えめな冷笑のどちらかに迎えられた。しかしながらメディアの文脈では、このグーグルの最初のヘッドアップ・ディスプレイは、従来のHUDと没入型ARのいずれにも当てはまらなかった。これは明らかに、視覚拡張オーバーレイ（enhanced vision overlay）の発展の第一歩である。

読者の中には、グーグル・グラスのようなものは決して装着しないと考えている人もいるだろう。ソーシャルメディアが名付けたように、「アホメガネ（glasshole）」（訳注・グーグル・グラスに指示する際の言葉が馬鹿げた独り言のように聞こえる等からきたとされる）の仲間などには決してなるものかということだ。しかしこれを、900年の長きにわたる人類の視覚拡張テクノロジー開発の一部ととらえるなら、これは次なる論理的段階なのだ。

この領域における最もエキサイティングな発展の一つが、新しい眼球内レンズあるいは「バイオニック」レンズであり、ガース・ウェッブ博士率いるカナダのブリティッシュコロンビア州のベンチャー企業が製造しているものだ（**図6－7**）。現在臨床試験中のこのレンズは、視力を矯正するだけでなく、自然な通常視力の3倍もの視力を付与するものだ。レンズは先進的な生合成技術を使って作成され、個々人ごとにカスタマイズされており、簡単な8分間の処置で現行の水晶体と置き換えられる。処置の間に小さな2㎜ほどの切開が行われ、現行の水晶体が抜き取られて、生理食塩水で満たされたスポイト内にタコスのようにたたまれたバイオニック・レンズが眼球に入れられて、レンズはそこで数秒のうちに広がる。この処置が完全に誰の視力でも拡張できるのであれば、視力のない人々がどれだけこの処置を受け入れるだろうか？　スーパー拡張視力、悪くないではないか。

図6-7 ● オキュメトリクス社のバイオニック・レンズは通常の3倍の視力を提供可能だ

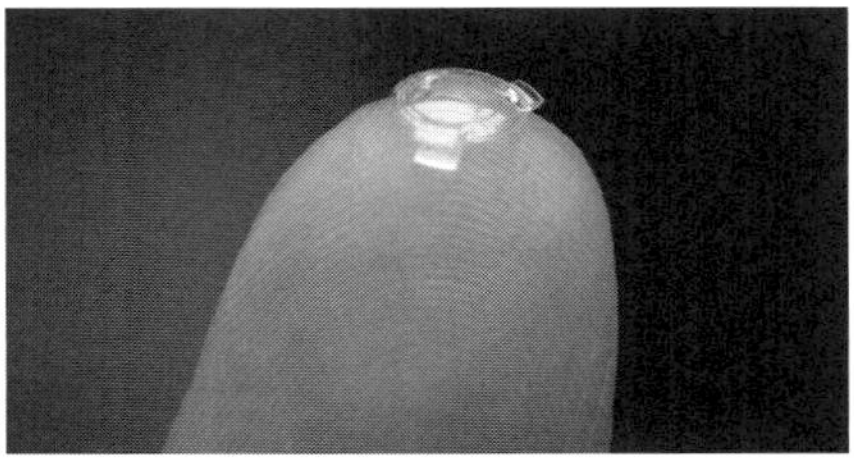

「これは、世界で初お目見えの視力強化方法です。現在、10フィートの距離からようやく掛け時計が見える程度なら、バイオニック・レンズを使えば、30フィート先からでも見えますよ」

――ガース・ウェッブ博士、オキュメトリクス・バイオニック・レンズ発明者

こうしたレンズにヴァルスパー社のエンクローマ・コーティングのような技術で処理を施せば、新しいレンズは理論的には色盲でさえ矯正可能だ。ウェッブ博士は、オキュメトリクス・バイオニック・レンズは2〜3年のうちには一般に利用可能だと言っているが、私たちはそれを見守る以外にない。しかしながら、材料科学、製造プロセス、新しい医学テクニックによって、次の20年にはこの種の進歩が可能になるだろう。

このようなレンズが他の機能を内蔵することも遠い未来ではなさそうだ。2014年前半に、グーグルXは、ノバルティス社のアイケア部門と共に、ブドウ糖水準を検知して自動で焦点を調整するコンタクトレンズの開発プロジェクトへの取り組みを発表した。例えば、ノバルティス－グーグルのレンズのプロトタイプの一つはチラリと光る程度のサイズのデバイスを内蔵していて、それが涙に含まれるブドウ糖を計測する。血糖値測定のために指に針を刺す必要があるという、糖尿病患者の苦痛を低減するために設計されたものだ。グーグルは、コンタクトレンズが太陽光で駆動可能だとまで提言している。

生体測定センサーと検知から、拡張現実と暗視能力まで、私たちの眼にはユニークな拡張機会がある。データとそこから得られる洞察で視力を拡張するとしたら、何を見たくなるだろうか？「ターミネーター」的な拡張視野と「600万ドルの男」的な超聴覚を手に私たち皆が歩き回ることになる

のか、それともこれはもう少し違う意味合いを持つものになるだろうか?

拡張現実、個人用HUD、視覚強化

拡張視覚を、デジタル世界と現実世界のギャップに橋渡しをして新しい世界を開くものととらえることが、多くの企業にとって誘惑となることは間違いない。特に3Dゲーム、位置情報ベース・マーケティング、コンテキスト活用コマースの領域ではそうだ。私たちは今でもすでに、大量の通知やアプリケーションからのフィードバック、そしてオファーなどに閉口気味になってきている。運転中や、店に足を踏み入れる時や、オフィスで資料に向かっている時に、この種のデータが私たちの視野に割り込んでくることが本当に必要だろうか?

私たちの視野の拡張が、次世代のグーグル・グラスとかスマート・コンタクトレンズのいずれによって提供されるかにかかわらず、そこでの情報の妥当性については「コンテキスト」が唯一の重要な推進要因となるだろう。ヘッドアップ・ディスプレイ(HUD)装着によって提供される情報は、格段にパーソナル化され、高度に状況に応じたものであることが必要だ。そうした情報は通常短命で、その瞬間の意思決定を強化するためだけに存在するものだから、非常に高度な事前処理アルゴリズムによって支えられていなければならない。これは単に、誰かからの呼びかけとか、フェイスブックの更新に「いいね！」を押した人のポップアップを見るようなものではない。

１９４２〜１９５５年、英国空軍の電気通信研究部隊と米国海軍の研究開発局は、初期型のＨＵＤのさまざまなモックアップの研究を行った。１９５８年、英国海軍はブラックバーン・バッカニアという艦載型の亜音速攻撃機を配備し、同機は初の実用型ＨＵＤを搭載していた。するとすぐに、戦闘機のＨＵＤ設計における重要な原則が明確になった。パイロットがレーダー画面や計器を見るのに視線を落とさなければならないなら、特に戦闘状態にある場合は、飛行動態が変化したり、パイロットの状況認識が急速に失われることが起こりうる。したがってＨＵＤの設計には、パイロットが能力を最大限に発揮して、飛行機の操縦に関する目の前の必要操作に集中し、ピント調整を行わずに意思決定を行えることが求められる。パイロットがこの新テクノロジーを使うと、特に高ストレスで状況変化の激しい戦闘状態における操縦能力が高くなることが明確になって、このテクノロジーは戦闘機に常備されるようになった。１９７０年代には、民間航空機で同様のテクノロジーの利用が始まり、現在ではボーイング７８７のような旅客機でＨＵＤの装備が標準となっている。

さらに一歩話を進めれば、個人用ヘッドアップ・ディスプレイ（ＰＨＵＤ）の原則はシンプルで、意思決定用に視野を拡張はしても基本ミッションからは外れないようにすることだ。ラリー・ペイジには申し訳ないが、ここでは眼に直接届く宣伝の量を増やすことには発展性はないだろう……。

拡張現実ＰＨＵＤ設計の初期的な試みでは、視野の中に大量のデータを入れることに注力していたが、このテクノロジー適用がうまくいくのは、高度に絞り込まれ、非常にパーソナルで、コンテキストに十分に相関性があるケースだ。個人用ヘッドアップ・ディスプレイの成功の一部を担うのは、正しい情報を正しいタイミングで提供することだ。それは、より多くのコンテンツを押し込む新たな「チャネル」ではない。利用者の視覚は強化されても、決して遮られてはならない。意思決定は拡張できても、注意を逸らすものは最小化しなければならないのだ。

この場合、戦闘機パイロットと民間パイロット向けHUD設計のベンチマークがよい基準となる。前述したように、初期のヘッドアップ・ディスプレイは、パイロットの作業負荷を最小化するよう設計されていた。操縦という作業を決してリスクに晒してはならなかったからだ。

まずコンテンツについて、重要性または優先順位の順に議論しよう。次いで、今後20年間にPHUDにもたらされる最も有望なテクノロジーについて検討する（**図6－8**）。

図6-8 ● 個人用ヘッドアップ・ディスプレイは利用者に何を知らせるだろうか？

出典：Bern Stock

健康、バイタル数値、バイオメトリクス

日常的情報として最も重要なのは、生体計測のフィードバックである可能性が最も高い。主には全体的な肉体的健康状態に応じて対応が必要なアラートだ。私たちが眼にするアラートの種類は、すでにアップルウォッチやフィットビットの通知として姿を現し始めている。例えば、あまりに長く座ったままでいるとか、心拍が上がったとかだ。PHUD内に展開する可能性の高い生体計測アラートの例は次のようなものだ。

- 血糖値の上昇（糖尿病対応）
- 鉄、ヘモグロビン、肝臓中の酵素生成レベル等の過少または過多
- 血中アルコール限度、それによる運転の防止（画像安定化は当然だ）、あるいはカフェイン、砂糖、高果糖コーンシロップの過剰摂取等
- 肉離れや怪我が起こりそうな状況の警告
- 心臓、腎臓、呼吸の異常
- 負傷の分析と対応策の提示

・酸素状態測定（血流中の酸素レベル）
・中核体温と発熱の警告
・T細胞または免疫システムの反応状況

これは統合的な健康管理の中に組み込まれ、情報の優先順位付けという意味では大部分が設定変更不可能になるだろう。換言すれば、アラートがあると、それが他の項目よりも高い優先順位となる。なぜなら、アラートは健康や体調に直接的に影響を与えるものだからだ。もちろん、いったんアラートを眼にしたらそれを切るというオプションはあるだろうが、ヘルスケア専門家のサポートを得たり、一連の具体的行動をとったり、薬を摂取したりして対応するまでは、重要なアラートは何らかの形で視野の中に現れることになると考えられる。最終的には、使用しているインジェスティブル・デバイスが投薬を行って短期的に問題を解決することも可能かもしれない。例えば、糖尿病持ちの患者が注射を打つ代わりにインプラントを使ってインシュリン水準を維持する場合、それはPHUDがアラートを出して、患者がインプラントによる対応を承諾するという組み合わせ対応となるかもしれない。

アラートは、その重要度に基づいて優先順位付けがされる。従って重要なアラートは、視野の（集中表示された）フィールドの最上部か最下部に点滅表示してハイライトされる。対照的に、重要度の低いアラートは、視野の一角に表示されるかもしれない。緊急の対応や認識が必要でない情報は個人のデバイスの対応に任されて、PHUDに全く表示されなくても構わないということになりそうだ。

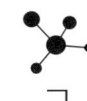

コンテキスト型意思決定と最適化

次の重要領域は、意思決定の補助機能だ。これには、状況の認識と日々の行動シナリオのナビゲーションが含まれる。情報の補強によってリアルタイムの意思決定が容易になる。そのほとんどは設定変更と選択が可能だ。以下にこの種のＰＨＵＤシナリオをいくつか示そう。

・歩行中のＧＰＳ方式での道筋案内（ＧＰＳによる運転アラートは、状況に合わせてクルマのディスプレイに表示されるか、自動運転ＡＩからのフィードバックに委ねられる）
・ドップラーレーダーのアラートによる落下物や人の往来等の警告
・天候、毒物、気温等の環境要因アラート
・運動や活動のリアルタイム・フィードバック
・小売店で手にとっているか目を留めている商品のレビュー
・支出／資金アラートによる通常外活動や購買行動のリアルタイム表示
・外国語環境における重要情報の翻訳。例えば、立入禁止区域、電気ショック危険区域、有毒物環境への露出、食物中のアレルゲン等

・イメージ認識および顔認識の合図

ここでの明確な目的は、使用者にコンテキスト上の手掛かりを提供して、リアルタイムの意思決定をガイドすることだ。その情報のタイプは、意思決定をするか一連の行動を起こす前にスマートフォン上で通常探すであろうものだ。使用者が自分でリアルタイムにスマホとやり取りする代わりに、個人用AIが使用者の好みやスタイルを学習して、最もよく参考にする種類の情報をリアルタイムで提供し、それをPHUD内での高優先順位へと移動させるようになる。

視野最適化および強化機能（長期的）

材料科学、光受容体、画像処理が進歩して、メガネやコンタクトレンズの中に（長期的に）統合されると、リッペルスハイやベーコンが夢に描くだけだった視覚の強化が可能になる。これはイメージ処理とその映像化の組み合わせだ。以下に挙げた機能の多くは実現までまだ20～30年かかるが、理論的にはスマート・コンタクトレンズと明視野映像操作のようなテクノロジーを組み合わせれば可能だ。

・防眩偏光

・デジタル・ズーム／拡大
・暗視および微光増幅
・色盲用色調補正
・赤外線熱イメージング
・ビデオキャプチャー

これらの機能のいくつかを目にしたことがあるなら、それは多くのデジタルカメラや特殊カメラ機材の機能としてそれらがすでに一般的な存在となっているからだ。しかし小型化技術によって20〜30年後には、スマートグラスや、さらにはスマート・コンタクトレンズの中にまでこうした機能を組み込むことが可能になる。

私にはわかる。米国の通関エリアに入る際には、ビデオキャプチャー機能のついたバイオニック・インプラントの機能オフや、バイオニック眼という危険物の没収を求められるようになるだろう。

バイオニックの両耳聴覚強化

内耳の蝸牛へのインプラント開発は、1950年代の早くに始まっている。1957年には、パリの医療物理学教授のアンドレ・ジョルノ博士と、パリの耳鼻科医のシャルル・エリエは、両側性真珠腫を患っているろう者の患者に対して患者の内耳または鼓膜に残っている聴覚神経線維に電気刺激を与えることによって、部分的に聴覚を復活させることに成功した。１９７０年代には、複数電極（マルチチャネル）移植の実験に関するさまざまな特許が申請された。しかし、世界中の医療組織がテクノロジーについて一定のコンセンサスに到達したのは、１９９７年になってのことだった。最終的には、フランス企業のベルタン社が１９７７年に申請した特許が、それ以降強い影響力を持っている。

蝸牛インプラントは、聴覚障害を持つ世界中の何万という患者に聴覚をもたらしている。しかしながら、次世代のバイオニック耳は、人間を超える聴覚を私たちにもたらしうる。

図6-9 ● バイオニック耳は、生まれつきのオリジナルの耳よりも高い聴力をもたらす

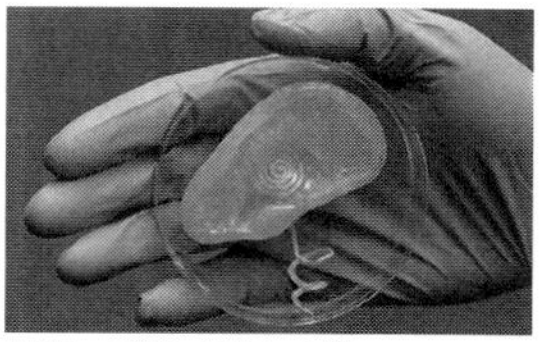

出典：プリンストン大学
https://www.princeton.edu/news/2013/05/08/printable-bionic-ear-melds-electronics-and-biology

２０１３年、プリンストン大学の科学者たちが、ハイドロジェルという再生医療で一般に使われる素材を使って、人間のものに似たバイオニック耳を３Ｄプリントした（**図６－９**）。ハイドロジェルには子牛の細胞が注入されており、無線を伝導する銀のナノ粒子を内蔵するポリマーと混ぜ合わされていた。子牛の細胞は成長して軟骨となって硬化し、コイルアンテナを包み込んだ。テストの結果このバ

イオニック耳は、1メガヘルツ〜5ギガヘルツの幅広い周波数領域の信号を受信することが見出された。それは通常の人間の可聴範囲である20ヘルツ〜20キロヘルツをはるかに超えるものだ。

バイオニック眼とレンズで通常視力の3倍が見えて、コンタクトレンズが個人用ヘッドアップ・ディスプレイを表示でき、バイオニック耳で生来の耳の1000倍の聴力が得られるなら、これらのテクノロジーで拡張を行って、人類を継ぐ存在となる道を選ぶ用意はあるだろうか?

拡張現実と仮想現実のある生活——現実と仮想の連続

マジックリープ社のデジタル・ライトフィールドのようなテクノロジーは、現実の深さを持つイメージを視野に入れることを意図するものであり、一方、マイクロソフト社のホロレンズは、高画質ホログラフィーによるシースルーのコンピューティング・プラットフォームの第一世代だ。この分野で追求されている研究領域で最も有望なのは、レーザー・プロジェクションの活用で、特別装備のメガネから網膜上に直接イメージを投影するものだ。旧式の拡張現実の考え方は、視野内の小さな画面に鏡を介して投影か反映される方式の一辺倒だった。グーグル・グラスもそれに含まれる。新しいテクノロジーでは、眼の正面にマイクロレンズを置いて透過型ディスプレイか有機発光ダイオード(OLE

D）ディスプレイを経由させるか、レーザーや他の投影方式を使って眼球面に直接表示する方法で、より高い解像度と鮮明なイメージが得られる。これらすべてのテクノロジーは、主に現実の拡張を意図したものだ。

対照的に、オキュラス・リフトのような仮想現実（VR）ヘッドセットでは、1080画素×1200画素の解像度の液晶ディスプレイ（LCD）あるいはOLEDパネルが湾曲ビューアー／ヘッドセットに内蔵されている。一般的なVRヘッドセットの特性は、ディスプレイは90ヘルツで、360度の位置トラッキング、統合型オーディオ、位置トラッキングボリューム、装着性と審美性に注力したデザインといったものだ。

視野に投影を行うシースルーのARとは異なり、VRは完全な没入型経験で、利用者を仮想世界に置くことを意図している。とは言え、ARとVRの双方とも、複合現実（mixed reality：MR）として知られるテクノロジー・アプローチだ。

領域を明確にしておこう。

・現実世界は、自然の眼を通して見ているものである。
・仮想現実は、完全な仮想世界に入る没入経験であり、それは処理能力の向上と画面解像度の改善によってもたらされる。VRヘッドセットは、オキュラス・リフト、HTCヴァイヴ、サムスンギアVRや他の形態で急速な商業化が進んでいる。

・オーグメンテッド・バーチャル（AV）は、仮想世界に現実世界のものを持ち込んで拡張し、VRに現実世界を結合させるものだ。

オーグメンテッド・バーチャルは全体を包含するかもしれない。例えば、仮想環境の中に利用者の身体を投影すれば、自分の手が仮想のドアの取っ手を回すのが見えたり、仮想環境の中を歩く自分の足を見下ろせる。そうした動きは、VRヘッドセット内か、VR設備が置かれる室内のいずれかにおけるトラッキングやモーション・センサーによって可能になる。トラッキング・システムは、リアルタイムでユーザーの身体をスキャンするか、環境設定の一部として高精度でユーザーをスキャンして、リアルタイム・スキャンに基づいて仮想の身体モデルを作ることで機能する（**図6-10**）。

このテクノロジーの初期的な商業化の例が、マイクロソフト・キネクト、HTCヴァイヴとオキュラス・リフトのようなVRヘッドセット等のテクノロジーを使って試行されている。しかし将来的には、こうしたトラッキング・センサーの解像度ははるかに高くなり、肌の色調や着て

図6-10 ● 複合現実の領域

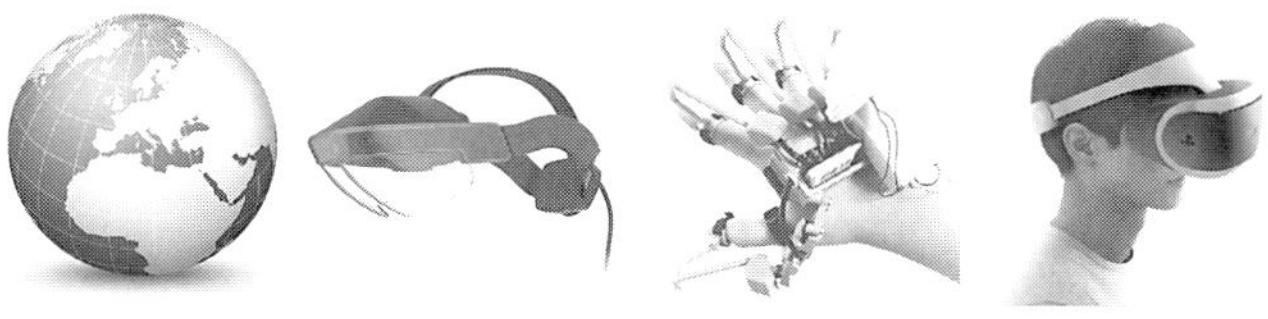

現実世界　拡張現実　拡張仮想現実　拡張世界

いる服、髪の色等の特徴を見分け、その自然な感じを仮想世界に投影するとか、動きをトラッキングして仮想世界のアバターにそれを投影することになるだろう。

VRユニットを動かすのは、非常に計算能力の高いコンピューターとハイパワーのグラフィックカードになりそうだが、ARユニットは自己完結型を意図したものとなる。自己測定とモニタリングについて第5章で議論した内容を敷衍するならば、スマートフォン、スマート衣服および他の個人デバイスが十分な計算能力を持つようになるにつれて、私たちは一種の並行処理コンピューティング・プラットフォームを装着して持ち歩き、それがクラウド上のユーザー自身の個人用処理スペースと常に同期をとることになりそうだ。20年後には、これによって非常に強力な分散型処理能力を持つことが可能になり、それは現行の最も高能力のスーパーコンピューターよりも強力なものになるだろう。

これについて考えてみよう。現在、市場に出回っている最もパワフルなスマートフォンとタブレットは4ギガヘルツのマルチコア・プロセッサを有しており、それは180ギガフロップスの処理能力をひねり出せる。ムーアの法則を使えば、2025年の一般的なスマート・デバイスはおよそ3～6テラフロップスの処理能力を持つと予想されるのだ！

スマートフォン、スマートウォッチ、スマートグラスや、スマート衣服、他のウェアラブルやインジェスティブルに内蔵されるコンピューティング力と、クラウド上にあって常時使える処理能力とを合わせれば、それは控えめにみても現在最も強力なデスクトップ・コンピューターの数百～数千倍の処理能力を有することになる。それらを身にまとえば、クラウドを通じて20～30テラフロップスの処理能力に即時にアクセスできる。そうなれば処理能力が問題にならないことは明白で、レティーナ・ディスプレイが標準となり、これらのすべてが、ユーザーの環境、パーソナリティ、嗜好や優先順位、ユーザー自身のバイオメトリクスとバイオフィードバック、そしてリアルタイムのコンテキストと行動に基づいて、個人向けパッケージに統合される（**図6-11**）。

図6-11 ● 2025年の拡張人類

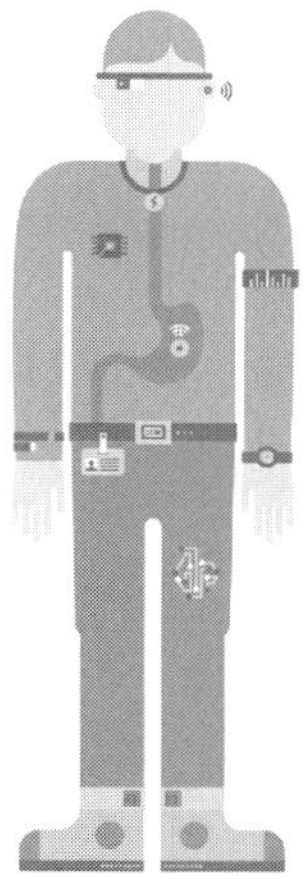

まだ初期段階とはいえ、マジックリープのようなARアプリケーションとオキュラス・リフトのようなVRアプリケーションはすでに大きな話題となっている。20世紀フォックス社に常駐する未来学者のテッド・シロウィッツは、マジックリープについて述べている。

「グーグル発の1兆ドルアイデアだ！」
——テッド・シロウィッツ、20世紀フォックス

さらに補強するものとして、レジェンダリー・ピクチャーズCEOのトーマス・タルは、マジック

リープについて「本当にスゴい。信じられないよ」と言っている。レジェンダリー社がマジックリープに投資していることには注目すべきだ。レジェンダリーが参加した資金調達ラウンドをリードしたのはグーグルで、2014年に5億ドルを超える額が注入され、マジックリープは2016年にさらに8億ドルを調達する予定だ（注14）。マジックリープはこの資金すべてを使って、何をやっているのだろうか？

マジックリープのテクノロジーは、拡張現実と仮想現実を組み合わせたウェアラブルを中心としている。デジタル・ライトフィールドで生成されたイメージを装着者の視野に配置することで、このテクノロジーは単なるPHUDを超えて、はるかに強く環境と連動するものとなる可能性を有している。マジックリープのテクノロジーは、ARヘッドセットやPHUDとして使うことができるが、さらにフルVRユニット（おそらく輝度は落とす）としても、あるいは仮想世界と現実世界の組み合わせとしても使うことが可能と考えられるのだ。

マジックリープのCEOは、マジックリープを「テクノバイオロジー」と呼んで、他のAR／VRアプリケーションとの違いについて説明している。

彼は答えた。「マジックリープはテクノバイオロジーであると考えることができます」そして説明した。「テクノバイオロジーとは、テクノロジーを私たちの生態に適切に適用して、魔法のような経験につなげることです」

——ロニー・アボヴィッツ、マジックリープ社CEO、レディットインタビュー「Ask Me Anything（AMA）」における回答、2015年2月24日

マジックリープは、ホロレンズの類とは異なっている。それは明らかにARであり、そこで予想されるのは、視覚的現実や映画的現実を、デジタル・ライトフィールドの投影によって利用者の視野中に重ね合わせることだ（注15）。アイデアはシンプルで、現実世界と視野中に重ねられた対象物との違いが感じられないということだ。

マジックリープの導入スケジュールは2〜4年となっている。これを念頭に置けば、個人用ヘッドアップ・ディスプレイが普及して私たちの日常生活と共にあるようになるのは、2025年よりも前になりそうだ。

仮想現実は、マジックリープ社の設計物よりもかなり前に商業的に発売されるアプリケーションと同じくらい有望だ。オキュラス・リフト用に最適化された入手可能なゲームをチェックしたければ、ピューディパイのフィードやその類のものがお勧めだ。

VRにおけるすばらしいイノベーションの一つがシミュレーション環境であることは疑問の余地がない。そこではARヘッドセットでは不可能な方法で世界を経験することができる。例えばスイスのチューリッヒにあるソムニアック社は、バードリーというフライト・シミュレーターを作り出した。バードリーは、オキュラス・リフトのVRヘッドセットと、ユーザーが腹這いに乗って腕を動かして

基本的には鳥のように感じられるフレームを組み合わせて、鳥のような飛行経験をシミュレートしてくれる（**図6－12**）。

「鳥のように飛びたいと夢見たことはないだろうか？　あなたはツイている。新型のフライト・シミュレーターのバードリーが、仮想現実の力によって、まさにそれを実現してくれる」
――『テレグラフ』誌（英国）、２０１４年５月

近い将来には、こうしたアプリケーションがもっと数多く出てくるだろう。同様に、全く新しい形態での映画の発展もある。テクノロジーの発展可能性を示すために、オキュラスＶＲの仮想現実短編アニメーションのＣＧスターであるヘンリーを例にとろう。ヘンリーは可愛いハ

図6-12 ● バードリーのVRシミュレーション装置

出典：ソムニアック社
http://www.somniacs.co/media.php

リネズミで、ハグが大好きだ。トゲだらけの存在であることが明らかに問題となって、ヘンリーは友達が作れずに悲しみにくれる。そして、10分間の仮想現実短編映画『ヘンリー』が、イライジャ・ウッドのナレーションで始まる。ヘンリーは自分の誕生日を祝っている。VRヘッドセットを装着すると360度のヘンリーの仮想世界に入って、映画を見るだけではなく、その中に参加することになる。単にそれを観ているだけではなく、実際にヘンリーの世界に入っているのだ。

『スターウォーズ』『タイタニック』『アバター』『カサブランカ』『トップガン』その他の昔の映画を再現して、その環境の中にいて、エキストラや主役までも演じられると想像してみよう。おそらく『スター・トレック』のホロデッキもそんなに荒唐無稽な体験ではないかもしれないということだ！

複合現実の可能性のどの発展段階にいるにせよ、未来には、信じられないものが私たちの視覚と感覚のために用意されている。私たちは生まれつきの感覚や周囲の物理世界だけに限定されなくなるのだ。

知性の拡張

ナポレオンの生年は？　最初の月面着陸の日付は？　元素の周期律表で「Ba」で表される元素は？　平均的な人間のゲノムにはいくつの基本的な対がある？　現在の地球から冥王星までの距離は？　フ

クロオオカミはどんな動物で、いつ絶滅した？

こうした質問に準備なしですべて回答できる人はほとんどいないが、グーグルや一般のインターネットにアクセスできるなら、回答不可能な質問は事実上存在しない。実際、現在多くの人々が直感的に感じているのは、グーグル検索で回答を探せるので、そうした事実を覚える手間は不要だということだ。

2011年、心理学者のグループが「記憶へのグーグル効果：情報の即時入手可能性がもたらす認知的影響」という研究を発表して、私たちの情報処理と記憶蓄積の方法にグーグルが与える影響を示した(注16)。結果が示したのは、難しい質問に直面すると、人々はコンピューターのことを考えるようになり、今後も情報アクセスができると予想される場合は、人々の情報を思い出す比率は下がり、その代わりにどこにアクセスすればよいかの記憶が強化されるということだ。インターネットが、外部記憶または代替記憶の主要形態となり、情報は私たちの脳の外部にあるその場所に集合的に蓄積される。

セントルイスにあるワシントン大学の心理学者ヘンリー・ローディガーは、その研究の解説で次のように述べている。「……私たちの進化の戦略が、学習方法を変化させているのは間違いありません。再び検索できるとわかっていることを覚える必要があるでしょうか？　グーグルや他の検索エンジンの存在によって、私たちはある意味で、記憶の必要性をマシンへと移行させているのです」

より広い意味では、人間の総合的なIQは、過去1世紀かそこらをかけて上昇してきた。フリン効果はIQの研究調査における長期的な研究としてよく知られている。研究が注目したのは、おおむね1930年代から現代までの世界の多くの場所で測定された流動的・固定的双方の知性テストの成績が、実質的そして長期継続的に上昇していることだ。水準はさまざまだが、グローバルにみたIQの向上は非常に一貫性がある。フリン効果は、教育の改善、テストへの慣れ、環境刺激の増加、栄養状態の改善、伝染病の減少、交通システムの改善による人口移動からくる遺伝子の多様性の増大といった幅広い影響の可能性によるものだとされている。そうだとしても、最近のテストでは、フリン効果の上昇が鈍っていることが示されているようだ。グーグルのおかげで私たちがレベルダウンしているのだろうか？（**図6－13**）

知性の追求は、明らかに人類全体の使命だ。

図6-13 ● フリン効果：世界のIQの上昇

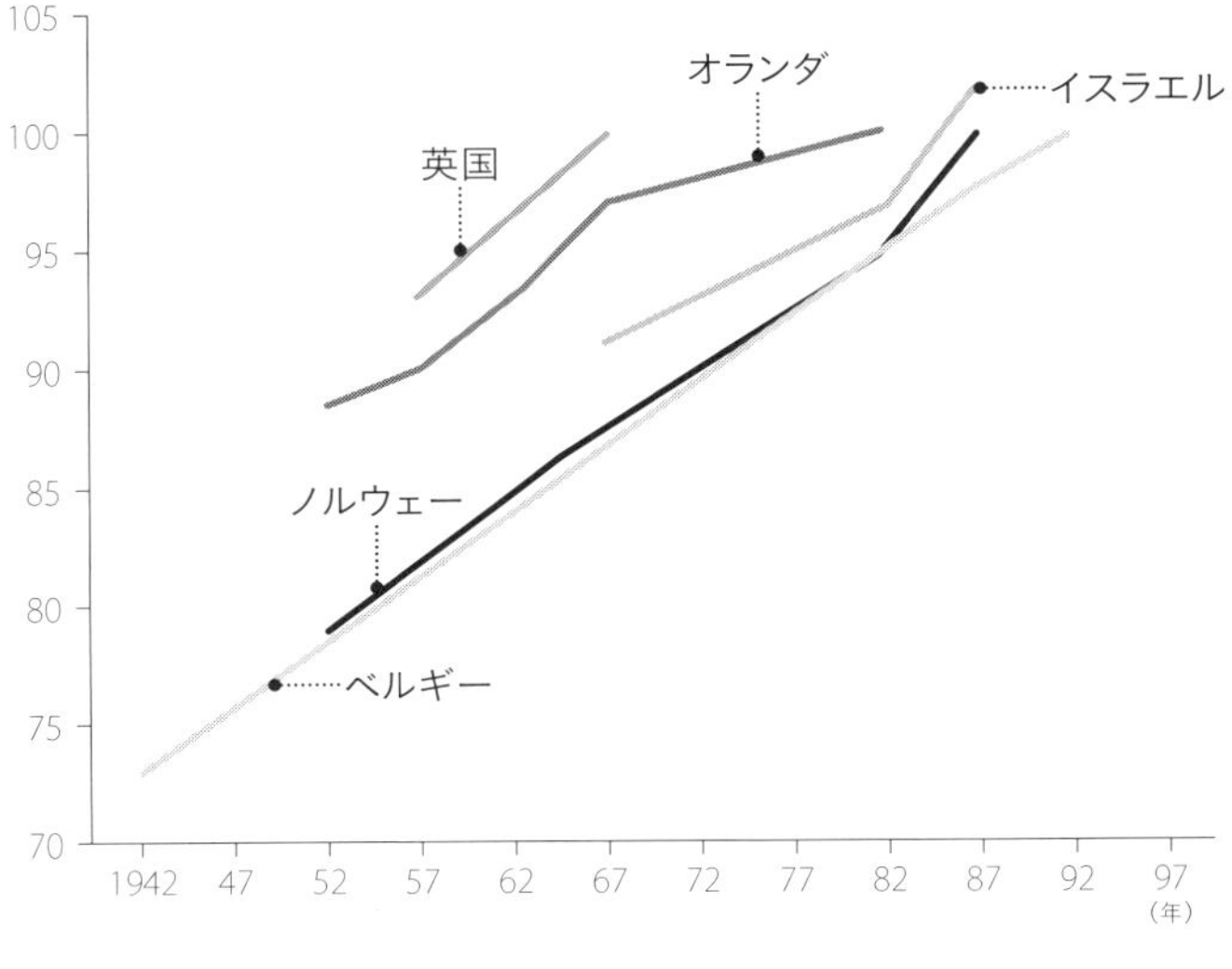

現在私たちが有する知識ベースが示しているのは、私たちが100年前の、そしてもっと確かなことに1000年前の平均的大衆よりも、明らかにより知性的になっており、問題解決力や理論的推理力が向上し、よりよい情報アクセスを持っているということだ。

さらに遡れば、3000年前の人間が、夜空を見上げて星に星座のパターンを見出し、神々の夜空での動きにちなんで惑星を名付けたのは、不可知のものにコンテキストや意味を付与しようとしていたからだ。現在私たちは、こうした星座をすばらしい解像度で写真に撮り、時には何百光年も離れた星座にある星々のことを学んでいる。例えば、火星は神ではないが、私たちに最も近い隣人で、2つの月、氷冠、そしてかつては温暖な惑星で川が流れていたことを示す指状の痕跡がある。1904年にライト兄弟が初の飛行機のフライトを行ってからわずか1世紀後には、冥王星の写真を撮る宇宙船を送るまでになったのだ。

私たちは数千年の間、知性の向上に取り組んできた。認知の限界の克服を目指してあらゆるものを採用してきた。それらは、文字、言語、瞑想テクニックから現在の向知性薬までひたすらに続いている。しかし、それらのいずれも、現在店頭に並ぶものにはかなわない。

人類の一部で人工知能が追求される一方で、社会の他の部分では、私たちが生来有している知性プラットフォームの活用が探索されている。この研究領域は一般に知性増幅またはIA（Intelligence Amplification）と呼ばれる。この研究のゴールはシンプルで、スーパー・アインシュタインまたは過去に生きていたどんな人間よりも質的にスマートな人たちの世界を作り出そうとするものだ。

神経移植は、損傷した脳機能の修復力を提供するものだが、将来的には直接神経刺激と外部情報処理へのアクセス獲得力と同時に、視覚野の強化力を提供する。ＩＡへの道は通常、３つのフェーズで表される。

①神経データ統合

「テレパシー型グーグル」であると考えればよい。クラウド等への神経リンクを通じて情報を記憶する力のことだ。

②包括的脳〜コンピューター・インターフェイス

視覚、感覚、触覚、聴覚野の拡張。空間的可視化テクニックと、視覚化または情報「ダウンロード」能力の加速。ここでは眼に対するＰＨＵＤのオーバーレイではなく、人間の脳自体から作られる内部ディスプレイについて論じている。その全体は、通常の視野にあらゆる仮想現実オーバーレイを加え、さらに内部生成視覚を加えるものだ。

③前頭葉拡張

ＩＡ研究の究極の目標は、換言すれば、コンセプト形成のために感覚データを組み合わせる方法を強化することだ。最終成果は、知的領域のスーパー「冒険野郎マクガイバー」であり、明らかに不可能な知的偉業を実現する人々である。

映画『リミットレス（Limitless）』における強化知性の描写とは異なり、現実には脳は交換可能ではない。実際には、私たちが脳の化学反応を操作したり、処理に関する脳の「クロックスピードを上げ」ようとすると、通常は脳を壊してしまいがちだ。化学物質はそもそも、脳の認知力を大幅に引き上げることまでを目標とはしていない。実現のためには、脳の配線を変える必要がある。現在最良の脳〜コンピューター・インターフェイスには、約1000個の接点がある。ここで論じているIAのゴールに少しでも近づくためには、何百万ものニューロンとの接点を持つ脳インプラントが必要となる。これにはさらに15〜20年かかるが、それでも実現可能なものだ。

IAにおける現実の改善は、ナノ製造とともに実現されそうだ。ナノ製造によって、ニューロンレベルの統合機能を持つインプラントが実現可能になる。原子レベルの精度を持つ製造技術がまだほとんど発展していないことからすれば、百万電極クラスの脳〜コンピューター・インターフェイスにいたる道としては、ナノスケールの自己集合方式が最も可能性が高い。私としては、こうしたタイプナノテクノロジーによる脳インターフェイスの一つの可能な方策または結果として、ラメス・ナームの『ネクサス』三部作を読むことをお勧めしたい。私がナームにインタビューした際、彼はナノテクノロジーについて以下のように述べた。

「私は非常に楽観主義者ですが、未来はけっこうゴタゴタしているものだと考える楽観主義者でも

あります。この分野ではものごとはゆっくり動いて、２０４０年のタイムフレームになる可能性がより高いと考えています。理由は、私たちは人間に対して実験を行うことを非常に躊躇するからです。無害であることが第一原則なのです。しかし、ＤＡＲＰＡが脳〜マシン・インターフェイスの大きなプログラムを有していることは確かです。彼らは治療と能力強化の両目的で、戦闘機パイロットや、戦闘中に視野を失ったり麻痺状態になった兵士の脳にモノを詰め込みたいからです。

彼らは最近、サンフランシスコでのイベントで、皮膚モデムというものを見せました。このデバイスは5セント貨幣2個分のサイズで、15ドルで製造可能であり、人の脳に移植して、その人の脳内への映像投影力を持たせることができると考えていたのです」

——ラメス・ナーム、『ネクサス』の著者、ボイスアカデミアにて（Breaking Banks）、２０１５年３月12日

強化知性またはＩＡの問題は、より大きな処理能力を持つものとして、そして欠陥のあるものとして人類を扱うということだ。強化知性を有する人々は、道徳力は人間と同等にとどまっているので、その膨大な知性を快楽または虐殺目的にさえ利用しかねない。他方、汎用人工知能はゼロから作り上げられるため、善意があり、安定していて、自己強化的な固有のモチベーションのセットに従うだけだ。私たちは、ＩＡが持たないような制約条件をＡＩに組み込むことができる。

スティーヴン・ホーキングやイーロン・マスクは、完全ＡＩの開発は長期的には人類にプラスをも

たらさないと警告しているが、それは、彼らが典型的な人間のモチベーションである欲望、利己性そして両面性をＡＩに入力しているせいだ、という議論も成り立つだろう。

注１：*Rock and Ice*

注２："The Double Amputee Who Designs Better Limbs," NPR Radio, ２０１１年8月10日オンエア。

注３：２０１２年7月オンエアのWho Says I Can't？におけるHugh Herrへのインタビュー。

注４：ラッパ形補聴器に関する最も初期の記述はフランス人のイエズス会修道士と数学者のJean Leurechonのもので、１６２４年のその著作*Récréactions mathématiques*に著されている。

注５：University of Central Floridaのエンジニアリングの博士課程の学生であるAlbert Maneroが始めたボランティア・グループ

注６：Yahoo, ２０１１年7月21日

注７：アンダー・アーマーのＣＥＯで創立者のKevin Plankは、同社が作成した39個目のプロトタイプであったことに基づいてそう名付けられたとしている。

注８：Lauren Good, "Under Armour and HTC want to sell you a box full of fitness products," *Verge*, ２０１６年1月5日、およびLorraine Mirabella, "Under Armour raises the Bar on Digital Fitness," *Baltimore Sun*, ２０１６年1月9日

注９：CNNMoney, ２０１５年5月29日

注10：A. S. Stodalna et al., “Hydrogen Atoms under Magnification: Direct Observation of the Nodal Structure of Stark States,” *Physical Review Letters* 110, 213001, ２０１３年5月

注11：NASA Exoplanet Archive

注12：ヘッドアップ・ディスプレイの端緒は、パイロットが下部の計器を見るために視線を下げずに、頭を上げて前方を見たまま情報を見られるものだ。

注13：友人の Robert Scoble（*Age of Context* の著者）を含む。彼はグーグル・グラスをかけてシャワーを浴びているところを写真に撮られている――いい見ものとは言えない点は注意しておくが、その写真は広くメディアに流れた。しかしながら拡張現実企業のマジックリープは、この画像で彼が十分な名声を得たと考えたようで、２０１５年にパテントを申請している（http://www.freepatentsonline.com/20150178939.pdf を参照）。

注14：*Forbes,* ２０１５年12月

注15：*MIT Technology Review* の記事によれば、Magic Leap は超小型のプロジェクターを使って光と映像をユーザーの眼に映している。

注16：B. Sparrow, J. Liu and D. Wegner, “Google Effects on Memory: Cognitive Consequences of Having Information at Our Fingertips,” *Science* 333, no. 6043, ２０１１年、７７６～７７８ページ

第7章

ライフストリーム、エージェント、アバター、アドバイザー

Life Stream, Agents, Avatars and Advisers

「2016年の個人的チャレンジは、自宅を管理して、仕事を手伝ってくれる簡単なAIを構築することだ。映画『アイアンマン』に出てくるジャービスのようなものだと思っていい。まず、どんなテクノロジーが世に出ているかの調査から始める。次に私の声を理解して、家の中のすべて、音楽、照明、温度とかを操作するように教え込む。友人がチャイムを鳴らしたら、顔を確認して中に入れることも教える。私が不在のときにマックスの部屋で何か確認すべきことが起こったら知らせるよう教える。仕事の面では、データをビジュアル化してVRで見せてくれて、よりよいサービスを作り、よりうまく組織を運営できるよう手伝ってくれるだろう」

——マーク・ザッカーバーグ、2016年1月3日のフェイスブック

パーソナル・ライフストリーム（注1）との生活®

こうしたコンピューティング・パワー、データ、そして私たちのニーズを予測して邪魔ものを取り払ってくれてスマートさを増すアルゴリズムの集合体のすべてが指先に乗るとしたらどうだろう。それを何と呼べばよいだろうか。もっといいアイデアが出てくるまでは、「ライフストリーム」か、「ライフクラウド」と言うことにしよう。

「ライフストリーム」は、ウィンドウズのコントロールパネルとか、Mac OS Xのシステム環

境設定のような、個人向けコントロールパネルではない。なぜならそれは、複数のデバイスや場所で利用可能だからだ。一つのインターフェイスでもない。デバイスや組み込み型コンピューター・プラットフォームにまたがる独立した複数のインターフェイスという可能性もあるからだ。10年後くらいには、上位ＡＩとかエージェントを備えていて、あなたを知っていて、あなたの代わりにコンピューターや他の人にも話しかけるかもしれない。「ライフストリーム」には、あなたをモニターするセンサーや他のプログラムが組み込まれているが、それが提供する便益と引き換えにプライバシーが失われても構わないだろう。どのみちそれは、あなたのプライベートデータだ。それは一つのクラウド・アカウントではなくデータのサブセットの集合体であり、あなただけが理解できて、多くの場合個人的に不可欠なものだ。あなたの個人的なオペレーティング・システム（ＯＳ）と考えることもできる。ただし後述するが、私はＯＳというアナロジーがぴったりだとは考えていない。

以下のようなものが、あなたの「ライフストリーム」を構成する幅広い要素の集合体となる。

映画『ｈｅｒ／世界でひとつの彼女』で、主人公セオドア・トゥオンボリー（ホアキン・フェニックス）が自分のコンピューターとスマートフォンにアップロードするインテリジェントＯＳは、サマンサという名前だ。トゥオンボリーはこのＡＩに恋をしてしまうのだが、その後サマンサのようなＯＳが集まって一つのハイパー・インテリジェンスとなり、別の次元へと旅立ってしまう。人気ゲームの「ヘイロー（Halo）」では、ヒーローのパーソナルＡＩはコルタナ（Cortana）というのだが、それはマイクロソフトのウィンドウズ10に内蔵されているＡＩアシスタントの名前でもある。ビデオゲームでのコルタナはＡＩであり、知識ギャップを埋めたり、システムへの侵入等を支援する。ＡＩのゴールは非常に具体的で、マスターチーフがそのミッション項目を完遂するのを支援するというものだが、同時に、スパイク・ジョーンズの映画のサマンサのように、ユーザーが対コヴナント戦を戦うのでない場合は、日常生活にうまく入り込むＡＩという設定に落とし込むのも簡単だ。

今後10年でＡＩが進む方向性は基本的に2つある。アップル、グーグルあるいはマイクロソフトのクラウドに組み込まれたＡＩ／エージェント（Ｓｉｒｉの拡張版と言ってもよいが）か、それから切り離された、別の集合型エージェント／インテリジェンスである。デバイスやプラットフォームのいずれからも独立したものだ。私の考えでは、データとアナリティクスの上位集合体はＯＳ保有モデルではなくなっていく可能性が高い。自分のスマートな自動運転車がｉＯＳとＳｉｒｉで稼働していても大丈夫とはとても言えないだろう。したがって私の予想では、それは現在アプリとかソーシャルネットワークが機能しているのとよく似た動き方になる。デバイスやさまざまなオペレーティング・システムに組み込まれるのではなく、それらの上に置かれるのだ。今後の状況推移を見守る必要があるが、エージェントがどんなインターフェイス上でも稼働することには価値がある。

それにはお構いなく、パーソナル・ストリームとインターフェイスに向けた動きは、しだいに明確に強さを増している。すでに私たちは数多くのデバイスや画面を所有しており、データの量は近いうちに、人間が個人または集団として論理的に処理可能なレベルを超える。だから、アルゴリズムによってそれらを整理（キュレーション）する必要がある。すべてのデータを整理して私たちがやり取りできるようにしてくれるものが、これらのシステムに対するパーソナルなインターフェイスとなる。この問題を解決する者が、次の10年の半ばまでにはフェイスブックよりも大きなビジネスとなるだろう。じっさい、フェイスブックはこのビジネスをやりたがっていて、フェイスブックMというデジタル・パーソナル・アシスタントに取り組んでいる（**図7－1**）。

図7-1 ● フェイスブックMは、パーソナルAIアシスタント第1号を目指している

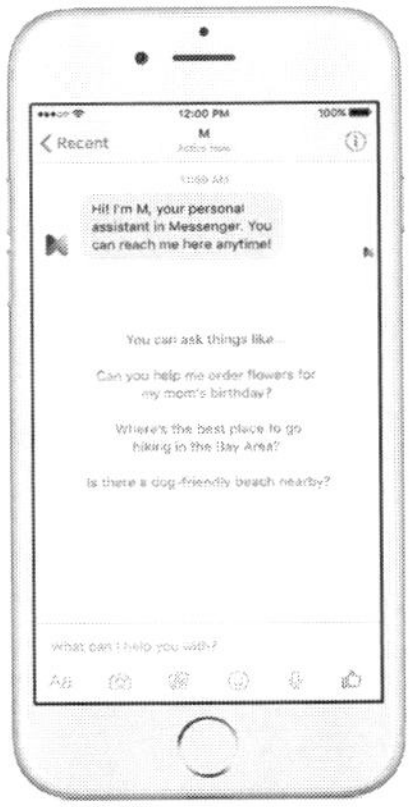

出典：フェイスブック

このソフトウェア・インテリジェンスの機能は大きく2つある。一つは、直接入力、ビジュアル化、フィードバックであり、もう一つは、収集、加工、エージェントである。

直接入力とは、入力を要求するか、特定方法でソフトウェアを設定することであり、それは時間をかけたソフトウェアの設定または訓練を通じて行われる。ビジュアル化とフィードバックは、画面、インターフェイス、触覚（振動、力のフィードバック、接触力等）または音声によって、ソフトウェアがフィ

ードバックを行う際に常にあるものだ（**図7−2**）。

個人データおよび外部データのいずれも、中核データは日々収集されて、それらはカメラ、加速度計、位置情報データポイント、ｉＢｅａｃｏｎ、決済エコシステム、アプリ、さまざまなセンサーから集められる。データは個人クラウドまたはパーソナル・リポジトリ、および外部データストアの双方のデータプールに送られ、そこではアルゴリズムが何らかの行動を拾い出して、データを統合してフィードバックを行う。

図7-2 ● ソフトウェア・インテリジェンスの機能

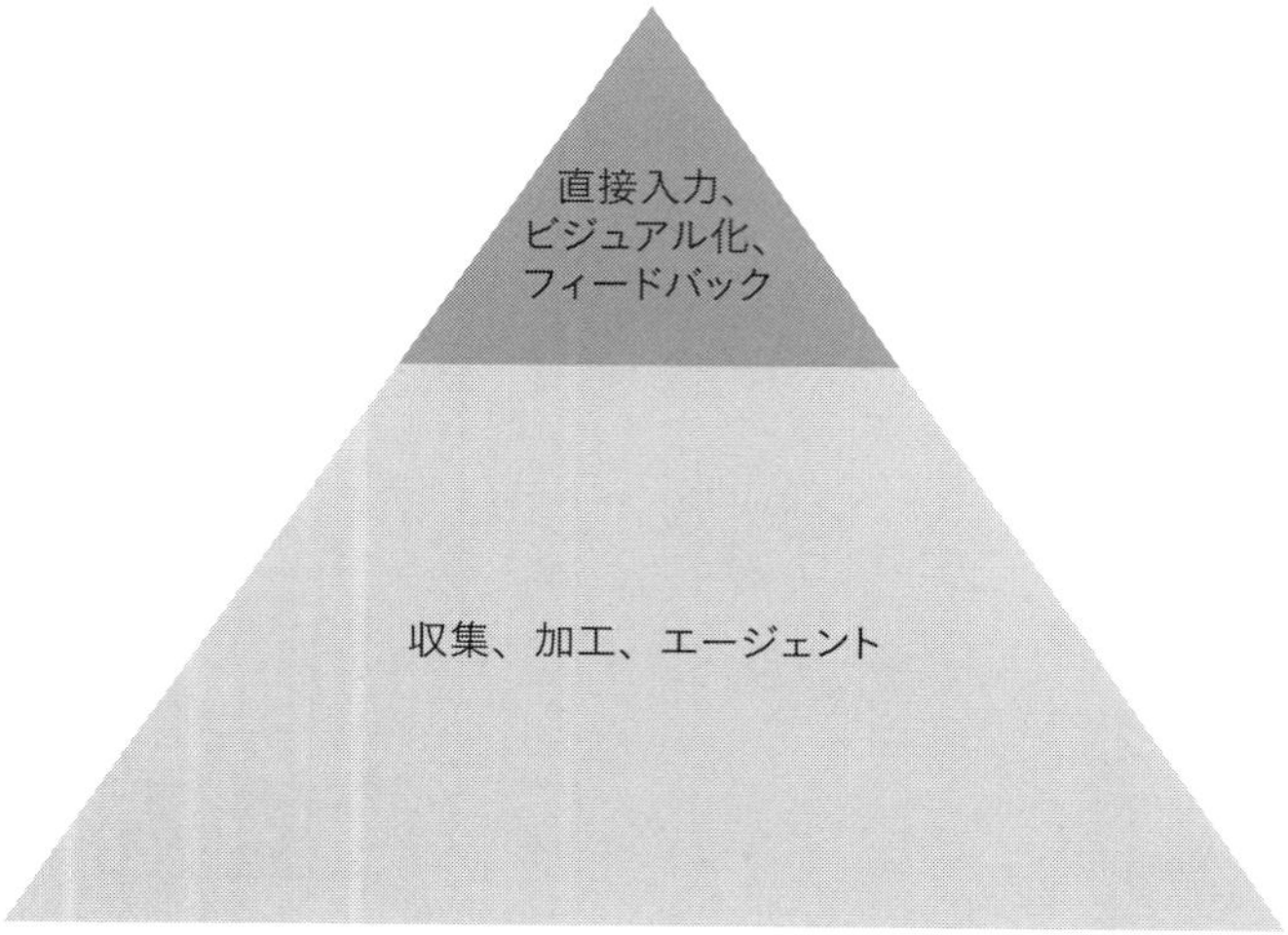

指示を受けて動くエージェント・アバター

パーソナライゼーションにおける最も興味深い展開は、それがビジュアル化とフィードバックだけでなく、これらＡＩベースのエージェントがユーザーの行動、ニーズ、通常の反応を学習し、時間経過とともにユーザーに合わせて動くようになるという面があることだ。これらエージェントとアバターは、最終的にはパーソナルＡＩという形で、非常にテクノロジーに通じたパーソナル・アシスタント的なものになる。そこに至るまでの進化はどのようなものだろうか？

エージェントの活用第1号はすでに出てきており、Ｓｉｒｉとかコルタナの延長線上として簡単なタスクをこなすものになるだろう。例えば次のようなものだ。

- 「Ｓｉｒｉ、自宅までウーバーの自動車を手配して」
- 「コルタナ、私の貯蓄口座からクレジットカードに１０００ドル送金して」
- 「Ｓｉｒｉ、２００ドル分のビットコインを購入して私のワレットに入れて」
- 「ジーボ、私のお気に入りの中華料理店にいつものを注文して」（Seamless 経由）
- 「Ｓｉｒｉ、明日の朝8時に起こして」

・「コルタナ、車のエンジンを始動して70度に暖機しておいて」（オンスターかBMWアプリに連携）
・「ジーボ、1階の床を掃除して」（ルンバと連携）
・「コルタナ、私が帰宅するまでに自宅の暖房をつけておいて」

次のフェーズは5～10年後で、エージェントが電話をかけてヘアメイクの予約を入れたり、クルマの利用を予約したり、といったことになるだろう。エージェントを擬人化することも始まるかもしれない。次のような作業をさせることは一般的になるだろう。

・〔ルーシー〕来週水曜午後のフロリダ行きファーストクラスの航空便を予約して。支払いは会社のアカウントから。
・〔ボブ〕ヘアメイクに電話して、金曜日に空いた時間があるか確認して。
・〔iThing〕今週の土曜日にウエストエンドで昼に見られるいいショウがあるか調べてもらえる？
・〔アルフレッド〕劇場近くのメキシコ料理店を見つけて3人分予約して。

この次世代レベルのエージェントの作業では、他のエージェントや人間のいずれかと交渉ややり取りする能力が求められる。したがって、こうしたタイプのやり取りで正しい反応を決定するように機能する、簡単なニューラル・ネットワークか学習アルゴリズムが必要だ。この学習アルゴリズムはシェアされていてふつうに入手可能であり、こうした機械知能は集合的に機能を向上させるので、さまざまな状況において適切な予測と反応ができるようになる。

このレベルになると、エージェントとなるアバターにはユーザーの選好を学習する力も備わっている。例えば前記の例で言えば、〔ルーシー〕はあなたが窓側と通路側のどちらを好むか知っているだろうし、〔ボブ〕は、あなたがヘアメイクにかける時間が45分+待ち時間であるとわかっている。〔iThing〕は、あなたがミュージカルが好きでないことを知っているだろう。この手のやり取りが当たり前のものになるにつれて、リアルタイムでエージェント同士がやり取り可能で人間の関与が全くないサービス・レイヤーが築かれるだろう。言い換えれば、コンピューターのエージェントが他のコンピューター・エージェントに話しかけるか、マシン同士の間で専用のやり取りが行われるわけだ。

このステージになると、プライバシーや、エージェントが自分の許可なしに情報を漏らさないかという懸念が出てくるかもしれない。留意すべきなのは、こうしたやり取りは急速に増加して、すぐに人間が有効な仲介機能を果たすことが無理な量になってしまうことだ。要は、データ量ややり取りの量があまりに多いのだ。人間が介在するとスピードが落ちて経験の品質が下がるだけなので、エージェント機能からは人的要素が早々に排除されるだろう。もちろん、優秀なコンシェルジュのサービスを受けて人間と話すことは可能だ。が、考えてみよう。その人間たちだって、重いものを持ち上げたり繰り返し作業をする時にはエージェントを使うだろう。こうして最終的には誰もがエージェントを使うようになる。エージェントが会議や会話の場で耳を澄ましていて、要求にリアルタイムで対応することも可能になるだろう。

仕事上の面談や電話会議に参加していて、来週水曜の午後に別の都市で顧客や上司と会うことになったとしよう。するとあなたのエージェントと相手のエージェントはその時点でもう会話を始めて予定表に会議を入れ、あなたのエージェントは火曜の夜の飛行機を手配して、余裕で現地に着けるようにしてくれる。

これらのいずれにも完全なＡＩは必要ない。デジタル・パーソナル・アシスタントかエージェント・アバターがこうしたタスクをすべてこなすが、それは非常にインテリジェントに見える。しかしそこには、対応可能な一連の経験が定義されているのだ。ニール・スティーブンスンの傑作『スノウ・クラッシュ（Snow Crash）』（１９９２年）に出てくる司書とほぼ同じだ。こうしたエージェントの機能は非常に優れたものになるので、あるところまで来れば、それはＳｉｒｉ（間抜けな反応に笑わされることがある）的というより日常的に頼りにして、かなり難しい問題にも対応してくれるものになる。そうなればもう、それが完全なＡＩであるかどうかは関係ない。

この機能は特定のデバイスに依存するというよりも、複数のオペレーティング・システムの上位に存在するものとなる可能性が大きい。例えば、自動運転車に乗っていて「ルーシー」に指示を出すとしよう。自動車があなたのｉＰｈｏｎｅ 12に内蔵されているエージェントを使うのだろうか、それともあなたのエージェントが自動車内や家庭内、スマートフォン等の機器に登場するのだろうか？可能性が高いかたちは、一つのアプリやサービス層が特定の機器に内蔵されているのではなく、機能としては分散しているがクラウドにつながっているというものだ。幅広いインプットを学習するこのアルゴリズムの機能こそが、ユーザーのニーズを予測してそれをコンテキストに合わせて適用するための重要成功要因となる。アルゴリズムはまた、デバイス別に異なる方法で学習することもできる。例えばスマート自動車は、あなたが好む運転経路やよく行く好きなレストランのタイプを、スマートフォンよりもよく覚えるかもしれない。スマートウォッチはそのセンサー群を通じて、音楽ダイエット・エクササイズに対する身体反応の変化に基づいて、どの音楽が運動に最適かを学習するかもしれない。あるいは、一日のうちいつコーヒーを飲むと注意力が最大化されるかを学習するかもしれない。

第3章で、ユーザー・インターフェイスが徐々に強力かつ高機能になっていると述べたことを想起されるかもしれないが、一方で、その操作方法の複雑さも減少している。同時にこうしたユーザー・インターフェイスを有するプラットフォームが現在は分散されつつあるため、経験というのは一つの画面上にとどまらない。例えばフェイスブックは、スマートフォン、タブレット、パソコン等のいろいろなデバイスを通じて、非常に一貫性のある経験を提供している。ツイッターは、使用するウェブサイトの中にお知らせを流してくるものとして、アプリとしてスマホ内に統合されている。バンキング機能はすでに、ATM、インターネットバンキング用のブラウザ、日々のバンキングや金融状態のモニタリングを行うモバイルアプリや、友人への送金用のヴェンモー、ペイパル、ドゥオラ、そして店舗での決済用にNFCを搭載したiPhoneのアップルペイやアンドロイドスマホのアンドロイドペイ等に分散して存在している。

しかし、自分のAIエージェントとなると、それはもっとどこにでも存在することになる。そこで追求すべき興味深い疑問は、映画『her／世界でひとつの彼女』に出てくるサマンサのように、エージェント・アバターである個人用AIとパーソナルな関係を深められるか？　ということだ。

初音ミクがアバターについて教えてくれること

大衆文学に人工知能が初めて登場したのは、1800年代後半、サミュエル・バトラーが出版したシリーズ記事とそれに続く小説の中である。1897年に刊行された『エレホン（Erewhon）』（注2）は、「機械の書（The Book of the Machines）」という3章からなる物語だ。その中でバトラーは、一種のダーウィンの淘汰プロセスを通じて機械が意識を発達させるかもしれないと考えた。

「現在の機械がほとんど意識を有していないのが事実だとしても、究極的には機械が意識を発展させないという保証はどこにもない。クラゲには大した意識はない。ここ200～300年の間に機械が示した驚異的な進化に鑑みれば、動物や植物の世界の進化があまりに遅いことに気づく。過去の時

間感覚で言えば、機械は、昨日生物が行ったよりも高度な組織化をこの5分で実現してしまったようなものだ」

――サミュエル・バトラー『エレホン』における機械意識について

ＡＩは、ＳＦの世界でさまざまな形で繰り返してテーマとなっている。それには、ＡＩによる支配、人間によるＡＩの支配と管理、加えて感性を持つＡＩの登場とそれに伴って生じる倫理面に関する論争などがある。スティーブンスンの『スノウ・クラッシュ』に出てくる司書のように、何らかの理由で感性を持つことを妨げられたＡＩもある。

だが現実に起こっているのは、あなたがＡＩに話しかける時には、ＡＩに対してある種の人的要素を持たせているということだ。だからこそ、ＡＩをどう表現するかが文学、映画、テレビで繰り返してテーマとなってきた。

アバターまたはアバター的存在として最初に大ヒットしたのは、マックス・ヘッドルーム（Max Headroom）である（**図７－３**）。この架空のＡＩが最初に登場したのは１９８５年の英国のテレビで、『20 Minutes into the Future（20分間の未来）』というサイバーパンク

図7-3 ● マックス・ヘッドルーム。最初のコンピューター製テレビ司会者……というか私たちがそう思ったもの

出典：『The Max Headroom Show』英国チャンネル4

のテレビ映画だ。チャンネル4は、マックス用に彼自身の音楽ビデオ番組『マックス・ヘッドルーム・ショウ（The Max Headroom Show）』を作り、それがコカ・コーラの「ニュー・コーク」の短い広告につながった。彼は「世界初のコンピューター生成テレビ司会者」として喧伝されたが、技術的にはマックス・ヘッドルームは、アバターとかコンピューター生成では全然なかった。マックス・ヘッドルームの見かけはコンピューター生成っぽいが、マット・フルアーという俳優が演じ、人工的に見えるメーキャップと手描きの背景によって実現されたものだ。当時のテクノロジーは、望む効果を実現できるほど十分に進んでいなかった。撮影の準備には4・5時間のメーキャップ作業を要した。フルアーはその準備を「消耗する」もので「楽しくない」と述べて、「巨大なテニスボールの中にいる感じ」と形容している。

キャラクターの標準的ないでたちは、ピカピカのダークスーツかホワイトスーツ（実際にはグラスファイバーで作られていた）で、レイバンのウェイファエアラーのサングラスをかけていることが多かった。画面に現れるのは彼の頭部と肩までだけで、背景はたいてい「コンピューター生成」とされる、ゆっくりと回転するワイヤー・フレームの立方体内部であった。当初はセルロイドのアニメーションを使っていたが、後に本物のコンピューター・グラフィックが背景に使われた。マックスのもう一つのトレードマークはその話し方だった。その声のピッチはランダムに変化し、時にループにはまったりする感じだったが、それを実現したのはピッチシフター・ハーモナイザーだ。

コンピューター・アバターが大衆文学に姿を現したのは、マックス・ヘッドルームに先立つことわずか2～3年である。「アバター」という単語は、実はヒンズー教由来で、天地創造における神々の「降臨」を意味するものだ。ノーマン・スピンラッドの小説『星々からの歌（Songs from the Stars）』（1980年）では、「アバター」という言葉はコンピューターが生成するバーチャル経験を表していた。しかし、ニール・スティーブンスンの『スノウ・クラッシュ』では、言葉の使い方をコンピューティングに絞り込んでいる。スティーブンスンの小説では、主役のヒロ・プロタゴニストが、「スノウ・クラッシュ」と呼ばれるドラッグを発見する。それは、メタバース（Metaverse）というバーチャル世界のアバターに感染するコンピューターウィルスなのだが、感染の際に、レーザーでイメージを網膜に投影する仮想現実ゴーグルを通じて、メタバースに接続している人間のオペレーターにも影響を及ぼすのだ。興味深いのは、スティーブンスンは、アバターとメタバースのビジネスの周囲に出来上がった産業全体をも描き出していることだ。その中には、バーチャル・ペルソナの身体や衣服や顔の造作まで作れるデザイナーもいる。

現在では「アバター」という言葉は、デジタル世界においてユーザーをバーチャルに表現したものを意味している。マインクラフトにおけるスティーブと友人たちから、ヘイローの登場人物であるデスティニーのガーディアンや、セカンドライフのようなバーチャル世界のアバターまでがそうだ。しかしながらそれと並行して、バーチャルキャラクターを表現するコンピューター・アニメーションの発展もまた、将来のやり取りを実現するのに貢献するものとみられる。

映画『トイ・ストーリー』のウッディからジェームズ・キャメロンの『アバター』まで、コンピューターによるキャラクター・アニメーションは、ソフトウェア産業における数十億ドルのビジネスセグメントへと成長した。写実的なアクターを大画面上に表現しようとする最初の試みは、2001年の映画『ファイナルファンタジー：The Spirits Within』（**図7－4**）であった。その画期的なグラフィックスに映画業界の一部は不安を覚えたが、映画は興行的につまずき、コロムビア・ピクチャーズは5000万ドルを失った。一部には、表情があまりに人間的で現実の人間に近いと感じる人もいた。

「曲線美も美しいアキ・ロス博士（声はミン・ナ）**が破壊された我らの星を襲来するファントムから守るのを目にするとき、そこで見ているのはコンピューターの造形物であって母なる地球のものではない。ソニー・ピクチャーズによ**

図7-4 ● アキ・ロス。『ファイナルファンタジー』に登場するコンピューター生成の人間型アナログ俳優

出典：スクエア・ピクチャーズ

る『ファイナルファンタジー』の試写以降ずっと、ネット批評家たちは失敗を予想していた。しかし、作品は観客の心をつかんだ……最初は楽しく見られる……しかしその後で、瞳の中の冷たさ、動きの機械的な特徴に気づくことになる」

——ピーター・トラバース「ファイナルファンタジー」『ローリングストーン』誌、2001年7月6日

第4章で論じたように、ロボット研究者の森政弘博士は1970年、「エネルギー(Energy)」という無名の雑誌にこの問題を提示し、人間のようなロボットを見ることの効果を「不気味の谷現象」と名付けた。

それは、スーパーリアリズムか、人間っぽく見えるが明らかに人間と別のものとして識別可能な他の表現の形のどちらを選ぶかということのようだ。ここで、初音ミクという日本のアニメ・ボーカロイドのポップスターを登場させよう(**図7-5**)。

図7-5 ● 初音ミク。日本のボーカロイド、アバター、数十億円を稼ぐアニメのポップスター

出典:クリプトン・フューチャー・メディア

「彼女は女神のようだ。人間の肢体を持っているが、人間の限界を超えている。偉大なポストヒューマンのポップスターだ」

――初音ミク、ファンサイト

ミクは、クリプトン・フューチャー・メディアという日本企業によって、音声合成用に設計された1個のソフトウェアから始まった。２００７年、クリプトンのＣＥＯである伊藤博之は、ヤマハのボーカロイド2の技術を使って開発したバーチャル・ボイス・プログラムを市場に出す方法を探していた。ソフトウェアに必要なのは「アイドル」だと彼は感じた。彼はグラフィック・ノベルのイラストレーターであるＫＥＩと組んで、何かできないかとやってみた。ＫＥＩは身長5フィート2インチ、体重92ポンドの16歳の女の子のレンダリングを持ってきた。長くて細い脚、コケティッシュな瞳、青いリングで束ねられて地面に届きそうな髪、ヒジから先はコンピューター・モジュール。彼女のファーストネームの「ミク」は「未来」を、苗字の「初音」は「初めての音」を意味していた。

初音ミクに関する情報

- 10万曲以上をリリースし、ユーチューブビデオのアップロード数は１５０万で、うち１００万超はファンの作品。
- 「ミクミクダンス（ＭＭＤ）」と呼ばれる大流行のダンスを踊る。

・野村総合研究所の推計によれば、2007年のリリースから2012年3月までに、10兆円（約1300億ドル）の収益を上げている。
・ファン数はタイガー・ウッズとマイケル・ジョーダンの合計を超える。
・フェイスブックのファンは250万人。
・世界で30回以上のコンサートを売り切れにし、ロサンゼルス、ニューヨーク、台北、香港、シンガポール、東京、バンクーバー、ワシントンおよび最近では米国でレディー・ガガとパフォーマンスを行った。

現在ミクには、ネットとリアルの双方で世界中に何百万ものファンがいる。一つの音声合成ソフトウェアに過ぎなかったものが、どうしてこのようにアバターまたはボーカロイド・ポップスターとしてメガヒットしたのだろうか？

デジタル・ネイティブ世代は人生のあらゆる面でテクノロジーと共に成長してきており、彼らがアバターがコンサートを行うのを見るのは、人間のアーティストを見るのと経験的に全く違わないのだ。未来の世代はAIやエージェントと共に育つために、それが最も自然なことのように感じられるだろう。もちろん、そうしたものが目新しい現在の世界から、それが生活の自然な一部となるまでの移行期間はあるだろう。プライバシーや不気味の谷現象が気になったり、AIにレストランを予約してもらうことは決してないという人たちは、このことを頭に入れておく必要がある。20年後には、これらすべてが当たり前になるのだ。

ミクが教えてくれたのは、ポップスターになるのに人間である必要はないということだ。コンピューターの生成物が現実世界でこれだけの人気に達したのは、歴史上これが初めてである。もちろん、マンガや空想のキャラクター、コミックブックのスーパーヒーローなど、現実でなくても人気を得たものはあった。しかしながら、全くのバーチャルの（しかも人間のアナログでない）アバターが、ここまで完全に現実世界に入り込んできて人間とタメで競争するのは初めてのことだ。

アバターや人間の写実的表現のいずれの形態であれ、コンピューター・エージェントやAIと日常的な関係を持つことは想像力の限界を超える。おそらくほぼ確実なのは、私たちはエージェントに関してはそれほどビジュアルな表現は必要ないということだ。映画『ｈｅｒ／世界でひとつの彼女』の中や、こんにちスマートフォンや自動車に導入されている音声認識のように、当初のエージェントの活用は音声経由となるだろう。これまでの研究では、音声でのやり取りでは「不気味の谷」は存在せず、存在するのは物理的なロボティクスの場合だけであることが示されている。現実には、エージェントがロボットの形をとることはめったにない。将来私たちのほとんどは、完全にバーチャルで全くフィジカル要素のないエージェントと生活を過ごすことになるだろう。それでも私たちはそれを擬人化するのだが。

人間のファンがバーチャルなポップスターを賞賛して模倣し始めるなら、それに異議を唱えても無意味だ。ミクが教えてくれたのは、私たちはバーチャルなコンピューター生成のキャラクターを賞賛し、それに恋することさえ可能だということだ。現在の私たちの多くにとってこれは信じがたいことかもしれないが、20年後になっても、それは本当に普通でない変なことなのだろうか？

考えてみよう。エージェントは私たちの日常のニーズの大半に対応するよう設計されているが、個人の好き嫌い、行動のパターン、ものの見方や反応の仕方について高度にパーソナル化されている。エージェントの能力は時間の経過とともに高まり、私たちのニーズの特定や個人に合わせた反応のレベルが向上する。これが人間関係ならば、私たちはアプローチの仕方を変えたり、自分の信条や感情を曲げたりして関係性を高めようとする。じっさい、何らかのかたちの妥協なくして関係を築くことは非常に難しい。しかしこれがＡＩやエージェントとの関係となると、こちら側は行動や信条や反応について全く妥協する必要がないだろう。この点で、他の人間とよりもエージェントと近しく感じる人が出てきたとしても、その理由を図りかねるというほどのことはないと私は考える。

イーロン・マスクとスティーヴン・ホーキングのように、ロボットがＡＩを暴走させて、そのハイパーインテリジェンスで世界を征服してしまうと予想する向きもあるが、私たちはＡＩとアバターが私たちと恋愛する、つまりアタマだけでなくココロまでとらえてしまうこともあると予想することも、あって然るべきだろう。これは文化面の探求が始まりつつあるということだけでなく、明らかに可能性として存在するのだ。

セールスマンの死

過去50～100年間にわたって、私たちはサービスビジネスを発展させてきた。医療、コンサルティング、金融サービスとアドバイス、ソフトウェア等々といった、高い水準の技術的能力や知識を必要とするものだ。ごく一部の人々にとって豊かさの究極的な形とは、アポイント、旅行その他の活動についてすべて手配してくれるフルタイムの専用コンシェルジュか個人アシスタントであるかもしれない。バンキングの究極形は、投資やバンキングのすべてに対応してくれる自分の個人アドバイザーであるプライベートバンカーを抱えることだ。子供には専用の乳母や教師を、自分には個人トレーナーや減量

表7-1 ● テクノロジーの発達とディスラプションの対象

時代	コア・テクノロジー	コア・ディスラプション
機械／工業時代	・蒸気機関 ・内燃機関 ・電気	**量とインフラに関係するすべて** ・工場プロセスでの製品製造に向いた個別職業
原子力／ジェット／宇宙時代（電子時代）	・ジェット機／宇宙船 ・原子力／太陽光エネルギー ・電話	**スピードに関係するすべて** ・遅くて非効率な生産プロセスと発電 ・交通と通信システム
デジタル／情報時代	・コンピューター ・インターネット	**データに関係するすべて** ・手作業での記録管理 ・物理的な販売網と製品
拡張／インテリジェンス時代	・人工知能 ・スマート・インフラストラクチャー ・分散顧客経験 ・埋め込み型コンピューティング	**経験に関係するすべて** ・経験とアドバイス

／栄養アドバイザーをつけることも地位の高さの表れだろう。

一つ前の時代にインフラストラクチャーやプロセスを破滅に追いやった主要な力は、その時代の中核となるテクノロジーだった。しかしながら拡張時代において破壊や縮小が進みつつあるのは、プロセスや流通ではなく、経験やアドバイスだ（**表7－1**）。

次の30年間で最もたやすくディスラプトされてしまう経験とは、サービス経験だ。そこでは人間と、人間の非効率性、不正確性と固有の特性が、機械の知性に取って代わられる。経験はゼロから設計されて、これまで必要としていた人間のアドバイザーと比べて、私たちの生活により合ったシームレスでインテリジェントなものになる。

自分専用のコンシェルジュ、個人トレーナー、子供の家庭教師といったものが、専任の人的リソースでなく、私たちの周囲のテクノロジー中に組み込まれると考えてみよう。人間のアドバイザーには、いわゆるロボ・アドバイザーの挑戦を受けて立つには大きな不利がある。最も明確な不利性は次のようなものだ。

ビッグデータ理論：ＡＩははるかに大量のデータを分析する

第3章前半でみた事例は、ＩＢＭワトソンが「ジョパディー！（Jeopardy!）」というゲーム番組で人間と競争したり、ガンの調査や治療法の領域で医者や看護師にアドバイスを提供するというものだった。ワトソンには医学誌、事例、辞書、百科事典、文学作品、ニュース番組記事や他のデータベースが備わっている。ワトソンはＩＢＭ　ＰＯＷＥＲ　70サーバー90台で構成され、その1台ずつに3・5ギガヘルツのＰＯＷＥＲ　8コアプロセッサが積まれ、コア当たり4スレッドとなっている。ワトソン全体では、おおむね3000のＰＯＷＥＲ　7プロセッサのスレッドと、16テラバイトのＲＡＭ（ランダム・アクセス・メモリー）を有しているのだ。

つまりワトソンには、1秒間に1000万冊を超える書物を読む程度の処理能力があり、写真のように正確な記憶力があって、それらの本や情報源から何でも一瞬で呼び出せるようなものだ。ワトソンが医学部をわずか2年で修了したという話もある。ＭＤアンダーソン白血病治療センターの癌研究フェローが朝のシニア教授会用に患者記録を要約することを求められた際に、ワトソンの答えは常に最良だった。イタリアで医学学位を取得した31歳のヴィターレは言う。

「驚きました。私が徹夜したとしても、これだけの量の情報をこんなふうにまとめるのは不可能でしょう」

――「ＩＢＭのワトソン・コンピューターがガン研究にＡＩを適用」『ヘラルド・トリビューン・ヘルス』誌、2015年7月14日

ＩＢＭワトソン・ヘルスを率いるロブ・マーケルは、ＩＢＭでは、一人の人間が生涯を通じて１００万ギガバイトの健康関連データを生成すると推計していると言う。これは3億冊の本に匹敵する。これを地球上の何十億の人数分だけ乗じてみれば、人間がこのデータを効率的に分析することなど不可能なのは明らかだ。当然、リアルタイム性も期待できない。

私たちは今や、人間のアドバイザーが正しい情報の「脈をとって」正確なアドバイスができる世界をはるかに超えてしまっている。もっと重要なのは、例えば金融サービス業界の人間のアドバイザーは、個人の投資スタイル、リスク選好や他の個人的特性を組み合わせて投資アドバイスに仕立てるのがうまくないと評価されていることだ。この領域ではＡＩが大きな優位性を有する。ＡＩは、この種のデータを組み立てて「アドバイス」の形にすることが可能だろう。

最新の業界データ、最新の調査レポートや、ネットで見つけた最新の株情報や兆候のいずれであれ、機械の方がより多くのデータを持ち、より即時に情報にアクセスし、昼夜を問わずいつでもすぐに読み出す能力がある。簡単にいえば、アドバイザーという職業は過去２００年間、情報の非対称性の原則に乗っかって仕事をしてきたのだ。彼らは顧客よりも優れた情報を持っていた。しかし今や、機械知性がアドバイザーに対して情報の非対称性を有するに至っており、時間の経過とともにその差はより先鋭になり、非対称性は拡大するだろう。人間のアドバイザーにとって唯一存在しうる望みは、彼らの業務プロセスの中に機械知性を取り込むことである。

アドバイスはリアルタイムが最良

アドバイザーは、「電話できる距離」にいるならまだいいが、悪いと予約なしでは対応してくれず、しかも空きがあるかどうかによる。しかしながら今やアドバイスに関しては、ある種の情報の入手可能性がアドバイザーに接触可能かどうかでは必ずしも決まらない。

私たちが最初に見直すべき考え方は、アドバイスを得るには「アドバイザーのところに出向く」必要があるということだ。以前ならアドバイザーは、情報の非対称性を利用して、来ないなら正しいアドバイスはできないと主張したり、サービスや商品にプレミアム価格をつけていた。だから正しいアドバイスが欲しければ、彼らの指示に従って支店やオフィスやクリニックに行くだけでなく、最良のアドバイスを得るためには超過料金を払わねばならず、最高のアドバイザーに会うための待ち時間は何日、それどころか何週間となったかもしれない。しかし、おカネ、健康、介護、フィットネス等についてよいアドバイスが得られるかどうかに関しては、支払能力や特定のネットワークへのコネといったものはもはや要因とはならない。

アップルウォッチかサムスンのシムバンドがリアルタイムでトラッキングした心臓の状態をＡＩに照会して異常がないか分析し、電気自動車が１日のうち充電や移動（自動でスケジュールもしてくれる）に最適な時間帯を知らせてくれ、銀行口座がおカネを使い過ぎていないかどうか教えてくれて、スマート・コンタクトレンズが血糖値レベルの改善のために新鮮なフルーツを摂るよう指示したり、スマートフォンが今後3時間はカフェイン摂取を控えるよう伝えてきたりと、アドバイスはテクノロジーのフィードバック・ループを通じて、次第に生活の中に埋め込まれるようになっていく。

別の言い方をしてみよう。

どっちがいいだろうか？　胸の痛みを覚えて医者に診てもらい、診療所のエコー検査でその原因が不整脈だと示されるのを目にするのと、スマートフォン、スマートウォッチ、スマート衣服あるいは体内摂取型センサーが心臓状態をずっとモニターしていて、不整脈発生が増加して心臓の健康状態が悪化しているのを検知するのとだったら？

どっちがいいだろうか？　年に1回面談してポートフォリオと投資方針についてガイダンスを与えてくれるフィナンシャル・アドバイザーがいて、その月のお勧め投資ファンドを売り込んで来るのと、スマート銀行口座が支払いでスマホをタッチする度に日々の支出をモニターして、もっとおカネを貯めるための行動の変え方をコーチしてくれ、また本当におカネを使いたいものについてベストの価格を探してくれて、ロボ・アドバイザーが、世界最高のフィナンシャル・アドバイザーよりも誤差が小さく質の高い情報に基づいてリターンを最大化するよう投資ポートフォリオを常に最適化してくれるのとだったら？

洗面所の鏡が今日の過ごし方について助言してくれるとか、インタラクティブなシェフ機能が食事の調理を手伝ってくれるとか、旅行アドバイスのアルゴリズムがアップグレードの可能性が高いフライトを見つけてくれるなど、アドバイスについては、私たちの周囲の世界の最も必要な場所に組み込まれたものを受けることが増えていくだろう。将来は、組み込み型で状況に合ったリアルタイムのアドバイスをくれるテクノロジーに対して、より低品質のデータに基づいてアドバイスを行う人間が競合するケースはほとんどなくなるだろう。

あなたのことは機械の方がよく知っている

以前の機械学習は、パターン認識、自然言語その他の不足部分があって制約が多かったが、マシンの急速なキャッチアップが始まっている。モノのインターネット（IoT）とセンサーに接続されているというマシンの優位性は、現在のサービス企業よりも行動についての学習がはるかに効率的にできるという点にある。

現在のサービス企業は、個人の嗜好をどう学習しているだろうか？　現実には４つの方法しかない。

・デモグラフィー（人口分布）に基づく仮定
・調査、マーケティングデータベース、ユーザーパネル

・これまでシステムに登録したデータまたは書式
・顧客がアプリ、インターネットのポータル、その他の方法で登録した好み情報

これらはすべて、個人の選好や行動を測定する方法としては不正確なものであり、少なくとも回答のマジメさや正直さと、企業のデータの収集・加工能力に依存している。

バンキングの領域では、こうしたタイプのデータ不整合の典型的な例がある。銀行支店で取引することを「好む」かどうかについて顧客調査を行うと、ほとんどの顧客は「イエス」と回答する。とりわけ口座開設や住宅ローン申込みについてはそうだ。しかしながらじっさいに顧客の行動をモニタリングすると、新規顧客の半分以上が今やインターネット経由であり、ほとんどの先進国では支店に行かない顧客が3分の1に近づいていることがわかるだろう。アンケートで人々に質問することは、現実世界でその行動を観察することほど正確ではないのだ。

フィールドスタディによる観察は、物理的な場所やデバイスを使用している環境における人物を実際に見る点において非常に役立つ調査方法であり、それは相手が行っていることが十分明確で、そのデータを使用する許可を得られている場合に有効だ。しかしながら、非常に労働集約的でかつ高コストで、あまり頻繁には使えない。

センサーにはそれをすべて変えてしまう力がある。スマートフォンに内蔵されているカメラ、加速度計、GPS位置追跡等、腕時計に内蔵される心拍や生体センサー、またはWiFiのホットスポッ

ト、プラグインアプリ、インターネットのクッキー等々、私たちの周囲の世界に組み込まれているセンサーが、私たちの行動データを常時収集している。このデータは私たちの感情状態まで推定できるが、間違いないのは、時間をかけると私たちの行動に関する包括的な見解を得られることだ。

突き詰めると、サービス相互作用の未来は明確だ。たとえ同じデータに人間がアクセスできたとしても、大量データ処理能力を根幹に有するＡＩは、人間よりも優秀なアドバイザーである。データ加工領域では人間はもはや太刀打ちできない。将来、ＡＩエージェントが提供するサービスが差別化を見せる部分だ。私のスマホのＡＩは私よりも私のことをよく知っている、と他の人に言うことに慣れる必要がある。

あなたが現在何かのアドバイザーであるなら、その仕事の将来は間違いなく暗い。蒸気機関が登場した１８００年代初頭の織物職人のようなものだ。それでも、私たちが向かう将来の方向性は変わらない。

注１：ほんの冗談だ。私はまだ商標登録を行っていない。
注２：次のＵＲＬで入手可能。http://www.gutenberg.org/ebooks/1906

第3部

「拡張」の時代

The Augmented Age

第8章

鉄道、航空機、自動車、住宅

Trains, Planets, Automobiles and Houses

「完全な自律性を持たない自動車を目にするのは非常に珍しくなるだろうと考えています……完全な自律性を持たない自動車の価値はマイナスになるでしょう。馬を所有しているようなものです。所有する理由は感情的なものだけです」

――イーロン・マスク、テスラCEO、テスラ業績説明会、2015年11月

自動運転車のある生活

2015年のラスベガスでのCES（コンシューマー・エレクトロニクス・ショウ）において、メルセデスは「メルセデスF015」という自動運転車を発表した。それは実際に会場に自動運転で登場したということだ。グーグル、ボルボ、アウディ、テスラの自動運転車と異なる点は、同社社長のディーター・ツェッチェが説明したように、それが消費者向けの「サードプレイス」として具体的にデザインされていたことだ。私たちの家庭がファーストプレイスで、職場や学校がセカンドプレイスとすれば、その次に私たちが多くの時間を過ごす場所はどこだろうか？　論理的には自動車こそがその次の個人が生活の場とする場所またはスペースであり、特に自動運転になればそうなる。

ツェッチェは、メルセデスF015のスペースの再設計は「馬車」時代への回帰であるとした。馬と馬車の時代には、御者が先端に座ってすべてをやっていて、乗客は後部に座ってくつろいでいた。

同じことが自動運転車の場合も当てはまる。これまで、自動車の運転には集中力と注意力が必要だった。クルマの機能とは、安全、ナビゲーション、そしてA地点からB地点への移動能力がすべてだった。しかし、自動運転車が進化すると、運転のためやドライバーが集中するためのクルマの要件は消滅するか最小限のものとなる。その結果、運転動作に関してクルマをデザインする必要性よりも、「車室」スペースとして、乗っているときにそれをどう使うかをデザインする必要性の方が上回ることになりそうだ。

自動運転車をおとぎ話と考える意見も一部にあるが、その現実化は、多くの人が予想するよりも大きく近づいているようだ。テスラのCEOであるイーロン・マスクは、そうした未来が非常に近いものだと考えている。

「私たちは完全な自動運転を実現しつつあり、テスラは2年後くらいには完全自動運転車を有することになるでしょう」

——イーロン・マスク、『フォーチュン』誌インタビューより、2015年12月21日

グーグルの自動運転車の積算運転距離は、200万マイル（自動、手動運転の複合）に近づいており、軽微事故、事故、犠牲者は発生していない（注1）。グーグルの自動運転車は警察に止められてもいるが、違反切符は何とか免れている（注2）。平均的な米国人ドライバーは10年または16万5000マイルに

1回程度事故を起こす可能性がある（注3）。だから純粋に統計上は、グーグルは現在でも平均的な人間のドライバーよりも10倍以上安全なことになる。グーグルの自動運転車プロジェクトから収集されたデータからは、他の重要な観察結果も出てきている。

自動運転とグーグルのクルマを人間が運転しているパターンを比較して、グーグルでは、人間が操作している時には、加速、コーナリング、減速の操作が自動運転の時よりも急激であることを発見した。他のデータからは、前走車との安全車間距離の維持では、自動運転ソフトウェアの方がはるかに上手で着実であることが示された。

グーグルの自動運転車プロジェクトのリーダー、クリス・アームソンは、2013年のロボティクスのカンファレンスで述べている。「異常接近状態への対応の所要時間は短縮しています。当社の自動車は訓練されたプロドライバーよりも円滑かつ安全に走っています」

グーグルの自動運転車のすばらしい自動運転力に関するほとんどのデータは公開されていて入手可能であるが、テスラ、アウディ、ＢＭＷ、メルセデス、ボルボ等の他の自動車メーカーも皆、運転の未来について同様のことを述べている。10年かそこらのうちに、自動運転車は人間が運転するクルマよりもはるかに安全となる可能性が高いと。

このテクノロジーがどんなものか、さらに見てみよう。グーグルの発表によれば、グーグル自動運転車のセンサー群は、毎秒ほぼ1ギガバイトのセンサーデータを取得しており、その情報を処理してリスクを特定したり、反応する必要がある事象を予測したりする。クルマは自動車周囲の交通状況や、道路上の動く障害物で進路を塞ぐ可能性のあるものをすべて読み取り、車線と道路の形状を検知して、GPSデータや入手可能な地図情報と、クルマの制限速度や道路状況への要対応場所を判定する標識や他の情報を参照している。道路わきに投げ捨てられた吸殻とか、道に転がるボールを追ってクルマの正面に飛び出す子供まで特定することが可能だ。

現行世代のグーグル自動運転車は、ヴェロダイン64ビームレーザーをノーズ部分に搭載しており、クルマの周囲に見えるすべてのモノの3Dマップを生成している（**図8－1**）。車載コンピューターは、この周辺世界の高解像度マップと、過去の運転データと、カメラとレーダーの画像を組み合わせる。クルマには、4台のレーザー（2台は前部、2台は後部）、信号を検知するカメラ1台、GPS機器、ロータリーエンコーダー、慣性誘導・測定装置が搭載されている。

図8-1 ● グーグルの自動運転車の視界

出典：グーグル自動運転車プロジェクト

これら自動運転車を駆動するコンピューターは、特別大きなものではない。古いラップトップくらいの大きさで、ふつうの自動車のトランクに収まる。2014年、アウディはzFASまたは運転支援コントロール中央制御装置という名前のコンピューターを発表した。それはクルマのリアクォーター部分に搭載可能となっていた。zFASコンピューターは、第3章で述べたAjayとBobbyというアウディの自動運転レース車を駆動した。

もちろんのことであるが、多くの頑固なドライバーの反応は、「自動運転車が自分たちを乗せるなんて絶対に信用するものか」というものだ。それが事実だとしても、この議論は、飛行機に乗るのを拒絶してクルマを使おうとする人の議論と同じくらい非論理的だ。統計的には、飛行機移動は自動車運転よりはるかに安全だ。よく言われてきたのは、飛行機の中よりも空港へ向かう道路で死ぬ可能性の方が大きいということだ。言い方を変えれば、人生を通じて自動車事故で死ぬ可能性は98分の1だが、商用フライトでは7178分の1だ（注4）。自動操縦が統計的に非常に安全だということを示している点で、この確率は非常によいものだ。

現代の商用飛行機の機内で過ごす時間の90％は、自動操縦のコンピューターが操縦している（注5）。現在飛んでいる新しい飛行機の多くは自動着陸システム（auto landing systems：ALS）を積んでいて、パイロットの支援なしで指定された空港に着陸することも可能だ。ALSは使われることがほとんどないため冗長的なシステムなのだが、訓練とシミュレーターの向上、自動操縦、新しいナビゲーションの支援のすべてによって、飛行機は、人類の知る大量輸送手段の中で最も安全なものとなっている。

したがって、同じ自動操縦能力を自動車運転に適用すれば、同じような結果が出ると言ってもよさそうだ。

シートベルト、高剛性パッセンジャー・セル、エアバッグの採用、安全ガラス、アンチロック・ブレーキ・システム（ABS）、衝突回避システムその他の機能によって、自動車の安全システムの大幅改善が実現されている。しかし現在でも、米国、オーストラリア、カナダ、ドイツ、英国では、自動車10万台当たり5〜10人程度、または運転距離1億マイルごとに1人が死亡している。飲酒運転と戦って速度や道路状況の管理を強化することができても、現実に交通事故死者数を大幅に減らすことができないのは、人的要因が残るせいだ。死者数は減少してきてはいるが、減少ペースは低下を続けている。実際、最近の自動車運転における最大のリスクは、まさにヒューマンエラーなのだ。これまで実現されてきた数値改善の抜け穴を示すならば、過去4年間の米国内の全交通事故のほぼ25％は、運転中にテキストメッセージを操作していることが原因となっていることだ。こうした要因のため、2011年以降、死者数はわずかながら再び上昇し始め、10年にわたる長期の減少基調が逆転した。

これはテクノロジーが私たちの気を散らしているわけで、これへの唯一の対策は、問題に対する認識の度合いを高めると同時に、運転中の携帯電話利用を禁止する（これまでのところ成果は限定的）か、自動運転車を導入してテクノロジーの利用が要因とならないようにすることだ。

これらすべてを考慮すれば、かなり近い将来、運転に関しては人工知能の方が人間よりも上手で安全だと示せそうなことがわかる。実際、グーグル社内の自動運転車のベータテストによれば、現行自動運転ユニットは人間のドライバーよりも約10倍ほど安全になっている。自動運転車の現行車両がさらに100万マイルを無事故で走れば、この数値は2倍になる。確率的に言えば、どこかの時点で自動運転車も事故を起こして犠牲者も出るだろう。しかしそれでも、こうした自動運転車は人間のドライバーよりも明らかに安全であり続けるだろう。

シンギュラリティ大学の教授、ブラッド・テンプルトンは自動運転車でグーグルと協働しているが、最近のインタビューで私にこう説明してくれた。

「自動運転車は、疲れないし、酔っ払わないし、気が散らないし、乱暴運転をしないし、充電のとき以外は休憩も不要です」

——ブラッド・テンプルトン、シンギュラリティ大学、著者インタビュー、2015年5月

先進国では10年あるいは早ければ5年のうちに、半自動または自動運転車がおそらく当たり前になるだろう。このことを少し考えてみよう。iPhoneとスマートフォンが社会の隅々にまで行き渡ったのに要したのとおよそ同じ時間が経てば、スマートな自律運転車が目の前に激増していることになるだろう。2020年までには自動運転機能を持つクルマが1000万台になると予測している(**図8−2**)。こうしたテクノロジー普及が等比級数的に進むことからすれば、そのわずか10年後には、1億台近くの自動運転車が路上を走ることになるだろう。

15年以内には、大都市と地方自治体では自動運転車が強力に優遇されるようになると考えられる。20年のうちには、ロンドンやニューヨークのような都市では、渋滞税が導入されているだけでなく、人間が運転する従来型のクルマには都心部乗り入れが課税されるか、都市の街路からの締め出しが行われているだろう。「人間のドライバー」禁止に対して多少の抵抗はあるだろうが、こうした政治上の決定を行うのはY世代やZ世代であって、ガス・ガズラー（ガソリン大食い車）やV8エンジンや石油ブームとともに育ったベビーブーマーのような人たちではないことを忘れてはならない。私たちの子供世代はそれを待ち望んでいるのであり、運転する楽しみと引き換えに、自動運転車の中で画面を観る時間があることを楽しいと感じることだろう。

イーロン・マスクは、２０１６年のデトロイ

図8-2 ● 自動運転車の普及予測

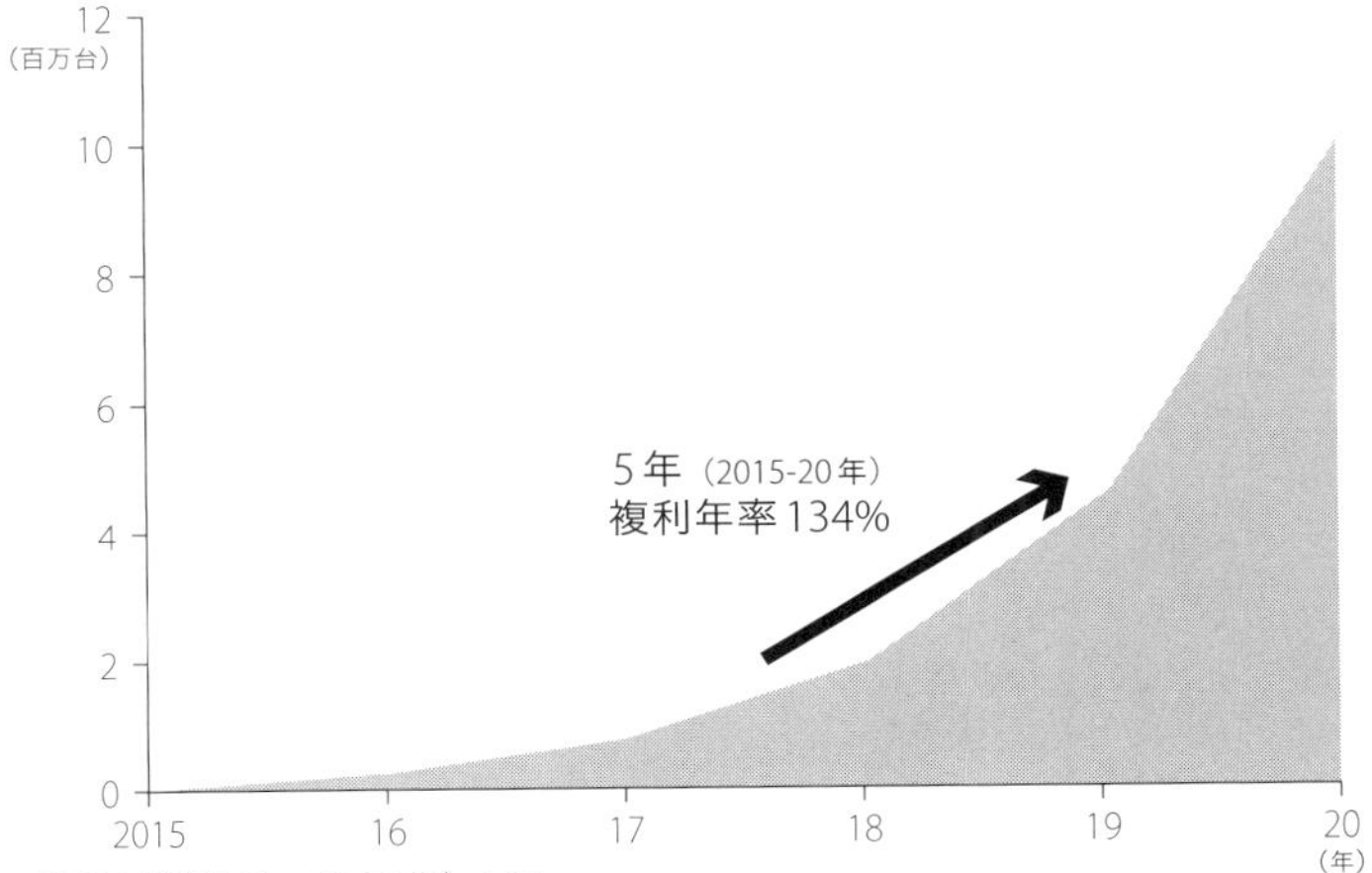

出典：ビジネス・インテリジェンス

ト・モーターショウ前のインタビューで、2〜3年のうちには、国の反対側から呼び寄せたクルマが自分の居場所までやってくる、ということまで可能になるだろうと述べている。

「自分がニューヨークにいてクルマがロサンゼルスにある場合には、クルマをスマホで呼び出して自分を見つけるよう指示することが可能ですし、クルマは途中で自分で充電しながらやってきます」

現在の自動運転車への参入障壁となっているのはコストだが、それは急速に低下しつつある。2010年、グーグルの自動運転技術のコストは約15万ドルで、うち高精度のレーザー利用レーダーや、光検出とレーダーセンサー（ライダー：lidar）だけで7万ドルかかっていた。自動車用ライダーシステムの製造業者であるドイツのサプライヤーのイベオ（Ibeo）社は、2017年には大量生産が可能になり、1台当たり250ドルという低価格になるとしている。コスト全体に占めるもう一つの大きな要素とみられるのは演算処理だが、この分野は長年にわたる急速なコストダウンの歴史がある。さらにバッテリー技術の飛躍的進化が予想されるため、自動運転車は最終的に充電なしに1日中動き続けられるようになるだろう。

自動車のシェアリング・エコノミーは普及するだろう。自動運転の電気自動車の維持コストが大幅に低下したとしても、平均的な都市居住者は自動車を所有する必要さえないが、自動車を共同所有することを選ぶかもしれない。ユーザーは時間単位でクルマを借りて、個々の自動車は所有者と借り手の双方に使ってもらいつつ、空き時間に決められた充電スタンドに停まって充電を行う。

成人若年層のクルマ離れ傾向はすでに明確になっている。運転年齢に達した十代の若者は今や、両親にクルマの代わりに、ウーバーのアカウントをねだる（注6）。だからこれは、自動運転電気自動車だけが要因なのではない。シェアリング・エコノミーはすでに、新たなクルマ所有モデルに向けた劇的な行動変化を引き起こしつつある。ウーバーやライドシェア・サービスを使う親のもとで育った子供たちは、十分な公共交通機関と自動運転網のある平均的都市では、計算してみれば、自分でクルマを持たない方が安いことを知るようになるだろう。

通勤者には、メルセデスの自動運転車ビジョンが近い将来を垣間見せてくれる。自動運転車は運転向けに最適化される必要がないため、内部スペースをその代わりに、エンターテインメント、通勤途上での朝食、オフィス自体、あるいは自分の個人スペースの延長として使うことが可能だ。では、ユーザーはどうすればクルマを自分用にアレンジできるだろうか？　未来の自動運転車のカスタマイズは、過去に自動車をパーソナル化していた方法ではなく、現在の自分の家のパーソナル化の方法と同じ線上にあるだろう。エンターテインメント・システム、シート、ディスプレイ技術や3Dプリンター調理器の何を選ぶかが、この新しいパーソナル・スペースでは大人気となる可能性がある。アントレプレナーには、自動運転車をモバイルホームやモバイルオフィスのようにしてその中で生活することが流行するかもしれない。

唯一、この動きを妨げるものとして考えうるのは法律だ。しかしながら、自動運転車システムの安全性をメーカーが証明すれば、利用者と議員の双方が自らそちらを選択する可能性が非常に高い。自動運転車の運転に人間が「取って代われる」オプションを残すべきだと言い張る議員もいるだろうし、自動運転プログラムに何とか侵入しようとする純粋主義者がいることも疑いない。さらに、自動運転技術に後れを取ったメーカーのロビーグループが、安全性の数字を使って混乱を招こうとすることも想像できる。自動運転による乗員か歩行者の死亡事故が初めて起こったときが、分岐点となるだろう。しかし、自動運転車が未来の趨勢となることが止まる可能性は低い。興味深いのは、ボルボ社CEOのホーカン・サムエルソンがすでに、ボルボは自動運転車が事故に遭遇した場合の責任を負うと発言していることだ（注7）。これは大きな動きだ。

自動運転技術は当初、商業利用向けとなるとみられる。自動運転の配送車とドローンや配達ロボット（小包をドアの前に置く）を組み合わせれば、現在私たちが路上で見かける人手によるフェデックス（FedEx）や郵便配達トラックよりも大幅に低コストになるだろう。船のコンテナの港への配送やその種の輸送も急速に自動化が進むだろう。

ウーバーはこの分野に大きな投資をしているが、運転サービスビジネスには当面の間、人間の要素も残るだろう。最初は、富裕層が自動運転車を所有するというかたちで富を示すだろうが、未来のどこかで状況は逆転し、人間のドライバーを抱えることが富の表現となり、その反対はなくなるだろう。しかし、物資の輸送については、中期的に人間が介在する必要性や有用性はない。自動運転車はコスト、ケガ、死亡を低減すると同時に、輸送網の利便性を大幅に向上させる。特に自動運転車が電気自動車の場合はそうだ。

現在毎日通勤している人が自動運転車を使うと、突如として自由時間が大幅に増えるので、そのことで運転への考え方が根本的に変わることになる。そうなると、次の論理的な疑問は、『バック・トゥ・ザ・フューチャー』でドクが運転／操縦していたような、空飛ぶクルマが実現するのにどれくらいかかるのか？　ということだ。

空飛ぶクルマとロボット・ドローン

空飛ぶクルマのファンなら、ポール・モラーという名前を知っているかもしれない。1974年、ポール・モラーは「ディスコジェット」と名付けたフライング・ソーサー型自動車を世に問い、プロジェクト資金を募った。2003年、モラーは証券取引委員会（SEC）から投資家向けの虚偽および誤った説明で罰金を科された。SECの言い分は次のとおりだ。「モラー・インターナショナルによる約40年間もの開発の結果、2002年後半、『スカイカー』のプロトタイプは地上15フィートに浮くだけに終わった」。2013年、モラーは「インディゴーゴー」（注8）のクラウドファンディング・キャンペーンを発表して、プロジェクトのために95万8000ドルを追加募集しようとした。2014年1月時点で、集まったのはわずか2万9429ドルだった。

空飛ぶクルマの夢は、1950年代から描き続けられている。

「米国民間航空管理局は1956年に『エアロカー』に認証を与えたが、少なくとも航空宇宙のエンジニアにとっては、遠くない未来に、空飛ぶクルマが平均的な郊外の一軒家のガレージに当然のごとく収まっているのが必然に思えたということだ。しかし、そううまくはいかなかった。エアロカーは外見は自動車のようで、翼がついていて短い滑走路から離陸できるのだが、大量生産するにはコストが高すぎたのだ。エアロカー・インターナショナル社は6台を製造したのみで、空飛ぶクルマの約束は果たされなかった。日の目を見たのは『宇宙家族ジェットソン』だけだった」

――「空飛ぶクルマはいつか飛ぶ〜そして走

図8-3 ● テレフギア・トランジション

出典：テレフギア
https://www.terrafugia.com/the-transition/

る」『サイエンティフィック・アメリカン』誌、2013年1月

だが現在、少なくとも2つの企業が空飛ぶクルマを実現している。テレフギア社とエアロモービル社の空飛ぶクルマは、走行から飛行への移行と乗員の搭載に成功している（**図8－3、図8－4**）。

エアロモービルは2つのクルマのうち、より未来的な外観をしている。この空飛ぶクルマは時速125マイル（200㎞）の動力飛行が可能で、航続距離は435マイル（700㎞）である。エアロモービルは25年にわたる開発の成果であり、空飛ぶクルマの行き先としては意外な場所であるスロバキアで造られた。素材とエンジン設計の進歩によって、この未来のテクノロジーにようやく現実が追いついたわけだ。

ただし、近くのエアロモービルのディーラーに足を運

図8-4 ● スロバキア製エアロモービル

出典：エアロモービル

べば将来すぐ飛び始められるようになるとは考えない方がよい。エアロモービルはスポーツ航空機に分類されるのがいいところで、スポーツパイロットの免許か、最低20時間の飛行訓練が必要だ。エアロモービルが飛べるのは間違いないが、まだ従来型飛行機のような滑走路が必要であり、セスナ、シーラス、パイパー航空機と全く同じ規則の支配下にある。自動車で空を飛びたくても、パイロットの翼が必要なのだ。

それでも将来、これが変わるかもしれない。それには計算能力の向上が一役買うが、カギとなるのは航空行政だ。現在、飛行機が管制空域／非管制空域のどちらを飛んでいるかの分離（注9）は、パイロットの認識、衝突回避システム、航空管制（ATC）のレーダー誘導によって行われている。現在米国で登場しつつある次世代の航空輸送システム（NextGen）が、自動飛行自動車の基盤となるかもしれない。

2012～2015年の間に、NextGenの導入は、米国納税者にとって200～250億ドルのコストとなると予想されていたが、節約が投資を大幅に上回って30％を超える予算カットがあったため、プロセスは遅れることになるだろう。NextGenの中核は、放送型自動従属監視（Automatic Dependent Surveillance-Broadcast：ADS－B）と呼ばれるテクノロジーである。ADS－Bによって、航空機はGPS衛星経由で自らの位置を知り、それをATCや他の航空機に知らせて距離を保つことが可能になる。ATCシステムは現在、レーダーとトランスポンダを使って航空機を特定している。ADS－Bは非同期通信網の先進的なものだが、それでも技術的および人的エラーが起こりやすい。

ように機能し、そこでは航空機がノードとなって、動きの連携は現行システムよりはるかに正確でリアルタイムになる。ＡＤＳ－Ｂによって、レーダーのカバーやＡＴＣ無線網へのアクセスがなくても、航空機は個別に距離を保つことが可能になる。ＡＤＳ－Ｂが進化して自律型ネットワークの一部となり、それによって遠くない将来に航空機が自分で飛べるようになることは十分考えられる。

ＡＤＳ－Ｂ網は、ＥＨａｎｇ　１８４という一人乗りの自動運転ヘリコプター・ドローンのような乗り物への展開も可能と考えられる（**図８－５**）。このドローンは２０１６年のラスベガスのコンシューマー・エレクトロニクス・ショウ（ＣＥＳ）で発表され、自律型飛行ビークルとして初の実現可能性を示した。

自動運転車は乗員の快適性に主に焦点を当て

図8-5 ● EHang184飛行移動機

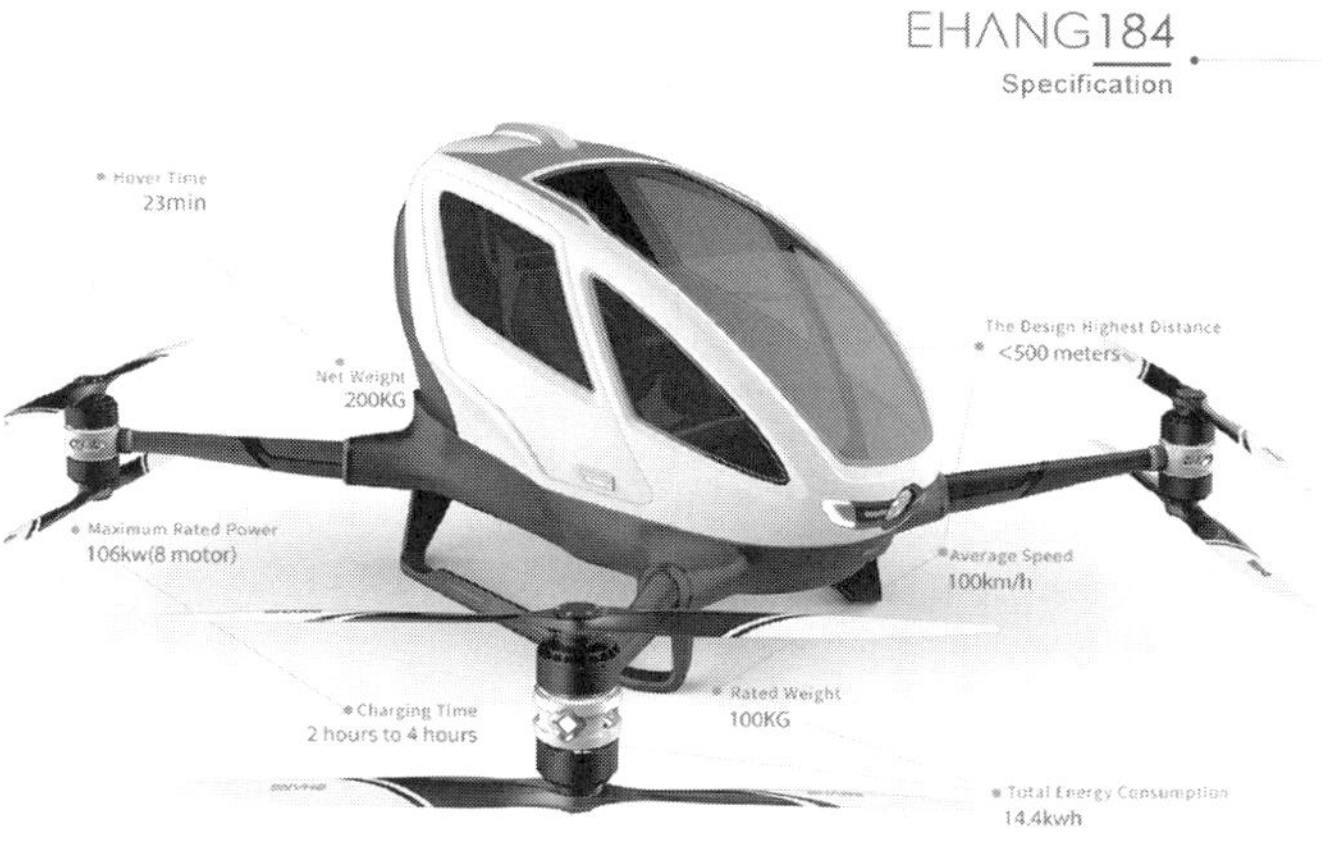

出典：Ehang

たものだったが、最初の自己飛行ビークルはそれとは異なっていて、旅客機ではなくドローンとなる可能性が高い。2013年12月1日、アマゾンCEOのジェフ・ベゾスは『60 Minutes』に登場して、アマゾンのプライム顧客向けに購入品をドローンで配送するという大胆なプランを打ち出した。この放映が4月1日だったら、米国民のほとんどはエープリル・フールの冗談だと思ったことだろうが、ベゾスは本気だった。彼が指摘したのは、アマゾンの受注の86%は総重量が5ポンド未満であり、そのカテゴリーの受注はドローンベースの配送システムを使えば30分かそれ未満で対応可能ということだ。SF小説みたいだろうか。ベゾスはそうは考えていない。

2014年6月9日付けの連邦航空局(Federal

図8-6 ● アマゾン・プライムの配送用ドローンのプロトタイプ

出典:アマゾン
https://www.amazon.com/Amazon-Prime-Air/b?node=8037720011

Aviation Association：FAA）向けの書簡で、アマゾンにおけるアマゾン・プライム・ドローン機の開発について、ベゾスはいくつか非常に興味深い主張をしている（**図8－6**）。アマゾンはすでに第9世代の空輸機を配備中で、元NASAの技術者（宇宙飛行士を含む）をプロジェクトのスタッフとして擁していると指摘し、「郵便配達トラックが道路を走るのを見るのと同じように、アマゾン・プライム・エアを見かける日が来るだろう」と述べている。

ドローンは、第二次世界大戦以降、戦場での利用が漠然と考えられていた。米国はベトナム戦争の頃からドローンについて真剣に取り組み始めたが、イスラエル＝シリア紛争になって初めて、無人飛行機（unmanned aerial vehicles：UAVs）が使われて大きな成功を収めた。それ以降、戦争の舞台に配備されるドローンは驚くほど進歩した。2015年4月16日、米国海軍はX－47Bという無人空輸機のデモ機（unmanned carrier air vehicle demonstrator：UCAS－D）にKC－707タンカーを使った空中給油を行わせ、その能力を示した。同型のX－47Bはすでに何度も米国空母への着陸の能力を示している。しかしながら、こうした能力には議論がつきものだ。

2004年以降、米国政府は北西パキスタンをターゲットとして、UAVドローンを使って何百回もの攻撃を行ってきた。いわゆる「ドローン・ウォー」における民間対兵士の犠牲者に関する論争は厳しく、最近の推計では民間の犠牲者は286～890人（うち168～197人が子供）となっている（注

10)。ペシャワール高等裁判所は、これら現行の攻撃は違法、非人道的で国連の人権状況に違反しており、「戦争犯罪」を構成するとの判決を下した(注11)。

ドローン機の使用は爆発的に増加しているが、この点については、武装ドローンが武装した軍隊や警察の活動の範囲内に留まりそうな一方で、空中監視能力は一般に広く利用可能となっている。

「今日の午後、見知らぬ誰かが、ミラー運動場に近い庭を越えて私の家のそばまでドローンを飛ばしていた。暖かい春の日だったので、最初私はそのうるさいブンブン音を小型芝刈り機と間違えた。何分かして3階の窓から外を見ると、ドローンが数フィート先に浮かんでいるのが目に入った。夫は家の外の歩道で、ドローンをリモコンで操縦していた男のところに行って話しかけ、ドローンを私たちの家の近くで飛ばさないよう頼んだ。男はドローンを庭の上の窓の近くまで飛ばしても法律には触れていないと言い張った。彼は、ドローンにはカメラがついていて、それが送った画像をかけたメガネで見ていたと言った」

——Capitol Hill Seattle Blog、2013年5月8日

ドローンの目新しさは将来次第に薄れてしまい、セグウェイのように歴史に埋もれることになるかもしれない。しかし、ドローンの使用方法が職業写真、レクリエーション等の目的となると、そうはいかないだろう。この問題がいずれ解決するとFAAが考えていないことは確かだ。その結果として

FAAは、無人飛行システム（unmanned aircraft systems：UAS）の使用規制を強化しようとしている。FAAは2015年2月、個人使用のUASを飛ばすことについて以下の範囲に規制し、UASを模型飛行機として基本的に分類した。

- 400フィート未満の高度で、周囲に障害物のない場所で飛ばすこと
- 飛行機を常に視線でとらえられる範囲に保つこと
- 他のものを避けて、有人飛行機の操縦を妨げないこと
- 空港から5マイル以内で飛ばさないこと。ただし空港と管制塔に飛行前に連絡する場合を除く
- 人やスタジアムの近くで飛ばさないこと
- 55ポンドを超える重量の飛行機を飛ばさないこと
- 無人飛行機について不注意や無謀な運転をしないこと。人や他の飛行機に危険が及んだ場合には罰金が科せられる場合がある

具体的に写真やビデオに関しては、FAAのルールは、個人利用での写真撮影は娯楽であると示唆している。しかしながら、裏庭で隣人がしていることを木に登って写真に撮ることがいけないのと同じ理由で、所有地内にいる人をドローンを使って撮影することは法に触れるのであり、「趣味」のドローン操縦者は、近い将来のどこかで重大な訴訟の場に引きずり出されるだろう。

2015年12月24日、FAAは個人所有のドローンに対して追加の規制を発表し、オンボードカメラ等の搭載物を含んで0・55ポンド（250g）を超え55ポンド（約25kg）未満のすべての飛行機を登録するよう求めた。

犯罪者のドローン利用も後を絶たない。米国中の刑務所では現在、刑務所の敷地内に禁制品を投下するのにドローンが日常的に使われている。米国当局では、過去2年の間に矯正施設で同様の試みを6件ほど見破った。同じ機関に、アイルランド、英国、オーストラリア、カナダで同様の試みがあったことが報告されている。ドローンによる物体投下は、獄中でバースデーケーキの中にファイルを忍ばせるのと同レベルのハイテクさであり、それを止める方法が現状ではほとんどないために、ドローンは規制当局にとって新しい頭痛のタネとして浮上してきている。ドローンによる投下対象として流行っているのは、スマートフォン、ドラッグ、スマートフォン充電器である。例えば、リー矯正施設のセシリア・レイノルズ所長は、部下が17台の電話を一人の受刑者の房から見つけたと言っている。現在、刑務所内の架電や電子メールはモニタリングされているが、スマートフォンはそれをかいくぐる。刑務所は近い将来、対ドローン飛行機防御システムの導入を余儀なくされるのだろうか？　レクリエーション・エリアの上にネットを張れば役に立つかもしれないが……。

第3章前半でも述べたが、フェイスブックは、アキラ（Aquila：ラテン語で「鷲」）というコードネームで、ソーラーパワー駆動ドローンのネットワークを開発している。ドローンは何カ月も空中にとどまり、地上の何百万人ものユーザーに対してレーザーを発して継続的なインターネット・アクセスを提供する。これは、アフリカのようなモバイル電波のカバー地域が少ないか、帯域がない遠隔地のコミュニティにいるユーザーに対応するために設計されたものだ。フェイスブックのアキラ・ドローンは、翼長は767型航空機くらいあるが、重量は自動車よりも軽い。同社は、2015年の夏にテスト飛行を開始している。

新素材活用、ソーラーパワー、そしてツェッペリン技術の再興までもが、空の活用の真のルネサンスを加速させうる。もちろんその結果として空はかなり混み合うだろうが、だからこそADS－Bのようなシステムが不可欠になる。しかし同時にだからこそ、単に衝突回避のためだけでも航空機へのAI搭載が将来は当たり前となるだろう。

50年後までには、自動運転飛行自動車を求める力は、現在よりもはるかに強くなっているだろう。真の疑問として残るのは、自動運転飛行自動車が実現されるかどうかではない。自動化テクノロジーは大部分が実現可能と見られるから、自動運転飛行自動車の実現を加速するものは何かということだ。

リニアとハイパーループ

2015年4月21日、日本の富士山の近くで、新型のリニアモーターカーが時速375マイル（603km）を記録した。リニア（Maglev）は「磁気浮上：magnetic levitation」の短縮語であり、磁界以外のサポートなしでレール上への物体の懸架を可能にするテクノロジーだ。今回の例では、日本のリニアは実質的な「軌道」またはレールである電磁石上に10㎝ほど浮いた。この設計によって、従来の高速鉄道よりもはるかに高い静粛性、スムーズさ、スピードが実現される。

遡ること3年の2012年7月、カリフォルニア州サンタモニカでのパンドデイリー（PandoDaily：米国のテックメディア）のイベントにおいて、イーロン・マスクは、「第5世代の輸送手段」を考えていると参加者に対して話し、それをハイパーループ（Hyperloop）と呼んだ。2013年8月12日には、テスラ社とスペースX社（いずれもマスクが設立）が、ハイパーループ輸送システムの初期設計をブログサイトで発表した。マスクはこれをオープン・ソースのデザインとして、興味のある人に設計への参加を呼びかけた。

最初に提示された60億ドルのハイパーループ旅客輸送バージョンのルートは、ロサンゼルス地域からサンフランシスコ・ベイエリアまでを35分で結ぶものだった。ハイパーループは354マイル（570㎞）のルートを平均時速598マイル（962㎞）、最高時速760マイル（1220㎞）で走りきる。2015年1月、マスクは個人出資でテキサス州に全長5マイル（8㎞）のハイパーループのテスト軌道を建設し、そこで大学とプライベートのチームがテストと輸送「ポッド」の設計改良を行うと発表した。さらに、ハイパーループ・テクノロジーズ社とハイパーループ・トランスポーテーション・テクノロジーズ社の2社が、2マイルと5マイルの試験軌道を別々に建設している。

ハイパーループは、真空チューブ列車（vactrain）または近真空列車の一形態である。航空輸送システムと競争可能な高速鉄道を造る際の伝統的な最大の課題は、スピードの上昇とともに増す摩擦と空気抵抗を回避することだ。前述の日本の列車のような磁気浮上輸送システムは、非常に大きな磁石を数多く使って列車を加速する。実際には、ＪＲのリニア列車は超電導磁気コイルを備えている。時速３１１マイル（５００㎞）を大幅に超えると、自動車や列車を推進するのに必要な馬力量は急速に増加し始めて、飛行機タイプのスピード、例えば時速５００マイル（８００㎞）を出そうとしても、計算上は不可能だ。摩擦抵抗と空気抵抗が大き過ぎるのだ。

１９６０年代の昔に、ニューヨークとロンドン間を結ぶ大陸間トンネルを通し、３１００マイル（５０００㎞）の長さの近真空チューブに、真空チューブ列車か近真空を走るリニア列車を通そうという提案が持ち上がった。システムは、それより前にロバート・ゴダード（近代ロケットの父）に発行された特許と似たものだったが、理論的には時速５０００マイル（８０００㎞）まで速度を上げられる余地がある。そうなれば、ニューヨークとロンドンの移動時間は1時間を切ることになる。

「マスク」版ハイパーループもこの真空チューブ列車の提案に似ているが、およそ気圧1ミリバールで動くので、「近真空トンネル」という分類になる。ハイパーループのスチール・チューブ向けに供給されるのが低圧で暖かい空気のため、ポッドは時速約７６０マイル（１２２０㎞）でスチール・チューブ内を移動すると予想され、実際には音速の壁を超えない。したがって、音速超えフェーズの通過か、ソニックブームの衝撃に耐えうるようにポッドを設計する必要はなくなる。

いずれにせよ、イーロン・マスクはこのテクノロジーで、ニューヨーク〜ロサンゼルス間を45分で人を輸送できると考えている。私もぜひ乗ってみたいものだ！

住宅のスマート化

ネスト社がスマート・サーモスタットを発売したとき、多くの人はおそらく「だから何だ？」と思っただろう。しかし同社は急速に成長し、その後はグーグルに32億ドルで買収されて、急速かつ巨大な成功につながった。２０１４年の『フォーブス』誌の記事によれば、ネスト社のデジタルでスマートなサーモスタットは、米国家庭の１％、または約１３０万家庭に普及しており、それは同社の新ユニットが毎月10万台以上売れているということであり、販売はさらに加速していた。

製品の機能は簡単だ。ネストはスマート・サーモスタットとして、家庭やオフィスにある現行の暖房、換気、エアコン（ＨＶＡＣ）システムとつながるが、それはネジ回しを多少使える人なら２〜３分で設置可能だ。サーモスタットはウェブとインターフェイスをとって、あなたの在宅／不在、外気温、類似グループ分析に基づいて、自宅の冷暖房システムの運転を最適化する。平均的なネストのユーザーは、暖房費が10〜12％、冷房費が15％節約になる（注12）か、あるいは平均的に年間１３１〜１４５ドルの節約になっている。だが、スマート・サーモスタットは始まりに過ぎない。

映画『アイアンマン』では、トニー・スタークの研究所と自宅はジャービス（Just A Rather Very

Intelligent System：J.A.R.V.I.S）というAIとインターフェイスしており、それがセキュリティシステム、電源、通信、そしてスタークの最新スーツの製作までも含む、スタークの研究所のあらゆるスマート機器をコントロールしている。この先のスマートシティの章でみるように、「拡張時代」の一部であるスマート・インフラストラクチャーへと向かう明らかな動きがあるが、スマート・ビルディングやスマート・ホームはその全融合体の一部となるものだ。

ジーボ（Jibo）とアマゾン・エコー（Amazon Echo）については第3章で触れたが、その二者のうちアマゾン・エコーは、現在自宅にある（持っていればだが）『スター・トレック』型のコンピューター（話しかけることができる）に極めて近い（**図8－7**）。

アマゾン・エコーの機能は、今後10～20年のうちにお目見得するスマート・ハウスの機能を非常によく現している。テレビ、照明、サーモスタット、ガレージ、調理家電、コーヒーマシン、ロボット掃除機等のデバイスはすべてインターネット（IoT：モノのインターネット）に接続するので、私たちはそれらの管理をする基本的な家庭マネジメント機能が必要になる。これらデバイスはスマートで相互に通信可能であるが、家の中（あるいはクラウド上）にはマネジメント層と対話層の双方がある。

アップルもまた、ホームキット（HomeKit）と呼ばれる家庭マネジメントのコア機能に取り組んでいる（**図8－8**）。このシステムを使うと、自宅のマネジメントはかなり自動化される。ここでの議論

図8-7 ● アマゾン・エコーにはSiriのようなスマートなホーム・エンターテインメントとインターフェイスがある

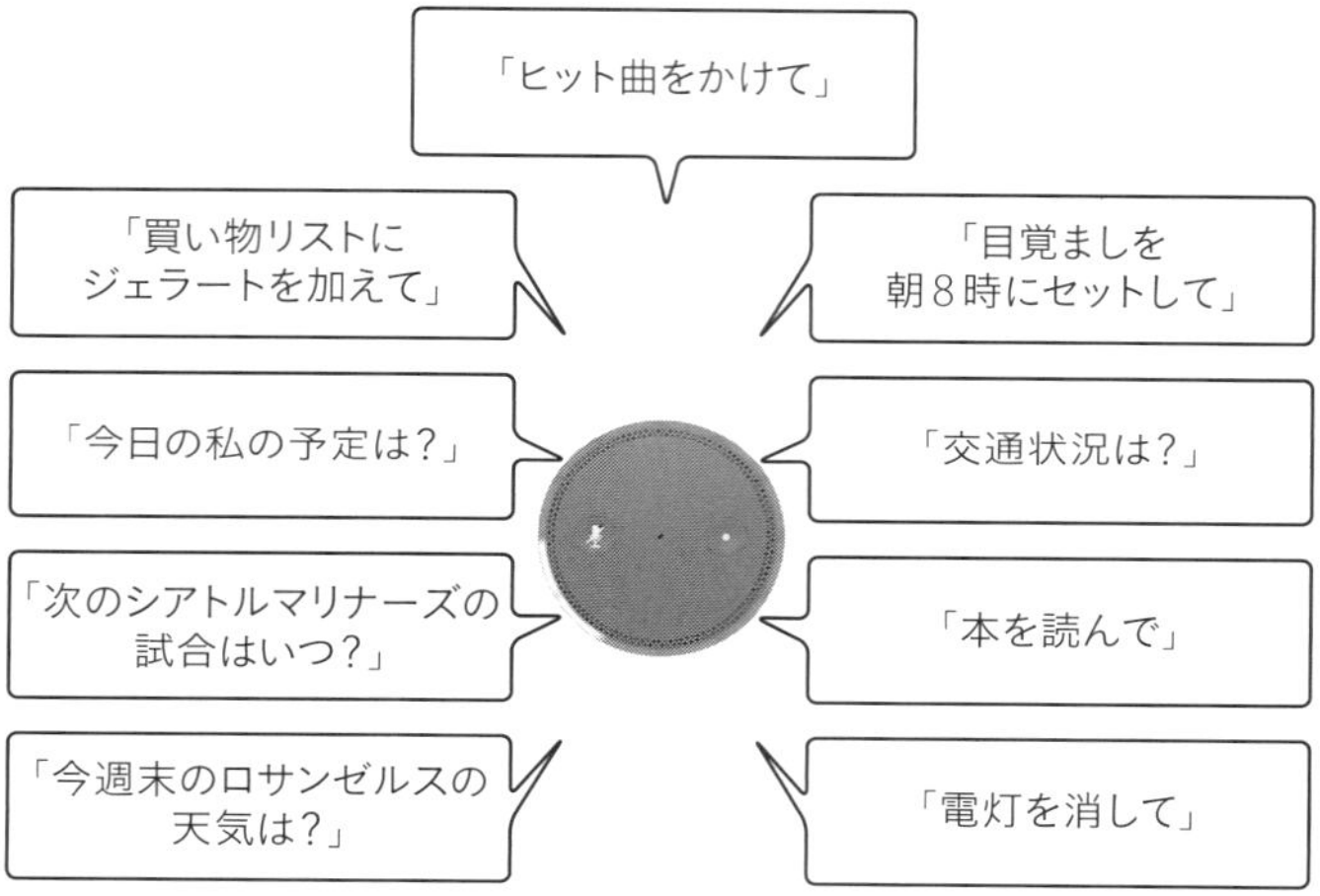
「ヒット曲をかけて」
「買い物リストに
ジェラートを加えて」
「目覚ましを
朝8時にセットして」
「今日の私の予定は?」
「交通状況は?」
「次のシアトルマリナーズの
試合はいつ?」
「本を読んで」
「今週末のロサンゼルスの
天気は?」
「電灯を消して」

出典：アマゾン

の対象は、かつて私たちが分類してきたホーム・オートメーション技術だけではない。それ以上に、自宅にあるスマート機器の設定や管理を支援する、統合されたホーム・エコシステムだ。

ホームキット、エコーおよび個々のデバイスのようなテクノロジーがさらにインテリジェントになると、こうしたリソースマネジメントはいくつかの主要なゴールや目標を持つようになるだろう。

・住宅を効率的に運用する
・住宅環境を個人のセンスや好みに合わせてパーソナライズする
・求めに応じてリアルタイムのイベントや要求に対応する
・学習する

図8-8 アップル・ホームキットの機能例またはノード・コントローラー

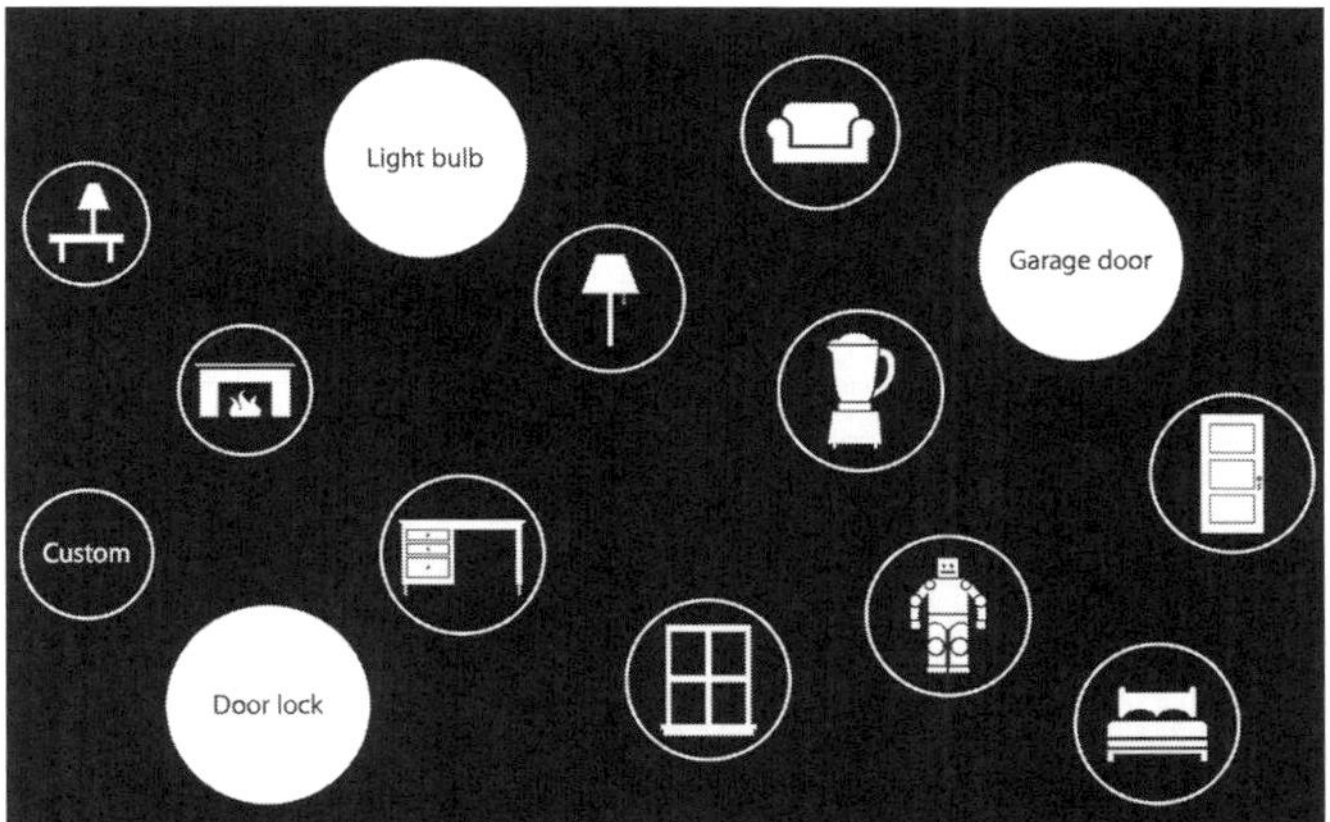

出典：アップル

・情報を提供する

スマートホームの中で拡張の洗礼を受ける場所は、台所と浴室の2つだ。

インターネット経由で食品を発注するスマート冷蔵庫については長年の議論があったが、現在実現されているそれに最も近いものは、アマゾン・ダッシュ・ボタンだ。しかしながら、2030年までには、ロボティクス、ドローン配送といったものによって、スマートキッチンからの発注に基づく食品や買い物を自動配送してもらうことが可能になるだろう。また、台所での調理の自動化は今後も続きそうだ。『スター・トレック』スタイルのレプリケーターの実現は何十年も先になるだろうが、ハンバーガーとかピザをプリントする3Dプリンターは、遅くとも2030年までには実現されているだろ

図8-9 ロボットシェフ

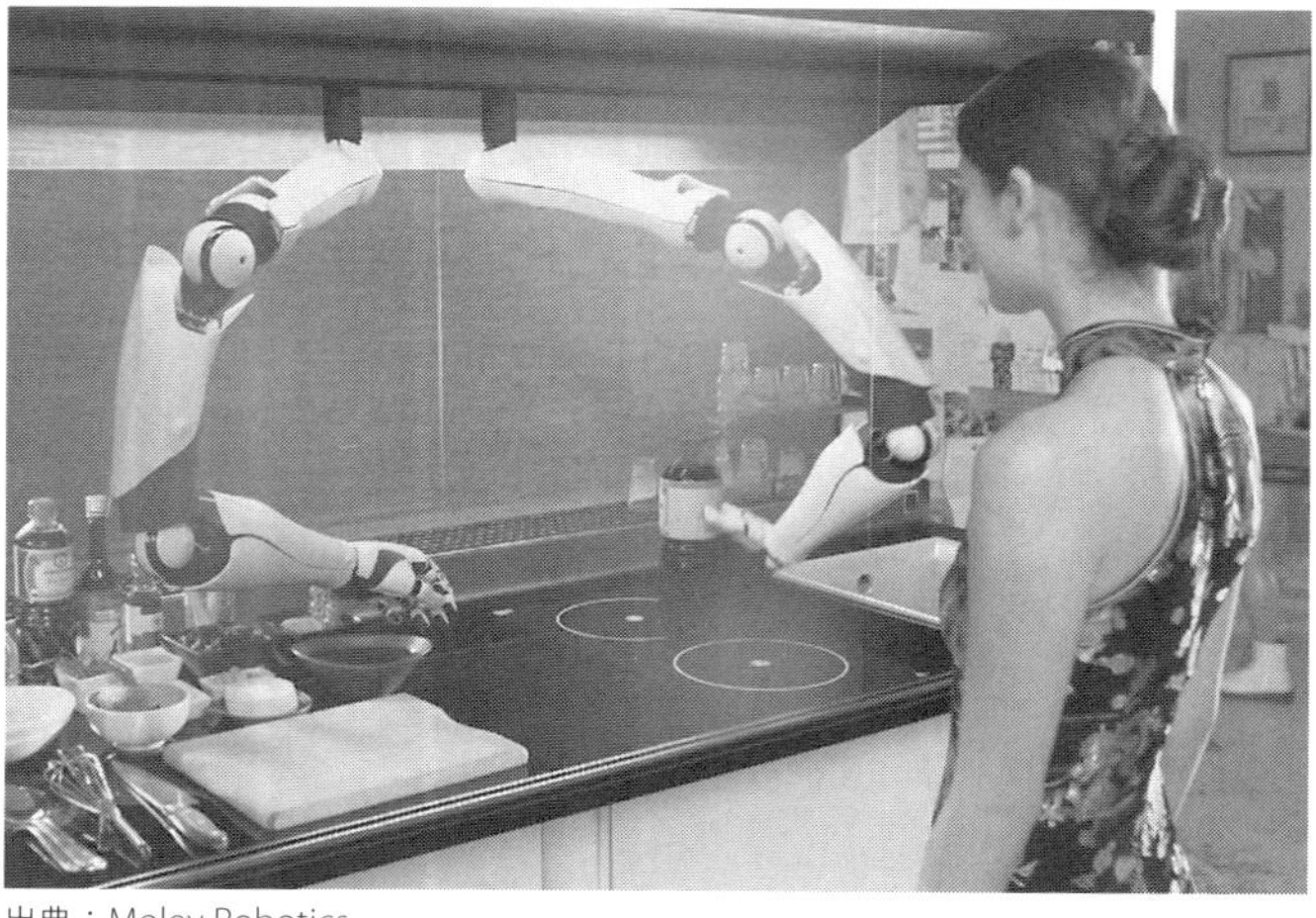

出典：Moley Robotics

う。ナチュラル・マシンズ社（Natural Machines）は２０１４年、「フーディニ（Foodini）」３Ｄプリンターのキックスターター・キャンペーンを発表した。フーディニには、パスタ、クッキー、クラッカー、パン、スナック等のさまざまな食品をプリントする機能がある。モーリー・ロボティクス社（Moley Robotics）が開発しているようなロボットシェフ（**図８－９**）も、今後10～15年のうちに十分に実現されうる。

スマート・バスルームでは、浴室の鏡だけでなく、その他の器具にもスマート能力が組み込まれることが確実だ。スマート・トイレが便を分析して、体調のバランスの崩れや健康状態の変化を検知することは十分ありそうだ。

究極的には、住宅関連のこのテクノロジーは、パーソナルＡＩと統合されることになるだろう。これはパーソナル化したＡＩアシスタント、つまり私が第7章で「ライフストリーム」と呼んだものが非常に巨大なビジネスとなる理由の一つだ。グーグル、フェイスブック、アップル、アマゾンは皆このテクノロジーに投資しているが、ビッグビジネスになるのは、家庭、オフィス、自動車、そしてスマートフォンを通じた統合の部分だ。

注１：交差点でグーグルの自動運転車の後ろに他車が衝突する事故は複数発生している。他にも人間のドライバーが運転していた時に発生したものもある。しかしながら、自律運転モード中にはまだ事故を起こしていない。

注２：報道によれば、止められたのは走行速度が低すぎたためとされる。Marco della Cava の記事を参照のこと。“Google self-driving car pulled over, avoids fine,” *USA Today*, ２０１５年11月13日

注３：US Federal Highway Administration, AllState Insurance.

注４：２００９年時点の数値。National Safety Council 発表のもの。

注５：John Cox, “Ask the Captain: How often is autopilot engaged?” *USA Today*, ２０１４年８月11日

注６：15歳の私の娘を含む。彼女は実際に、クルマを買ってもらうよりも Uber のアカウントをもらう方がよいと言った。

注７：ボルボ社プレスリリース。https://www.media.volvocars.com/global/en-gb/media/pressreleases/167975/us-urged-to-establish-nationwide-federal-guidelines-for-autonomous-driving

注８：https://www.indiegogo.com/projects/actually-fly-the-m400x-skycar-into-history

注９：分離とは、飛行中の飛行機間の距離の維持のことだ。分離の反対はもちろん空中衝突であり、それは一般によいことではない。

注10：Bureau of Investigative Journalism Report. ２０１４年10月更新：US Covert Actions in Pakistan, Yemen and Somalia

注11：A. Buncombe, “Pakistani court declares US drone strikes in the country’s tribal belt illegal,” *Independent*, ２０１３年５月９日

注12：http://www.nest.com

第9章

スマートバンキング、決済およびマネー

Smart Banking, Payments and Money

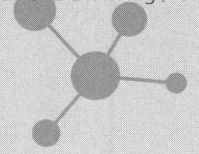

「従来の貨幣の根本的な問題は、それが機能するために信用が必要だということだ。貨幣の評価を維持するためには、中央銀行が信用されていなければならない。しかし不換通貨の歴史をみれば、そうした信用が失墜した例は山ほどある」

——サトシ・ナカモト、ビットコイン考案者のペンネーム

バンキングと決済の発展は、テクノロジーの進歩と少なからず連動してきた。こんにち、グローバルな銀行間での資金移動の主要方法は、電信送金とかテレグラフ送金と呼ばれるもので、それはこうした送金指示が当初はテレグラフか電信経由で送られたためだ。その後それはテレックス経由になり、現在はSWIFTのような銀行間電子ネットワーク経由で行われている（注1）。メインフレーム・コンピューターの第1号も銀行向けに製造されている。

現在私たちが議論しているのは、ブロックチェーンのような分散台帳システムを使って、ワレットからワレットや、口座から口座へと、世界中のデバイス間やバリューストア間で送金することだ。貨幣、決済およびバンキングシステムの要素の将来は、現在導入され稼働しているさまざまなテクノロジーによって、物理的そして根本的に異なるものへと変わっていく。最も大きな変化が起こりそうなのは、私たちが「銀行口座」と呼ぶものと、世界中で人々がバンキングにアクセスする方法だ。しかし、銀行や決済の機能の仕方もまた根本的に変化している。今後20年のうちに私たちは、現存する家計の40～50％近くがバンキングから消え失せるのを目にすることだろう。じっさい、私たちはすでに

新たなバンキング代替手段や金融サービス提供者の登場を目にしており、それらは顧客と影響力の面で、近いうちにJPモルガン・チェース、HSBC、シティバンクといった大手金融業者よりも大きくなるだろう。

英国、米国、スペインその他多くの国では、銀行店舗の数がここ数十年で最も少なくなっている。英国では、現在よりも銀行店舗数が少ない時期を見つけるには60年も遡る必要がある（注2）。米国では、バンク・オブ・アメリカ、チェース、ウェルズ・ファーゴといった銀行は過去4年間だけでも15%以上の支店を削減し、支店数は1980年代初頭の水準となっている。米国での店舗数削減は年1～2%のペースだが、店舗スペースや面積の方がはるかに、店舗の存在意義が薄れていることを明示しているかもしれない。

アラマンダ：店舗での銀行取引は十分に生活に浸透したチャネルとお考えですか？

スタンフ：はい。現在は確かにそうです。店舗抜きでの成長の方法は頭にありません。しかし、銀行の総面積でみると、2009年1月のワコビアとの統合時に1億1700万平方フィートだったものが、現在では約9200万フィートになっています。そして面積削減は今も続いています。

――ジョン・スタンフ、ウェルズ・ファーゴCEO、2015年12月、クリアリングハウスのインタビューよりウェルズ・ファーゴは店舗面積または全体の不動産をわずか6年間に22％も削減した。これらすべての銀行が支店数や支店面積を削減している理由は簡単だ。顧客は以前ほど支店を使わなくなっているのだ。その必要がないからだ。これは店舗デザインの問題ではない。では顧客行動を変えたものは何か？　ｉＰｈｏｎｅがすべての始まりだったことを考えると、この変化の多くはスティーブ・ジョブズによるものと言える（**図9－1**）。

バンキングの拡張が進むと、現在のバンキングで私たちが重視しているものがなくなるだろうし、今でも私たちは支店がどこにあるかを話題にしなくなっている。バンキングにおける大きな変化が起こるのは、バンキングの機能、銀行口座や銀行から購入している商品、あるいは

図9-1 ● 世界のモバイルバンキングの普及：月次アクティブユーザー数

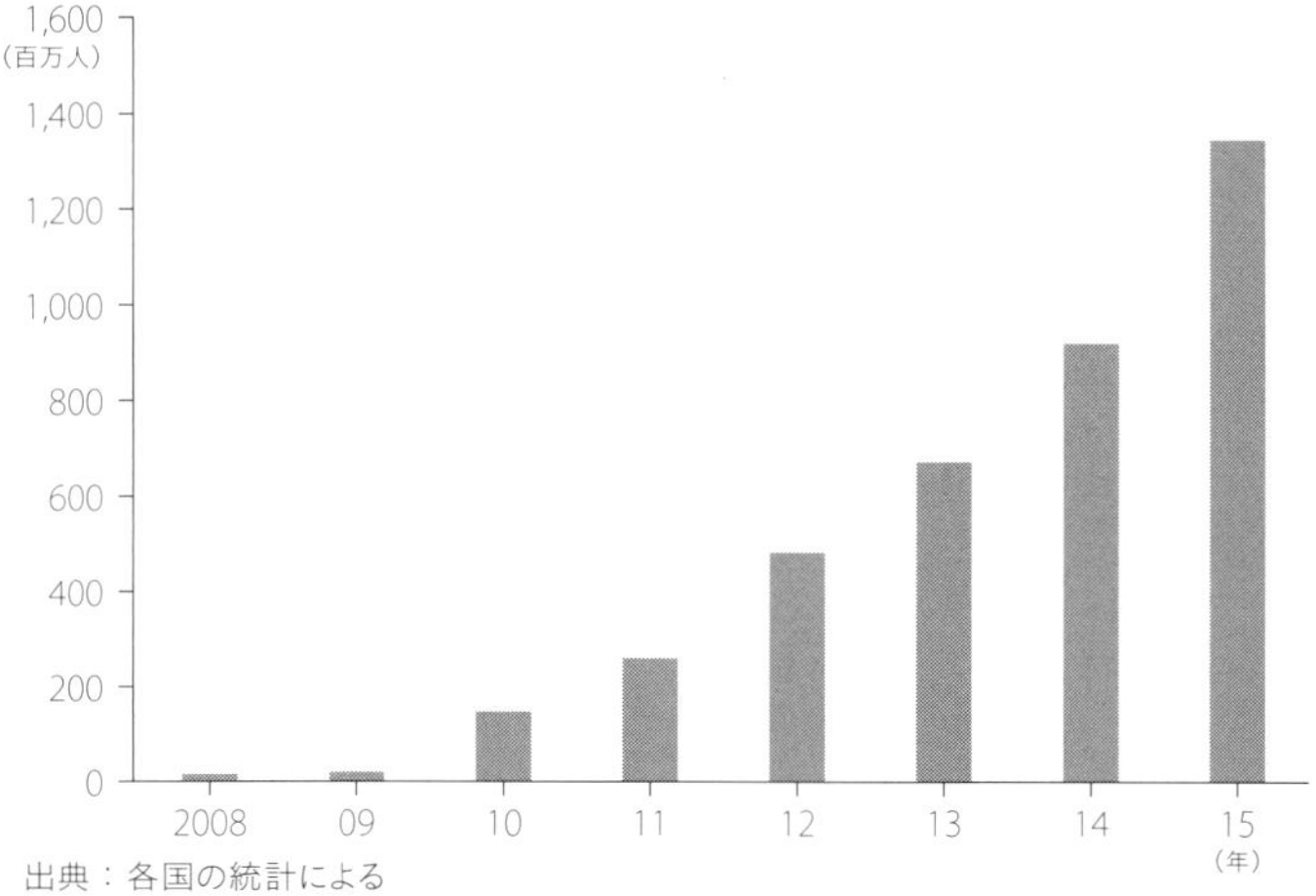

出典：各国の統計による

目先のその代替物のあり方そのものだ。自動化とAIについて言えば、銀行の仕事でその影響を受けないものは一つもない。100年後にすべての変化を振り返ってみればおそらく、銀行のテラーや現金出納担当者がテクノロジー変化の影響を最も大きく受けた仕事で、20世紀初頭のテレグラフのオペレーターと同じようなものだと私たちは理解することになるだろう。「拡張時代」が到来した時のバンキングにとっての最大のチャレンジは、打撃をうけること、そしてその打撃が深刻なことだ。

銀行かずのいつでもバンキング

2010年時点で、世界の人口の半分は銀行口座を保有していなかった。数でいえば世界の成人の20億人超だ。従来、私たちはこうした人々を「アンバンクト（unbanked：非銀行取引層）」と呼んできた。伝統的なバンキングサービスへのアクセスがなかったからだ。しかし、アンバンクトであることが問題なのは、この先あまり長いことではないかもしれない。

金融サービスへのアクセスは、個人が極貧状態から抜け出せる主要な方法の一つと見なされている。世界銀行のさまざまな研究と2012年のアフリカにおける最近の研究では、「公式の金融サービスへのアクセスを増進することは、農村地域居住者の所得水準を上昇させ、その結果農村地域の貧困水準深刻化への遅延効果が強まる」ことが示されている（注3）。アフリカのような地域では、こうした仕組みが根本的に重要だ。スタンダード・バンクとアクセンチュアは2014年に調査を実施し、アフリカ大陸の10億ものアンバンクトの人々のうち70%以上が、最寄りの銀行支店を訪れるための交通手段に対して、ありったけの貯蓄か給料丸1カ月分をはたかなければならない状況であると結論づけた。ここでの純然たる事実は、こうした人々のバンキングへのアクセスを確保しようにも、銀行店舗方式では時間がかかり過ぎるということだ。有り難いことに、これからはそうしなくても大丈夫だ。

ケニアでは人口100万人当たりの銀行店舗数が50店に満たず、従来の銀行システムの金融が利用できるのが20%であるという状況をみれば、この国にもっと銀行店舗が必要なことは結論として明らかだ(注4)。ただし2006年以降、M-PESAの携帯電話または携帯電話口座のおかげで、金融利用可能人口が85%まで急上昇したことが判明して、そうした議論は終わった。

仕組みはシンプルだ。あなたが、誰か銀行サービスへのアクセスがない人に対して、スマートフォンやフィーチャーフォン上のモバイルマネー口座を使った基本的なバンキング機能の利用を認めるだけで、その人の生活は劇的に変化する。M-PESAの場合は、モバイルマネーのユーザーは、アンバンクトの人たちと比べて年間25%を節約できそうだ(注5)。銀行口座を開設するには、運転免許証か身分証明書類を持って店舗に行って申込書類を記入する必要があるとこだわることは、金融から人々を除外する可能性を高める。貧困層の金融サービスへのアクセス獲得を自ら妨げることにつながるのだ。これは米国、インド、イタリアのような市場では重要な問題だ。これらの国々では、人々をバンキングサービスから除外しているのは店舗へのアクセスではない。銀行規制当局が銀行口座開設に関して生み出したルールなのである。イタリアや米国では、銀行店舗の稠密度《ちゅうみつ》が高い（店舗のアベイラビリティについて世界トップ5カ国のうちの2カ国）にもかかわらず、過去2～3年間、銀行口座保有者数の減少を食い止められていない。

M－PESA創設後の最初の2～3年間、アフリカの大手銀行はそれを潰そうと試みた。しかし、解き放たれた奔馬の勢いを止める術はなく、ケニアの成人人口の75％以上がこのサービスのユーザーとなった。そしてアフリカ商業銀行（Commercial Bank of Africa：CBA）は、「勝てない相手なら仲間になれ」ということだと悟った。

２０１２年、CBAは「M－Shwari」という名前のM－PESAにリンクした預金口座を発売した（注6）。その普及力はすばらしいものだった。その後3年間で、M－Shwariの新規口座は１２００万件増え、顧客は４５０万人増加した（ケニア人5人に1人に相当）。同期間に預金量は２２０億ドル増加した。これによってM－Shwariは、顧客数または預金で最大の「銀行」となった。M－Shwariはこんにち、アフリカ大陸で最も成功している銀行商品である。M－Shwariの預金口座の開設には10秒しかかからない……10秒だ！　しかしもっと興味深い数値は、M－Shwari保有者の80％は一度も銀行店舗を訪れたことがないということだ（注7）。そして彼らは今後も店舗を訪れない可能性が高い。

余額宝（Yu'e Bao）は現在中国で最大のマネー・マーケット・ファンドであるが、このファンドが独特なのは、それが銀行からではなく、ジャック・マーのアリババ（Alibaba）の決済部門であるアリペイ

(Alipay)から提供されていることだ。実は、余額宝は世界で最も成功しているモバイルバンキング商品だ。わずか8カ月で、中国全土の8100万人の投資家が何と5540億元(923億米ドル)を預けるに至った。余額宝は、発売から3年以内に中国の全預金市場の8%に到達するとみられている(注8)。驚くべき偉業だ。これら2つの非常に成功した事例は、預金獲得のためにもはや銀行支店が不要であることを示している。

モバイルが銀行口座になる

世界トップ5の銀行は、中国工商銀行(ICBC)、ウェルズ・ファーゴ、中国建設銀行、JPモルガン・チェース、そして中国銀行である。それら全部で5億5000万の銀行口座があり、2億5000万のモバイルユーザーがいる。5行の合計で、時価総額は1兆2000億ドルを超え、200万人近い職員がいる。全く大きな数字だ。

2025年までには、世界中の銀行口座が携帯電話になるだろう。小切手帳でも、通帳でも、プラスチックカードでもなく、モバイルのスマートフォンが、生体認証セキュリティ層の背後におカネを安全に貯めておくのだ。

銀行口座とはいったい何だろうか？ それは本質的には価値貯蔵である。つまり貯蓄や将来の購買または資金移動の可能性に備えて貨幣や貨幣価値を貯蔵できる安全な場所ということだ。銀行口座を商品やサービスの支払いに使える価値貯蔵の一つと見なすなら、定義としてはその方がいい。例えばスターバックスアプリやスターバックスカードを使ってコーヒーを買うことはできるが、そこで銀行は必要ない。スターバックスのモバイルアプリは、実際にはバンキングアプリなのだろうか？　そうではない。その理由は、「銀行口座」の技術的な分類におけるスターバックスアプリは「ギフトカード」とされているからだ。とは言え、スターバックスにとってのスターバックスアプリは、全購入額のうち21％、または年間40億ドルの購買に相当しているのだ（注9）。

現実には、その他数多くのモバイル価値貯蔵が今や世界中で採用され、受け入れられている。iTunes口座、ペイパル、ビットコイン、あるいはアリババのアリペイもそれに含まれる。これらをその広がりやユーザー数、口座数で比べるとどうなるだろうか？　iTunes、ペイパル、アリペイだけを例にとっても現在、合計で12億人の口座保有者がいる。銀行口座を有する個人顧客数でみれば、トップ5行の銀行の2倍を上回る数字だ。これにM－PESA、MTNモバイルマネー、bKash、GCashと他のモバイルマネーサービスを加えると、さらに3億が上積みされる。

このことが明白に示しているのは、**モバイル銀行口座、モバイル価値貯蔵、あるいはモバイルワレットの数は、すでに銀行口座数の2倍に達している**ということだ。これは読み間違いではない。それどころか、今後2～3年のうちに、モバイルマネー口座の数はさらに膨れ上がり始めるだろう。そしてその増加は、電話を第一かつ唯一の決済手段として使用する人々によって加速される（**図9－2**）。

10年後までには、世界の大多数の人々が、携帯電話を使って日々の支払いをしていることだろう。もっと重要なのは、それまでに20億の人たちが電話を使って銀行取引、あるいは口座や価値貯蔵に貨幣を貯蔵することが可能になることだ。こうした人々の75%以上が、デビットカードや通帳を持つことがなく、小切手にサインをすることもなく、これからの人生で二度と銀行店舗を訪れることもないということだ。２０２５年までには、地球上の半分以上の人々が自分のモバイル機器、あるいは個人用ＡＩを使ってバンキングを行っていて、それは他のどのバンキング方法よりも多く使われるようになる。

このことが、私たちがバンキングの方法として考えているものを変えることになるのは間違いない。モバイル決済を提供していない小売業者が不利なのは明らかだ。モバイル決済の利用

図9-2 ● モバイルマネーユーザーの増加（グローバル）

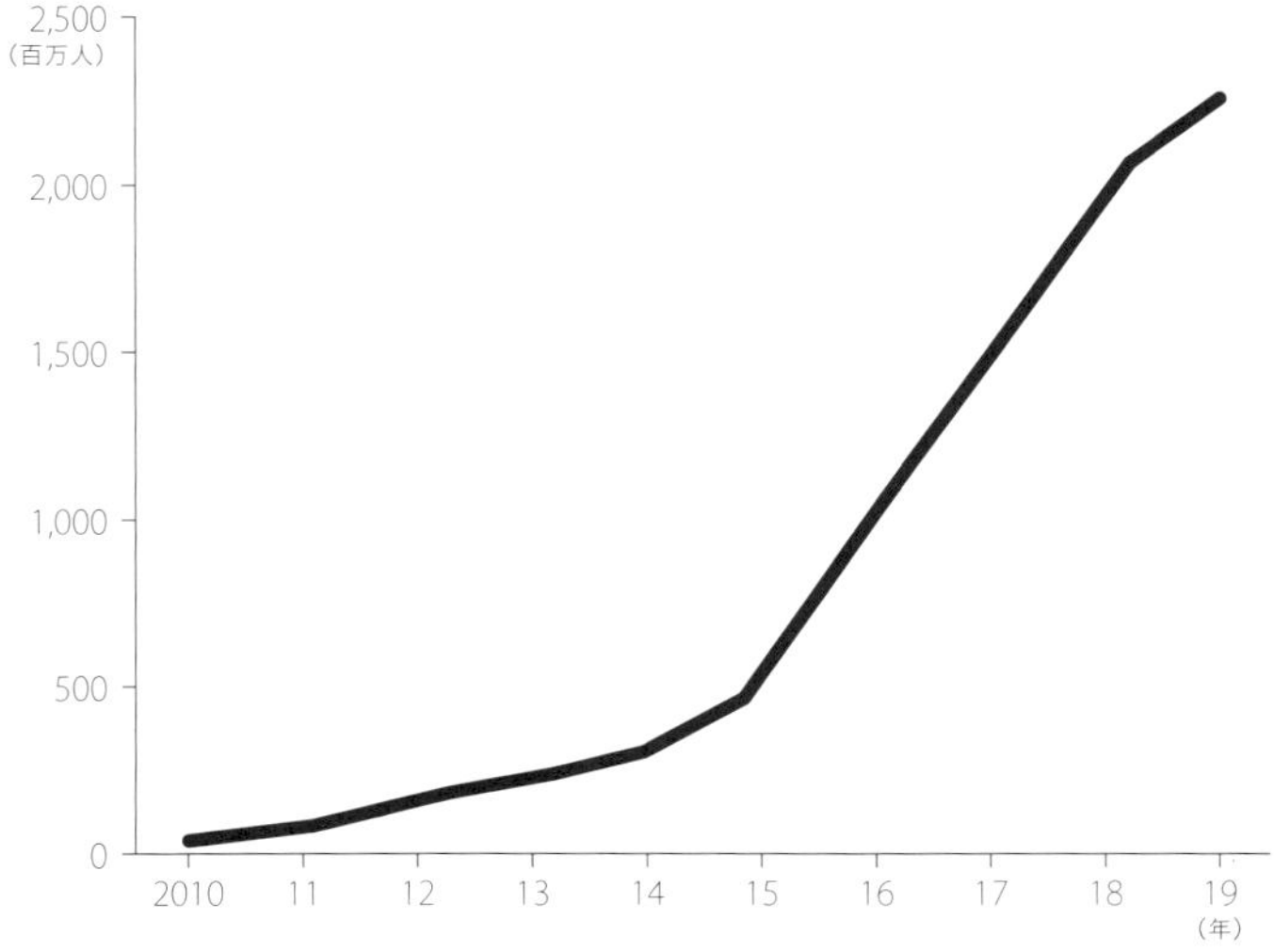

が爆発的に増加する一方で、ほとんどの先進国経済では現金使用が減少する。キャッシュレス社会に最も早く到達する可能性が高いのは、デンマーク、スウェーデン、ノルウェーなどの北欧諸国だ。しかし、英国や欧州の他地域もそんなに大きな後れはとらないだろう。そこでは銀行口座のことを何と呼べばよいだろうか？　何であれ、それは電話上にある。プラスチックカードや通帳上ではなく、手に入れるためにどこかの建物に行くこともないのだ。

世界の金融エコシステムへのインパクト

銀行口座からスマートデバイスへの形態の転換と、ＡＩによる金融エコシステムの補完能力の存在が意味するのは、バンキングの利便性の評価は、支店「ネットワーク」や現在銀行から入手している商品・サービスによってではなく、日常生活における貨幣、決済、信用の機能の仕方によるものになるということだ。金融教育や金融リテラシーはスマートフォン上のツールに組み込まれ、システムへのアクセスを阻む前提条件ではなくなる。

そうなれば、アップルペイ、アンドロイドペイ（グーグルワレット2・0）、ヴェンモー（Venmo）といった、電話に内蔵されたモバイルワレット基盤の方が、銀行よりもはるかに便利だ。これまでリテール銀行の利便性は、大きく3つの柱によって推進されてきた。

・店舗のバンキング機能へのアクセス（米国、インド、イタリアでは必須であることが少なくない）
・アドバイスへのアクセス（投資、住宅ローン等の商品アドバイス）
・独占的で、規制当局が支える価値貯蔵と決済方法

3つの柱はすべてテクノロジー変化というチャレンジを受けているが、バンキングの中核部分は極めてシンプルなものだ（**図9－3**）。

行動予測と選択肢提供のアルゴリズムがさらに向上すると、バンキングにおける最良のアドバイス機能は、アップルのヘルスキットやフィットビットのような新しいシステムに似たものになるだろう。それらは正しい商品やサービスを正しいタイミングで提供してくれるにとどま

図9-3 ● テクノロジーによる新しい銀行の有用性

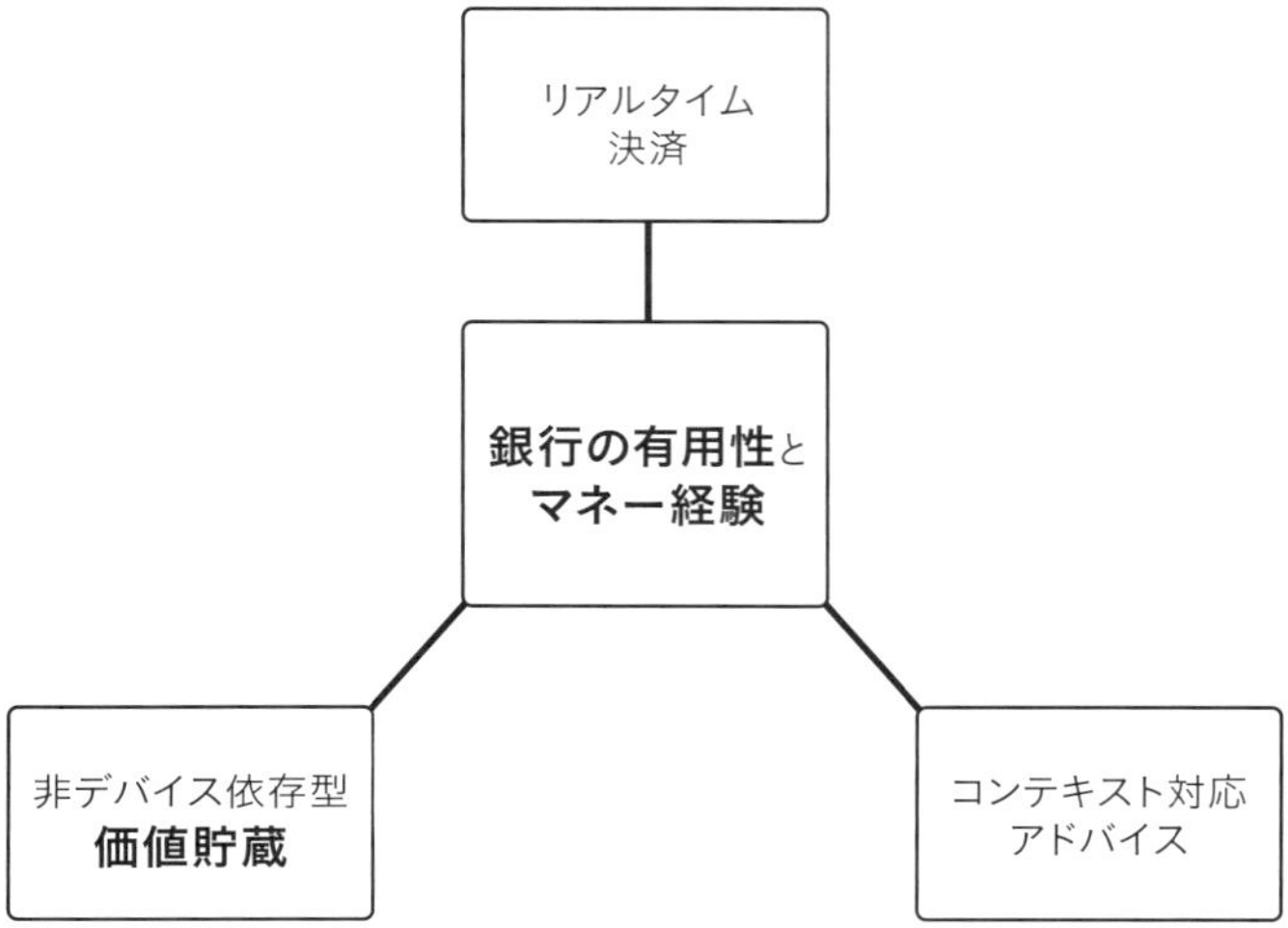

らず、それらの決定にあなた自身の金融状態の状況や認識を反映してくれるためにスマートな意思決定が可能になる。つまり、金融問題の発生に即してリアルタイムでそれをモニターし、アドバイスを行い、解決してくれるツールのおかげで、金融リテラシーや金融教育、複雑な商品の組成や事前の計算の必要性はなくなるのだ。

2020年までには500億もの機器がインターネットに接続され、2030年には100兆個のセンサーがつながる可能性がある。私たちの周りのあらゆるものがスマートになるのだ。食料品を注文してくれるスマート冷蔵庫（注10）、冷蔵庫と食器棚に入っているものを使ってできる料理を教えてくれるキッチン、手首に付けるか服として着て健康状態や活動をモニターしてくれるセンサー、互いが会話して自動運転する自動車、新しいシャツや髪型で自分がどう見えるかを映してくれる鏡、食品やアマゾンの注文品を届けてくれるロボット・ドローンやポッドなどだ。

近いうちにスマートフォンは、フライトや列車旅行のチケットを予約してくれるようになる。それは私たちがスマホにそう頼むか、あるいはスマホが私たちの会話にリアルタイムで耳を傾けているからだ。これらすべての背景には、バンキング、決済、信用供与の仕組みがリアルタイムで動いて、私たちの問題を解決し、日々のおカネの管理を支援してくれるという予測がある。スマート機器やスマート系のものは常に「おカネごと」を何とかする必要があるので、こうした機器類はユーザーのために次第に相互にやり取りするようになる。つまり今後10年のうちには、クレジットカードのような従来型のバンキング商品を必要とする取引よりも、機械同士（machine-to-machine：M2M）の取引の方が多くなるのだ。

クレジットカードは不要に

アップルペイやアンドロイドペイが次第に使われるようになるにつれて、プラスチックカードの必要性は急速に薄れていくことになるだろう。私たちはトークンや決済アプリをスマホにダウンロードし、それが銀行にリンクしている。カード番号を使用することはない。それはもう十分安全とは言えないからだ。スマホをタップし、指紋認証して、支払いがきちんと行われたことの知らせを受け取る。あるいは、店に入って出るまでの間に支払いが自動的に行われ、従来のレジを通す経験はなくなる。

スマホにダウンロードしたアプリやトークンはクレジットカードではないが、ではそれがカードと同様の性質を備えている必要があるだろうか？　必ずしもそうとは言えない。現在の通常のクレジットカードの使い方を考えてみよう。そして、リアルタイムで拡張された世界ではそれがどう再設計されるかを想定してみる。

現在のクレジットカードに関する主要なユースケースを2件みてみれば、それが示せるだろう。

・食品スーパーでデビットカードをスワイプしたのだが、引き落としができなかった。予想外だったが給料がまだ振り込まれていなかったためだ。どうしても食料品を買う必要があったのでクレジットカードを使ったが、なぜ給料が入っていなかったのかが気になる。

・新型のバーチャルリアリティのヘッドアップ・ディスプレイが欲しいのだが、いまの預金額では足りない。クレジットカードを使えば今日買えて、来月から分割払いにできるんだけどなあ。

モバイルの世界向けにこれを再設計すれば、この種の取引のために銀行がクレジットカードを販売する必要はなくなる。

食品スーパーのケースは、「緊急立て替え」的な信用供与スキーム、リアルタイムの貸し越しとか貸出枠であり、1~2通りの方法で提供可能だ。一つの方法は、資金不足を事前に排除することだ。なぜなら、顧客はテスコ（訳注・英国のスーパーマーケット）で定期的に買い物をして300ポンド使うが、口座には100ポンドしかないのがこちらではわかっているからだ。もう一つのケースは、残高不足でスマホのタップ支払いがうまくいかない時に、リアルタイムでそれに対応することだ。またクレジットカード申し込みの否認をなくすことも可能だ。緊急立て替えを行うのは、要件を満たした相手に対してだけだからだ。私が立ち上げたベンチャーのムーブン（Moven）ではちょうど今これに取り組んでいる。

店舗内金融供与については、新商品アプローチという道がある。スマホ上にそれを買うためにお金を貯めたいと思う「ウィッシュリスト（欲しいもののリスト）」を入力しておいてもらい、店に入ったときにリストの商品があれば、状況対応型信用供与と組み合わせたディスカウントを提供することが可能だ。ゼロまたは低率の12カ月間優遇金利を適用して、購入時に支払手段を変更してもらう。あるいは位置情報に基づいてオファーを発動させることもできる。iBeaconと位置情報テクノロジーを使って、一人ひとりの顧客に対して特定のオファーを対応させることが可能だ。それには優遇付きの信用供与も含まれる（より詳しくは第12章のビーコンの項目を参照されたい）。アマゾンのプライムメンバーシップから即時融資が利用可能であると、インターネットで顧客にメッセージを送ることが、顧客がアマゾンに接続していない場合でも可能だ。

基本的にいえば、（行動に基づいて）リスクを決定する方法で、信用供与のメッセージを伝える方法を作り直すことができる。リスクと行動をクレジットラインのタイプにうまく合致させることで、物理的な信用供与商品や従来の申し込みプロセスの必要性を排除することが可能だ。

「おそらく私たちは『クレジットカード』や『デビットカード』という言葉を使う最後の世代になるでしょう……たぶんそれは『デビットアクセス』とか『クレジットアクセス』になるでしょう。そしてモバイルデバイスに装備される可能性が高いのです」

——ジョン・スタンフ、ウェルズ・ファーゴCEO、ゴールドマン・サックス米国金融カンファレンス、2015年12月8日最終的には、支払時の信用供与利用時にはプラスチックカードは不要になり、信用限度額を事前に申請する必要もなくなる。すべては一瞬で処理される。このため、拡張世界においては「銀行」商品の設計を見直すことが求められる。おカネ自体の機能の仕方まで組み立て直す必要があるかもしれない。

拡張小売業におけるマネーの役割

通貨という名の紙切れが存在しない世界では、マネーをイメージすることは難しい。現実にマネーは非常に深く社会に根付いているため、それを形容する俗語を何百も思い出すことができる。米国では「ベンジャミン」「デッドプレジデント」や「グリーンバックス」という言い方を耳にしたことがあるかもしれない。おカネに関して「バック（bucks）」「クラム（clams）」「ルーニー（loonies）」「ドウ（dough）」「シュツカ（shtuka）」「トゥー・ボブ（two bob）」「ムーラ（moola）」という表現を生んだのがどこの国かわかるだろうか？

社会におけるものの売買にとって、マネーはその中心ではないにしても極めて重要なものだ。しかし、現金がなくなるかもしれないとか、物理的通貨の使用が減少していくという概念を提示すると、そうした変化を考えることさえ全く反対だと、多くの人々から感情的な反応が返ってくる。ビットコインのような暗号通貨が登場すると、ビットコインが地上に存在するあらゆる通貨に置き換わってしまい、従来のバンキングシステムが不要になると熱狂的に信じる人たちも出てくる。反対にビットコインは、オタクの玩具か、あるいは取引にクロスボーダーでの匿名性を欲する犯罪者の使う道具に過ぎないという人たちもいる。だが現実には、現金とは近代社会の比較的新しい概念なのだ。

米国政府が独自の紙幣の発行を始めたのは１８６１年になって以降であり、その前には１７９１年から第一合衆国銀行（First Bank of United States）が私製通貨を発行していた。さらにその前は１６９６年に、バンク・オブ・スコットランドが英国で最初の紙幣を発行している。現在、エリザベス女王は世界で２番目に在位期間の長い国家元首（タイのプミポン国王に次ぐ。プミポン国王は２０１６年10月に死去）であり、その肖像等がついた通貨が流通する国の数は最高記録となっている。貨幣の草分け時期まで遡れば、小さなコミュニティが独自の銀行を持ち、独自の通貨を発行するのが一般的であった。時代を経るにつれて、貿易や商業のためには貨幣を中央集権

図9-4 ● 1930年代の大恐慌時代には、カリフォルニア州ピスモ・ビーチでは、地域の商店がハマグリ通貨を発行して、経済の崩壊に対応した

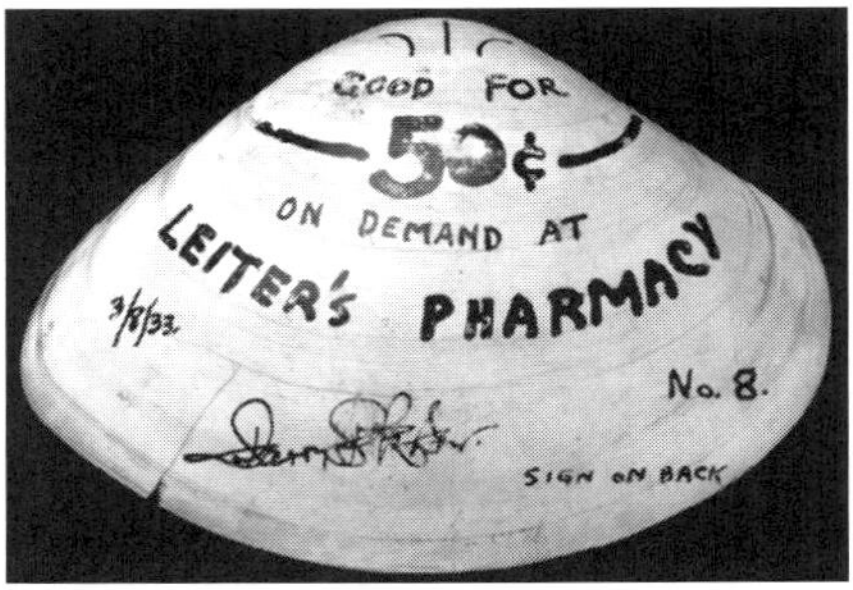

http://americanhistory.si.edu/sites/default/files/blog_files/a/6a00e553a80e1088340147e274f308970b-800wi.jpg

化した方が効率的になり、その結果、コミュニティを横断して尊重される通貨の発行が可能な「中央銀行」が登場することとなった。

もちろん、紙幣の利用よりも前に硬貨が存在していた。硬貨より前には、物々交換(バーター)が通商を可能にする主要な仕組みであったことは想像できるだろう。しかし何千年前にも、こんにち私たちが財布に入れて持ち運ぶ紙幣に類似した別の形の通貨が存在していた。そうした通貨で記録に残る最古のものは紀元前3000年で「シェケル(shekel)」と呼ばれている。それは重さの単位であると同時に貨幣の初期形態としての特質を有していた。貝殻は、米国、アジア、大洋州の多くの国で使われていた。しかし古代ギリシャでは、紀元前650~600年ころに初めて硬貨が鋳造され、1世紀頃にはそうしたコインがしだいに世界中で金銭価値交換の標準形態となっていた。

マネーの効率化

現在では、ビットコインのような暗号通貨が次世代通貨として登場してきている。ビットコインを通貨に分類することは、ほとんどの大衆にとって最も論理的な評価であるが、同時にそれは、従来の通貨よりも効率的であることを意図されたものであり、仕組みや価値評価に関していえば、「シェケル」のデジタル同等物とでもいうものにより近い。こんにち貨幣が直面している問題とは、急速に台頭しつつあるさまざまなタイプのコマースにとっては十分効率的とは言えないことだ。

プラスチックのデビットカード、モバイル決済の類が増加したことで、現金の利用は、ほとんどの先進国で過去10年の間にピークアウトした。現金は現在、世界中の消費者支出額のうち34％を占めるに過ぎない（注11）。先進世界では現在も現金決済が最も利用されているが、モバイル決済やモバイル銀行口座が台頭するにつれて、物理的貨幣の利用はより急速に減少へと向かうだろう。

原油、金、ダイヤモンド、チタン等のグローバルマーケットで取引されるコモディティのほとんどは、米ドルで値付けされている。理由は、相対的な市場価値を測定するのが容易だからだ。しかしながら、事実として明確に起こっている変化は、アマゾン、アリババ、Ａｉｒｂｎｂのどれを使おうが、現在では世界中のどこからでも瞬時に何でも購入できるということだ。このことは、消費者が一つの通貨で取引していて、住民としてその地域でモノを買わなければならないことを前提とした市場メカニズムにとっては大きな負担となる。売り上げ税の賦課はどうするか？　通貨交換レートのメカニズムはどうか？　アイデンティティやプライバシーはどうなるか？　相手を信用できるか？　あなたがナイジェリアに住んでいて、中国で何かを買い、米ドルの口座で決済し、商品をラゴスに送ってもらう場合、売り手は支払いを受けるのを出荷まで待つことになるだろうか、あるいはあなたが支払うのは出荷されてからか、それとも商品を受け取ってからだろうか？

リアルタイム化が進んでインフラがスマート化し、世界の通商障壁が低くなるにつれて、物理的な通貨は通商上の重大な障害となる。遅過ぎて難し過ぎるために、何事もなく取り扱うことができないのだ。特定の通貨が地理に結びついているという現状は、地域内通商におけるその通貨の価値を認めることをよしとする多くの人々が受け入れているという点を除けば、ほとんど結果的にそうなったものだ。

紙幣が生み出されて、あるコミュニティにおける価値交換の標準化が進み、コマースがより効率的になり、その同じ力によって今や、より効率的な決済方式と、より適切な通貨の必要性が生まれてきた。こうした必要性なしにはビットコインは決して出現しなかっただろうし、そうした原動力なしには17世紀に紙幣も出現しなかっただろう。紙幣は現在でも競争力を有しているものの、デジタル世界が広まるにつれて、携帯電話や、より円滑な通信手段や、ビットコインのようなグローバルコミュニティの価値交換手段としてより適切なものが普及して、時代遅れとなってしまう可能性は大きい。では、ビットコインは新たなグローバル通貨となるだろうか？　最近の変化の大きさをみればそれはかなり難しそうだが、おかげでコマースにおける新たな可能性について私たちの目が開かれたわけだし、マネー2・0の展開においてビットコインの後に続く取り組みがあることは確信できる。

ビットコインの動きから生まれてきたより興味深い展開は、実はビットコインの取引と記録を支えているテクノロジーにある。それはブロックチェーンと呼ばれるもので、スマートで取引を行うデバイスに満ちた世界に対する解答となりうる可能性が高い。

ブロックチェーンの必要性

従来のバンキングが主張するのは、銀行口座は個人が保有し、その個人は身元が明確でなければならないということであり、だからこそ、免許を持つ世界中の銀行が形成しているネットワーク、パイプ、電線を通じて安全かつ合法的に取引ができるということだ。このことが、世界中の銀行規制当局にとってビットコインがいささか頭痛の種となっている理由だ。ビットコインのワレットは取引時点では本質的に無名である。ユーザーが名乗れば口座と保有者をひもづけることが可能だが、取引成立のためにそれは求められない。

例えば「シルクロード」サイトのような闇取引の電子商取引サイトでブロックチェーンを通じた特定できない非合法な取引が可能になり、それが爆発的に増加するのを恐れて、世界中の規制当局はビットコインの爆発的成長に歯止めをかけようとした。しかしながらビットコインは分散的な仕組みであるため、実質的にインターネット全体のコンセントを抜かずにブロックしたり止めたりするのは不可能であり、それでは行き過ぎになってしまう。ビットコイン活動を規制する唯一の方法は、人々がビットコイン＝ＢＴＣ（注12）を購入／売却／売買する方法か、交換所を通じて他通貨をビットコインに変換する方法をコントロールすることだ。

米国、中国、ロシア等で当局が導入した規制方法は、無許可のビットコイン交換所を違法としたことだ。交換所が送金業者または金融サービスビジネスとして許可されたものでなければ、ビットコインの購入/売却/取引はできない。これによって当局は、従来のバンキングシステムによって、ビットコインワレットの個々のユーザーや所有者のアイデンティティを確認できるようになった。その意図するところは2つある。ビットコインシステム/通貨のユーザーを識別することと、犯罪マネーのロンダリングシステムが現行の監督網を迂回するのを防ぐことだ。

ビットコインの中核にあるのは分散元帳システムであり、それが意味するのは、どんな人/組織/政府もビットコインの機能を統制できないということだ。ビットコインのノードはわずか2000〜3000であるが(注13)、ビットコインを世界中何百万もの先に割り当てている分散元帳システムは、ワレットからワレットへと移動するデジタル通貨の記録の同期と更新を定常的に行っている。その同じ理由で、規制当局は一般にビットコインシステムが気に入らない。つまり、ワレットは保有者のアイデンティティから独立して機能しており、そのことでブロックチェーンや類似の仕組みは貨幣の将来像にはるかによく適合するものだ。現行バンキングシステムよりもはるかに高い冗長性を有し、常にそれが強化されるように機能する。もちろん、ビットコインのようなものは、少なくとも物理的には存在しない。ブロックチェーンは、ひたすら拡大するアドレスのリストと、個々のアドレスに存在するビットコイン量をトラッキングし続ける(**図9-5**)。

あなたがビットコインを所有しているのは、現実には、価値が貯蔵されている特定のアドレスを解錠する私的な暗号鍵を所有しているということだ。その価値がたまたまあなたが所有するビットコイン数につながっているということに過ぎない。私的暗号鍵は、数字と文字の長い連鎖のように見える。鍵の保存場所は、紙のプリントアウト、金属のコイン、ハードドライブ、インターネットサービス等から選ぶことができる。ビットコインワレットのアドレスを刺青にして自らの身に刻んだ人もいる。

２０２５年のバンキングシステムは、現行の集中化されたバンキングネットワークよりも、ＩＰ（インターネット・プロトコル）あるいはピアツーピアのネットワークに似たかたちで機能する必要があるだろう。ブロックチェーンは、現状よりもよくて、将来にわたって使えるシステム

図9-5 ● ビットコインの中核にあるのは分散元帳システムであり、現行バンキングシステムよりもはるかに効率的にデジタル取引が行える

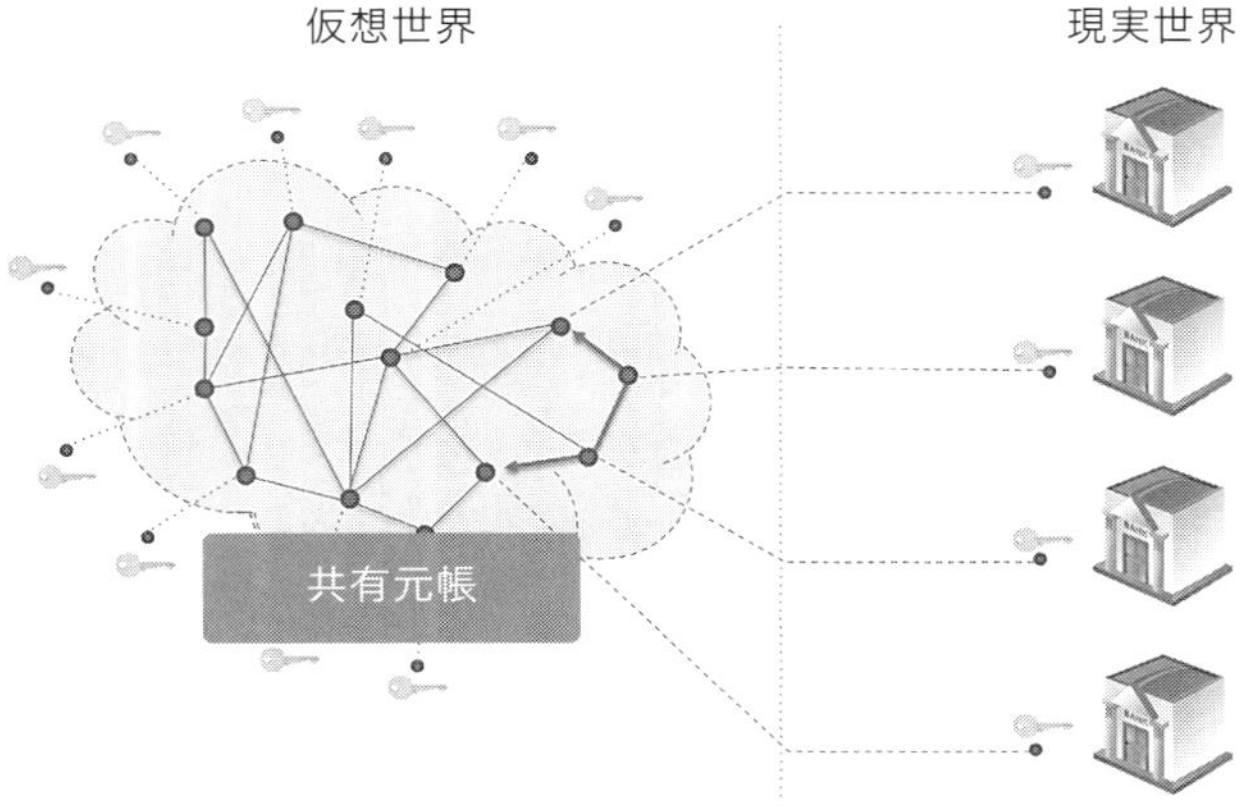

の一つの例なのだ。

　私たちは、スマートデバイスが一つまたは複数の価値貯蔵をすることができて、自分やあるグループの人々のためのエージェントとして取引を行える時代に足を踏み入れつつある。また私たちは、個人のアイデンティティが運転免許証、署名、社会保障番号等とひもづくのではなく、生体認証、独自の個体識別マーカー、行動データやヒューリスティックス等で構成されるものとして管理されるようになる時代へと移行しつつある。契約、資産やその他の情報で、分散して冗長性のあるシステムズ・オブ・レコード（訳注・いわゆる業務システム）上に安全に保管する必要があるものと同様に、アイデンティティ自体もブロックチェーン上で管理可能だ。

　現在のバンキングシステムが主張するのは、ある信頼できる組織から別の組織へと資金を送ることができるのは銀行（そして認可送金業者）だけであり、その固有で参加者が限られたネットワークを通じてだけだということだ。自分のアイデンティティを銀行に提供してはじめて、そうしたネットワークが利用できるようになる（銀行口座を開設する）のであり、そのために通常は物理的に支店に出向くことになる。つまり、運転免許証やパスポートを持たなければ、ほとんどの国では口座開設ができないということだ。拡張世界では、スマート取引へのニーズに対応するために、はるかに自由度の高いエコシステムが必要になるだろう。

　現在の銀行免許に関する州規制では、銀行は口座開設の前に、「know your customer：KYC」として知られる顧客情報を取得することが求められている。この種のシステムは「拡張時代」になると急速に冗長かつ時代遅れのものになってしまうだろう。なぜか？ それは、コンピューターやスマートフォンを使ったり、新しいインターネットサービス提供者やカフェのWiFiホットスポットに接続するために、身分証明書類提出、勤務先確認、居住地証明が必要だと言い張るようなものだからだ。

バンキングや決済がリアルタイム化した世界では、金庫のような考え方、つまりおカネを建物の中で安全に預かり、そのために建物の中では身分を証明するIDが要求されるというのは時代錯誤的だ。現行の銀行免許／決済／送金の認可システムは、21世紀のデジタルエコシステムの時代に、19世紀の問題を規制しようとするものだ。銀行にひもづいた個人IDを要求する現在のバンキングシステムではこの変革を乗り切れないことを、簡単な例で説明しよう。

自動運転のクルマが銀行口座を保有する

クルマの所有は将来には選択肢の一つに過ぎなくなることが明らかな一方で、ミレニアル世代やその後輩たちの多くは、シェアリング・エコノミーに自分から参加するようになるだろう。そこでは所有権が分散され、自動運転車の時間がレンタルされる。そこで、2025〜2030年に、ミレニアル世代の一人がパーソナルな自動車サービスを契約して、毎日一定時間の自動運転車の利用を保証されるか、あるいは自動運転車を「共有（シェア）」する権利を購入したとしよう。

自動車は彼／彼女をピックアップして職場まで乗せていく。クルマはその途中で、約6時間後にまた利用依頼があると通知を受ける。彼／彼女を共有仕事スペースで降ろしたクルマは、そこを出て別の2人の共同オーナーをピックアップし、指定された場所に送り届ける。ここでクルマは充電が必要と判断し、1時間かけて充電を行う。充電ステーションのある地域の駐車場に行き、そこでコンセントをつなぐ。朝の最後の人を降ろした時点で充電が必要だと判断して、クルマは駐車場のインターフェイスと連絡をとり、必要な駐車スペースとエネルギーの金額を交渉した。

駐車場を所有する企業は、個々の充電ステーションを個人投資家向けに売却またはリースしており、ステーションは駐車場の屋根に設置された太陽電池につながっていて、充電ステーション付き駐車場の設備費用負担を軽減している。個々の充電器にはワレットがついていて、所有者にリンクしている。自動運転車が充電時に使ったエネルギーは、クルマと充電ステーション間で直接、キロワット時単位で決済される。同じように、駐車料金が駐車場オーナーに支払われる。

自動運転車はその後、オーナーの一人が次にまたクルマを必要とするまでに約3・5時間あると計算し、ウーバーにログインして3時間を自動運転タクシーとして使えるようにする。クルマはすぐに呼び出されて3時間で180ドルを稼ぎ、クルマが持つワレットにそれが蓄えられる。

自動運転車のワレットはどの個人オーナーにもリンクされていない。それは共有口座だ。そこに入った稼ぎはすべて、所有者のコスト、エネルギーコスト、駐車場や登録手数料等々の相殺に使われる。オーナーたちは自動運転車が持つワレットを月次とか週次で求めに応じて補充するだけだが、自動運転車がエネルギー代を支払ったり、対外貸出時間の収益を稼ぐ能力は、通常のアイデンティティの仕組みや銀行口座とは切り離されて独立したものだ。それは、IoTワレットまたは価値貯蔵である。

自動運転車のワレットは、現在私たちが持ち歩いているデビットカードと類似している。しかし、一つ大きな違いがある。ワレットを所有する人がいないのだ。ワレットはクルマにリンクしていて所有者が複数いることもあって、そのオーナーのアイデンティティは頻繁に変わりうる。現在のバンキングの世界ではこれはほとんど不可能であり、それは契約/申告/身元確認プロセスといった拷問に等しい一連のプロセスを通してのみ可能だ。そしてそのために、クルマのオーナーたちと、自動運転車自体が銀行支店に出向くことが必要になる。これが馬鹿げているのは明らかだ。

自動運転車や、食品を注文するスマート冷蔵庫、データとエネルギーを消費も生産もするスマートハウス、太陽電池、特定取引を行うAI等の何であっても、すべては独立してバンキングシステムにアクセスする必要があり、銀行口座についても同様だ。このことで複数の非常に興味深い疑問が持ち上がるのは明らかだ。

自動運転車や冷蔵庫に対して、銀行支店で身元確認のために署名を求められないなら、これら機器は自らのアイデンティティを持てるだろうか？　シェアリング・エコノミーの一環として得たおカネについて、自動運転車は税金を払わなければならないだろうか？　あるいはそれはオーナー集団に引き継がれるのだろうか？　もし自動運転車が事故に遭えば、負傷者が出た場合に最終的に誰が責任を負うのだろうか？　自動車か、自動車のオーナー集団か、それとも自動車メーカーか？

規制当局は当初、「個人」がスマート資産を所有し、そのスマート資産の銀行口座が所有者にひもづく仕組みを導入しようとするだろう。しかし、今後5～10年以内には、自動運転車のような資産の共有を明確な目的としたベンチャーが立ち上がるようになるだろう。ウーバーがこのゲームの参加者であることは間違いない。アップルが2007年に最初のｉＰｈｏｎｅを発売してから2015年にアップルウォッチを発売するまでに要したのとほぼ同じ時間で、こうしたすべての変化が進むのだ。まさにディスラプティブだ。

拡張時代が銀行に非常に不利な理由

日常のバンキングや決済も、かなり劇的な変化にさらされることになる。最も早く変わるのは、日常生活での商品やサービスの支払方法だ。最も効率的な支払形態は、商店、レストラン、サービス事業者のところに行き、支払いを済ませて出てくることだ。その場合も、スマホをタップして請求を受け入れるか、自分のスマートグラスが認識できるように手振りで応えるかして、支払いを承認する必要があるだけだ。レジ、カードのスワイプ、何かへのタッチ、ポケットや小銭入れや財布の中の小銭を探すといったものはなくなり、支払いは実質的には目に見えないものになる。有用なデータを提供して支払いを拡張することも十分あり得る。そのデータは、よりよい条件を提供して、特定の支払手段を利用するか特定の商店で買ってもらうよう促すものか、支出の決定に役立つコンテキスト情報を提供してよりうまくおカネを管理するのに役立つものだ。

これによって店舗デザインは劇的に変わり、店舗は顧客とデジタルにつながって消費者の店舗内経験を改善し、売り上げを増加させることが可能になる。今後20年くらいの間に消費者としてあなたが行う最も重要な意思決定の一つは、特定のワレットを特定の小売業者に組み合わせるとか、特定の行動セットに基づいて特定の支払方法を使うことに同意するといったことだ。例えば私がスターバックスでコーヒーを買うなら、私はスターバックスアプリを使う。アプリの残高が少なければ、シンプル（Simple）かアトムバンク（Atom Bank）の口座を使って増額する。それでも不足するなら、ビットコインワレットを使う。私がビジネスミーティング中に個人用ＡＩが航空便を予約する時には、私の法人旅行口座を使う。私の自動運転車が利用しない時間帯にウーバー運転になっていれば、そこで得た金額は所得として計上せず、将来出張でウーバーを利用する際に使う。私がいつも商品を買う店に行った時に買い物用口座の残高が１０００ドル未満の場合は、ＰＨＵＤやスマートウォッチが低残高を警告してくれる。

現在、店内（またはeコマース経由）の決済の選択肢として、アップルペイ、アンドロイドペイ、サムスンペイ、ペイパル、マスターカード、ビザ、アメックス、アリペイがしのぎを削っている。いずれも支払いに使う第一のワレットまたはアプリになりたいと考えており、そのためにはエアラインのマイルを提供するだけでなく、「あなたの」行動に関する「より多くの」データ、つまりどこで買い物をするのが好きで、いつ買うか、何を買うかが必要なことに気づき始めている。それによって将来のあなたの購買意思決定により影響を及ぼせる可能性が高いと考えているのだ。彼らは、あなたがどの店に行くか、買おうと思っていたものを買う選択をいつするか、それを買う資金は貯蓄を取り崩すか、店で提供されるファイナンスを使うかといったことに影響を及ぼせると考えている。

新しい世界での決済方法の選択について述べていた中で、私が全く「銀行」に言及しなかったことに気づかれたかもしれない。そう、銀行は決済の世界から少しずつ外に押し出されている。その主な理由は、ゲームに加わるのがあまりに遅いということだ。例えば米国のほとんどの銀行は、リアルタイム決済や、携帯電話のワレットへのリンクのようなものを提供していない。銀行は今でも小切手が最も効率的な決済方式の一つであった時代から抜け出せていない。さらにひどいのは、ミレニアル世代が来店すると今でも小切手口座を売ろうとすることだ(注14)。ミレニアル世代は小切手を書くことさえしないというのに!

決済エコシステムの中期的未来において、最大手の銀行だけが真の役割を担うということは非常に考えにくい。そう、こうした銀行は、決済ができるアプリやワレットにリンクせざるを得なくなる。そうしないと、売ろうとする銀行口座はほとんど使えないものになってしまい、消費者がプラスチックカードをスワイプしないことも確実だからだ。消費者はモバイルとかデバイスの決済機能を使って、それが口座や価値貯蔵からおカネを持ってくる。そしておカネを置いておく場所の選択肢はふんだんにある。その中にはこうしたワレットを備えるノンバンクも数多くあるだろう。

この例の一つがｉＴｕｎｅｓ口座だ。現在では5億もの人々が、クレジットカードやデビットカードをｉＴｕｎｅｓにリンクさせており、クーポンやプリペイドカードやバウチャーを買ってｉＴｕｎｅｓ口座に入れる人も多い。ｉＴｕｎｅｓやペイパル口座にある残高は銀行口座ではなく、それはノンバンクの決済口座か価値貯蔵だ。スターバックスアプリやカードも同じだ。スターバックスのアプリ上の預金は２０１５年、30億ドルを上回った。つまり同社は米国内銀行の70％よりも多くの預金を集めたことになる。しかしすでに述べたように、いかに大多数の銀行より多くの預金を集めても、スターバックスは銀行ではないのだ。

未来の拡張時代には、こうした価値貯蔵を数多く目にすることになるだろう。そして私たちがブロックチェーンのような分散型元帳と決済システムに移行すれば、こうした価値貯蔵が政府保証や預金保険付きであるかどうかは、日常的にあまり重要ではなくなる。金額の大きい預金や貯蓄は引き続き銀行に置かれるだろうが、日常生活上のおカネのほとんどは、テクノロジーが支えるノンバンクのエコシステム中に分散することになるだろう。しかし、これで安全だろうか？

人々は10年以上もの間ペイパルを使ってきたが、その預金に保証を求めたりはしていない。ペイパルが近いうちに事業をたたんでしまうことはないし、ペイパルとの間に問題を抱えている人の数は、日々の取引量にくらべたら微々たるものであり、平均的な銀行が不正によって抱えている問題に比べれば明らかに少ない。最終的には、最も安全なシステムは、最も利用されるシステムになる。その理由は、ユーザーのコミュニティの中に信頼が生まれ、より多くの人がそのネットワークを使うほど、システムはさらに安全で堅固になっていくからだ。

しかしこのことが意味するのは、いわゆるユニバーサル・バンキング・モデルは、今後20年の間にうまくいかなくなって破綻してしまうということだ。ユニバーサル・バンキングのコンセプトは、学生のときに最初の銀行口座を開設し、最初の仕事に就くか大学に入学する際に口座を移し、そこで最初の自動車ローンやしまいには住宅ローンを借りて借り入れを増やし、ずっと同じ銀行を使うというものだ。銀行を選ぶ理由は、コミュニティ内の立地や両親の勧めなどである。しかし、新しい拡張世界では、決済オプション、価値貯蔵オプション、利便性と経験に基づいたクレジットラインを選ぶことになる。そしてその選択は、支店の場所よりも、リアルタイム性や価値提案の内容に基づくものになるだろう。

もう住宅ローンを申し込むことはない。家を買う際、購入時の借入申込は住宅購入プロセスの一部に組み込まれているのだ。最初この動きは、かなり典型的な住宅ローンオファーの形をとるが、それはリアルタイムで、外で住宅を見学している時に行われる。しかし将来的にそれは、住宅購入を行う際の経験ベースのファイナンス意思決定になる。そこには、さまざまなサービスパートナー企業がファイナンスを提供しようと、その能力を評価できるさまざまな方法を提示してくる。

例えば、不動産屋があなたに住宅購入契約を電子送付してくると、あなたは自分の身分証明をその契約にリンクさせる。そうすることであなたは、給与、信用履歴といった、融資意思決定に使用される具体的な情報を提供することになる。するとリアルタイムで、あなたの保有デバイスかクラウド上のライフストリーム・エージェントが複数の融資提供者とやり取りして、住宅購入のファイナンスのオプションを一つ示してくる。返済希望期間はビジュアル化して提示され、あなたはスマートグラスの視野に映るそのビジュアルとやり取りして、住宅が完全に自分のものになるまでの期間を25年から15年に短縮しようとするかもしれない。やっているうちにあなたが18年より期間を短くすると、現在の給与と生活費ではそんなに早く返済できないと、ビジュアルが注意を発する。しかしながら、生活を続ける中で折々に追加返済資金を「住宅用」クレジットラインに入れて、家を完全に自分のものにするまでの期間を短縮することが可能かもしれないし、あるいは新しい車を購入する際に、自動車ローンを使わずにリアルタイムでクレジットラインを拡大することになるかもしれない。

現在のバンキング世界との重要な相違は、これらのローン商品を申し込んで、銀行が謝絶するのを気にしながら待つことがなくなる点だ。さまざまなファイナンススキームへのアクセスの際に情報提供を求められるだろうが、借り手の「リスク」の評価は銀行や貸し手の能力次第であり、そこが現在のシステムとの実質的な違いとなる。このデータ主導型アプローチによって、貸し手が借り手の返済能力を評価できるようになるため、借り手は申込書を記入しなくてもよくなる。基準に達しない場合はオファーが来ない。それでも謝絶されるよりはマシではないだろうか。

私たちが現在銀行発として使っている商品、例えばデビットカードや当座預金、住宅ローン、貸し越し、定期預金、自動車ローンやリース等は消えてなくなるだろう。決済、価値貯蔵、投資、クレジットラインは残るが、現在銀行が提供しているような明確な個別商品のパッケージではなくなる。それらは、消費者のおカネに関するあれこれや生活を中心に築かれる日常経験の中に分散して組み込まれて必要時に顔を出す便利機能となる。ほとんどの銀行はスピードが遅くて現在のやり方に固定され過ぎているため、この新しい時代に適応できないだろう。その結果、こんにち私たちが名前を知っているリテール銀行の50％は存在しなくなってその座をフィンテック企業やテクノロジー企業へと譲り、それら企業が私たちの日々のおカネに関するあれこれに対してうまく対応するようになるのだ。

すべてはテクノロジーベースへ

フィンテックという用語は、ヘルステック（HealthTech）と同様に、「ファイナンス」と「テクノロジー」の融合語であり、破壊的テクノロジー、スタートアップ企業、伝統的な金融システムに対抗するイノベーションの集合体を意味するようになった。２００８年には、ドゥオラ（Dwolla）、ストックツイット（StockTwits）といったスタートアップ企業のフィンテックへの取り組みに9・3億米ドルが投資された。２０１３年にはその額が膨れ上がって40億ドルになり、２０１４年にはさらに倍増するとみられていた。ところが実際にはその額は3倍の１２０億ドルとなり（注15）、２０１５年には２１０億ドルという途方もない金額になった（注16）。２０１６年には１０００億ドルに到達するかもしれない。

これは、資本とテクノロジーが注入されて変革と自動化が起こった結果、どんな業界もテクノロジーベースの産業へと変貌しつつあるという根本命題を裏づけるものだ。現実には、金融サービスのような産業が有する商品や構成物は何百年前の古いものであり、その状況下ではそんなに大量のテクノロジーがなくてもディスラプションが起こる。

「**BBVAは将来的にはソフトウェア企業になります**」
――フランシスコ・ゴンザレス、BBVA会長、2015年のモバイル・ワールド・コングレスでの講演

銀行は将来、顧客がゼロ・フリクション（最低限のフリクションと言ってもよい）の生活を送る只中に置かれることになる。つまり銀行は、顧客の目の前に1枚の紙を持ち出そうものなら、それ自体がフリクション（摩擦）なのだという事実を受け入れなければならない。そんなことをすれば、スマートフォンやiPad上で、あるいは自動運転車の中で収益を上げたりリレーションシップを構築する余地などありはしない。もう一度明確にしておこう。

バンキングの世界で、紙と署名に未来はない。ゼロである。

本当かって？　答えはイエスだ。とりわけ、顔認識、免許証やパスポートのイメージ認識や他の身

元確認テクノロジー（位置情報、ソーシャルメディア、ヒューリスティックス等）が存在する現在では、**物理的な身元確認は、デジタル自動身元確認プロセスよりも15～20倍リスクが大きい。**世界中のあらゆる税関が国境でパスポートの生体認証へと向かいつつあるのはなぜだろうか？　答えは簡単だ。セキュリティのプロセスにおいて、人間が唯一かつ最も弱い鎖の輪だからだ。最も間違いを起こしやすく、偽のID書類を見破る可能性が最も低い。一方、アルゴリズムは決して疲労したりミスをしたりしないし、今では眼も人間より優れている。

考えてもみればいい。**現在銀行が行っている最もリスクの大きいことは、署名入りの1枚の紙切れに基づいた対面での口座開設だ。換言すれば、不正の犠牲になる最も簡単な方法として現在できることが、金融取引における紙への署名なのだ！**

ここ2～3年の間に設立されたフィンテック企業はどこも紙や署名を使っていないことを念頭に置いておこう。これらの企業はいずれも、変化のはるか先を進んでいる。従来型のプロセスを有していないために迂回する必要がないので、テクノロジーを使って顧客にとってプロセスを簡単にする方法を見つけ出すだけでよいのだ。

バンキングにおける有形物のほとんどは、10年のうちに大多数の人々の前から消え失せることになろう。20億もの人々が10年後にはスマートフォン上で最初の「銀行口座」を作り、プラスチックカードや小切手帳は全く使わないようになるのだから、なおさらのことだ。

バンキングの部品の利便性、具体的には**価値貯蔵、決済、クレジットライン、預金利率**等は、コンテキストから定義される経験の中に組み込まれる。未来の商品設計の対象は、おカネの経験、決済の経験や融資ソリューションといった、商品ではなく経験になる。

化石燃料製造施設とエネルギー販売業者と同様に、銀行、会計士、フィナンシャル・アドバイザーは、今後20〜30年間に最も厳しい影響を受ける産業の範疇に入るだろう。生き残る銀行もあるだろうが、それはあなたの両親が慣れ親しんだ銀行とは似ても似つかないものになっているだろう。

注1：Society for the Worldwide Interbank Financial Telecommunication
注2：Graham Hiscott, "Number of bank branches at lowest level for over 60 years," *Mirror*, ２０１３年7月5日
注3：H. M. Aliero and S. S. Ibrahim, "Does Access to Finance Reduce Poverty," *Mediterranean Journal of Social Sciences* 3, no. 2（２０１２年5月）５７５〜５８１ページ
注4：銀行口座を保有する人口の比率
注5：Alliance for Financial Inclusion（ＡＦＩ）
注6：Shwari はスワヒリ語で「静寂」のこと。
注7："Banking of FinTech," Breaking Banks podcast interview with Mohammed Jama Dalal of CBA, ２０１５年10月19日
注8：Chinese International Capital Corporation（ＣＩＣＣ）による推計

注9：スターバックス、2015年10月29日、第4四半期報告
注10：「インターネット冷蔵庫」の例に懐疑的な向きは、すでにAmazon EchoやAmazon Dashから食料品が注文できることを念頭に置いておこう。スマート冷蔵庫ができることも基本的には同様だ。
注11："MasterCard's Cashless Journey"を参照。http://www.mastercardadvisors.com/cashlessjourney/
注12：BTCとXBTは暗号通貨としてのビットコインの略号として一般に使われている。
注13：2016年1月1日時点で、bitnodes.21.coはビットコインネットワーク上に平均6400のノードを記録している。しかし過去には最大1万ノードが存在した。
注14：世界の他の場所では当座預金口座と呼ばれるが、現在私たちはそれをデジタルまたはモバイル支出口座と呼ぶべきではないか？
注15："The Fintech Revolution," *Economist*, 2015年5月9日
注16：2015年には300億米ドルにまで達すると予想する向きもある。

第 10 章

「拡張」世界における信頼とプライバシー

Trust and Privacy in an Augmented World

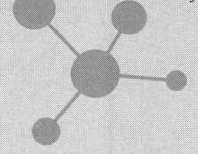

J・P・ランガスワミ寄稿

「誰かを信じてよいかを知る最良の方法は、その相手を信じることだ」

——アーネスト・ヘミングウェイ

信頼のつながり

昔は、近所に住んでいる人を皆知っていたものだ。私が育ったカルカッタ（現在はコルカタ）がどんなふうか説明しよう。居住地域の人の入れ替わりはほとんどなく、人々は家族が何十年、時には何世紀も住む家で生活した（そして死んだ）。非常に珍しいことだが、誰かが何らかの通過儀礼のために転居すると、新しい人が社会の一員に加わる。そしてそうなるずいぶん前から、他の誰もが新しく隣人となる人について知るべきことはすべて知っていた。何人の家族か。どこから来るのか。なぜここに来て、なぜ今なのか。

私たちが住んでいたのは高信頼社会だった。皆が皆を、そして何でも知っていた。犯罪率は低かった。人々はドアにカギをかけなかった。その必要がなかったからだ。よそ者は、近くに来るはるか前に見分けられた。

当時私たちは大量に宅配を受けていた。ミルクは牛ごとやって来て、戸口で搾りたてを受けられた。新聞は明け方に届いた。鍋釜売りは古いサリーをピカピカの新しい料理容器と交換してくれた。コミック屋は移動式の貸本図書館をやっていて、諸々の入った大きなカバンをかついで何マイルも歩いてきた。行商人が果物を持って通り過ぎ、さとうきび屋が歩いていた。夏にはアイスクリーム屋が時々やって来たが、それは彼が私たちの住む通りに来るまでにまだ氷が残っているか次第だった。氷は少しでも長く残るようにと、木の薄皮と麻布で覆ってあった。

娯楽も家までやって来た。猿回しのオルガン弾き、ヘビ使い、フルート吹き、変わったクマ使いまでいた。その頃の家にはテレビがなく、トランジスタラジオはまだ海を渡ってきておらず、真空管方式のラジオは当時まだ希少だったもの、つまり電気が必要だった。そこで私たちは通りで遊んだ。クリケット、サッカー、ホッケー、縄跳び、けんけん跳び、カウボーイとインディアン、鬼ごっこと何でもありだった。それでも危険はなかった。

皆がお互いを知っていた。旅歩きの行商人までもが、世代を重ねて顔なじみのことが少なくなかった。高信頼環境である。それは社会、ビジネス、娯楽のために不可欠だ。カルカッタは、60年近く前に私が育った場所だ。35年前に私がそこを離れる頃には、すでに変化が起き始めていた。ディアスポラ（民族の離散）が近づいていた。

それはカルカッタに限ったことではなかった。ほとんどの人が生まれた場所から数マイルの範囲内で、生きてそして死ぬのは、かつてどこでも当たり前のことだった。移住が発生することはあったが、たいていは集団で、そしてたいていは何か抗い難い力が働いたためだった。殺しの欲望を持つ侵入者。旱魃《かんばつ》。飢饉。地震。そういったものだ。移住はまた、おカネのかかるものでもあった。だから、どうしようもない場合か探検家に特別になりたいのでなければそうしなかったし、探検家の場合は自分でパトロンを見つけなければならず、それは王族で裕福であることが望ましかった。そう、移住は高くついたのだ。

産業革命の到来とともに、そのすべてが変わり始めた。機械化時代が雇用に及ぼした影響については本書で前述したが、自転車、鉄道、蒸気船、自動車、飛行機といった発明がもたらした副次的効果として、その各々が登場する度に、移住のコストが次第に低下していった。新たに登場した移住の権利を個人が行使し始めるのは、単に時間の問題だった。そして、そうなった。ディアスポラが始まったのだ。過去200年間の人類の移住のパターンと数を大雑把にみれば、起こった現象について知りたいことはすべてわかるだろう。

個人の移住コストが低下し、公共政策が他の阻害要因を取り除くにつれて、ディアスポラの速度は衰え知らずとなった。間をおかずして、都市居住者にとって、隣人を知らないのはふつうのことになった。そんなわけで、人々は新しく生まれた無名性を享楽し始めた。結局のところ人々は、ゴシップ話にブレーキをかけていた社会というものをもはや気にする必要がなくなり、それまで禁断であった何でもありの世界に足を踏み入れることができた。信頼は死んだ。もはや、誰もお互いを知らないのだ。

話を早送りして20世紀後半になると、新しいことが起こり始めた。人対人のコミュニケーションのコストが低下し始めたのだ。私がインドを離れた1980年には、英国から母に電話するのには1分当たり1ポンド以上かかった。税金と諸請求差し引き後の私の手取り給与が、月100ポンド程度だった時代だ。インドに固定電話回線が敷かれるのにはそれから3年待たなければならなかった。現在では、到着した空港で荷物が出てくるのを待つ間に、携帯電話を取り出して、スカイプで無料で母親と話せる。時代は変わったものだ。

コストが低下するにつれて、より多くの人々が互いにつながり始めた。そんなわけで現在は、家族や友人が物理的に離れていても、別の意味ではつながっていることもあるだろう。こうしたつながりを通じて、信頼があらためてその姿を現し始めている。

閉じた移動性のない社会は、人類が思うがままに移住できるようになって四分五裂してしまい、私たちは低信用環境の中で生きる術を学んだ。そして、人類が思うがままに再びつながることができるようになって、私たちはかつての社会にあった身近さを再構築し始めた。物理的に離れていても、論理的には近くいられるということだ。私たちは信頼のワクの拡げ方を学び始めている。現実にそうせざるを得ないのだ。

インターネット、ウェブ、スマートなモバイル機器はいずれもこの中での役割を担っている。私とアレックスが第5章と第6章で議論した、ウェアラブル（装着型）、インプランタブル（埋め込み型）、インジェスティブル（摂取型）その他の拡張の形態の爆発的増加によって実現可能となった、新たな可能性を探索するのはワクワクさせられる。コネクティビティは、分散世界における信頼の問題のいくらかを解決するのに役に立つ。そして信頼の拡張は、私たちがまだ理解できていない方法で、それが実現できることを広げていく力を有している。

それがどんなものかを理解するためには、非常に古くからあって長きにわたって確立された業界であるバンキングを手本にしてみるのがよいだろう。「破産（bankrupt）」という言葉をみてみよう。語源はどこからだろうか。何世紀も前、銀行家はベンチに座ってビジネスを行っていて、イタリアのベンチの単語「バンコス（bancos）」が由来となった。事実、「銀行家（banker）」の名はこうしたベンチからついたものだ。

バンカー同士が出会うと、彼らはその紳士としての言葉を証文として仕事を行った。各人が言ったことを守っている限り、すべては丸く収まってコミュニティは平和だった。信頼のレベルは高かった。しかし、バンカーの誰かの言葉が信頼性を失うと、信頼が壊れてしまい、それはまずいことだった。それゆえ、他の者たちがそのバンカーのベンチを取り上げて真っ二つにへし折り、実質的に彼を信頼の輪からはじき出した。ベンチ（バンコ）は破壊されたのだ（英・ruptured：伊・rottura）。そしてBanko-rotturaがbanko-ruptになった。つまり、破産（bankruptcy）とは、決しておカネだけのことではないのだ。それは常に信頼に関するものだった。14世紀のシエナとヴェローナの経済は信頼を中心に回っていて、何かをしたり、組織（通常は取引コミュニティ）に属したりするのに先立つものが信用だった。そして、そのコミュニティの価値を遵守しない行動をすれば、信頼は取り上げられてしまうことがあった。

バンカーたちもまた、離散と距離の問題に取り組まなければならなかった。かつては、皆がお互いを知っていた。そこに海運と交易路が登場して、突如として人々は、大きな距離をまたいで、最初はお互いに知らない同士の間で商売を行いたい気になった。自然は真空状態を嫌う。ビジネスも同じだ。機会の匂いがしたところに、貿易帝国のマーチャント・バンクが誕生した。これらの銀行は、貿易会社および急成長するロンドンのマネー市場と緊密に連携して動いた。彼らは引受業者委員会を設立して、それがロンドンのマネー市場の割引業者と契約を結んだ。手形がどこか遠隔地（ここではロンドンからの遠隔地）で割引されなければならない場合、引受業者委員会のメンバーが手形支払人を保証することが確認できれば、すべてOKとなった。そのメンバーは手形に裏書署名してそれを「引き受け」て、引き受けたメンバーの署名を確認することで、割引業者は資金を提供することになる。だから、割引業者はその手形の振出人企業を知っていなくてもよく、必要なのは引受業者を認識することだけになる。

友達の友達（friend of a friend：FOAF）は、長い間、遠距離間の信頼問題を解決する伝統的な方法だった。この点について考えてみると、おそらくパスポートが使われるようになったのも同じ構造だ。この書類を提示する人は私の友人である。そしてあなたも私の友人だ。私への好意として、彼らがあなたのテリトリーにいる間はその面倒を見て欲しい、ということだ。

私がいた若い頃のインドには、小切手を集中決済する仕組みがなかった。どこか遠くの銀行で振り出された小切手を持っていると、それは遠隔地小切手と分類され、あなたの取引銀行から別の銀行に郵送されて、資金はあなたの銀行へと送金される（これも郵送）。資金を手にすることができるのは、数週間、時には数カ月後になる。

もし銀行が小切手の振出人を知っていれば、小切手の「買い取り」を申し出ることができたかもしれない。これは、小切手決済が行われる前に資金が提供されるということだ。ただし手数料が必要になる。あなたが銀行にとって大事な顧客であれば、銀行は手数料も免除してくれるかもしれない。時には、銀行が小切手の振出人を知らない場合でも、振出先（あなた）をよく知っていて、小切手が流通するのにあなたがおカネの面で問題なければ、サービスとして同じことをしてくれるかもしれない。別の次元ではあるが、「友達の友達」と同じだ。

私が英国に住処を変えたとき、この領域では他にも特筆すべき展開があった。小切手を「特別扱い」することが可能なのだ。その意味するところは、取引銀行が非常に簡単なことをしてくれるということだ。銀行は、相手方の銀行、つまり小切手が振り出された銀行に連絡して、「お宅の銀行で振り出された小切手を持っているんだけど、これって大丈夫？」と言う。そして回答がイエスであれば、あなたはおカネを受け取れる。これは銀行間の信頼ネットワークだ。

クレジットカードとデビットカードも、別の意味で信頼を具体化したものだ。外国の地を旅しているとき、アメックスやダイナースやビザを提示することにはいくつかの意味がある。持ち合わせの限られたキャッシュを使い切る必要がなく支払いが可能になる（結局のところ、過去に一度も行ったことがない、ほとんど知らない場所で多量の現金を持っていたい人などいない）。さらに重要なのは、購買に何らかの問題があれば、何らかの保証が準備されているということだ。ほとんどの場合、カード提供企業がその手続きをサポートし、詐欺や不正行為の場合は払い戻しをしてくれる。

こうした信頼の重要性は、今やeコマースの世界に浸透している。初めて自分のクレジットカード詳細をウェブに委ねたときのことは、今でも覚えている。そう、それはアマゾンだったことに、嘘偽りもない。その「ワンクリック」が私を虜にしたのだった。貪欲な読書家で蒐集家である私は、それに取り込まれるためにいたようなものだ。そして実際、そうなった。私は自分のクレジットカード詳細を信頼して預け、何かうまくいかないことがあれば、アマゾンが払い戻しをしてくれることを知って、気分よく本におカネを使った。私がZShopsに何の引っ掛かりもなく入っていったのも同じ仕組みだ。その独自のマーケットプレイスは、現在はメインサイトに統合されているものと思う。聞いたこともないような場所の知らない人々におカネを出してモノを買うという自由が得られるのだ。その自由は、私がアマゾンを信頼していることだけからきているのであり、モノを買っている相手について多くを知る必要はない。

銀行はプラットフォームであって、はじめは個々別々だったが、後にネットワーク化され、さらに後には相互接続された。クレジットカードとデビットカードも同じ発展経路をたどった。一つひとつ独立したプラットフォームが、相互接続されて相互運用が可能になると、指数関数的に急成長した。インターネットとウェブは、私たち一人ひとりをはるかに大きなプラットフォームにつなぎ、同様のネットワーク効果が私たちにも提供された。

そして次に、スマートなモバイル機器が登場して、これらすべてが可能になってどんどん発展して、

「時間と距離から独立した」信頼を見出すことが可能になった。コンテキスト、つまり私たちがどこに居て、誰であり、何の近くにいて、何が近づいてきているかの何もかもが可視化された。

これが現在、「拡張時代」に合っているコンテキストだ。拡張によって、以前は全くできていなかったような多くのことが可能になる。どのようにしてだろうか。拡張の発展と、それが私たち自身の知覚やコミュニティ、そして私たちをつなぐ信頼に与える影響という視点からは、4つの明確な道筋があり、それらは相互に重なって発展していく。

お知らせと状況のアラート

私たちは、ウェアラブルと個人用AIを、デスクトップやモバイル機器の延長であり、それらの機器と接続が可能で、そこからお知らせやアラートを受信する機能があるものとして理解する必要がある。そうなると、腕時計やリストバンド、メガネやベルトやシャツやバイオニックの耳までが、他からのメッセージや、個人用AIからの加工データを受信できるようになる。PCの時代には、機器の傍にいる時だけそうしたメッセージを目にすることが可能だった。そこからラップトップとポータブルに移行すると、自分が居る場所でメッセージ受信が可能にはなったが、それができるのは世間的にそうしたものを見ても大丈夫な場所だけだった。映画やコンサート、ディナーの最中に、メッセージをチェックするだけのためにケースからラップトップを取り出すことはできない。電話が限界だ。しかしながら、そっと腕時計をチェックするなら通常はオーケーだろう。「銀行残高が貸し越しレベルに近づいています」「帰る途中でミルク買ってきてね」といった具合だ。

コンテキスト型警告とアラート

「フェイスブックの友達が4人、このラウンジにいます」「あなたが今いる場所周辺で、以下のWi‐Fiネットワークへの接続が検知されました」「この道の先にトラブルがあります」。ブレットは、こうしたタイプの発展型コンテキストやアラートが、個人用ヘッドアップ・ディスプレイ（PHUD）に表示される可能性も指摘している。

アクセス・トークン

物理的および論理的ネットワークにおいて信頼を維持する方法の一つが、入口で多要素認証を求めることだ。この面ではウェアラブルが、人の存在や受容性を知らせるニアフィールド・コミュニケーション（NFC）や位置情報のタグ付けなど、その人が同意して加える他の方式の身分証明や信号伝達を使って、可能性を広げている。ウェアラブルでさらに、ある種の行動ヒューリスティックスや個人の心拍のような生体認証を唯一無二のアクセス・トークンや信頼表示物として利用可能にもなるだろう。

存在信号

私たちの個々人は何らかの特殊な希少性を有していて、自分にその希少性があることを知っている。いざ緊急事態という時には、その希少性がちゃんとわかり、コード化されたりシグナルを発したりできるようになっているという状態は、想像できないことではない。希少性とはどんなものだろうか？めったにない血液型の人は、その事実を伏せておきたいだろうが、緊急時には、スイッチを押すだけ、あるいはウェアラブルやインジェスティブル機器が緊急事態を検知してすぐに血液が入手可能であればよいと思うだろう。

もちろん、前記のすべては「従来型」の拡張方式、つまり現在のモノのインターネット（ＩｏＴ）とウェアラブル革命の波に付け加わるものだ。

こうした従来型方式では、見たものや聞いたものが、クラウドから引き出された情報によって「拡張」される。当初のシャザム（訳注・音楽認識ソフト企業）のサービスは典型的な例で、いまかかっている音楽の詳細情報を表示してくれるものだ。過去10年ばかりの間に、そうした同じ仕組みや原則でできたサービスが数多く登場した。何かを目にするか耳にするとしよう。その景色やサウンドの一部のスナップショットを外部サービスに送信し、その景色やサウンドに関する情報を追加返信してくれるのだ。これは拡張の基本的なものだ。

最近の展開は異なる要求に対応していて、コンテキストがまさに拡張の領域に入ってくるものだ。

今では単に見聞きしたものが拡張されるのではなく、コンテキストに関する情報も受け取れる。最も簡単な形式は、自分が今したかこれからしようとしていることについて、「Aをした人たちはBもしています」と知らされることだ。情報提供型の協調フィルタリングである。この本を買った人は、こっちの本も買っています、この曲が好きな人はこのグループも気に入っています、という類だ。

信頼は常にソーシャル

フェイスブックコネクトのような「ソーシャル・ログイン」の時代は、これに関して起きている最もパワフルな動きの一つだ。それは、グラフの持つ力を束ねて活用することで実現され、私たちがアクセスできる情報を拡張して意思決定に結びつける。私は１９５０年代後半の生まれで、それは２～３年程度の誤差はあっても、１９６４～１９７７年に作られた曲を聴くのが好きだということだ。たぶん簡単にこう言えばいいだろう。「私は60年代と70年代の音楽が好きです」。妙なことに、最近私がコンサートに行くと、この言葉は別の意味に理解されることがある。つまり、60代と70代のミュージシャンを聴くのに時間を使っているというのだ（そして多少は80代もいる。ただし私はその年代のファンでは全くないが）。

というわけで、私はチケットを予約してこの手のコンサートに行く。人類の寿命が延びるにつれて、私の年代のより多くの人たちが、あまり年寄りくさくないことをやりたがっている。そのためコンサートの需要は高い。レオナルド・コーエンとジョン・メイオールは、私が80歳超えのミュージシャンのライブ公演をみた初めての2人になる。ボブ・ディラン、ドノヴァン、ジェスロ・タル／イアン・アンダーソン、ムーディー・ブルース、ポール・サイモン、グレイトフル・デッド、スティーブ・ウィンウッド、エリック・クラプトン、ジョン・マーティン、ペンタングル、ドン・マクリーン、キャット・スティーブンス、ローリング・ストーンズ、ジョーン・バエズ、ブルース・スプリングスティーン、ジェイムズ・テイラー、クロスビー・スティルス&ナッシュとみれば、私の好みがわかるだろう。友達の近くに座るか、あるいはできる限り遠くに座って、自分が狂ったように踊りまくるのを見られないようにするか？　どっちか決めよう。

人類は、信頼関係の中で互いにつながり合っている。人間の移住が少なかった頃、昔の小さな町や村の閉じられたシステムの中では、その信頼を築いて維持するのは容易だった。それがすべて変わったのは、200年ばかり前に私たちが意図したところに移住し始めてからであり、移住する人の比率は増加を続けている。この移住、この止まらない離散が、信頼に関しては課題となる。私たちが住んでいる「コネクテッド・ワールド」は、さまざまな方法でこの課題を乗り越えようとしており、信頼を「計測する」方法を教えてくれる。

この信頼の計測は、私たちのデバイス、ウェアラブル、そして提示された情報を拡張する能力によって、ある程度は実現され、加速している。この手の拡張は、アイデンティティ（これは誰か／これは何か）、コンテキスト（ここはどこか／今はいつか）、そしてリレーションシップ（誰かこの人・モノを知っているか／友達でこれを見たことのある人はいるか／友達でこれをやったことのある人はいるか）等で私たちを助けてくれる。評判と評価の仕組みはこうしたフィードバックのあるものを標準化する方法だ。私の子供たちは、映画を見るかどうかを考える前に、ロッテン・トマト（Rotten Tomatoes：訳注・映画評論家のレビューをまとめたウェブサイト）をチェックすることが多い。

これは単に信頼だけの話ではない。コネクテッド・ワールド、ソーシャル・グラフ、ウェアラブルそして拡張が私たちの生活を向上させてくれる方法は、他にも数多くある。アレックスは仲間と比較した自分のパフォーマンスを測定したり、仲間と一緒に運動することでも自己定量化数値が向上することを示してくれた。しかし、グループ仲間のデータは、もっと簡単な方法で一種の信頼の「契約」を結ぶためにも使われている。

こうしたソーシャル・プラットフォームはすべて、意思決定の質の向上につながる。そうした意思決定の一つのカテゴリーである、誰を信頼すべきかということは、生きていくことに関しては他のどれよりも重要だ。

現在私たちは、仲間の評価に基づいてレストランやカフェを選ぶことができる。リアルタイムで大衆におススメを尋ねることができる。類似グループやクラウト（Klout）などの影響度スコアを見て、何かやることに対しての個人の適性や、誰かのアドバイスを信じるべきかどうかを確認することができる。職歴や、誰かその人をリンクトイン（LinkedIn）のようなフォーラムで推薦しているかどうかをレビューすることができるし、仕事への適性について共通のコネクション先に意見を求めることさえも可能だ。ウーバー（Uber）のドライバーはその笑顔、サービスアプローチ、車のきれいさなどで評価される。となれば、ドライバーが4・5以上のスコアか、知り合いネットワークの誰かがそのドライバーを保証してくれた場合にだけ、ウーバーの自動車を使うという人がいるかもしれない。スコア4・8以上の顧客は、クルマを予約するときにウーバーのVIPドライバーを選ぶ権利を得られる。

信頼は、世界にある他のあらゆるものと同様に、リアルタイムになってきている。誰もがお互いを知っていて、信頼が非常に緊密な社会における具体的な要素であったカルカッタの時代から、あらゆる人が本質的に無名である社会へと、私たちは移行してきた。無名性は「恐怖心」を生み出す可能性がある。私はあなたが誰か知らない、あなたはいつもと違って見える、私と話す言葉が違う、といったものだ。しかし、拡張世界でならリアルタイムで信頼を築くことができるようになるだろう。

昔の世界では、誰もがつながっていた。あなたの両親を知っているし、あなたの両親も私を知っているといった具合だ。おそらく今でも、カルカッタの古い地域の中に生活していて、私が若いころやっていたいたずらの話を語れる人たちがいるだろう。しかし、世界に移動が拡大し、移民が発生し、社会がより複雑になり、より同質的でなくなるにつれて、そうしたつながりのいく分かは失われてしまった。

あらためてセンサーやデータやソーシャルやコンテキスト経由で、再びつながりが生まれると、私たちは信頼とプライバシーについて、これまでと異なる方法で考える必要がある。

信頼とプライバシーの対立

ここで私が持っている命題は、信頼が効率的に機能することが必要なコミュニティにおいては、信頼とプライバシーは現実に対立する可能性がある、というものだ。自分の世界をよりプライベートなものにするほど、そこに含まれる信頼は少なくなるか、非明示的になる。あなたのことを知らないのに、どうしてあなたを信頼できようか？　ここが正に、「拡張時代」には、信頼の振り子が透明性と開放性の側に戻ってくるという部分だ。それに拍車をかけるのが、ソーシャルメディア、データ、そして集団的意識だ（**図10－1**）。

図10-1 ● 拡張世界はコネクション／データ／シグナルで構成される

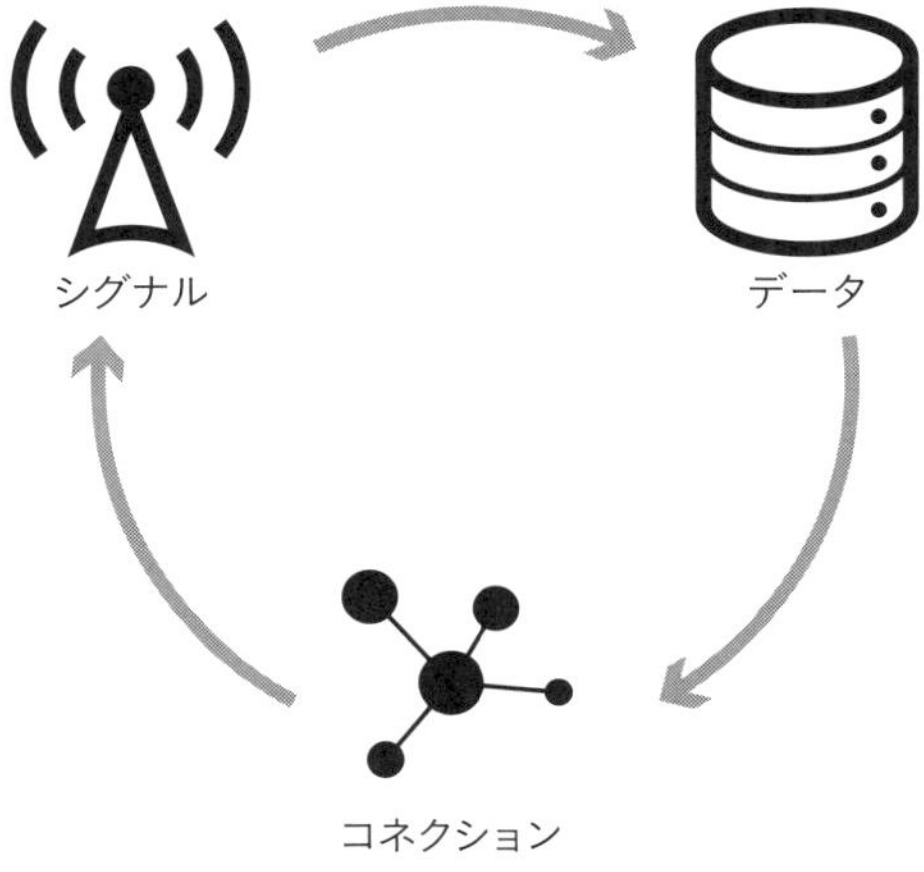

私たちが保有するデータは不可侵だ。心拍、指紋、住所や他のそうしたデータは、現在私たちが保護する必要があると非常に強く感じるであろうものだ。しかしながら同時に、私たちはおそらく、ウェイズ（Waze：ソーシャルナビゲーションアプリ）のアプリデータ、自宅近くで撮った写真や、その他データ中に自宅住所コードが含まれているものを共有に供するだろう（注1）。将来、私たちが先進的な医療を受ける場合は、生体データを共有する必要がある。こうしたものすべては、これまでの理解ではある程度代替可能だ。黒、白、そして灰色だ。

現在、民間航空を使って移動する場合は、航空会社や空港の保安スタッフと個人情報を共有する必要がある。そうしなければ、飛行機に乗せてもらえないだろう。ではなぜ私たちは自分の誕生日や自宅住所を取り扱うのに、例えば職場の誰かよりも航空会社の職員を信頼しているのだろうか？　ある程度任意ではあるが、こうしたシグナルはやり取りするデータの中に含まれている。より透明性が必要である一方、プライバシーはそれほどでもないやり取りもある。

信頼のシグナルは私たちが住む世界において暗黙の構成部品となっているが、信頼して共有する必要があるのはどんなデータだろうか？　小売店に入る場合は、犯罪歴があるかどうかや、子供が学生かどうか、あなたがよい健康状態にあるかどうかを店側が知る必要はない。しかし、購買が可能な資金が口座にあるかどうか、デジタルワレットが誰かから盗んだものではないかどうかという情報は明らかに必要だ。

データ、友達のネットワーク、あるいは自分のネットワークや影響力範囲からくるメッセージのいずれであれ、拡張世界は、リアルタイムに生成される価値と信用とのトレードオフや交換と不可分だ。皮肉なのは、外界から自分のデータを隠し、プライバシーを志向しようとするほど、信頼が低下する可能性があるということだ。拡張世界で発生する大半のやり取りにおいて、保全され、プライバシーが保たれなければならないデータが存在する一方で、その他のデータはオープンでなければならない。自動運転車に乗っている最中に、ナビゲーションを支援する他の自動車や衛星ネットワークとそのデータを共有してはいけないという指示は出せないだろう。そうすれば、自分とその周囲に災難がふりかかることになる。心拍モニターやバイオフィードバックを行うインジェスティブルの装着や服用を拒むなら、健康あるいは保険について追加コストを負担するという見返りを被ることになる。デジタル雇用プロファイルを持っていなければ、ラッダイトか、何かを隠しているとみられることになるだろう。

それでも完全なプライバシーに固執するなら、拡張世界では疑いの目で見られることになるだろう。それは昔のカルカッタと同じだ。昔なじみの土地に新たに引っ越してきて、すぐに自己紹介をしないでいると、皆がその人が誰でどんな秘密を抱えているのかについてのさまざまなうわさ話ができ始める。この疑惑に対する最も簡単な対処方法は、オープンであること、そして早急に何らかの信頼を得られるように行動することだ。拡張世界もまたこれと全く同様なのである。

私たちは子供に対して、フェイスブック、インスタグラムやスナップチャットに個人情報を載せないよう注意しているが、20年前の私たちは、氏名、住所、電話番号を誰でも見られる電話帳が街中に配られるのに、何も問題を感じていなかったのだ。

「拡張時代」には、これまでにないほど、共有するデータを保全し、管理することが可能になるが、この社会において信頼を得て行動するために必要な最低レベルの透明性が存在することは頭に入れておく必要がある。「拡張時代」における信頼は、個人のテクノロジーの活用度合い、およびデジタル化されたコミュニティにおけるテクノロジーの利用度合いと完全に連動している。共有なしに、テクノロジーやプロファイルなしに信頼を築くことは不可能だ。もちろん、過度な共有は禁物だが、異邦人にならないようにもしなければならない。

注1：EXIF（Exchangeable Image File）のイメージファイル内データにはGPSの位置情報タグが含まれていることが少なくない。

第11章

「拡張」都市とスマート市民

Augmented Cities with Smart Citizens

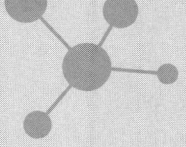

アレックス・ライトマン、ブレット・キング共著

「私たちが都市をつくる――そして都市が私たちをつくる」

――ジャン・ゲール（建築家）

人類の全歴史を通じてこの地球上に生を営んだ人間の数は、1100億人と推定されている（注1）。これら人類のほとんどは都市に住んでいなかった。そしてスマートシティに住んだものは誰もいない。歴史的には、最近数十年までの唯一かつ最大の社会的変化が、田舎から都会への大量の人口移動であることはほぼ間違いない。それは人間の政治、紛争、宗教、文化的発展やその他多数の要因に影響を与えた。

最初の都市は明らかにウルで、現在のイラクにあって、紀元前2000年の人口は約6万人だった。最初の大都市はローマで、紀元前753年に成立し、最終的に、紀元前2世紀の終わりには100万人を超える規模にまで成長した。ローマは、導水路からのきれいな水、公開の場での大規模エンターテインメント、ショッピングモール（うち一つは4階建ての高さで150店舗だった）といった便益を提供した。前工業時代最大の都市は、現実にはカンボジアのアンコール（注2）であったと考えられている。そこでは、よく考えられたインフラストラクチャーのシステムが、少なくとも1000㎢に広がる郊外地域を中心部にある有名な寺院に結びつけていた。アンコールは、クメール王朝の首都として機能し、9世紀から15世紀まで栄えたが、その人口最大期においてさえ、都市の規模は全世界人口の0・1％程度に過ぎなかったと考えられている。

もし世界で最も古くて居住が継続している都市を見たいなら、シリアに行く必要がある。ダマスカスはシリアの首都で、紀元前５０００年（炭素年代測定法による）の昔から住民が住み続けているが、都市城壁内に大規模な定住状態が確立したのは、おそらく紀元前１７００年以降のこと、エジプト初期王朝のアムル属州の時代であった。

ローマのような大都市は珍しかった。その後16世紀の間、規模、経済、人口において西側世界でこれに匹敵するものは登場しなかった。地球上の人間の大多数が大都市や大都市圏に住むことの便益を受けられるようになったのは、人類が存在し始めて２０００世紀ほどが過ぎた最近になってようやくのことだ。

「拡張時代」の市民の一人としてのあなた（またはあなたの子供たち）は、自分自身や家族または仲間にとってベストの都市を選ぶ力を持てることになりそうだ。私たちは都市を、スマートか（データ主導のフィードバックループがあり、駐車場の空きスペースや渋滞のない運転ルートなどを知らせてくれるか）、グリーンか（エネルギーの大部分を再生可能エネルギー源から得ているか）、そして拡張されているかに基づいて評価するのだ。

本章の目的は、拡張都市という概念を紹介することだ。拡張都市は、市民、住民、訪問者が最先端の拡張現実、ロボット、ＡＩ、ドローンを活用して、人間だけでは不可能なレベルの活動やリレーションシップの接続、増幅、加速、保護を行い、マネタイズすることが可能となる場所である。

私たちが都市に住む理由

「19世紀は帝国の世紀だった。20世紀は国民国家の世紀だった。21世紀は都市の世紀となるだろう」

——ウェリントン・E・ウェブ、前コロラド州デンバー市長

産業革命以前、ほとんどの人々は田舎に住んでいた。1800年には、世界人口のわずか3％が都市に住んでいた。1900年には、100万人を超える都市が12あったが、それでも大多数の人は都心部の外側に住んでいた。現在の先進国では、人口の70％が都市に居住している。つまり、現在の世界人口の50％以上が都市部に住んでいるということだ。2050年には、70％が都市部で暮らすようになるだろう（注3）。

19世紀中と20世紀初期、都市は特に欧州と北米で急速に拡大した。主な理由は、新たに工業が生み出されて人々が職業を見出したからだ。その後、人口過密となって疫病の伝染が加速すると、都市の拡大は減速した。現在では、都市の死亡率は農村地域よりも低い。その理由は主に、医師へのアクセスがよく病院の数も多いからだ。

現在、ロンドンやニューヨークのような都市では拡大が止まっているが、ラゴス、ムンバイ（前ボン

ベイ）、コルカタ（前カルカッタ）のような都市は急速に成長している。世界の約40都市で人口が５００万人を超えている。５００万は、「メガシティ」という地位に到達するのに現在必要な数字だ。これらメガシティの約80％は、より貧困であるか発展途上の国にある。それは職を求める人々の流入によるものが大きい。

世界最大級の都市に居住し、「都市により拡張された」人たちが得る便益のリストは幅広く、次のようなものがある。

①緊急連絡から数分以内に到着する、警察、消防、救急救命士という形の公共のセキュリティ。また、発信した電話をトラッキングして発信者の位置を先に把握していることも少なくない。
②都市外居住者に比べて17倍高いイノベーション比率（注４）。
③無数の多様な商品を購入してサービスに供する能力。その中には１本制作するのに何億ドルもかかる映画を５～20ドルで提供したり、アップルウォッチのようなハイテク製品をグローバル市場で同日発売するといったことも含まれる。
④適用や領域がバラエティに富んだ、より良質な教育、無料授業やトレーニングへのアクセス。
⑤仕事、娯楽、教育における多数の人々とのネットワーキング。
⑥さまざまな国の専門料理人、パン職人、シェフが調理する、ホンモノの材料と風味の料理。都市居住者は何十年も同じ食事を二度食べないで過ごせる（そうしたい場合を除いて）。

⑦多数・多様な就労、起業ベンチャー、あるいは自営の機会とさまざまな職業選択肢。市民は何十もの職からの選択が可能で、キャリアや職業を変更可能。
⑧仕事や遊びに行くのに歩行、自転車、タクシー、公共交通機関を利用することが可能。自動車や運転免許証の所有は不要。ほとんどの都市ではスマートフォンからウーバーやリフト（Lyft）を呼ぶことが現在も可能。
⑨短時間で行ける空港、地球上のあらゆる場所に1日以内に、多くの場所に数時間で行けること。
⑩都市が供する規模の経済性の利点を使い、エネルギー、交通、新鮮な食料、設備、サービスの総コストを引き下げられること。大量購入、同一市場内での競争の利用、共同所有や共同利用が可能なシェアードエコノミーアプリの活用といった選択肢を伴う。
⑪公園、庭園、博物館、美術館、劇場その他公共スペースへのアクセス。

では、スマートシティはどのように作られるのだろうか？

真のスマートシティの構築

「2010年にリオ・オペレーション・センターがオープンする前は、市民は街灯の球切れ、下水

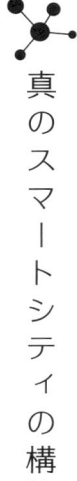

管の詰まり、ゴミ箱の紛失といった文句を遠慮なくぶつけていました。電話は局から局へ、また次の局へとたらい回しにされていました。それが今やインターネット上で集中電話番号にかければよくなりました。そして、センターは最終的に市全域をカバーするようになったのです」

——ジュリア・マイケルズ、作家、リオ・デ・ジャネイロ在住

都市が「スマート」かどうかを定める多くのガイドラインが提示された。その中には、雇用要因、都市環境への優しさ、公共交通機関へのアクセス、交通量を制限する自転車レーン等の増強、エネルギー効率的でスマートなビルディング、ハイテクビジネスと起業家的ベンチャーの存在、そしてオープンで機能性の高い自治体などが含まれる。

より詳細には、次のような要素が含まれている。

・都市部では情報通信技術（ICT）を使って都市サービスのパフォーマンスを向上させ、コストと資源消費を低減し、ステークホルダーとして市民を巻き込む（注5）。
・これらテクノロジーによって変革される具体的領域は、自治体サービス、交通マネジメント、エネルギー、ヘルスケア、大気・水質汚染の低減等である（注6）。

スマートシティをスマートたらしめるものは、都市が市民に提供するサービスだけではなく、自然

災害や日々の資源利用といった重要問題への反応の感度もある。気候変動が都市に与える影響が強まるにつれて、都市の対応能力が重要な差別化要因となる。しかしながら自治体としては、テクノロジーハブを作ってベンチャーを支援するとか、環境に優しいビルを建てるとかの部分に注力して、ウチはもうスマートシティですと主張するという誘惑にかられるだろう。真のスマートシティとは、都市環境に向けて根本からの改革を行って、テクノロジーを使って市民の暮らしを向上させ、スマートな雇用、交通機関、生活を提供し、化石燃料生成からの離脱等で環境にプラスの影響をもたらす（汚染を低減する等）ものでなければならない。例えばニューヨークでは、南部の地下鉄システムを何カ月も使用不能にするような海水面上昇とスーパー台風に対応して、マンハッタン島を補強する方法の計画作りをすでに始めている（注7）。スマートシティは、必要に応じて環境変化に動的に対応することが求められるだろう。

スマート・コラボレーション——自治体と市民の協働

都市においてICTをうまく活用すれば、「スマート」になるという表明目標に向けた政府の行動や成果（あるいはその欠如）の可視性を高めることができる。他方、可視性の欠如は、そうしたゴールの達成を妨げることがある。腐敗や失職を含む理由から、可視性に頑強に抵抗する政治リーダーは地球上に数多くいる。

2008年、北京の大気汚染がひどいことは誰もが知っていたが、汚染の深刻さを定量化することは不可能だった。公式な政府のモニタリングデータは信頼性が低いか入手不可能だったからだ。その年、北京にある米国大使館は屋上設置型の大気環境モニタリングステーションを設置して、その機械は汚染の深刻度に関するデータを毎時で自動ツイートするようになった（@BeijingAir）。北京市政府が広報を行わない（または「国家安全保障」の理由から広報を制限している）のは、問題の拡大に対して政府が対処できていないだけなのが明らかになった（注8）。

「当初、中国政府は抵抗して大使館に圧力をかけ、『そうした測定値は違法だ』と言って、データの公表をやめさせようとした……が、最終的には中国政府が折れ、自ら実効性のあるモニタリングシステムを導入し始めた。2013年の始めには、70以上の都市に約500台のPM2・5測定ステーションの設置に成功した。その年後半、方針転換を終えた中国は、何千億ドルもの費用を注ぎ込んで空気浄化を行い、大都市における汚染低減目標の設置を開始することを確約した」

——「オピニオン：米国大使館がツイートで北京の空を浄化した方法」『ワイアード・サイエンス』誌、2015年3月6日

政府と企業の官僚組織もまた、過度な形式主義を求めることと進捗に関するデータを隠すことを通

じて、スマートシティへの前進を意図的に妨げる可能性がある。市民活動グループとソーシャルメディアは、政府の悪習をレポートすることで、状況打開の一助となれる。そうしたレポートは、ウクライナのオデッサ地方政府オフィスが、海外企業が在留許可を獲得するのに7000ドルの賄賂を日常的に課し、同じような要求を課してハイテク設備の輸入を遅延させていたことを明らかにした。その結果生じた遅延は、その地域の知事であったミハイル・サーカシビリのスマートシティ計画を妨害した。そのため、彼はそれに係わったほとんどすべてのスタッフをクビにして、かわりにより効率のよい組織を設置した。

ソーシャルメディアや個人用スマート機器を通じた市民の参加は、スマートシティにとって不可欠である。マーク・ディーキンのような著名なスマートシティ専門家は、市民参加なくしてスマートシティは成立しえないと考えている。モバイルアプリの数の増加によって犯罪や人種差別の暴力、道路修理の必要や腐敗と同様に、地すべりや火事や緊急事態や災害時の危険などについて市民がレポートすることが可能になった（注9）。ツイッターのフィードのようなソーシャルメディアのインプット量は膨大なものとなりうるが、赤十字その他では、そうした大量の市民のデータにフィルターをかけて解釈可能なスマートAIツールを開発した（注10）。ツイッターは米国地質調査所（the United States Geological Survey：USGS）およびスタンフォード大学の研究者たちと共同で、ツイッターを通じた地震の活動の影響度をリアルタイムで測定することに取り組んでおり、それはUSGSがモニタリングしたデータと非常に相関性が高いようだ（注11）。

スマートシティ向けの新しいＡＩベースのツールは近いうちに、都市のマネジメントの可視性と有効性を高めるとともに、都市計画とデザインプロセスを劇的に向上させるだろう。ＤＡＲＰＡが開発した共同作業計画策定用意思決定インフラストラクチャー（decision infrastructure for collaborative operational planning：ＤＩＣＯＰ）のようなツールは、因果関係モデルと影響図グラフィックスを使って、さまざまな前提や資源が計画策定に影響を及ぼす様子を図示してくれる。３Ｄモデルを使った可視化とシミュレーションによって、都市の管理・計画担当者は、複雑な関係性と「what if」の調査、例えば「新しい駐車場ビルを廃止して、代わりに公共交通を導入したらどうなるか？」といったことを調べることが可能になる。

スマート交通システム

スマートシティ・テクノロジーに対する投資から得られる最も劇的なリターンの一つは、自動車の中で使う時間と、それで発生するフラストレーション、コスト、CO_2発生の減少かもしれない。インテリジェント交通管理システムは、交通信号、迂回路、交通流量を管理することができる。オランダはアムステルダム・スマートシティ（ＡＳＣ）にトラフィックリンク（TrafficLink）という名のそうしたシステムを導入している（**図11－1**）。スタッフは、トラフィックリンクによって交通の流れをモニターし、その状況をロードサイドと自動車内のディスプレイに知らせることができる。導入以降、アムステルダムにおける自動車の非効率時間は10%減少している。

オーストラリアのメルボルンでは、現行インフラストラクチャーが市のスマート交通システム導入能力の大きな制約となっている例として、踏切の遮断機があった。市内のいくつかの踏切では、主要動脈である支線道路において、ピーク時間帯の70〜80%もの間ずっと遮断機が下りていたため、通勤・通学者の運転時間が1日当たり合計16〜20時間も増えていた。この障害物を除去すれば、道路インフラ改善投資1豪ドルに対して6豪ドルのリターンが得られるとの推計が出された。輸送システム、交通量そして市内道路、鉄道、乗り換えインフラの見直しを行

図11-1 ● アムステルダムのトラフィックリンクシステム

出典：Rijkswaterstaat Verkeerscentrale
https://plakkieasfalt.nl/images/infographics/verkeerscentrale-hq.jpg

わなければ、スマートシティは実現しない。

モビパーク（Mobypark）のようなシステムは、駐車場や駐車場ビル、路上パーキング等のセンサーを活用して、オランダ全土と他の国の空き駐車スペースをリアルタイムでウェブサイトとアプリに表示してくれるものだ。駐車スペースを探す平均所要時間は20分である。モビパークはこれを50％削減する。

多くのスマートシティで採用されているもう一つの新テクノロジーは、リアルタイムのライドシェアリングであり、直前の申し込みによってワンタイムのライドシェアを行うものだ。ウーバーのような企業はこれが実現可能だ。それは、GPSナビゲーション機器によって運転手のルートと乗車需要を決定し、スマートフォンによってユーザーがどこからでも乗車申し込みができるようにし、ソーシャルネットワークによって乗客とドライバーの間に信頼と責任関係を確立することで成立する。ライドシェアリングは、駐車スペースを見つけたりクルマを出す時間を削減し、以前ならタクシーが来るまでの待ち時間に市街の道端で費やしていた時間を節約してくれる。

最終的には、自律型スマート自動車向けに都市を再設計することが必要になる。クルマの共同所有を認める人の数が増えるにつれて、必要な駐車スペースは少なくなる。充電スペースが増えることで、太陽光発電型の充電設備が普及するだろう。第8章で議論したように、将来的に都市ではヒトが運転する自動車へのアクセスを制限する（あるいは高額の手数料を課す）ことになるだろう。それは純粋に、人間がＡＩ駆動ドライバーほど安全ではないためだ。そして、特に交通機関関係の負傷に対して、都市はしばしば責任を負うことになる。大学のキャンパスや工場敷地では、自動車は自律運転「ポッド」に場を譲り、それが人々を公共交通システムへと送り届ける。自律的公共交通システムは次第にソーラーパワー型となり、都市における炭素排出をも減らすことになる。

道路のエコシステムは、自動運転の自律的電気自動車（EV）に都合がよいように変わる必要があるだろう。EVが将来の交通形態として有力であるとすれば、無線充電道路か、さらにスマート路面のいずれかの登場が予想できる。米国アイダホ州のある企業は、ソーラーパワー道路に取り組んでおり、それには標識や可変車線管理のような、動的でインテリジェントで状況に適応する機能が含まれる。英国のハイウェイ・イングランド（Highways England：訳注・道路管理公営企業）は、EVが運転中に無線充電できる

図11-2 ● 英国で実験中のスマートな無線充電道路

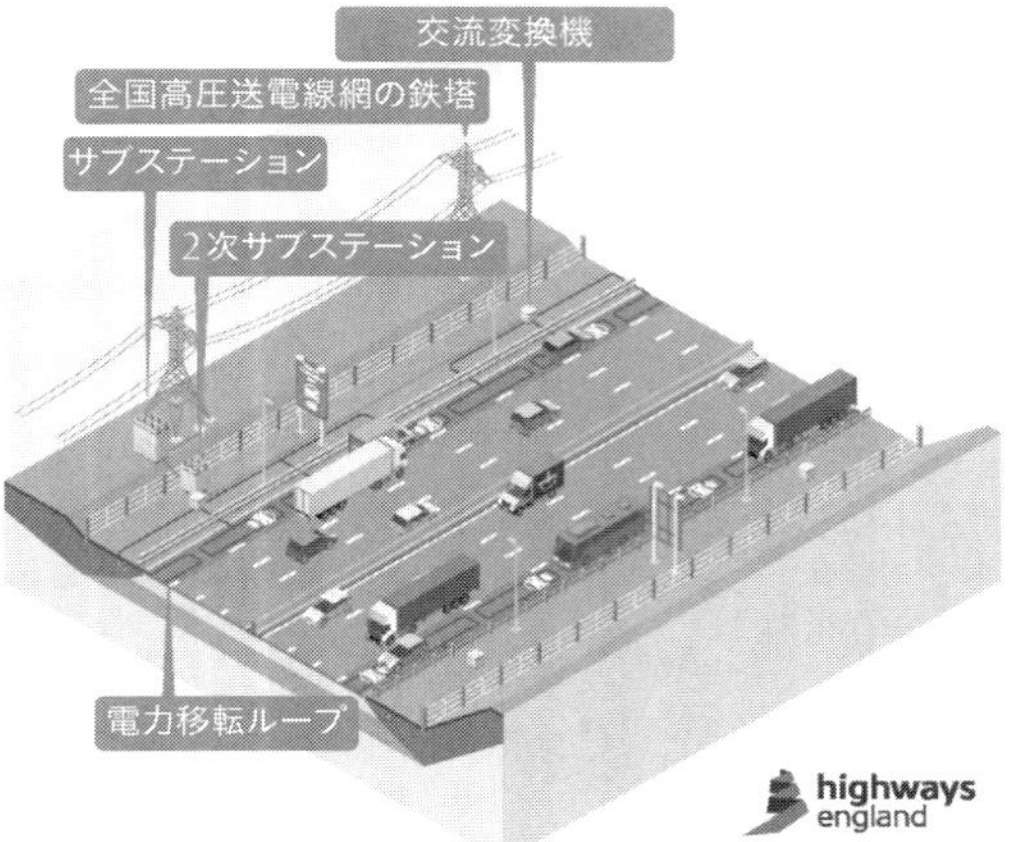

出典：Highways England
https://plakkieasfalt.nl/images/infographics/verkeerscentrale-hq.jpg

路面の試験を行うことを発表している（**図11－2**）。

バスや列車は、AI利用、可変時刻表、可変路線が増加する中で自動化へと向かうだろう。バスや列車がAI運転になれば、疲労や残業の懸念はなく、より長時間の稼働が可能になる。自律的な電気交通システムと自動車もまた、維持や運転のコストが大幅に安価になる。運転手のコストは不要になり、電気モーターは通常の内燃機関とそれにつながる駆動装置よりも、必要なメンテナンスがはるかに少ない。

大都市の都心にあるスマート交通網はまるで生体のように機能する。小さな自動運転自動車とポッドが敷地内を動き回り、ショッピング地域の人々はライドシェアリングの場所か公共交通機関の駅へと向かう（**図11－3**）。公共交通機関は、需要、イベント、天候その他の考慮要因に沿って最適化されており、AIコントローラーがすべてリアルタイムに反応して運行をつかさどる。市街地における内燃機関自動車の所有は、時代にそぐわなくなって次第に高価になり、駐車場や駐車場ビルは減少する。

図11-3 ● ザ・ネクストのポッドのような自律型モジュラー交通システムが、従来の公共交通や自動車に取って代わる

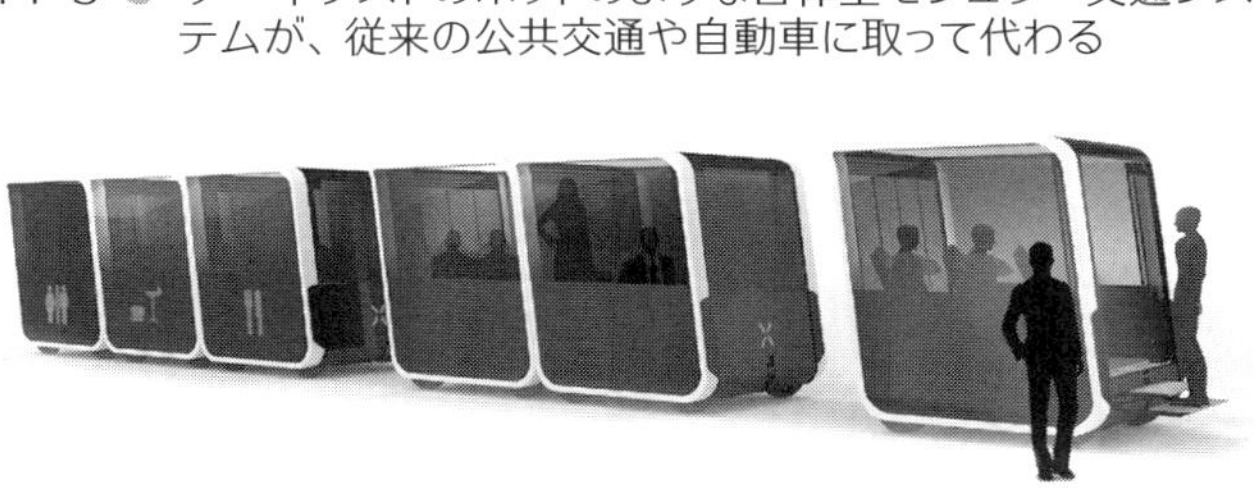

出典：NEXT Future Transportation

これはSFのように思えるだろうか？ 20年後にはこのタイプのスマート交通網が、スマートシティに住む市民が待望するものとなるだろう。それが市民にとってよりよい交通手段を提供するからだけでなく、現在の公共交通システムの維持運営に必要なコストの何分の一かで済むからだ。

スマートグリッドとエネルギーシステム

スマート・エネルギーは、幅広いテクノロジーや取り組みを包含するものだ。その中には、電力の供給とモニタリングの仕組みの向上や、家庭とオフィスの断熱性の改善などがある。スマートシティの住民にとって、再生可能エネルギーはいくつかの理由で非常に重要だ。

・大気汚染と水質汚染の低減による健康と生産性の向上
・コスト低減（ソーラーエネルギーや他の再生可能エネルギーのコストの低下）
・過負荷、自然災害、テロ活動による送電網のかく乱時も電力可用性を維持できる復元性

再生可能エネルギーの使用による住民の健康への便益は、何万人もが病気や死から救われるという劇的な規模になりうる。以前の章で述べたように、再生エネルギー発電の効率性は過去10年間で効率

性が向上し、今や化石燃料発電に肩を並べている。ドイツはソーラーおよび風力発電の先頭に立っており、当初は大幅な環境汚染削減を実現していた。しかしながら、2011年の日本での地震と津波の発生を受けて、ドイツ政府はほとんどの原子力発電所の閉鎖を選択し、その結果石炭火力発電所からのCO_2排出が急増して、それまでに実現していた削減分の多くが打ち消されてしまっている。

再生可能エネルギー利用の普及に向けて残る大きな課題は、日照が足りなかったり、風が吹かない時に備えて余剰電力を蓄える能力である。この課題の解決のために、電気化学電池（電力を使ってNH_3またはアンモニアを生成・蓄積し、後でCO_2排出のない燃料として燃やせる）、蓄電池等、数多くの技術的ソリューションに向けての取り組みが進んでいる。テスラ社は米国ネバダ州のギガファクトリーにおいてこの取り組みに大規模な投資をしているが、同時に世界中での複数の電池開発の動きもフォローしている。

「当社は現在、世界中の60件の高能力電池開発の取り組みを追跡しており、そのうちいくつかは長期的な見通しに立つものです。当社ではそれらすべてを1～5にランク付けしており、レベル5は当社が取引を行うべき対象になり、レベル1は全くお話にならないものです」

――イーロン・マスク、テスラ社CEO『テック・インサイダー』誌、2015年11月10日

おそらく当然のことながら、日本は近年、再生可能エネルギーの蓄電の実効性向上を強力に推進している。福島の原発事故の後に原子力発電所が操業を停止して以降、日本の発電量は約20％減少して

おり、国は太陽光発電能力の大幅強化を進めているが、曇天や夜間用に電力を蓄積する方法を見出さなければならない。三菱電機はこのために、50メガワットおよび30メガワットの蓄電システムを構築しており、政府が双方のプロジェクトに2億5700万ドルの費用を拠出している。サンエジソン社（SunEdison）CEOのアハマド・チャティラは、再生可能エネルギーの蓄電力向上は、太陽光発電に基づくスマート・エネルギー・マネジメントに不可欠だと述べている（訳注・サンエジソン社は2015年4月に米国にて破産法に基づく会社更生手続きを申請。買収による債務拡大のためとされる）。

「私たちがいま開発可能な最も重要なテクノロジーとは、蓄電です」

——アハマド・チャティラ、サンエジソン社CEO

代替スマート・エネルギー・システムには次のようなものがある。

- 分散発電網（テロ攻撃や自然災害に対する復元性）
- 燃料電池発電／蓄電システム
- 小規模トリウム反応炉（コンテナサイズの反応炉で発電規模は300メガワット時または4万5000軒の需要に対応）
- 透明太陽電池を使用した高層ビルや政府の建物の改装（PV窓ガラスの名でも知られる）
- 潮力から発電もする防潮壁の沿岸都市への設置

スマート・ヘルスケア

第5章で述べたように、モバイルの健康モニタリングシステム（mHealthとも呼ばれる）における近年の技術進歩には、患者のバイタルの兆候や状態を追跡するウェアラブル・センサーとアルゴリズムが組み込まれている。第5章ではその背後にある消費者の観点からの概観も行ったが、このデータを活用する都市は、そうでない都市に比べて、特にヘルスケアコストの低減において大きな優位性を持つことになるだろう。

都市にとって、mHealthの開発と導入支援を行うことの重要性が増している。特に肥満の大流行がみられる米国やUAEのような富裕国についてはそうで、そのことで2型糖尿病が爆発的に増加し、それがヘルスケアコストと欠勤の増加を招いている。

潜在的には、ここで最大の問題はヘルスケア政策だ。米国においては、ヘルスケアは大手医薬品企業や医療提供組織に限定されていて、それらは米国食品医薬品局の厳格なテスト環境をくぐりぬけてライセンスを与えられる。しかしながら、mHealthとスマートシティは、こうしたパラダイムとは離れて機能するものとなる必要がある。新しいヘルステック産業は、病気やさまざまな不具合の兆候に対する治療を増進するというよりも、遺伝子型判定、バイオメトリクス・トラッキング、ミクロ流体、マイクロチップ利用型検査といったテクノロジーの活用と、それに伴った個人向けリスクアセスメントによる疾病予防の支援や行動変化の惹起《じゃっき》に焦点を当てるものだ。こうしたテクノロジーには、高額で命に係わる健康イベント発生の危険性を低減する可能性がある。新しいヘルステック・システムは、問題発生の予防における病理学と診断に重きを置く点で、病気治療を指向する業界と潜在的な対立関係にある。

都市の行政当局は、プライバシーに対する懸念とデータ共有という課題に取り組んで、ヘルステックを成長させてインテリジェント・ヘルスケアシステムを提供し、住民を支援しなければならない。中央集権化した医薬品体制と医療制度は、その性質からして現状維持派の抵抗勢力であり、その性質からして、ヘルスケア分野で都市がスマート化するのを阻もうとするものだ。

未来の最先端のスマートシティは、機器やセンサーのメーカーおよび民間のAI活用型健康データベース企業と組んでヘルスケアシステムを構築し、長期的なヘルスケア負担の軽減に向かうだろう。遺伝子治療、個人向け医療、スマートドラッグなどのテクノロジーが治療計画作成の一部となることは間違いないが、都市であることの本質は、住民の行動を変容させて全体としてのヘルスケア問題を縮小または最小化する点にある。そのコストは、現在のヘルスケアシステムの何分の一かになるだろう。

ここで描く未来では治療コストが劇的に低減するため、オバマケアが問題になることはない。「社会主義2・0」とでも呼ぶその世界では、社会的介護は従来想定されたような膨大な予算を必要としなくなる。

スマートな環境汚染低減

水質汚染や大気汚染は、現代の大都市における大きな課題となっている。ジャカルタ、北京、メキシコシティのような大都市では、そうした汚染によって何万人もが健康を損なっている。例えば、2004年のジャカルタにおける検査では、すべての病気の46%が呼吸器関連であり、大気汚染に関係した病気が、1人当たり平均労働日数を年間4~5日増加させていた。さらに毎年、水中の病原体のために、インドネシア全土の約5万人の住民が命を落としていた(注12)。全世界では水質汚染のために200万人の子供が毎年命を落としており、その多くはアフリカとアジアの大都市でのものだ。

モバイル機器と接続可能な小型ユニットなどの新世代のスマートセンサーは、汚染レベルをモニターして、汚染関連のヘルスケアや福祉のコストを低減するのに役立つ。中国の多くの都市では700ppmを定常的に超えている。0~50ppmが「良好」とされる一方で、201ppm超は「健康に非常に有害――汚染警報の対象となる」レベルである。中国の水準は「健康に有害」とされるレベルを常時2~3倍上回っている。時間経過と共に医療コストの増大、情緒的損失、そして心理的影響を通じてそのコストを負担するのは、都市とその住民なのだ。

スマートシティは大気汚染を計測し、先回りして対応し、それを安全なレベルに引き下げる。自治体や公益企業が意図的にデータを捏造する場合には、住民は汚染センサーを活用して、真正な報告を発信するソーシャルメディアサイトに参加すべきだ。スマートフォンに接続された大気汚染センサーによって、クラウドソーシングを通じた環境マップ作成が可能になり、それを大衆が自由に利用できる。汚染は地理的領域や時間によって変化が大きい可能性があるため、このマップは、都市全体だけでなく、大都市内の地域の汚染レベルを報告することも可能だ。

最も有望なテクノロジーには、都市の大気を浄化する局所的炭素洗浄や炭素除去技術などがある。ボストンは「ツリーポッド（treepod）」という炭素洗浄機能を持つ人工樹木の試験利用を行っており、「湿度スイング」という技術を使って、CO_2や他の粒子を大気から除去する。アルバータ州カルガリーのカーボン・エンジニアリング社（Carbon Engineering）のようなスタートアップ企業は、より大量にCO_2を直接捕捉する技術に着目している。デザイナーのダーン・ローズガールデはオランダのロッテルダムに過去最大の空気清浄機を設置した。その清浄機はタワーになっていて、1時間当たり3万m^3を超える空気の汚染を除去し、スモッグの微細粒子を圧縮して、指輪やカフスボタンなどに組み込める小さな「ジェムストーン」にしている。ジョージ・ワシントン大学の研究チームはさらに先を行き、空気中のCO_2を捕捉してカーボン・ナノチューブを大量に製造する理論を開発しており、建設業や製造業で利用可能だ。

水質汚染改善に近い将来役立つ新しい低コストの方策も利用可能になっている。新タイプで低コストの家庭やコミュニティ向け浄水ユニットは、ほとんどの危険な化学物質、寄生虫、バクテリアを除去可能だ。スマートシティでは、人為的または自然災害や他の原因による水質汚染に備えて、こうした機器を保有して利用可能にしておくべきだ。この領域ではすでにさまざまな取り組みがなされている。例えばタンザニアの科学者、アスクワー・ヒロンガ博士は、ナノテクノロジーを使った水フィルターを作り出した。それは汚染物質、バクテリア、微生物、ウィルスを99・9％除去する。

「タンザニアにおける900万家庭の70％では、どんなフィルターも使われていません。そのことが市場の大きさを示しています。タンザニアだけで900万家庭です。ケニア、ウガンダ、エチオピア、サブサハラ・アフリカ、インドその他あらゆる場所があることを考えてみてください。市場は非常に大きいのです」（注13）

——アスクワー・ヒロンガ博士、ロイター

こうしたフィルターには製造に約100ドルかかるものもあるが、1家族が必要とする1日当たり何リットルものきれいな水を供給する能力がある。

スマート素材とナノテクノロジーを使えば、非常に効率的なフィルター・システムを作り出すことが可能であり、それが今日私たちが想像するよりはるかに少ない投資で、空気と水をよりキレイにすることができる。気候変動の影響がより強く感じられるようになって、現行産業保護政策への守旧派の影響力が低下するにつれて、ミレニアル世代とその子孫たちでは地球工学が人気のキャリアとなるだろう。

スマート緊急対応システム

緊急時や災害時に住民を安全に保つことは、スマートシティにとって大きな課題だ。消防士、救急救命士、警察や医療チームは、総称して「初期対応者（first responder）」と呼ばれる。災害発生後にこうした初期対応者を編成・運用する能力があれば、「災害発生対応」（災害時および直後）と「復興」（災害発生後数週間）の期間に数多くの人命を救うことが可能だ。

スマートシティにおける災害時の課題には次のようなものがある。

- 計画統合能力の欠如
- 災害時のコミュニケーションの不足または不在
- 他政府機関（連邦、州、地域）の協働能力欠如

計画統合のためには、消防署、地域の警察、救急、病院、市および州政府といったさまざまな機関が、共通用語と前提を用いて協働で計画策定にあたる必要がある。通常の場合、こうした機関はそれ

ぞれ独自の計画を持ち寄るが、それは「サイロ」（つまり離れて独立している）環境と言われるものだ。結果的にこれは、危機発生時の対応の混乱につながる（注14）。

異なる機関が協働できないことは、災害時に悲惨な結果を招いてきた。ハリケーン・カトリーナの来襲時には、さまざまなインフラ修理のために絶対必要ということで市警察から呼ばれた作業技術者がニューオーリンズに向かうのを、ハイウェイ・パトロール代理が止めてしまった。１９９９年のトルコのイスタンブール市近郊のイズミットでの地震の後には、さまざまな要対応機関が協働できなかっただけでなく、バスやヘリコプターなどの重要リソースを巡ってどのグループがコントロールの実権を握るかで争いまで起きていた。その結果生じた混乱による対応の遅れが、３万人以上という大量の死者数の一因となった。オーストラリアにおいても、２００９年の「黒い土曜日」の山火事発生時に似たような混乱状況が発生し、異なる機関が時には互いに対立して動いて、あるグループは高速道路を閉鎖し、別のグループはその道路を避難路に指定していた。１７３名が死亡し、何百人もが負傷した。

スマートシティはこの問題を乗り越えるだろう。その方法は、すべての関与機関が、偶発的な通信喪失の克服に役立つ復元機能を備えたスマートデバイスを保有し、共通用語を使用し、共同で計画を立案し、危機発生時に使用することになるシステムを日常的に使って共同訓練や演習を頻繁に行うよう強く求めることだ。災害時だけでなく通常時から統合利用されるスマートシティの災害マネジメントシステムの例が、リオ・デ・ジャネイロ市の公共情報マネジメントセンター、「リオ・オペレーション・センター」で、所在地はシダージ・ノヴァ（Cidade Nova：訳注・新市街の意）である（図11－4）。

同市とリオ郡が使用するこのシステムは、災害向けの計画統合をサポートし、警察、軍、医療サービス、電気、道路工事および暴風雨やハリケーン時に多数の洪水や地すべりが発生しがちな地域にある他の組織をつないでおり、それ以外にも毎年のリオのカーニバル期間中に交通、セキュリティとさまざまなサービスの調整を行う。

「オペレーション・センター」は２０１４年開催のＦＩＦＡワールドカップと２０１６年開催の夏季オリンピックの準備において、市長の

図11-4 ● リオ・デ・ジャネイロ市のオペレーション・センター

出典：IBM Smart Cities

個人的サポートおよび取り組みによって構築された。システムは日常の使用に供されており、オペレーター同士はお互いによく知っているので、危機や自然災害の発生時に「互いを知り合う」ために通常要する4〜8時間を必要としない。これには副次的な効果もある。発生事象が異なっても、グループは互いに「誰が何をしていてどんな手順状況にあるか」がわかっているので、警報発令（例：ハリケーン来襲の知らせ）と同時に自動的な指示が可能になる。何十人ものオペレーターと緊急対応スタッフへの指示を何時間もかけて作成し、レビューし、承認し、発信する必要はない。

リオの計画立案統合は、規模の経済性実現と、反復作業の削減を可能にした。リオ市長が言うように、「なぜ下水道部門、水道会社、道路部門や他の機関が同じ道路を5回も掘り返すのか？　彼らに調整させて、1回きりで済むようにしよう！」ということだ。全く常識的な話だ。

リオのシステムへの情報入力の中に、雨や天候状況を追跡するセンサー網がある。さらにシステムには予測モデルが組み込んであり、事態発生後に対応するだけでなく、これから起こることについてリーダーにアラートを出す。システムは事前プログラムによって、荒天の到来や他の非常事態について、政府機関と市民（電話メッセージ、電子メール、携帯電話ショートメッセージ経由）の双方に警報を発信することが可能だ。前述したように、システムによって作業の割り振り、該当組織への詳細指示や作業一式の発信と、作業受諾／処理／完了のフォローアップも可能となる。それにとどまらず、システムは停電や危機を知らせる市民からのテキストメッセージその他の入力を受け付ける。それによって、一般人が近所の安全や機能状態に積極的に係わるようになり、政府のリーダーたちがその入力を大切にしているると感じるための道を開いているのだ。

拡張都市

ICTを使ってスマートシティの住民の生活の質を拡張・向上させる方法は数多く存在する。スマートな無人飛行機（UAV）、別名ドローンや、AR（拡張現実）のようなコンピューター生成による物の見せ方の拡張、政府や産業界における意思決定のAI支援や、その他にも数多い。そうした可能性のある利用方法の2つであるARとUAVについて、以下で概観してみよう。

都市における拡張現実（Augmented Reality：AR）の可能性

都市においてARを使用することの利点は、物理的な場所の現実世界の見え方を、データやイメージを使って拡張し、ユーザーが今いる場所、ショッピングや運転経路の選択肢、いま目にしている現実世界の対象物の歴史的背景といったものを理解する手助けとすることができることだ。したがって、旅行、ツーリズム、地域の文化財の理解といった利用には理想的だ。

ARオーバーレイのよく知られた実用的な利用例は、駐車スペースや車を駐車した場所の探索である。例えば、ユーザーが自分の車を見つけるのを支援するアプリでは、（手持ちカメラを通じた）現実世界の景色が見えるが、それにグラフィックスをオーバーレイして道案内をし、自分の車を見つけさせてくれる。

ARは小さな都市への訪問者やツーリストにとって特に実用的だ。それは、街の特徴について知らない場合が多いし、行きたい先を手間をかけて検索するのも嫌だからだ。以下にいくつかARアプリの例を示そう。

・ウィキチュード (Wikitude)

シティサーチ (Citysearch) やウィキペディアやユーザー作成コンテンツ (user generated content) といったコンテンツ源からの情報のARアグリゲーター。ユーザーは検索カテゴリー (例：レストラン、景色) を選んで、他の人が撮影したフリッカー (Flickr：訳注・写真共有コミュニティサイト) の写真やコメントを見て回る。

・イェルプ・モノクル (Yelp Monocle)

アンドロイド携帯の画面最下部にある「More」タブを使ってアクセス可能。望む方向に向けてスマートフォンを垂直に立てて持つと、店舗と評価のタブが立ち上がり、水平に寝かせて持つと地図と経路が表示される。

・メトロＡＲプロ（Metro AR Pro）
「位置認識」アプリであり、現在どの都市にいるかを自動検知して、地下鉄や他の公共交通機関の停留所を表示する。

・ホワットワズゼア（WhatWasThere）
現在いる場所付近がかつてどんな景色であったかを見せてくれる。

・グーグルサーチ（Google Search）（またはGoogle Gogglesアプリ）
旅行者が「検索」をクリックして、より詳しい情報がほしい対象物の写真を撮る。するとアプリが価格、方向、歴史その他のデータをダウンロードする。外国語の標識の写真をとれば、すぐに翻訳してくれる。

どんな大都市にも通常、文化的な人造物や場所、例えば記念碑、博物館、美術品展示、地域特有の建築物の例などが豊富にあるものだ。残念なことに住民のほとんどは、そのすばらしさを十分に体験していない。博物館には数多くのものが展示されているが、その説明はほとんどない。そして、膨大な数の所蔵品（一般に95％超）が地下貯蔵庫にカギをかけてしまわれている。ＡＲ技術を使えば、そうした貯蔵品を生き返らせることが可能だ。絵画の中の人物が「壁を抜け出して」現れて自分の物語を語り、彫像は自分の歴史を教えてくれ、恐竜や他の動物の骨格は命を吹き込まれて、老若男女を等しく楽しませ、知識を与えてくれる（**図11－5**）。

スマートシティがARを活用すると、市民を教育してその文化的ルーツや伝統を生かし続けることが可能になる。そうした取り組みを都市がサポートする方法には、教育センターとパートナーシップを組んで、ビデオゲーム、VR、AR、ICTと関連テクノロジーや、博物館、野外アート展示、記念碑、文化センター、人通りの多い地域といった都市の財産についての教育を行う等があり、それが職業スキルやイノベーション開発を支援するだけでなく、スマートシティをも活性化することにつながる。メタ（Meta）やマジックリープ（Magic Leap）のような

図11-5 ● ナショナル・ジオグラフィックとドバイのシーフ・モールはショッピング経験にARを導入した

出典：ナショナル・ジオグラフィック

PHUDユニットが登場したことで、スマートシティのAR活用はより創造的となりうる。

スマートシティにおける無人飛行機（Unmanned Aerial Vehicle：UAV）

民間活動向けの無人飛行機（UAV）の活動は急速に増加している。2014年まで、UAVの用途はほとんど軍用に限られていた。偵察、武器運搬、特殊貨物の秘密輸送などだ。米国では、ひと握りの企業だけがFAAからUAVの使用許可を受けていて、そのほとんどが非公開状況での空撮向けだった。が、状況は大きく変化している。2015年前半には、FAAから500件を超えるUAVの飛行許可が下り、その目的は農場監視と作業、セキュリティサービス、そして鉄道とパイプラインの検査などだった。

提供企業の数も急速に増加しており、航空宇宙系の企業が政府ユーザー向けに製造する現行UAVシステムが非常に高価なのに対して、何百社もの新興企業が新たな選択肢を生み出している。他にもスタートアップ企業がUAVの制御、データ分析と表示などのエレクトロニクスを生み出している。例えば、複数の飛行体の同時制御が可能なAI支援型ソフトウェアなどだ。

国際無人機システム協会（The Association for Unmanned Vehicle Systems International）では、米国、欧州、アジアにおいてドローンはどこにでもある存在になると考えている。その主要な用途は、穀物生産モニタリング、大気状況調査、石油・鉱物探索、国境や安全策モニタリング、そして警察パトロールなどだ。最近発行された『ドローン／UAVディクショナリー』では、UAVの主要用途として300件がリストアップされている。

スマートシティの興味の対象となりそうなタイプのUAVもいくつかある。以下にリストしたUAVはここで推奨するのではなく、単なるサイズや機能の組み合わせの例だ。都市向けUAVの特徴としては次のようなものがある。

・軽量、電気式回転翼4基のUAV。DJIファントム3等。用途は警備、警察、写真撮影、検査サービス。
・軽量の電気式UAV。エアロナビック社（Aeronavics）のスカイジブ（SkyJib）やクアドロコプター社（Quadrocopter）のシネスター（CineStar）等。用途はプロ用カメラリグ、短編映画やテレビ撮影。コストは1機当たり1万ドル程度。
・より幅広い野外利用型中型UAVシステム。ハネウェル社のT－Hawk等。T－Hawkは米国陸軍と海軍の利用に限定されていたが、爆発物等処理技術者によって生存困難な環境における状況確認に使用されている。具体例としてT－Hawkが使用されたのは、2011年に日本を襲った大地震と津波で被害を受けた福島第一原子力発電所の近接画像の撮影である。
・ロシア製のチロク（Chirok）のようなUAVは、湖や海に近いスマートシティで起こる事件の際に海難救助を支援することが可能だ。チロクは6100mの高度で飛行可能であり、回転翼が起こすエアクッションによって水上ホバリングも可能だ。搭載可能重量は272kgであり、人間なら

3名まで、または地面や海上のどこにでもかなりの機器を運搬可能だ。

・50kgの荷物を運搬可能な中型UAVシステム。オーストリアのシーベル社のカムコプターS－100等（**図11－6**）。用途は警察や監視。コンパクトなシステムで、高さ1・1mで、6時間、距離200㎞程度の飛行が可能。緊急時医療器具の投下など、都市内での貨物やパッケージの緊急配送が可能。シナリオには除細動器や初期治療キットを投下可能な救急型UAVの事例を示している。

これらの2～3のタイプのUAVやドローンの組み合わせによって、スマートシティでは次のようなことが可能になる。

図11-6 ● シーベル社のカムコプター S-100

出典：シーベル社

・都市内で高価値貨物を交通状況に妨げられずに運搬
・陸上または海上における探索および救助活動
・石油・ガスのパイプライン等の重要インフラの検査
・警察向けの日夜を通じたパトロール実施
・初期対応者や医療スタッフ等に対する通常車両では搬送不可能な機器の急送

米国疾病管理予防センター（The US Centers for Disease Control and Prevention：CDC）とマイクロソフト・リサーチでは、ドローンを使って蚊を集め、遺伝子配列解析と病原菌検出を行うプロジェクトを開始した。ホワイトハウスは「この技術は、生物媒介病の大流行に対する早期警戒システムとなる可能性を有しており、気候変動が公衆衛生に与える影響について公衆衛生担当者が計画を立てる際に役立つ」と考えている。つい最近のもう一つのUAVの利用方法は、世界中の山火事の予測だ。未来のスマートシティはUAVの新たな活用に関する多数のパイロット・プロジェクトを立てることになるだろう。それらは大いに住民の役に立つだけでなく、新しいビジネスモデルと起業モデルとその実現可能性を生み出す。

AIはスマートシティを支える「スマート」な存在になるか？

スマートシティは新しいICTを活用して、住民の衛生、安全、学習、職業および余暇の機会と持続可能性を増進し、住民たちとより積極的につながりを持つ。スマートセンサー網、わかりやすい図形表示、高音質スマートフォン、ARシステム、スマートUAVそしてIoTのような新しいテクノロジーが提供してくれるのは、協働型問題解決と互恵的な集団活動実現への新たな道筋だ。MITのシティ・ラボ（Cities Lab）のような研究センターはイノベーションが湧き出す深い井戸であり、アムステルダム、コペンハーゲン、バルセロナのような都市は、機能するスマートシティの開発におけるパイオニアであり、教訓とベストプラクティスを提供してくれる。

私たちの住まう都市の未来のスマートシティへの変革は、テクノロジーと主要なデジタル化の統合をもたらす。それは、機械同士の連結ソリューションとリアルタイムのデータ分析のすべてをリンクさせることで実現される。しかしながら、スマートシティは、光ファイバーと高速無線技術に基づく適切なインフラストラクチャーに支えられている必要がある。このインフラによって、スマートコミュニティ、コネクテッドホームのサポート、インテリジェント交通システム、mHealth、電子政府、大規模公開オンライン講座・教育（massive open online courses/education：MOOC／E）、スマートグリッドとスマート・エネルギー・ソリューション等の発展が実現可能になる。その中核となるインフラは、リアルタイムですべてに対応するようになる。自動UAV、自動運転緊急車両、ロボットが配備され、センサー網がフィードバックループで正しいアルゴリズムやAIにつながって、それらのリソースが派遣される。

人工知能は、スマートシティを後ろから支えるだけでなく、スマートシティのオペレーション・センターに入ってくるすべてのセンサー・データの処理のためにも必要だ。人間が介在すると、プロセスのスピードが大きく低下してしまう。強力なAIを組み込んだスマートシティの運営が実現するのは、20年後よりも近い将来だろう。20～30年のうちには、AIの手によるスマート行政が実現するだろう。法律とその執行、リソース配分、予算作成、最適意思決定がアルゴリズムによって実施され、それらは人間の議会や投票とは独立して機能する。人手による選挙の開票作業は過去のものとなり、住民は自分のデバイスを持ち込んで投票行為を行う。しかし、それは単なる始まりに過ぎない。

50年が過ぎるうちには、地域および国の政府における政党政治は、主要なまたは全体の統治を委譲されたアルゴリズムに取って代わられるだろう。今や選挙制度は統治メカニズムとして大幅に非効率になってしまっている。米国連邦レベルでは、広告宣伝、資金集めに何十億ドルものカネがかかり、討論、分析、駆け引きといったものに何万時間もが費やされる。いずれ人類は、リーダー選出プロセスにおける現在のような資源配分は、化石燃料のエネルギー利用またはバスや列車の運転をヒトが行うのと同じくらい非効率だと判断することだろう。政府はディスラプトされずに残っている数少ない産業の一つであり、ディスラプションのカギとなるのはＡＩだ。

残念ながら、そのようなスマートシティは現在まだ例外的なものでしかない。大都市居住がもたらすマイナス影響である水質汚染や大気汚染、大規模な政治腐敗、交通事故、天然資源の枯渇、不十分なヘルスケア、そして増え続ける自然災害への不適切な対応等によって、毎年何百万もの人々が死亡している。スマートシティは、よりよく、より安全な世界をもたらすものだ。人間の肉体的そして知的能力を増進するためだけでなく、地球の維持可能性のためにも、その必要の緊急性は高い。

注１：Population Reference Bureau

注２：Evans et al., "A comprehensive archaeological map of the world's largest pre-industrial settlement complex at Angkor, Cambodia," *Proceedings of the National Academy of Sciences* 104, no. 36, ２００７年８月23日

注３：UNICEF/Periscope Study

注４：J. D. Johnson, "Success in innovation implementation," *Journal of Communication Management* 5, ２０１１年、３４１～３５９ページ

注５：M. Deakin, *Smart Cities: Governing, Modelling and Analysing the Transition* (London, UK: Taylor and Francis, 2013)

注６：N. Komninos, *The Age of Intelligent Cities: Smart Environments and Innovation-for-all Strategies* (*Regions and*

Cities）（London, UK: Routledge, 2015）.

注7：スーパー台風サンディの襲来後、当時のニューヨーク市長のマイケル・ブルームバーグは、将来の同様の事象や気候変動一般の影響からニューヨークを守るために、195億米ドルの気候対応プランを発足させた。

注8：Berkeley Earth のリサーチャーの研究では、中国では大気汚染が160万人／年または4400人／日の死亡者数をもたらしていることが見出された。Dan Levin の次の研究を参照。"Study Links Polluted Air in China to 1.6 Million Deaths a Year," *New York Times*, 2015年8月13日

注9：Adam Crowe, *Disasters 2.0: The Application of Social Media Systems for Modern Emergency Management*（Boca Raton, Fl.: CRC Press, 2012）.

注10：P. Meier, "New information technologies and their impact on the humanitarian sector," *International Review of the Red Cross* 93, no. 884（2011年）

注11：https://blog.twitter.com/2014/using-twitter-to-measure-earthquake-impact-in-almost-real-time

注12：M. I. Duki, S. Sudarmadi, S. Suzuki, T. Kawada and A. Togaswati, "The Effects of Air Pollution on Respiratory Health in Indonesia and Its Economic Cost," *Archives of Environmental Health* 58, no. 3, 2003年、135～143ページ

注13："Tanzanian engineer invents low-cost water filter," *Reuters*, 2015年9月28日

注14：Z. Baird et al., *Nation at Risk: Policy Makers Need Better Information to Protect the Country*（Washington, DC: Department of Defense, 2009）.

第 12 章

新時代のエンゲージメント

The New Era of Engagement

アンディ・ラーク寄稿、ブレット・キング編集

「ビジネスで勝利するには、もはや商品がすばらしいだけでは十分ではありません。創造的なマーケティングと顧客が喜ぶサービスも成功の十分条件ではありません。成功とビジネスの未来は顧客経験にあり、顧客にとって有意義な経験を創造し育む時代が到来しているのです」

——ブライアン・ソリス『X：The Experience When Business Meets Design』

ショッピングはどんな日でどんな気分であるかによって、必要への対応、社交イベント、調査プロジェクト、あるいは感情のはけ口のいずれにもなる。時にはそれを「リテール・セラピー」と呼ぶこともあるほどだ。買い物リストに正面から取り組んでそれだけをやろうとする日もある。ショッピングモールで友達と待ち合わせ、全く気ままに買い物し、必要でなく欲しくもない物を手に帰宅する日もある。本格的にレコメンデーションを探し、レビューを読み、ネットで調べて価格を比べて準備する日もある。調べているとそのままネット購買につながることもあるだろうし、カスタマージャーニーの最終部分で店舗に足を運ぶこともある。

ショッピングをする「理由」はいつも同じであって私たちの生活の重要な部分であり続けてきた一方で、ショッピングの「方法」は、主にテクノロジーの変化によって急速に進化してきている。アマゾン、アリババその他はすでに登場しているが、購買経験の最も劇的な変化はこれから訪れようとしている。

テクノロジーはすでに私たちの購買経験を拡張している。買おうと考えている家があれば、バーチャルで内覧できる。いいと思っている新しいテレビをバーチャルで表示して、アップロードした写真から作られたバーチャル版の自宅の居間にかけてみることも可能だ。新しいクルマをバーチャル試乗したり、自撮りしてからアプリを使ってサングラスを試着してみることもできる。近い将来、私たちが仮想世界で見ているものは、聴覚、嗅覚、触覚にわたる新たな感覚的経験によってさらに拡張されるだろう。購買経験の拡張は、私たちの買う行為だけでなく、私たちが買うものも変えるだろう。それは経験、商品、サービスが新たに発展して、私たちのニーズにより合致するようになるからだ。この進化はショッピングだけにとどまらない。旅行、ツーリズムさらにその他へと広がるだろう。

感情発生タイミングの拡張

ショッピングや旅行の方法を拡張する動きの中核にあるのは、私たちの**欲望、不満、疑念発生の瞬間**（moments of desire, dissatisfaction and doubt：MODｓ）に対応したいという考えだ。これらは秒単位のこともあるが、商品、イベント、サービスについて私たちが感情を抱く場である。

・「欲望」はすぐに満たされなければならない。それはミリセカンド単位であることも少なくない。満足しなければ、私たちは他のサービスやオファリングを探すことになる。

・「不満」は他の選択肢を探すことへと私たちを駆り立てるが、同時に私たちの気持ちを新しい商品やサービスへと開いてくれる。
・「疑念」は、情報とデータによって回答されるものであり、それが懸念や不安を和らげ、サービスで受けられる品質についての安心を提供する。

例えば、経験の一部としてウーバーが創出した瞬間について考えてみよう。私たちは、電話をかけたり電子メールをチェックするのと同じ利便性でタクシーが使えればいいのにと考えていた。私たちは皆、タクシーが来なかったりサービスの質が低くても何のおとがめもないことに不満を感じていた。タクシーがどこにいるかわからないというちょっとした疑念が、不安やストレスを生み出しうる。特に急いでいるのにタクシーが姿を見せない時はそうだ。

ウーバーはこれら欲望、不満、疑念の3つの瞬間をすべて解決してのけた。アプリを開くと、乗れるクルマがあることがすぐにわかる。「ウーバーを探す」のボタンをクリックしてオーダーすると、タクシーがやってくるまでの行程が見える。アプリがもたらす確実性のおかげで、ストレスや疑念は消えうせる。最も重要なのは、私たちが経験の品質を評価できることで、それによってウーバーは全体のサービスを改善し、標準に達しないドライバーやクルマを排除することが可能になる。

最近のクオーツ（Quartz）の記事（注1）では、米国のウーバーのドライバーの30％が、銀行の**口座**を持ったことがなかったのを明らかにしている。多くはその前、タクシードライバーとして現金経済の中で働いていた。しかしながら、ウーバーのドライバーになるには、支払いを受けるために最低限デビットカードが必要となる。そこでウーバーはこの問題を解決するために、ウーバーのドライバー申し込みプロセスの一部として、リアルタイムで銀行口座契約を結べるようにした。このことからウーバーは現在、米国におけるスモールビジネスの銀行口座の最大の獲得者となっており、ウェルズ・ファーゴ、バンク・オブ・アメリカ、チェースの合計をも上回っている。これは驚くべきことではない。

ウーバーがスモールビジネスの銀行口座の獲得者であるとは想像もできないことかもしれないが、あなたがウーバーのドライバーで、ウーバーが支払いを受けられるデビットカードを作ってくれるのなら、銀行の支店に足を運んで口座を開設するだろうか？　これは、以下のようなことも意味している。起業家向け銀行口座に関する次の動きは、日常のバンキングを、スタンドアローンの通常銀行口座やモバイルバンキングアプリとしてではなく、ウーバーのアプリに組み込んでしまうように設計されるということだ。

何百万人もの定常的フリーランスや臨時雇いのワーカーについて言えば、フリーランサーが最初に銀行口座を開設するのは、新しい仕事や働き口のオファーに直接対応する場合である可能性は非常に高い。もしその雇用者（ウーバーやAirbnb的な）が契約プロセスの一環として銀行口座を提供してくれるなら、ウーバーと契約する替わりにクルマで銀行の支店に行って紙にサインする必要などないだろう。

ウーバーはまたドライバーにカーリースも提供している（注2）。そうすると、ドライバーはクルマの購買契約をしなくても、ウーバーから需要に裏打ちされた自動車ファイナンスを受けられるのだ。これは、スモールビジネスの起業家にとって新しい銀行経験がどうなるかを示している。ウーバーは銀行リレーションシップに必要なものを事実上すべて入手し、銀行口座、リース、保険の獲得業者となっているのだ。ウーバーのドライバーは、現在の自分のニーズのために銀行の支店に行く理由は何もない。それはウーバーが、新しくドライバーとなる人のニーズに対応した**経験デザイン**に取り組んだおかげだ。

ウーバーは、どのようにテクノロジーを使えば、私たちの日常生活のジャーニーと、ジャーニーというビジネスを拡張できるかについて理解できるすばらしい事例だ。ウーバーは単一のテクノロジーに依存せずに数多くのテクノロジーを組み合わせて、従来の顧客とドライバー向けのサービスに変革をもたらした。新規参入者が持ち込んだ優れた経験に直面した既存プレーヤーは、ウーバーを違法化しようと、地域の規制当局や議会にかなり働きかけた。それに失敗すると、今度はその同じ企業たちが類似テクノロジーや経験に投資して、何とか存在意義を保とうとした。そのほとんどは、ウーバーが切り開いた新しい経験の類似物を作れたにとどまった。

ウーバーで重要なのは、拡張の利点を短期間で実現したことだ。既存のサービスを持ってきて、シンプルで使いやすくする。ほとんどの新しいテクノロジーは、こうした短期的なイノベーション機会を狙ったものだ。小売りや旅行業界にわたる現行事例の多くがそれを反映している。電子荷物タグ、試着せずにシャツが似合うかどうかを見せてくれる鏡、飛行機やテーマパーク内で子供がどこをうろついているか追跡するブレスレット、といったものだ。どれも、すぐ利用可能なテクノロジーを組み合わせて、現行経験を以前よりも改善するものだ。

その先に、はるかに大きなイノベーションが期待されている。

サービス・デリバリーの拡張（2015～2020）

今後5年間、ほとんどのイノベーションは、現行のサービスを変革してMODs（訳注・欲望、不満、疑念発生の瞬間）に対応しようとするものになるだろう。現在私たちが大きな変化として目にしているウーバーやAirbnbのようなものは、後で振り返れば、小さく漸進的な改善であったことがわかるだろう。

拡張世界における基本的なテーマは、テクノロジーがつながり合うことで、手作業やヒトによるプロセス推進の世界では不可能な、根本的に新しい経験が創造されることだ。幅広いテクノロジーを融合すれば現在でも可能となりそうな例として、メガネの購買がある。自分の写真をiPhoneで撮影して、ネット上のカタログからメガネを選び、それをかけるとどう見えるかを確認する（アプリで表示される）。好きなメガネを選ぶと、次に好みのフレームの在庫があるメガネ店の地図が入手できる。同最も近くのメガネ店からスマホにテキストメッセージでオファーが来るが、入手には3日かかる。

じ地域のある小売店では24時間で入手可能だが、割引はしていない。どれに決めるかはこちら次第だ。テクノロジーがすでに私たちのポケットにあること、私たちの周囲の世界にクラウドコンピューティング能力が組み込まれていることと、位置情報やGPSやマッピング技術のようなデータ活用アプリケーションが存在することからすれば、このシナリオの実現性はかなり高い。

ドローンはすでに空を飛んでおり、本やスマートフォンからピザまであらゆるものの個人向け配達が試行中だ。安全性の制約から、ドローンは当初、郵便局、ガソリンスタンド、鉄道駅などの一元化された場所への配達を義務付けられるだろう。今から5～10年後には、その同じドローンまたは自動運転カートやポッド（小型ロボット自動車）が、自分や自分のスマートフォンのある場所ならどこでもやって来るようになる。ライリー（Lily）は自動運転のロボットビデオ撮影ドローンで、人間についていってその生活をビデオに収めるものだが、2015年のクリスマスセールに出されると、3400万ドル、6万台以上というとてつもない予約を集めた。ドローンがさまざまな形で私たちの経験の一部を担うようになることは間違いないと言える。

新しい経験とその提供（2020～2025）

テクノロジーがプロダクトや業界を劇的に変貌させていくと、私たちは20世紀的な基準からさらに遠ざかる。ブレットが前段で論じているように、至る所にコンピューターがあって私たちの周囲がスマートで常時ネットにつながった状態になると、現行バリューチェーン、製品ライフサイクル、キャンペーン・マーケティングの制約は消失して、リアルタイムで私たちのニーズ、場所、選好にぴったり合うエンゲージメントが選ばれるようになる。未来のビジネスは経験を販売するものであり、商品やサービスを販売するものではないのだ。

小売業者は商品を販売するのではなく、「拡張時代」の明確な要素として製品特性が組み込まれた経験を提供するようになる。グルメフードの経験、贅沢なライフスタイルの経験、没入型エンターテインメントの経験等のいずれであれ、商品とサービスは経験の中の特徴として再構築される。商品や製品はサービスの中に組み込まれるが、個々にブランド化された製品自体は購買意思決定の要因としては小さくなり、経験そのものの「特性」としての性格を強める可能性が高い。iPhone 11を買うか、それともパーソナルAIとヘルスケアシステムを買って、それをいわゆるスマートウォッチがサポートするのか？　VRヘッドセットを買うのか、それとも没入型の物語&ゲームのプラットフォームを買って、その経験を得るのにVRヘッドセットが必要となるのか？

旅行は、窓を通して外に見えるものから食べるものまで、すべての経験がテクノロジーの影響を受ける可能性があるもう一つの領域だ。そこで使われるメディアには、過去の交流や行動から学んだ個人的な好みが動的に反映される。それは、個人用AI（ここでは旅行コンシェルジュとして機能）に教えた好みであったり、あなたのデータ、行動、選択の履歴から推測されたものであったりする。

あなたにとって最高の経験とは何だろうか？ 飛行機で最前列に座ることだろうか？（注3） 長いフライトの後で着陸前に機内で浴びるシャワーだろうか？ アラカルトの夕食サービス、広帯域のデータ接続性、あるいは到着後に入国管理を素早く抜けて帰宅させてくれる個人送迎だろうか？ 以前であれば、マーケターはこれを一人市場（market-of-one）セグメンテーションと呼ぶ誘惑にかられたかもしれないが、これはさらに、市場やサービス提供者が行動ベースでリアルタイムに個人に適応するものであり、それは経験や相互作用のデザインを通じて行われる。テクノロジーがあなたについて学習することができ、サービスがその知識にインテリジェントに適応するというものだ。

インスタント製品の世界（２０２５～２０４０）

15～20年という期間の先には、必要なときに必要に応じて製品やサービスがデザインされ、私たちの生活を拡張してくれるようになる。例えば特別な日に夜の外出を計画していて、大切な誰かにお祝いのジュエリーをプレゼントしたいとしよう。もはやジュエリーを探してショッピングに出かけることはなく、この機会にぴったりのいいデザインを探すだけでよいだろう。デザインをダウンロードし、3Dプリンターでプリントするのは、その一品を個人向けのものにするカスタマイズを最後に組み込んでからだ。ボクセル8（Voxel8）は販売価格9000ドルの3Dプリンターで、複雑な回路を導電性インクで印刷可能だ。それは将来、私たちが自分用の電子機器を家庭でプリントできるようになる可能性を示唆している。

ドイツのザールラント大学のコンピューター科学者のチームは、誰でも文字通り自分自身のカスタムディスプレイをプリント可能にする技術を開発した。タッチスクリーンもそれに含まれる。特性インクを装填した通常のインクジェットプリンターを使って、ＤＩＹの薄膜ＥＬディスプレイをデジタルテンプレートから印刷することが可能だ。

チームは、スクリーン印刷技術か市販のインクジェットプリンターのどちらかを使う2種類の方法を開発して、素人が数分～4時間で、どこでもカスタムディスプレイを作り出すことができるようにした。厚さわずか１０００分の１ミリの「比較的高解像度のディスプレイ」になるとしている。標準Ａ４またはレターサイズの1枚のディスプレイの価格が20ユーロ（21・69ドル）で、使われる特殊インクのコストが大半を占めるとのことだ。

今後10年のうちには、電子回路や電子機器はこうしたダウンロード可能なデザインとなり、２０３０～２０４０年には、次世代のｉＰｈｏｎｅはアップルからダウンロードするファイルになって、ストアで買う物理的デバイスではなくなっているかもしれない。将来も私たちが必ず買う必要がある物理的製品は、３Ｄプリンターか製作ユニットだけになるかもしれないのだ。

未来への道程を理解するためには、ここまで辿ってきた道を理解しておく必要がある。1990年代のドットコム・ブームでは、新世代のリテール業者が誕生した。電子小売業者(E-tailer)として知られるようになった彼らは、製品を出荷する場所である少数の倉庫を除けば、物理的プレゼンスを持っていなかった。世界中に届くインターネット、検索エンジン、プログラマー集団を武器に、彼らは伝統的な小売業者に正面から戦いを挑んだ。アマゾンは書店から顧客を奪い、急速に「何でもストア」へと成長した。ギルト(Gilt)、リュララ(Rue La La)、アリババ(Alibaba)そしてザッポス(Zappos)は、それまで年一度だったセールを日常イベントにした。当初ほとんどの従来型の小売業者は懐疑的またはあからさまな敵意を示していたが、ネット業者が市場シェアを占めるにつれ、じたばた騒ぎながらもそちらに引きずられていった。中には、ブロックバスターやボーダーズのように、立ち行かなくなった企業もある。

こうした拡張の第1フェーズは、基本的だが不可欠なものだった。私たちは、店に足を運ぶ前に手早く商品を品定めし、場合によっては商品や価格をネット上でウィンドウショッピングできた。受け取り場所は店か自宅かを選べたが、それはすぐに形を変えてマウスでクリックできるショッピングリストになり、欲しい品物の在庫があるかを確認し、店に行くまで取りおいてもらえるようになった。物理世界はすでにインターネットによって拡張されていて、私たちは自分の欲望の時間や場所をシフトさせられるようになった。もはや欲しいものを見るのに、待たされたり店に行く必要はなくなった。ネットでブラウズし、調べて注文すればよくなったのだ。

伝統的な小売業者は、レガシーなコスト構造と物理的な重荷に足をとられて、新規参入者に立ち向かうのに10年単位の時間を要した。クレイ・シャーキー（訳注・米国著述家）が言うように「『なくなったら後悔するよ！』と言っていた店舗は、全然大したビジネスモデルではなかった」のだ（注4）。

現在の物理的小売業者とインターネットの競合相手は、全面戦争状態にある。そこではオムニチャネルのマーケティングとマーチャンダイジングおよび優遇経験を活用して、デジタルとフィジカルの世界の統合が図られている。最近は、アマゾンやマイクロソフトなど、純粋なインターネットストアによる物理的店舗開設の動きが見られるようになった。

２０１５年は、すでに激動だった２０１４年に続いてｅコマースブームとなった。米国ベースのｅコマースの売り上げ高は３５００億ドル超に達した。グローバルでの売り上げ高は、１・５兆ドルを上回るまでに到達すると予想された。クリスマス休暇期間中のｅコマースは、前年比で約14％の増加を示し（注５）、グローバルでは６１７０億ドル、米国だけでも８００億ドル（全小売売上の約10％）となった。

小売業界と旅行業界を変革する４つのテクノロジー

第２章でブレットが明確にしたように、「拡張時代」の４つの破壊的な力とは、人工知能、分散型の組み込み型の経験、スマート・インフラストラクチャー、ゲノム編集とヘルステクノロジーだ。しかしながら、これらのディスラプションのテーマの中で、購買経験もまた形を変える。「拡張リテール」に至るには4つの構成要素があり、その周囲には何千もの他のテクノロジーと拡張経験が群をなしている。

「私たちはいつも、2年後に起こる変化を過大評価する一方で、10年後に起こる変化を過小評価するものだ」

――ビル・ゲイツ、1996年

第1段階：クラウドによる拡張

これまで作られたコンピューティング・パワーを示すメタファーのうち、クラウドはおそらく最低のものだ。その名前は、初期のネットワーク図を思い起こさせる。そこでは、物理的なサイトに置かれていないテクノロジーを雲の絵で表していた。現在のクラウドは、文字通り何百ヘクタールものコンピューターとストレージで、それが巨大な分散システムとしてフェイスブックから電子メール、写真、地図ソフトウェアまですべてに対応している。

第3章でブレットは、コンピューターがユビキタスとなり、本質的には目に見えなくなる（組み込み型になるか周囲の世界に拡散することによる）ことを述べている。現在の起業家と個人は、以前であれば世界の最大級の企業だけが手にしていたコンピューティング・パワーを利用することができる。クレジットカードやデビットカードを使って、何ドルかでコンピューティング・パワーを購入すれば、どんなスタートアップ企業でも立ち上げることができるのだ。そして企業の成長に合わせて支払いを増やし、必要に応じてクラウドベースの基盤を拡張すればよい。

現在ではクラウドが、未曾有のコンピューティング・パワーとストレージへのアクセスを提供してくれるため、どんな小売業者でもサービスを拡大することができる。では、クラウドの規模はどの程度なのだろうか？　残念ながら、クラウド事業者はそのオペレーションについて詳細を開示していない。しかしながら私たちは、アマゾンが最大の事業者であることはわかっている。同社は２０１４年に70億ドルの年間収益運用の規模を報告しているからだ。

まずはアマゾンのクラウドをクラウド運用の規模を見てみよう。それは本当に気を失いそうになるほどだ。

- アマゾン・ウェブ・サービス（ＡＷＳ）がデータセンターを保有する場所は世界の11地域に分散している。
- 個々の地域が少なくとも２つの利用可能ゾーン（availability zone：ＡＺ）を有しており、全体では28のＡＺがある。
- ほとんどのＡＺには複数のデータセンターがある。アマゾンは実際にどれだけのデータセンターを有しているかを公開していないが、最近の『エンタープライズテック』誌の記事は、およそ87

カ所のAWSデータセンターがあると推定している。
・アマゾンは各データセンターに5～8万台のサーバーを有しており、総計サーバー数は200万～500万台の間である（注6）。
・個々のデータセンターの所要電力は25～30メガワット、あるいは全AWSでは2ギガワットを超える。
・アマゾンはソーラー・ファームを建設中であり、データセンターを100％再生可能エネルギーで賄おうとしている。また自社電力ニーズに対応するために、テスラ社と共同で電池テクノロジーの適用に取り組んでいる。
・ネットワーク容量については、各データセンターは少なくとも102テラバイト／秒の流入帯域を有し、相互に専用線で結ばれている。これはグーグル・ファイバー（Google Fiber）の10万倍にあたる。アマゾンは成長を続けるために、自らのネットワーキング技術を開発している。

グーグルとアマゾンはいずれも150万台超のサーバーを有していることが知られている。フェイスブックは少なくとも50万台のサーバーで、フェイスブック、ホワッツアップ、インスタグラムのインフラを運営している。これら施設はいずれもが、90年代半ばの全世界のストレージ量とコンピューティング・パワーを上回る。これにIBM、オラクル、あとラックスペース（Rackspace）のような企業と銀行や政府（注7）などの保有するプライベート・クラウドを加えると、世界中には数千万台のサーバー、ゼタバイト級のストレージスペースがあり、数百ギガワットの電力が消費されているのだ。「クラウド」の規模はまさに驚異的だ。私たちはこれを「星雲（nebula）」と呼び始めた方がよいかもしれない。クラウドでは小さすぎるだろう。

かつてはデータの置き場所が心配で、物理的なフロッピーディスクを買ってきてバックアップをとったものだ。それが今や、私たちのデータは数多くの場所にあり、リンクするどんなデバイスやアプリケーションにもリアルタイムで流れていく。いろいろな意味で、この道程は今でも始まりの時期にあると言える。2011〜2013年には、インターネット人口は14・3％増加して24億人となった。2020年までには世界人口の80％がインターネット利用可能なスマートフォンを持つ可能性が高く、さらに20億人のモバイル消費者が今後5年のうちにこれに加わると予想される。現在個人のデータを送受信しているデバイスで、私たちの持つスマートフォンを超えるものはない。

第2段階：モバイルとウェアラブルによる拡張

スマートフォンやiPhone等のどれであれ、モバイルデバイスは、購買者や旅行者との新しい接点を生み出した。パート・トラッカー、ワレット、カメラ、そして物理的世界へのインターフェイス機能がいつもポケットにあり、スイッチがいつも入っていて、聞き耳を立てており、動的に交流する能力があるわけだ。

デロイトの調査によれば、購買経験の一部としてのスマートフォン使用は、2016年には小売売り上げの17〜21%に及びうるとされている。６２７０億〜７５２０億ドルという驚くべきものだ。英国では２０１５年のクリスマス時期に、購買者の３分の２以上がモバイルデバイスを使って買い物をするとみられている。２０１５年5月のイーコンサルタンシー社（Econsultancy）の「モバイル経験トレンド要覧」レポートでは、買い物客の92%がモバイルを使って購買意思決定をしているが、購買は店舗で完結していることがわかった。さらに、イーマーケター社（eMarketer）は、２０１５年のクリスマスショッピング時期には、モバイルコマースが35%増加すると予想している。

データが示すものは明白だ。こんにち、携帯電話以上に私たちの購買行動に大きな影響を及ぼすものはない。そしてその力は増大している。公平を期して言うと、それは小売りと商業の全領域で起こっていて、モバイルはどのチャネルやメカニズムよりも速く成長している。モバイルの成長は、インターネットと従来型小売商業と売り上げの少なくとも3〜5倍速く、それはオンライン販売のドットコム時代における絶頂期さえ上回る。

旅行業界は、モバイルによって非常に大きな影響を受けている。現在では、すべての旅行の60%はデジタル経由で予約されている。90年代半ばには0%だったものだ。２００7年には、インターネットでの売り上げは約９４０億ドルだったが、２０２０年には３０００億ドルに近づくだろう。イーマーケター社は、旅行関係のデジタル売り上げの51・８%がモバイルかアプリベースになると予測している。したがって、旅行予約の最大かつ唯一のチャネルは携帯電話となる。アプリが改良されてホテル、航空会社、旅行代理店はモバイルベースの予約エンジンが使いやすくなるのは明らかなので、この方式での予約は大幅に増加する可能性が高い。もちろんこれは、Ａｉｒｂｎｂとシェアリング・エコノミーを織り込んでさえいない。

率直に言おう。小売りと旅行業界は成長するかもしれないが、その中心領域はモバイルでのエンゲージメントと売り上げになる。小売と旅行における経験に不可欠なのは、エンゲージメントと決済だ。小売分野において、エンゲージメントは新しい「マーケティング」である。どうすれば顧客を店（フィジカルまたはバーチャル）に連れて来て製品を買ってもらうか、そしてどうすれば購買をできるだけ簡単に行えるか？ 最も効率的な決済のかたちは、レジで行うものではなく、店舗内でやり取りをしている時か、商品を持って店の外に歩いて出る時でもよいのだ。

将来的には、個人のアイデンティティが好みの決済メカニズムにリンクされ、それがスマートデバイス中にプログラムされる。あなたが新しいシャツを買おうと手に持っているなら、店内の購買担当店員が個人用自動ドローンか折りたたみ式タブレットでスキャンし、そこで店内システムはあなたの電話とやり取りを済ませ、決済を処理する準備ができている。店を歩いて出ると、即座にデバイス上で領収書と取引記録（そして保証の記録）を参照できるだろう。

拡張現実（ＡＲ）は、購買サイクル全体つまり調査から購買とサービスのやり取りまでを通じて、さまざまなアプリケーションで使われるだろう。ボルボ・カーズとマイクロソフトのホロレンズは最近、ＡＲを使った新しいサービスのやり取りのコンセプト例のデモを行っている（**図12－1**）。

　提供されたコンセプトビデオが示しているのは、ドライバーが自動車マニュアルを読まない傾向があるために見過ごすことが多いお役立ち機能を、買い手が確認できる方法だ。詳細にわたるビジュアル化を行うことも、こうした機能がさまざまなシナリオ下でどのように働くかを理解するのに役に立つ。これは、技術的側面の強い製品サポートを大幅に変えることだろう。顧客がスマートグラスを装着していて、ヘルプデスクやカスタマーサポートが機能を見せている状況を想像してみればよい。

　スマートグラスを装着していれば、PHUD（個人用ヘッドアップ・ディスプレイ）内に、オプションやその価格が示されるかもしれない。次の10年間を展望すれば、拡張現実は、店舗内における強力なトレンドとなるだろう。しかしながら、その実現のためには、店舗での経験を支える新

図12-1 ● マイクロソフトとボルボはARの「マニュアル」でコラボレーションを行い、自動車の機能がどう働くかを見せた

出典：マイクロソフト社／ボルボ社

しいテクノロジー・インフラが必要だ。

第3段階：ビーコンによる拡張

スマートフォン、スマートグラス、個人用ＡＩあるいはスマート・ウェアラブルが小売分野に対応するためには、耳を傾けておかねばならないことがある。

現在では、ビーコンにつながったセンサーとブルートゥースが私たちを取り囲んでいる。ｉＢｅａｃｏｎ、ＮＦＣチップ、ＲＦＩＤタグやその他のものが私たちの存在を検知して、リアルタイムで私たちの持つデバイスと通信する。ほとんどの場合、私たちはこれが起こっているのを認識していない。何百万のポケットに入った何百万の電話に位置情報ベースのサービスを連携させると、それらが機会を通知して、ピンポイントに絞り込んだ個人向けメッセージ、オファー、プロモーションをリアルタイムで配信してくる（**図12－2**）。

図12-2 ● ビーコンはデジタルでコンテキストを伝える能力を劇的に変革する

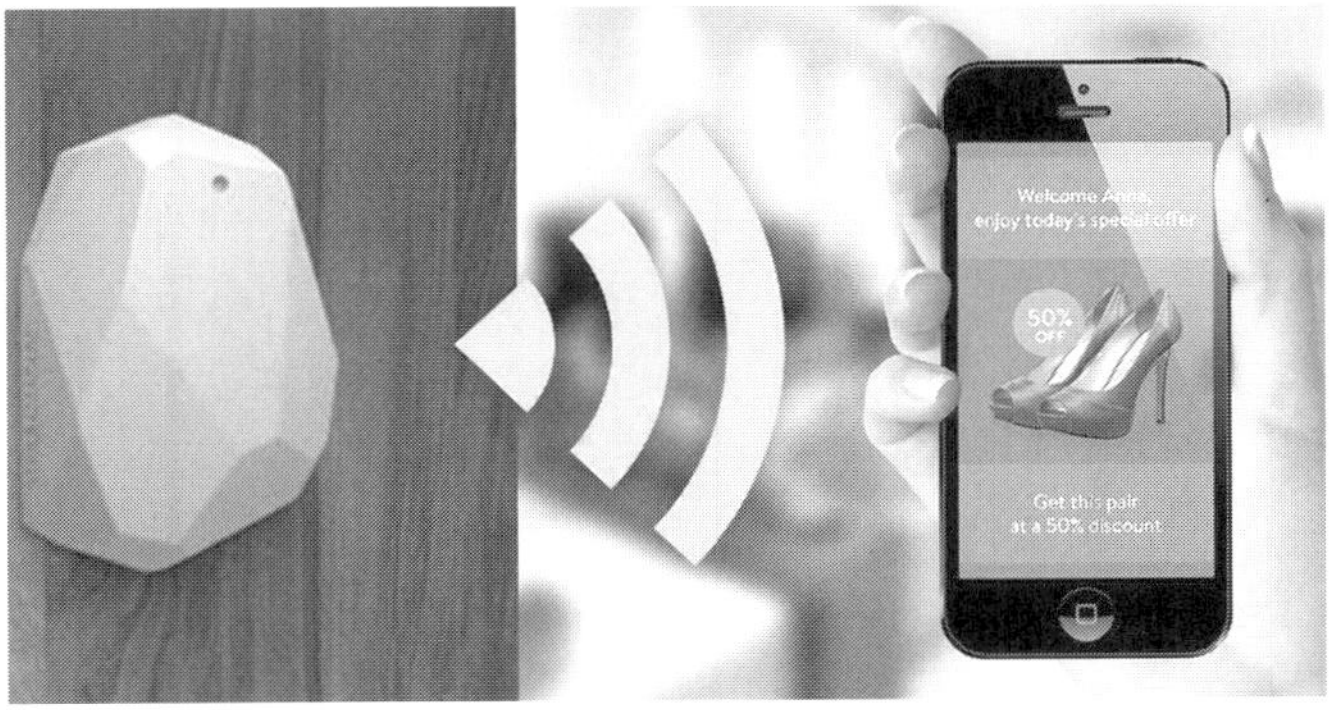

ビーコンは最も急速に成長しているリテール・テクノロジーで、BIインテリジェンス社（BI Intelligence）によれば、米国では今後4年間のうちにビーコン数は287％成長して500万個となり（注8）、そのほとんどは小売業で使われる。2016年には、米国小売業トップ100社の85％がビーコンを配備するだろう。アップルは自社ストア内およびディズニーと提携してビーコンを配備しており、決済と店内でのオファーに使用している。メイシーズは最近、4000店にビーコンを展開した（注9）。ビジネス・インサイダー（Business Insider）によれば、ビーコンは2015年の米国小売売り上げ高の40億ドルに影響を及ぼしており、2016年にはその数値は10倍以上になるとのことだ。

仮想通貨、アプリ、位置情報ベースサービスと組み合わせれば、メイシーズが利用するテクノロジー（ショップキック社〔Shopkick〕が提供）には、私たちの買い物の仕方を大きく変える可能性がある。

「ショップキックは消費者行動を変革する方法を見出しました……当社は消費行動に影響を与え、それを計測することができます。ショップキックのユーザーはそうでない人たちよりも50〜100％購買額が増加します」

——シリアク・ローディング、ショップキック社CEO

コンテキストに沿ったリアルタイムのリワードによって購買経験を拡張することで、ショップキック社とメイシーズは、顧客が店内のある場所に足を運ぶだけでリワードを提供することができる。商品のバーコードをスキャンすれば、さらに多くのリワードが得られる。買い手は新しい経験によってショッピングのプロセスを拡張されるだけでなく、完全にカスタマイズされた経験をすることになる。

「もしそれがメイシーズのチャック（Chuck：訳注・ペット商品ブランド）**だとすると、あなたは普通とは違うメイシーズの店舗を経験することになります。経験全体が『あなた自身の』メイシーズになるのです。別の店に行くと別の商品が置いてあるようなものです。そうなれば、『マイ・メイシーズ』は一段上のレベルに上がります。店舗が、個人にとって個別の経験となるのです」**

――シリアク・ローディング、ショップキック社ＣＥＯ

買い手にとってテクノロジーは、現実にはほとんど関係ない。大事なのは提供される価値だ。このテクノロジーの副次的効果として興味深いのは、これがクレジットカードのリワード・プログラムを全く希薄化してしまうことだ。インストアでのオファーが普及するにつれて、その場でのリワード提供が次第に容易になっていく。これが直接的にもたらす結果は、リワードを申し出ない顧客の数が減少するために、現行のリワード・プログラムの限界収益性が直撃を受け、急速に収益性を失うことだ。もし現在カードからキャッシュバックを受けているなら、今後5年のうちにそれはなくなってしまうと考えた方がよい。リアルタイムの世界では、減少を続けるインターチェンジ手数料のモデルは維持不可能だ。

Y世代は、クレジットカードのスキームに組み込まれたリワードの機会コストの概念に特に敏感だ。彼らは高金利や購買頻度と、リワードの有形価値との間のトレードオフに納得していない。キャッシュバックのオファーについても、消費者にとってどんなキャッシュバックの便益であれ、2カ月間ほどもないリボルビング残高で帳消しにされてしまうのだ。自己計量化の時代には、自分をよく知る顧客はキャッシュバックやマイルや小道具に基づいて購買意思決定をしない。自分にその買い物ができる余裕があるかとか、それがその店内で非常に有利な買い物かどうかによって購買意思決定を下す。ロイヤル・カスタマーがよい条件を得られる。それが新しい頻度モデルだ。マイルやポイントには決しておカネを使わない。

現在、買い物客は、こうした新しいリテール経験を見せる印刷ポスターとディスプレイと看板に囲まれている。アプリのダウンロードやインストアWiFiネットワークへの接続を勧めるスマートフォン広告が目に入る。このような看板はアプリそのものについてではなく、顧客をインストアのクーポン、割引、オファーにつなげるものだ。

その見事な例が、ロンドン市内を走る2階建てバスで販促を行ったリージェント・ストリート・アプリだ(注10)。アプリをダウンロードすると、事前設定した好みに関連したメッセージを受けて、リージェント・ストリート沿いにある何百店もの高級品店やブランドのどれにでも「ビーコン誘導されて」入れる。ウェストフィールド・ロンドン・ショッピングセンターも同様のテクノロジーに取り組んでいる。

現時点では、手元画面に出てくるものはかなり表面的だ。リテール拡張が次のレベルに進むと、聴覚、視覚、嗅覚経験が目の前の現実に付加される。

第4段階：センサー経験による拡張

ブレットは第3章で、物理的なキーボードやマウスの使用は現行世代で最後になると述べた。近いうちに、いわゆる「電話」（注11）は、私たちの指示を受けるだけでなく、声の調子や高さも感知しながら選択や指示や好みを聴き取り、私たちが気に入るような経験のレコメンデーションを行うようになるだろう。

現在は、ふつうのカメラやスピーカーが、私たちが最も一般的に視覚的・聴覚的イノベーションを経験する方法であるが、その背後にあるものは、はるかに革命的な潜在力を持っている。

次世代のリテール経験は、神経や生体同期に近いものに発展していくだろう。生体認証（指紋、顔、虹彩、音声による認証）、パターン認識（感情、刺激反応、位置情報ベース）、行動心理学、感覚統合および拡張現実がリテール経験を変革し、それはテクノロジーと経験デザインのハイブリッドとなる。スマート・ヘルスケア、スマート・バンキング等々についてはすでに本書の他章で述べた。同様に小売業者やホスピタリティ企業がリテール、旅行、テクノロジーをできるだけ融合させようとするのは自然な流れだ。

将来の大手小売業者がスマートで拡張されたものになるのは疑いを入れないが、他業界とまさに同じく、中小小売業者（「パパママストア」と読む）は、顧客経験や顧客とのやり取りの慣習の変化に追随するのに苦労することになるだろう。

ホールフーズ（Whole Foods）のCEO、ウォルター・ロブは、自分たちの店の将来の姿を「購買経験のリッチ化」と呼ぶ。

「例えばあなたがカリフラワーを手に取ろうとしているとしましょう。するとこのプラットフォームで、『このカリフラワーはこのように育てられました』という栽培者からのビデオをあなたが実際に見られるようになります。これこそがこのプラットフォームを私たちの製品の特性と品質を調和させた究極の形なのです」

――ウォルター・ロブ、ホールフーズCEO（訳注・同社は2017年8月、アマゾンに買収された）

240万枚のチケットが売れた2015年のラグビー・ワールドカップでは、大会の前段階と試合当日の双方で拡張現実コンテンツをフィーチャーして、ファンに鮮烈な経験をもたらした。拡張現実アプリと携帯電話やタブレットを使ってチケットをスキャンすると、2003年ラグビー・ワールドカップ勝者のジョニー・ウィルキンソン、ローレンス・ダラグリオ、ウィル・グリーンウッドが司会・提供する特別な舞台裏の話に触れることができたのだ。

イングランドの2015年ラグビーチームのマネージング・ディレクターであったステファン・ブ

ラウンはこれを、スポーツ分野において初めて「拡張現実テクノロジーをチケットのデザインの一部として使ったことで、インタラクティブなコンテンツを通じてファンが大会とつながることが可能になった。これは本当に刺激的な活性化活動だ」（注12）として賞賛している。

言うまでもなく、すでに航空便の搭乗券、バスのチケット等でみられているように、印刷されたチケットのこの世界における寿命は長くない。

世界トップクラスの大手小売企業の１社であるジョン・ルイス・パートナーシップ社（ＪＬＰ社）は、現在その旗艦店舗において拡張現実テクノロジーを試行中だ。ＪＬＰ社はケンブリッジの店舗への導入に先駆けて、店舗内ショールームを開発した。基本的には、現在ではどんな物理的スペースもバーチャルなショールームに転換可能だ。物理的な商品モデルの代わりに、コンピューター生成した家具や電気器具等を現実の店舗内環境に付加することができる。マジックリープやホロレンズのようなテクノロジーが、今後20年間のうちにスマート・コンタクトレンズ内に収まるくらいに小型化すると考えてみよう。そうなれば、インストア経験の可能性はほとんど無限大に広がる。

ＪＬＰ社のブランド・イノベーションの長であるマット・ハリーは言う。「ジョン・ルイスのオックスフォード・ストリート店の新しいリビング部門では、テクノロジーが重要な役割を演じており、お客様が自宅を新たに個人に合わせてデザインするのを視覚化するお手伝いをしています」

「**その中心になるのが、イマジン社**（Imagine）**との新たなパートナーシップです。これによってお客**

様は、カタログのページ上ではなく、製品を3Dのように視覚化して、アイテムを購入前にバーチャルに置いてみることが可能になるのです。お客様に未来のショッピングを味わって頂くことで、経験全体がより豊かなものになればと考えています。これは、非常に刺激的なテクノロジーを活用するほんの第一歩です」

——マット・ハリー、JLP社ブランド・イノベーション長（注13）

生体認証やパターン認識のようなテクノロジーと心理学を活用すれば、小売業者と消費者がwin－winの関係となる。これらテクノロジーが、ブランドや店舗と私たちのリレーションシップを劇的に向上させるだけでなく、特に決済領域におけるセキュリティにも革命をもたらすだろう。

今後5～10年の間には、ほとんどすべてのトランザクションが、何らかの生体認証スキャン（顔認識と指紋が最も一般的な方法である）とヒューリスティクスや位置情報などの他のデータとの組み合わせによって認証されるようになる。決済のセキュリティを支えるものと同じスキャニングのテクノロジーが、オファーや販促活動を個人別に仕立てて顧客のリテール経験を導いていくことに使われる。今後10～20年を見渡せば、旅行者向けアトラクションや店舗内のマーチャンダイジングは、顧客の現在の「状態」やプロファイルを手がかりに、環境を組み替えてアピールすることになるだろう。

現在、スマートフォンを使って決済する場合は、確認のために指紋を使う（複製が非常に難しい）ことが可能であり、利用者のスマホが提示された（あるいはタップされた）場所とPOS端末が同位置にあることを確認できる。またヒューリスティックか行動データを使ってこれが通常の取引であることを確認して、決済アプリを特定のモバイルデバイス（デバイスのIDを使用）につなぐことが可能だ。モバイル決済ではトークンも使用する。小売業者はこのタイミングで特定の取引向けのワンタイムコードを受領するため、POSターミナルが侵入を受けた場合も、窃盗犯は顧客のカード番号を他の取引に再利用することができない。

現実的にこれが意味するところは、店舗内での携帯電話ベースの決済は、プラスチックカードを使うよりも500〜600％安全だということであり（注14）、しかもこれは現行テクノロジーでの話だ。将来的には、顧客を個別に認識するために心拍までも利用可能になるだろう。

バイオメトリクス・リサーチ・グループ（Biometrics Research Group）では、世界の生体認証市場は、わずか3年前には70億ドルだったのが、2015年末には150億ドルに急拡大すると予測している（注15）。テクノロジーのコンサルティング企業であるフロスト&サリバン社（Frost & Sullivan）は、2017年には5億人近くの人々が生体認証機能付きのスマートフォンを使うようになるだろうと予測している。

アグ・オーストラリア（Ugg Australia）、ユニクロ、バーバリーのような小売業者とブランドではすでに、「マジック」や「メモリー」ミラーのテクノロジーを使用しており、そこでは個人のプロファイルが活用されている。RFIDタグが商品を特定する一方で、カメラが顧客のイメージと体型を取り込むことで、さまざまな色やスタイルをバーチャルに試着することが可能になる（**図12－3**）。

いったん店舗で購買経験をすると、そのプロファイルは自宅でも使え、バーチャル試着室経験を通じて、ネット上の商品のサイズがきちんと合うか、どう見えるかを確認することができる。店舗内ディスプレイがさらに進化すると、コンテキストまでもが変更できるようになり、雨の中でコートを、カリブ海で水着を、競技場でスポーツギアを試着することが可能になる。

ブルーミングデールズはｉＰａｄを使って試着室を拡張し、顧客が手助けを頼み、レビューを読み、どのサイズの在庫があるかを確認できるようにした。ブラジルの小売企業であるＣ＆Ａはさらに一歩進んで、特定の商品についたフェイスブックの「いいね！」の数を示して、そ

図12-3 ● スマート試着室とスマート・ミラーによって、現実とデジタルを組み合わせることができる

出典：Nordstrom-ebay試着室

れを店内のコートハンガーに表示している（**図12－4**）。

スマート試着室は残り続けるだろう。将来的には、顧客が自分で下した判断について自信なさげな表情を示すと、目の前の鏡に複数の選択肢が現れるようになるだろう。さらに進むと、試着室そのものが消滅する。どこにいても、商品が鏡と画面にまるでその服を身に着けているかのように現れるようになる。

インターネットテーラーのインステチュ社（InStitchu）は、mポート社（mPort）と組み、3D身体スキャニング技術を使ってネット上とオフラインでの購買経験を融合した。3Dボディスキャナーは、運輸保安局（Transportation Security Administration）が米国内の空港で使用するものに

図12-4 ● C&Aのデジタル・コートハンガーは、店内の商品について「いいね！」の数をリアルタイムで表示する

出典：C&A

似ており、アジアのショッピングセンターに設置され始めている。これによって人々はぴったりの寸法で作られた服を買うことができるようになる。

「お客様は一人用の囲まれたエリアに入ってスキャンを行います。正確な身体計測が一瞬で行われ、インステチュ社のプロファイルに蓄積されます。縫い糸の色、ボタン、素材、襟の形など、個人の好みとスタイルに合わせた独自のスーツをデザインしたら、そのオーダーをサビル・ロウで訓練を受けた仕立て屋のチームに発注し、チームはその専門技能を駆使して要求寸法通りのスーツを生み出します。それからスーツは顧客に直送されますが、そのプロセス全体に要するのはわずか何週間かです」

——ロビン・マクゴーワン、インステチュ社共同創立者

Mポート社と組んでインステチュ社が使っているテクノロジーは、前段で私が触れたMODs（訳注・欲望、不満、疑念発生の瞬間）に対応するものだ。次のようなシナリオを考えてみよう。例えば、外見が気に入ったスーツがあっても私に合うサイズが見つからないとしよう。私が本当に欲しいのは仕立てたスーツだが、どこに行ってどうすればよいか、また手の届く金額かどうかがわからない。スマート試着室が私の感情的な反応を観察していてこれを感知し、後でネットを通じて私個人の体型に合った服を作ることを提案してくることが可能かもしれない。

レゴ社の拡張現実キオスク（レゴ・デジタルボックスと呼ばれる）は、レゴ組み立ての完成形がどんなもの

かを購入前に見ることができるものだ（**図12－5**）。同様に、アメリカ合衆国郵便公社（United States Postal Service）は、バーチャル・ボックスシミュレーターを有しており、顧客はどのパッケージを使うか選ぶのに思案することなく、小包が定額のボックスに収まるかどうかを確認することができる。

ブレットは第3章と第8章でアマゾン・エコーに触れている。アマゾン・エコーはふつうのスピーカーのように見えるが、こちらの言うことに耳を傾けている。こうしたテクノロジーがあれば、もう買い物リストを冷蔵庫にピン留めしておく必要はない。個人用ＡＩを使えば、買いたいもののリストの管理は生活の一部になるだろう。必要なものを思いついたら、それを自分のウィッシュリストに加えるよう個人用ＡＩに

図12-5 ● レゴの拡張現実ディスプレイは、組み立てられたレゴモデルを仮想空間上で見せてくれる

出典：レゴ

指示するだけでよい。それを買うのがすぐか、少しまたはだいぶ先かも付け加えられるだろう。私たちの生活を拡張してくれる多くの新世代テクノロジーと同じように、個人用AIもスイッチが入るのを待つ必要はない。キーボードでの入力の必要もない。スイッチは常に入っていて待ち状態にあり、適応し、学習し、対応するのだ。

テクノロジーの変化によって人間の習性が露わになる。特定の小売業者に対する個人のロイヤルティは揺らぐかもしれない。リテールが拡張されると、ブランドへの粘着度を作ることは、より簡単にも、はるかに難しくもなる。私たちの最も情緒的な反応や感覚とは何だろうか？

ノーベル生理学／医学賞受賞者のリチャード・アクセル（Richard Axel）とリンダ・バック（Linda Buck）の研究（注16）によると、私たちの嗅覚には、おそらく最も情緒的な感覚があることが明らかになっている。香りがあると私たちは「まず感じて」、次にそれが何であるかを考える。研究によると、私たちは1万種類の臭いを記憶しており、それぞれが重要な記憶を呼び覚ます引き金となる。はるか昔の子供時代にさえ遡る。

最近私はオーストラリアのメルボルンにあるクラウン・メトロポールに歩いて入った時に、暖かく誘うような香りにくぎ付けになった。アバークロンビー&フィッチは独自の男性フレグランスのラインを持っており、それは「Ｆｉｅｒｃｅ（熱烈）」という名だ。Ｆｉｅｒｃｅは店に入る時の感覚に襲いかかり、A&Fが「自信と、大胆で男性的な姿勢でいっぱいの……ライフスタイル」として形容するものを発散する。この香りを嗅ぐと否応なく、自分自身が店内に展示されているモデルになったように感じたり見えたりするようになるのだ。今後5年のうちに、嗅覚的刺激はブランドのトリガーやサインとして強力なものになるだろう。

芳香は私たちの経験を拡張して、新たなブランド経験を創造してくれる。ボストンで2001年に創業したジョニー・カップケーキ（Johnny Cupcakes）という小売りのTシャツ「ベーカリー」を例にとろう。店に入った顧客の嗅覚はカップケーキの臭いに取り巻かれ、Tシャツを買うと、ちょうどベーカリーを出るときのように、箱に入れて渡されるのだ。ジョニー・カップケーキの店の香りは、顧客が何度も来店する理由の大きな要因となっている。2011年3月12日にロンドン店がオープンすると、世界中のファンが何百人も列を作って、24時間以上前から泊まりで並んだ。

あなたのブランドはどんな香りがするだろうか？

もう一つの領域がSF映画『マイノリティ・リポート』で紹介されている。指向性オーディオだ。映画では、主人公の刑事ジョン・アンダートンは、虹彩スキャニング・デバイスによって絶えず個人を特定されて、道すがらダイレクト広告を受ける。こうしたアルゴリズムが彼を追跡して居場所を特定できることが問題だった。そこで彼は、新しい眼を移植するのだ。移植後にアンダートンが小売りスペースを歩いていくと、虹彩スキャンによって、日本人系の買い物客が戻ってきたと認識される。そして、アンダートンが地下鉄に乗る前と、小売りスペースに入っていく時に流れる音声メッセージは、明確に彼一人に向けられている。

こうした指向性オーディオ宣伝テクノロジーは現在発展途上であり、近い将来、店舗内や公共スペースにおけるやり取りに使うことが可能になる。このテクノロジーのプロトタイプ、例えばハイパーサウンド(HyperSound)指向性オーディオソリューションは、音声を非常に指向性の高い超音波ビームに変換するので、対象とする相手だけにそれが聞こえる。

サブリミナル音声メッセージや隠し広告プロンプトを使って、店舗内BGMやサウンドトラックの背景に高周波で流している店もすでにある。高周波音声は人には聞こえないが、例えば持っているスマホのアプリにそれを聞き取らせて、スマホにオファーを出すトリガーに使うのだ。近い将来、ビーコンや拡張現実がこれに置き換わる可能性は高い。それでも音声は、店舗内経験を拡張する一つの領域として残り続けるだろう。

小売業界にロボットとAIが及ぼす影響

2015年のガートナーCIOシンポジウムにおいて、ガートナー社のプリンシパル・アナリストのケルシー・マリアン(Kelsie Marian)は、無人の小売店舗がどんなものになるか想像してみようと、聴衆に課題を投げかけた。ブレットは第2章で、自動化やロボットへと置換されてしまうことのリスクについて議論を進めたが、例えば銀行の支店のような場所が徐々に私たちが行かない環境になっていくのは正しいだろうが、小売りや旅行環境については、取引以上の理由で私たちが足を運ぶ場であることは考えられる。

「この部屋にいる私たちの世代が、小売業者の店舗でヒトが働いている最後の世代だとしてみましょう……それはちょっと素敵に思えるかもしれませんが、本当のところは、スマートマシンという新しい集団を使うようになるというのが現実に近いでしょう。おそらく将来は、現在私たちが知っている人員が沢山いる店舗と、無人店舗という考えの間のどこかにあるのでしょう」

――ケルシー・マリアン、ガートナー社プリンシパル・アナリスト

テクノロジーが小売店の店員を拡張するだけでなく、それ自体が小売りスタッフになるという可能性は、奥が深い。例えば、カリフォルニア州サンノゼのオーチャード・サプライ・ハードウェア（Orchard Supply Hardware）が試験導入しているオシュボット（OSHbot）の例をみてみよう。オシュボットは多言語対応しており、5カ国語で商品についての詳細な説明を提供することができて、そのアイテムが店内のどこにあるかを画面上の店内図に表示するか、実際にアイテムがある棚の場所まで顧客を案内することができる。

「私たちにはすばらしい店舗スタッフがいますが、5カ国語を流暢に話せる者はほとんどいませんよね。5カ国語を流暢に話せる人がいるとしても、その人はたぶん、店舗内のあらゆる一つひとつの

物の現時点の在り処を知ってはいないでしょう」
——カイル・ネル、OSH/Lowesイノベーションラボ、ディレクター（注17）

人間のワーカーが夜はベッドで心地よくしている間も、オシュボットは通路を動き回っている（**図12‐6**）。フェロー・ロボット社（Fellow Robots）のCEOマルコ・マスコロ（Marco Mascorro）は言う。「このロボットは夜中も自分で動いています。そして動き回りながら、例えば棚の状況を学習するのです」

オシュボットは人間の店員に対してほとんどゆるぎない優位性を持っている。複数の言語でコミュニケーションできて、あらゆる商品の所在をリアルタイムで把握しているからだ。

この種のテクノロジーが必ずしも販売担当者を置き換えてしまう必要はないが、担当者を解放してより高価値

図12-6 ● オシュボット：店舗内顧客サービスロボット

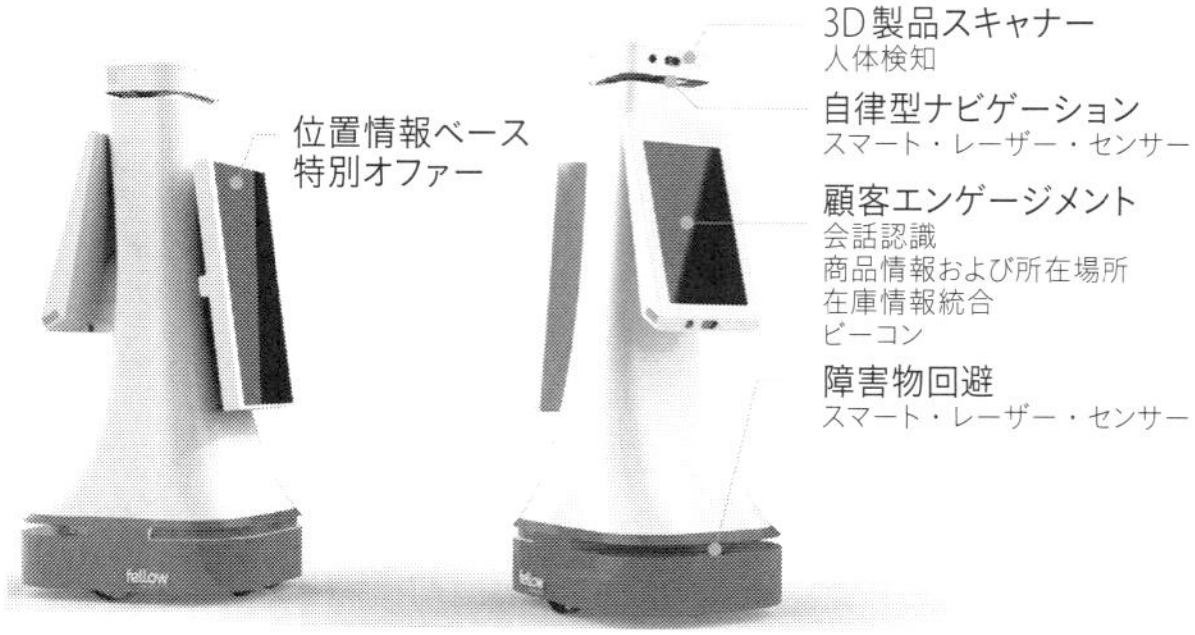

出典：Fellow Robots

の仕事にあたらせることが可能になる。例えば、レジカウンターに釘付けにされるよりも、店内を歩き回ってアドバイスや情報提供、顧客の案内ができる。オシュボットのようなロボットが示しているのは、そうしたことをやるのに人間がベストである期間はそんなに長くないということだ。

マシンは目を凝らし、耳を澄ませている

サン・マイクロシステムズの前CEOスコット・マクニーリーは、こう言うのが好きだった。「プライバシーなんかない。そんなもの気にするな!」。私たちがWi-Fiネットワークに参加して、写真やその他の特別なものをあらゆる種類の企業と共有するにつれて、プライバシーは、ボタンクリックの度に次第に手から離れていく。この重要なデータが、私たちの購買経験の拡張を推進しているのだ。ほとんどの人は、そのトレードオフに意味があると同意しているが、同意しない人は、非常に昔の非拡張世界の不自由をこうむることになる。現実には、プライバシーデータを小売業者のような企業に提供しないでいることは、徐々に不可能になっていくだろう。

ショッピングセンターやモールに足を踏み入れると、スマートディスプレイがあなたに気づいて、その顔を以前に来店した買い物客のデータベースと照合する。そのデータは小売業者と共有され、それで業者は、過去の購買経験に基づいて、あるいはさらにアマゾン、ピンタレスト上にある買い物希

望リストとの照合や、フェイスブックページでコメントした商品に基づいて、オファーを打ち始めることができる。

カメラ、そしてそれにつながるマシンのアルゴリズムは、あなたが買わなかったものにも気づく。例えばあなたがお気に入りのブランドのジーンズを置いている店の前で立ち止まったが、店には入らなかったとしよう。カメラはそれに気づく。ショッピングセンターから帰って数日後、携帯電話に直接そのジーンズのオファーが来て、次にその店の前を通ると、デジタルディスプレイがオファーを強調する表示に変わって言う。「ジョン・アンダートンさん、新作のトゥルー・レリジョンのブーツカット・ジーンズは貴方にお似合いですよ！」。店内のマネキンでさえもが、カメラで顔認識を使ってあなたの動きを追跡しているかもしれない（**図12－7**）。

これらすべてのデータで自分のプライバシーが崩れていくのではと心配になるだろうか？　そんな必要はない。テ

図12-7 ● イタリアのアイシー（EyeSEE）のようなスマート・マネキンは、顔認証を使って顧客の店内の動きを追跡している

クノロジーの進歩によって、自由やプライバシーがなくなっていく以上に、これまでにないほど自分の思い通りのことができるようになる。営業時間に縛られずに望むときにショッピングができて、好みの時と場所にそれを配達してもらうことも可能だ。ロンドンに行った時に欧州の服のサイズ表示に悩むことはなく、足を踏み入れる店で私たち個人の好みがアップロードされるので（電話がビーコンを呼び出し、店舗がクラウドを呼び出す）、販売担当者は必要な情報をすでに持っており、正しいサイズを選ぶのを手伝ってくれる。

また、データの存在とオンラインでのコラボレーションが進むことは、私たち自身のバイイングパワーが集中することでもある。２０１４年の米国のサイバー・マンデーの販売額は23億ドルで、前年比で29％増加した。が、中国の「独身者の日」（11月11日、光棍節）に比べれば、それも小さい。２０１５年の独身者の日、アリババの売り上げ高は、わずか2時間で20億ドルに達し、その日の終わりには売り上げ高は90億ドルを上回ったとされる。

店舗はスマート化が進んでいる。店舗にはテクノロジーが装備され始めていて、それで店舗内の経験を改善するだけでなく、過去にないやり方で顧客について学習する。拡張世界は私たちについて、私たちが自分で知っているどころか、それ以上のことを知っているようになるだろう。

スマート小売業者は、ロイヤルティが作られるのは、ブランド・マーケティング、お涙頂戴の広告宣伝や航空会社のマイレージによってではないことを学ぶだろう。ロイヤルティとは、私たちが気づくより前に私たちの必要なものを知る能力であり、それをリアルタイムでパーソナライズする能力からくるものだ。未来のショッピングでは経験がすべてであり、経験とはデータがすべてなのだ。

注１：Ian Kar, "Uber is trying to lure new drivers by offering bank accounts," *Qz.com*, ２０１５年11月３日、http://qz.com/533492/exclusive-heres-how-uber-is-planning-using-to-keep-drivers-from-leaving/

注２：Pavithra Mohan, "Uber to Lease Cars Directly to UberX Drivers," *Fast Company*, ２０１５年７月30日

注３：ブレット・キングだけは飛行機に搭乗するときに左折する方法を知っている、という噂がある。誰か確認できるだろうか？

注４：Clay Shirky は非常に尊敬されている著述家、コンサルタント、そして教授であり、インターネットの社会的、経済的影響についての先端的発言者であり続けている。ハーバード大学の公共政策大学院ジョン・Ｆ・ケネディスクール、ニューヨーク大学のインタラクティブ・テレコミュニケーション・プログラム、アーサー・Ｌ・カーター・ジャーナリズム研究所で講義を行っている。

注５：http://www.practicalecommerce.com/articles/92465-4-Predictions-for-2015-Holiday-Shopping-Season

注６：５００万台という予想を掲げる向きもある。アマゾンが最後に確認したのはサーバー数１４０万台であるが、それは２０１４年12月のことだ。

注７：The National Security Agency のユタ州データセンターだけでも、少なくとも12エクサバイトのストレージ容量の５０００台のサーバーを有しており、それが１５０万平方フィートのビルに展開されている。

注8：http://www.businessinsider.com.au/beacons-impact-billions-in-reail-sales-2015-2

注9：http://www.mediapost.com/publications/article/234217/4000-beacons-coming-to-all-macys-stores.html

注10：Footmarks 社参照。http://www.footmarks.com/beacons-regent-street/

注11：明らかに、私たちが話題にしているデバイスは、もはや単なるスマートフォンではなく、私たちが身に着けて持ち運ぶスーパーコンピューターであり、クラウドだけでなく、スマートグラス、ビーコン、体表面や体内のセンサー、その他のデバイス、そして無数のＩｏＴ機器やセンサーとつながっている。

注12：www.createtomorrow.co.uk/live-examples/rugby-world-cup.aspx

注13："John Lewis Adopts Augmented Reality," *Inside Retail Australia*, ２０１５年9月9日

注14：人々がモバイル決済関連の「セキュリティ」について懸念を持っていることを考えよう。

注15："Your voice is your passport," *STORES* magazine, ２０１５年2月

注16：２００４年ノーベル賞生理学／医学賞の受賞者

注17：*ABC News* Oakland, CA, ２０１４年12月

解説——本書との三つの縁

株式会社NTTデータ　オープンイノベーション事業創発室（執筆）室長　残間光太朗

ブレット・キング氏の新著の日本での出版を喜ばしく思うとともに、本書を推薦いたします。

この書籍に関して、私には三つのご縁がありました。

第一のご縁は、2016年にサンノゼで行われたFINOVATE SPRING（フィンテックのカンファレンス。毎年、米国・欧州・アジアで開催）で、キング氏に初めてお会いしたことです。FinTechの隆盛を予見していたことで有名であった彼に挨拶をして、前著*Bank 3.0*に魅了されたことを伝えると、彼は「それは良かった。じゃあ、君にもっと新しい未来を見せてあげるよ」と、書籍を取り出してサインし、手渡してくれました。それが本書の原書*Augmented*です。

第二は、同じ2016年、NTTデータ　オープンイノベーションコンテストという、当社主宰のビジネス創発イベントをサンフランシスコで開催した際に、ご自身が設立されたMovenのCEOとしてご参加頂いたことです。同社は審査員特別賞を受賞しましたが、その折のキング氏との話でも、彼の変革に対する情熱に感銘を受けました。

第三は2017年、私が外部取締役を務めるNTTデータ経営研究所に、*Bank 3.0*の訳者である上野博氏が新たに来られ、本書を訳されるとのご意向を伺ったことです。不思議とも言える巡り合わせに、ぜひともこの本を日本にも紹介すべきだと感じました。

本書でキング氏が描き出しているように、今後20年以上にわたって私たちが迎える大変化は、テクノロジーを梃子として社会のあらゆる側面にわたるものです。「ディスラプション」と言われる変化の激しさゆえ、その過程で大きな軋轢と不安と動揺が繰り返し生じることは間違いないでしょう。しかし、本書に通底するのは、未来に対するポジティブな視点です。それは単なる楽観ではなく、テクノロジーやそれを使う人間のプラス面もマイナス面も理解したうえで、それでも未来は明るいと考えるものです。そこにあるのはキング氏の、人類の知性と理性に対する信念でしょう。

変化の流れが加速することはあっても後戻りはしないものである以上、私たちに求められるのは、自らその流れに飛び込んで泳ぎ方を覚え、自分たちで機会を見出し、進む方向をつくり出すことでしょう。本書はそうした気概を持つ人の後押しをしてくれるものです。

この本をお読みになり、私どもオープンイノベーション事業創発室の合言葉と同じ気持ちを、より多くの方にお持ち頂ければと祈念しています。

〝さあ、ともに世界を変えていこう〟

訳者あとがき

ようやく本書を陽の当たる場所に連れ出せたことに、ホッとしている。

前著*Bank 3.0*の翻訳出版に携わってから1年余りが過ぎた頃、ブレット・キング氏が新たに*Augmented*を上梓したとの情報を得て、本を取り寄せた。前著が世に出た頃からFinTechという言葉がマスコミを賑わしていたから、今度はどう金融に切り込んでみせるのだろうと楽しみにしていたら、金融どころかデジタル化全般を幅広く論じるものだったので、予想外で少々驚いた。しかも面白いのである。

デジタル革命を扱った書籍は数多いが、本書の特徴は、現実に即していて読みやすいことだ。例えば人間の身体の拡張というテーマについて、冬山で遭難して両脚を失った登山家が、ロボティクスや生体工学を学んで高機能の義足を開発し、事故前よりも優れた登山家になってしまうという話から語り始める。また著者本人がゲーマーでかつSF映画ファンでもあるため、日本で開発されたゲームや、公開されたAIに関する映画などの話題も、事例として随所に盛り込まれている。そうして読み進むうちに、さまざまな領域の最先端で何が起きているのかが見えてくるのだ。

さらに、著者の身近な4人をペルソナとして設定し、その未来の生活をストーリーに仕立てることで、デバイス、センサーから得られたデータがAIを経由して利用に供されるなど、テクノロジーが日常に溶け込んでいる様子と、それらを活用した未来のライフスタイルやワークスタイルが、非常にイメージしやすく描き出されている。現在、新しいビジネスアイデアやサービス開発の最前線で使われているカスタマージャーニー手法のパワフルさが実感できる。

その意味でこの書籍は、さまざまな業界、組織でテクノロジーの活用に携わる人たちが、自分たちが関わる以外の領域で何が起こっているのかを知り、新しい商品、サービス、ビジネスの発想を広げていくための格好の触媒となるだろう。

テクノロジーの進歩が過去に例を見ないほど速いために、ヒトや組織、産業、社会がこれから激変に直面していくことは間違いない。しかしだからこそ、キング氏のように、常にそれらをポジティブにとらえ、前向きに行動していくという心の持ち方が求められるのだと思う。

前著と同じようにとの心構えで本書の翻訳に手を染めたが、医療、交通、物流、商業、都市その他幅広い分野の最先端の専門用語が続々と出てくるのには、正直少なからず苦労した。正しい訳に向けて最善の努力をしたが、各領域の専門家の方からみれば誤訳があるかもしれない。ご指摘を待ちたい。

本書の翻訳にあたっては、河崎幸徳さん、伊禮真さん、野村尚さん、孫工裕史さんに内容のチェックで大変お世話になった。いずれも、デジタル化の最前線で腕を振るわれている方々であり、ご多忙の中、私の拙い訳文に目を通して頂き、さまざまなご助言を頂戴した。深く御礼申し上げます。

また、私の入社後に本書の翻訳出版を後押しして下さったＮＴＴデータ経営研究所の大野博堂さん、ＮＴＴデータ　オープンイノベーション事業創発室の残間光太朗室長、様々な調整をサポートして下さった同僚の加藤洋輝さんにも心から感謝します。

本書が、読者の方の新たな道程の敷石の一つとなることを祈念して。

２０１８年３月

株式会社ＮＴＴデータ経営研究所　金融政策コンサルティングユニット
エグゼクティブスペシャリスト　上野　博

◉著者紹介

ブレット・キング

テクノロジー・フューチャリスト。ムーブン（Moven）創立者。ＴＥＤカンファレンス、ワイアード、エコノミストなどで基調講演を行い、40を超える国で50万人にテクノロジーが社会に与える影響について講演している。また、ホワイトハウスで国家経済委員会に対しバンキングの将来を助言し、米国、中国、ＥＵ、世界銀行の規制当局にも招かれている。モバイルスタートアップ企業として成功したムーブン（Moven）の創立者でもあり、同社は現在までに２４００万ドルの投資を受け、米国、カナダ、ニュージーランドで利用可能な世界初のモバイルのダウンロード可能銀行口座を提供している。２０１２年『アメリカンバンカー』誌の「年間銀行テクノロジーニュース・イノベーター」に、『フィナンシャルブランド』で金融サービスにおける世界1位のインフルエンサーに、２０１３年Bank Innovationによる「バンキング業界における最もクールなブランドトップ10」に個人として唯一選出された。著書に*Bank 3.0*（邦題『脱・店舗化するリテール金融戦略』東洋経済新報社）、*Branch Today, Gone Tomorrow*（邦題『リテール金融のチャネル革命』金融財政事情研究会）他がある。これらの書籍は12を超える言語に翻訳され、20カ国でベストセラーとなった。

◉寄稿者紹介

アンディ・ラーク

グローバルに功績を認められたマーケターでありビジネスリーダー。現在、クラウド会計ソフトウェアにおけるリーダーであり世界で最も高成長しているＳＡＡＳ（Software as a Service）企業の1つであるゼロ社（Xero）のチーフ・マーケティング・オフィサー兼チーフ・ビジネス・オフィサー。ゼロ社は２０１５年、『フォーブス』誌によって世界で最もイノベーティブな成長企業とされた。過去20年間、さまざまな企業のＣＥＯおよび経営陣と共に、企業のデジタルおよびブランドに関する仕事に取り組んできた。その中には、ニュージーランド航空、コモンウェルス銀行、デル、エミレーツ・チーム・ニュージーランド、ＩＢＭ、サウスウエスト航空、サン（Sun）、ニュージーランド政府、ビザ他が含まれる。またアントレプレナー（そしてマーケター）として、世界で最も成功しているｅコマースサイト、オンライン・コミュニティ、スマホアプリの会社設立などに関わってきた。

アレックス・ライトマン

アーティスト、アントレプレナー、そして政府アドバイザーであり、発明家としての受賞歴もある。著書に、４Ｇワイヤレスに関する最初の書籍*Brave New Unwired World*（邦題『アンワイアード』インプレス）、*Reconciliation: 78 Reasons to End the U.S. Embargo of Cuba*がある。『エコノミスト』誌の「最も大きく世界を変えるイノベーション」読者賞など受賞歴多数。ウィットキット（Witkit）、エバーブレイズ（Everblaze）、ＧＩＮＥ

Ｔ社の会長であり、ベンチャーファンドのディレクターを務めている。ＭＩＴの卒業生で、ハーバード大学ケネディスクールにも在籍した。

Ｊ・Ｐ・ランガスワミ

カルカッタ生まれ。経済学を修めて金融ジャーナリストとして働いた後、30年以上前に、社会、テクノロジー、バンキングをカバーする新しい領域のキャリアに転職し、現在は大手金融機関のチーフ・データ・オフィサーとして働いている。その前は複数のグローバル企業においてチーフ・サイエンティストとＣＩＯを務めた。サウサンプトン大学のエレクトロニクス＆コンピューター・サイエンス学部の準教授、米国コンピューター協会フェロー、王立芸術協会フェローでもある。ＴＥＤにおいて「Information Is Food」という基調講演を行ったことでも知られている。

◉解説者紹介

ＮＴＴデータ　オープンイノベーション事業創発室

２０１３年9月に、これまでの連続的なビジネス企画から、非連続かつエクスポネンシャルな新たなビジネス創発を迅速に実現するために発足。オープンイノベーションを活用し、ベンチャー企業×大企業×ＮＴＴデータによるＷｉｎ－Ｗｉｎ－Ｗｉｎとなるビジネス創発を目指す。２０１７年には世界15都市でのオープンイノベーションコンテストを開催し、世界中のエコシステムや先鋭的なスタートアップと連携して、各々の地域で異なる課題や技術、ビジネスモデルをかけ合わせることにより、これまでにない全く新しい社会インフラの構築を実現する。合い言葉は〝さあ、ともに世界を変えていこう〟。

◉訳者紹介

上野　博（うえの　ひろし）

ＮＴＴデータ経営研究所　金融政策コンサルティングユニット　エグゼクティブスペシャリスト。

住友銀行、日本総合研究所、フューチャーシステムコンサルティング、マーケティング・エクセレンス、日本ＩＢＭを経て現職。金融サービス業界を中心に、経営・事業戦略／新規事業開発／業務改革／マーケティング／テクノロジー活用等に関するコンサルティング／発信／提言活動を活発に実施。ブレット・キングの前著 *Bank 3.0*（邦題『脱・店舗化するリテール金融戦略』東洋経済新報社）を翻訳。

拡張の世紀
テクノロジーによる破壊と創造

2018年4月12日　第1刷発行
2018年6月4日　第2刷発行

著　者――ブレット・キング
訳　者――上野　博
発行者――駒橋憲一
発行所――東洋経済新報社
〒103-8345　東京都中央区日本橋本石町1-2-1
電話＝東洋経済コールセンター　03(5605)7021
https://toyokeizai.net/

本文デザイン……村上顕一
カバーデザイン……吉住郷司
印　刷…………東港出版印刷
製　本…………積信堂
編集担当………齋藤宏軌
Printed in Japan　ISBN 978-4-492-76242-4